Georg Knepler

KARL KRAUS LIEST OFFENBACH

Erinnerungen · Kommentare · Dokumentationen

Löcker Verlag Wien 1984

Löcker Verlag, Wien 1984
Ausgabe für die Bundesrepublik Deutschland, Berlin (West),
Österreich und die Schweiz

Printed in the German Democratic Republic
ISBN 3-85409-066-8

Für Hedi Marienschek

Inhaltsverzeichnis

Vorwort

Wenn ich nichts weiter zu berichten hätte als meine persönlichen Erinnerungen an jene Zeit vor so und soviel Jahren, da ich Karl Kraus (1874–1936) bei seinen Lesungen Offenbachscher Operetten zwei, drei Jahre hindurch auf dem Klavier begleitet habe, ich hätte dieses Buch gar nicht geschrieben. Denn so lieb und teuer und so lebendig mir diese Erinnerungen auch geblieben sind, Stoff für ein ganzes Buch geben sie nicht her.

Doch in den seit damals verstrichenen mehr als fünf Jahrzehnten wurde mir immer deutlicher, daß ich, von meinen Erinnerungen ausgehend, etwas Wichtigeres darzustellen habe. Die Beschäftigung mit Offenbach, der dieser außerordentliche Mann Karl Kraus einen großen Teil seiner Darstellungs- und Schaffenskraft gewidmet hat, gibt nämlich in unerwarteter Weise Aufschluß über sein eigenes Werk und Wirken, seine Zeit und ihre Probleme. Immer schon war mir klar: Was Offenbach für Karl Kraus bedeutete, kann man nur verstehen, wenn man Karl Kraus, sein Leben und Wirken einigermaßen kennt. Aber die aufdämmernde Erkenntnis kam hinzu, daß auch die Umkehrung gilt: Man wird Kraus nicht ganz verstehen, wenn man seine Offenbach-Begeisterung nicht versteht. Schon die rein äußerlichen Dimensionen, in denen sie zutage trat, lassen das ahnen. Nicht weniger als 124 Mal hat Kraus abendfüllende Offenbach-Lesungen veranstaltet. (Übrigens sagte er, dem österreichischen Sprachgebrauch folgend, »Vorlesungen«, nicht »Lesungen«, und ich werde mich im folgenden an diesen Brauch halten). Die Zahl der Zusatzstrophen, die Kraus im Laufe der Jahre zu Offenbachschen Couplets schrieb – er selbst sagte gern »Zeitstrophen« –, ist annähernd 350 und übertrifft damit die 178 Zeitstrophen, die Kraus zu den geliebten Nestroy-Couplets verfaßt hat. Dazu kommen die vielen Anspielungen und Beziehungen auf Offenbach in den Schriften, auf die Offenbachsche Figurenwelt und deren Konstellationen, zwei größere Essays und Dutzende von Glossen, die von Offenbach ausgehen oder in Hinweisen auf seine Überlegenheit münden. Kraus hat der Offenbachschen Operette zwei seiner schönsten Gedichte gewidmet. Er hat einmal bemerkt – und zwar in seiner Zeitschrift *Die Fackel,* die er 37 Jahrgänge hindurch herausgegeben und 24 Jahre hindurch allein geschrieben hat –, er würde Offenbach am liebsten täglich vortragen (F 781, 1928, 53),* und der Witz, eigentlich hätten Offenbach-Vorlesungen »wegen Unpäßlichkeit des Vortragenden« stattzufinden (F 909, 1935, 28), enthält eine Wahrheit: Offenbach war für Karl Kraus wirklich eine Art von Tonikum. Gekannt hat er einige der Offenbach-Operetten seit seiner Kindheit, und als höchster Maßstab für die Operette, vermutlich bald auch schon für Theaterkunst überhaupt, galt ihm Offenbach sehr früh. Kurzum: Es ist kein Zufall, daß der Name Offenbach sowohl auf einer der ersten Seiten der ersten Nummer der *Fackel* auftaucht (F 1, 1899, 15), als auch auf einer der letzten Seiten ihrer letzten Nummer (F 917, 1936, 68). Offenbach hat Karl Kraus durch sein ganzes Leben begleitet. Noch auf dem Programm seiner letzten Vorlesung am 2. April 1936, die Kraus, damals schon todkrank und wenige Wochen vor seinem Tode, gab, stand

* Krausssche Texte werden, soweit sie dort erschienen sind, nach der *Fackel* zitiert, wobei das nach der Klammer stehende »F« *Die Fackel* bedeutet, die folgende Zahl die Nummer des Heftes. Wenn ein *Fackel*-Heft mehrere Nummern umfaßt, wird immer nur deren erste genannt. Die dem Komma folgende Zahl ist die Jahreszahl des Erscheinens, die nächste die Seitenzahl. Es bedeutet also: F 781, 1928, 53 – *Die Fackel* Nr. 781–86, 1928, Seite 53; F 1, 1899, 15 – *Die Fackel* Nr. 1, 1899, Seite 15. Texte von Karl Kraus, die in der *Fackel* nicht erschienen sind, werden, wie die anderer Autoren, durch die in Klammern stehende Jahreszahl (des Erscheinens des betreffenden Werkes) und die durch ein Komma getrennte Seitenzahl zitiert. Diese Angaben sind jeweils im Literaturverzeichnis aufgeschlüsselt. Bei Texten aus dem Drama *Die letzten Tage der Menschheit* werden Akt und Szene angegeben, denen sie entnommen sind, und zwar der Fassung des Jahres 1926 (der der Band 5 der Werke, hrsg. von H. Fischer, und der Band 5,1 der Ausgewählten Werke, hrsg. von D. Simon und K. Krolop, entspricht). Es bedeutet also beispielsweise II, 28 – II. Akt, 28. Szene. Die Operettentexte sind entweder den beiden Druckausgaben (*Madame L'Archiduc,* Wien 1927, *Perichole,* Wien 1931) entnommen oder den Kraussschen (autographen oder maschinegeschriebenen) Vorleseexemplaren, sonst den vervielfältigten, für Rundfunk- oder Bühnenaufführungen hergestellten Texten. Die bis Mitte 1931 entstandenen Zeitstrophen sind dem Band *Zeitstrophen* entnommen, die folgenden den *Fackel*-Heften 857 bis 868, die späteren Strophen stammen, zum Teil als Autographen, zum (kleineren) Teil bereits gesetzt, aus dem Karl-Kraus-Archiv der Wiener Stadt- und Landesbibliothek.

zu lesen, es sei ein Zyklus von vier Offenbach-Abenden in Aussicht genommen.

Die wirksamste Betätigung dieser Offenbach-Begeisterung – nämlich der Vortrag abendfüllender, ungekürzter Offenbach-Operetten mitsamt Musik und Dialog, nur von einem Pianisten unterstützt – fällt in die Jahre 1926 bis 1936, also in Kraus' letztes Lebensjahrzehnt. Und es ist, wie ich meine, gerade dieser Abschnitt seines Lebens und Schaffens, der bisher noch nicht adäquat dargestellt wurde. Das hängt mit der außerordentlichen Kompliziertheit der österreichischen Situation in jenen Jahren zusammen und mit der nicht geringeren Kompliziertheit des Mannes, der sie erlebte und mitgestaltete. Und gerade das war die Zeit, da ich das Glück hatte, Kraus eine Zeitlang bei der ihm so wichtigen Arbeit an Offenbach zu unterstützen. Ich lernte ihn im Herbst 1928 kennen; Vorlesungen, solche aus eigenen Schriften und solche von Offenbach-Operetten, hatte ich schon einige Jahre zuvor gehört; schon seit meiner Gymnasiastenzeit war ich auch Leser der *Fackel* gewesen. In den Jahren 1929 und 1930 habe ich Kraus dann wiederholt begleitet, auch auf Reisen außerhalb Österreichs, und gelegentlich noch 1931. (Ich berichte genauer darüber unter II.4.) Wenn ich sage, daß die Karl-Kraus-Literatur dieser seiner Lebens- und Schaffensphase noch nicht gerecht geworden ist, so hängt das zusammen mit dem (in mir noch wachen) Erlebnis, das sein Wirken bei der jungen Generation von damals ausgelöst hat. Die Autorität, die von seinem Wort – dem geschriebenen und besonders dem gesprochenen – ausging, die moralischen Maßstäbe, die er setzte und denen man, da man jung war, gerecht zu werden suchte; die Erwartungen, die an ihn geknüpft waren, freilich auch die Enttäuschungen, die man – seien sie nun objektiv gerechtfertigt oder nicht – unter Umständen erfuhr – alles das gehört zum Bild des Mannes. Und dazu sein Offenbach! Da ich nun über beides zu berichten habe – über seine Wirkung und über seine Art, mit Offenbach umzugehen –, verstärkte sich der Wunsch, zu Papier zu bringen, was mir so durch den Kopf gegangen war in allen diesen Jahren.

Es ging ja auch nicht bloß in meinem Kopf um. In erfreulichem Maße haben junge Menschen von heute begonnen, Karl Kraus für sich zu entdecken. Er scheint recht behalten zu haben mit seiner Meinung, man würde ihn erst dann richtig verstehen, wenn die Ereignisse und Leute, mit denen er sich herumschlug, nicht mehr bekannt sein würden. »Objekt ist nie der Gegner, sondern der Umstand, daß es ihn gibt« (F 531, 1920, 134), sagte er in brillanter Fassung eines für alle große Satire gültigen Zusammenhangs. Wenn also schon für Kraus selbst Gegner nur relative Bedeutung hatten, wie erst für die Leser von heute! Anders steht es mit dem »Umstand, daß es ihn gibt«, diesen Gegner. Je tiefer man in das Wesen dieses Umstands eindringt – und dazu gibt es auf den zehntausenden Seiten der *Fackel* viel zu lesen, was seinerseits wieder verweist auf die historischen Ereignisse, unter denen es geschrieben wurde –, desto erschütternder erweist sich, daß jener Umstand noch heute wirksam ist. Um ein Element herauszugreifen: Die Inkongruenz zwischen menschenvernichtenden Handlungen kolossalen Ausmaßes und den winzigen verächtlichen Wichten, die sie vorbereiten und verüben, hat Karl Kraus, seitdem der Weltkrieg ausgebrochen war, unausgesetzt beschäftigt. Wie aktuell ist diese Inkongruenz geblieben! »Die letzten Tage der Menschheit« – das war damals eine Hyperbel, das heißt, eine bewußt angewandte – und in phantastische Theaterbilder übersetzte – Überbietung eines grauenhaften Ereignisses, eben des Weltkriegs. Von nahezu völligem Unverständnis zeugt das Verdikt eines Germanisten von heute (Hans Mayer, 1957, 944), der etwas Mißliches darin erblicken will, daß Karl Kraus den Weltuntergang gestaltet und dann überlebt habe. Als wäre Karl Kraus dadurch Lügen gestraft worden, daß die Menschheit damals nicht vollständig und auf der Stelle und buchstäblich untergegangen ist; als wäre nicht vielmehr seine Einsicht und Voraussicht zu bewundern; als könnte man schon sicher sein, die Menschheit werde jene »Kompagnie von Profit und Phrase« überleben, die Kraus damals anklagte; als wäre die Gefahr schon gebannt, der »Umstand, daß es diesen Gegner gibt«, könne dazu führen, daß die »letzten Tage« aus einer Hyperbel von damals zur Wirklichkeit von heute werden.

Die Beschäftigung mit Karl Kraus und seinem Werk ist, nach wie vor, von brennender Aktualität. Das zeigt sich unter anderm auch daran, daß es ihm heute so ergeht, wie es ihm zu seinen Lebzeiten erging: Von verständnisvoller Bewunderung über Mißverständnisse aller Art bis zur gehässigen Verleumdung reicht die Skala der Reaktionen auf ihn. In dieser Situation, so meine ich, könnte ein Versuch nützlich sein, Verständnis für Karl Kraus von einer Seite her zu erschließen, von der aus, bislang noch nicht versucht, man zwingend ins Zentrum seines Denkens und Schreibens geleitet wird.

Noch dazu, wo dieser Weg so kurzweilig ist! Wer aus dem bisher Gesagten den Schluß zöge, es werde sich da um ein beschwerliches Unternehmen handeln, wird überrascht sein. Es wird sich erweisen, daß Karl Kraus' Offenbach zwar sehr anders ist als der meist gebotene, aber daß er – ist man erst auf seine Spur gekommen – unendlich viel erheiternder und befreiender ist, als was Aufführungen von Offenbachs Operetten in der Regel zu bieten haben. Ich brauche nicht zu verschweigen, daß eines der Motive dieses Buches der Wunsch ist, Karl Kraus jenen näherzubringen, die bislang mehr von Offenbach wußten als von Karl Kraus. Ich habe es früher öfter erlebt, daß Leute, die Kraus wenig kannten – oder mit ihm nicht viel anfangen konnten; ich denke zum Beispiel an meine eigenen Eltern –, von seinen Offenbach-Vorlesungen entzückt waren. Wahrscheinlich würden auch heute manche, die vielleicht nie etwas von Kraus, dem Satiriker, Essayisten, Dramatiker, Dichter gehört haben, die seine Aphorismen, seine Glossen, sein grandioses Antikriegs-Drama *Die letzten Tage der Menschheit* nicht gelesen haben, ihn für sich entdecken, könnten sie ihn eine Operette von Jacques Offenbach vortragen hören! Aber gerade diese Seite der Tätigkeit von Karl Kraus (Abbildung 1) ist heute auch den besten Kennern seines Werkes und Wirkens unbekannt. Wie könnte es auch anders sein? Die wenigen Tonaufnahmen, die es von Karl Kraus' Stimme gibt, enthalten leider nur weniges von Offenbach, und selbst dieses wenige ist bisher nur wenigen zu Ohren gekommen; außerdem ist es – aus Gründen, die hier nicht erörtert werden sollen – nicht dazu angetan, die Schönheiten seiner Offenbach-Darstellung zu erschließen. Die Zeitstrophen, die Kraus zu Offenbachs Couplets schrieb und sang, wirken kaum, wenn man sie, unkommentiert, gedruckt vor sich hat, abgesehen davon, daß sie nur schwer zugänglich sind. Der Zusammenhang, in dem seine Offenbach-Vorlesungen standen, die Zeitumstände, die Rolle der Hörer, wie es gemeint war und wie es gemacht wurde, und nun gar, wie es klang – alles das scheint »verklungen und vertan«, wie es in der Tat schon ein zeitgenössischer Kritiker meinte.

Das braucht aber nicht so zu sein. Ich bin überzeugt davon, daß sich wenigstens eine Ahnung davon vermitteln läßt, wie es war und warum es so war und was davon noch heute von Interesse ist. An dieser Stelle möchte ich ausdrücklich sagen, daß ich der Meinung bin, man kann und soll nicht zu wiederholen oder nachzuahmen suchen, was Karl Kraus für Offenbach getan hat. Es war eine durchaus singuläre Leistung. Anders steht es mit der Frage, was man aus dieser seiner Leistung, wenn man sie zu rekonstruieren sucht, über Offenbach, über Karl Kraus, über die Operette, über das Theater und über die Welt erfahren kann. D a rum soll es in diesem Buch gehen.

In diesem Zusammenhang möge man auch die Tatsache erklärt sehen, daß diesem Buch eine Schallplatte beiliegt, die, von zwei historischen Aufnahmen der Stimme Kraus' abgesehen, mit meinen eigenen Vorträgen Offenbachscher Musik bespielt ist. – Der S t i l, den Karl Kraus für seinen Offenbach, alte (wohl vorwiegend Wiener) Traditionen weiterführend, schuf, ist heute nicht bloß vergessen; er ist unvorstellbar geworden. Die neuere Operette hat sich im deutschen Sprachbereich im Bewußtsein der Darsteller und Regisseure und vor allem ihrer Hörer so festgesetzt, daß bloß das Wort »Operette« ausgesprochen werden muß, und ein ganzer Komplex von Erwartungen und Haltungen rastet unvermeidbar ein, der durchaus anders ist als der von Karl Kraus gemeinte. (Eher schon hätte das Musical, wo es am besten ist, mit dem, was Kraus im Sinne hatte, stilistische Verbindung, aber natürlich hat es andere Stoffe und anderes musikalisches Material, und bestimmt hätte Kraus selbst dieser meiner Behauptung widersprochen.) Nur mit großem Kunstverstand und mit großer Mühe kann man der Allgewalt des heutigen Operettenstils entgehen, wenn man Offenbach spielen will. Walter Felsenstein gelang das, obwohl auch er – was wichtig ist – anders verfuhr als Kraus; er hatte mit andern Medien zu rechnen, mit andern Möglichkeiten und mit total verschiedenen Zeitumständen, also auch Publikumsbeziehungen. Auch eine dankenswerte und denkwürdige Aufführung der

Schönen Helena in der Fassung von Peter Hacks mit Schauspielern des Deutschen Theaters, Berlin, 1964 sei erwähnt. Wieder ganz anders angelegt, hatte sie mit Karl Kraus' Vorstellungen von Offenbach nur insofern zu tun, als sie den Abstand zwischen dem, was sonst »Operette« heißt, und dem, was dort gemeint war, herausstellte. – Ich kann nicht alle Offenbach-Aufführungen kennen, die im letzten Halbjahrhundert auf die Bühne kamen, aber von den meisten, die ich kenne, kann ich nur sagen, daß sie mit dem Offenbach, den Karl Kraus meinte, nichts zu tun haben. Im Gegenteil, sie machten es unverständlich, was Kraus und seine Hörer da zu vernehmen glaubten.

In den Offenbach-Vorlesungen von Karl Kraus stand das Wort im Mittelpunkt, der Gesang an zweiter Stelle, ja, das Singen wurde sogar – sei das nun richtig oder falsch für Offenbachs Musik – mit einer bestimmten Verachtung behandelt. (Wo zum Beispiel die Stimmittel von Kraus nicht ausreichten, eine Koloratur auszuführen, ersetzte eine spiralenförmige nach oben geführte Handbewegung, was akustisch nicht herauskam, und der Spaß, den das Vortragendem und Hörenden machte, schien in der ironischen Distanz zur Oper, die immer präsent war, seine Rechtfertigung zu finden.) Ein weiteres Charakteristikum war das Wienerische. Kraus hatte seinen Offenbach in Wien kennengelernt, nicht in Paris, und jene oben angeführte erste Erwähnung Offenbachs in der *Fackel* (1, 1899, 15) spricht in der Tat vom »herrlich verwienerten Offenbach«, den er erfahren hatte. Es sei daran erinnert, daß kein Geringerer als Nestroy in der ersten Wiener Aufführung von *Orpheus in der Unterwelt* 1860 den Jupiter gespielt hatte. Andere Offenbach-Rollen folgten. Nestroys Tradition scheint in Österreich für Offenbach-Aufführungen weitergewirkt zu haben. So meinte jedenfalls Karl Kraus, und die Schärfe und Härte der Diktion in den Couplets kommt wohl in erster Linie aus dieser Tradition.

Mit Worten allein – obwohl es auch an Worten nicht mangeln soll, auch nicht an Worten anderer Autoren, zu beschreiben, was Kraus da sah und was er da machte –, mit Worten allein ist das nicht zu leisten. So entschloß ich mich, selbst einen Eindruck von dem zu geben, was mir im Gedächtnis (und in den Fingern) geblieben ist. Ich werde auf den folgenden Seiten zu beschreiben haben, welch hohe Schauspielkunst, welch ungewöhnliche Wortbeherrschung Kraus zu Gebote standen. Ich aber bin weder Schauspieler noch Sänger; ich denke nicht im Traum daran, ihn nachzuahmen. Ich könnte das gar nicht, auch wenn ich es wollte. Auch meine pianistischen Fähigkeiten sind Zeit meines Lebens hinter meinen musikalischen Vorstellungen zurückgeblieben. Warum ich es dann dennoch gewagt habe, meine Leser auch zu Hörern meiner Vortragskünste zu machen? Weil, was dabei herauskam, mit allen mir bekannten Unzulänglichkeiten immer noch die beste Vorstellung davon vermittelt, wie die stilistischen Grundlagen beschaffen waren, auf denen Kraus operierte.

Eine andere Frage ist es, wie weit ich und meine Leser meinen Erinnerungen trauen dürfen, da sich diese doch auf Ereignisse und Leistungen beziehen, die ein halbes Jahrhundert und mehr zurückliegen. Was die Musik angeht, ist das nicht problematisch. Wie Kraus das »machte«, ist mir gut in Erinnerung, und wie ich die Musik aufgefaßt wissen wollte und wie ich sie zu spielen suchte, habe ich natürlich nicht vergessen. Auch brauche ich dabei keineswegs eine Zeitspanne von Jahrzehnten zu überbrücken. Ich habe durch die Jahre immer wieder, zum eigenen Vergnügen teils und teils vor mehr oder weniger freiwilligen Zuhörern, meinen Studenten zum Beispiel, Offenbach (mit Worten von Kraus, soweit es sich um Zeitstrophen handelt) vorgetragen. Im Londoner Exil habe ich oft und oft den mir unvergeßlichen Schauspieler und Regisseur Martin Miller begleitet, wenn er Offenbach-Couplets sang, dazu übrigens auch von ihm verfaßte Zusatzstrophen. (Man braucht nicht lange zu raten, wer damals, in den 40er Jahren, Gegenstand der Satire war.) Seit dem Jahre 1974 habe ich auch öffentlich über Karl Kraus gesprochen und dazu auch Couplets von Offenbach mit einigen der Krausschen Zeitstrophen vorgetragen.

Es steht anders mit dem faktuellen Zusammenhang. Ich mußte mir von allem Anfang an sagen, daß ich nichts Verläßliches zustande bringen würde, wollte ich mich allein auf mein Gedächtnis stützen. Das ist aber auch nicht notwendig. Ich habe alles herangezogen, was zur Überprüfung des Erinnerten und zur Mobilisierung des Vergessenen nur heranzuziehen war. Glücklicherweise erinnern sich manche meiner Freunde jener

Karl-Kraus-Vorlesungen. Ich möchte, mit Dank für ihre Bereitschaft, meine Entwürfe zu lesen und mir ihre Eindrücke mitzuteilen, Maltschi Serkin-Buchthal, London, und Frederick Dorian, Pittsburgh, nennen. Ich hatte ferner die Tagebuchaufzeichnungen zur Verfügung, die meine Freundin Hedi Marienschek damals Tag für Tag in Kurzschrift in ihre kleinen Taschenkalender eingetragen hatte. Nach vielen langen Jahren fand ich sie in der gleichen Wiener Wohnung wieder, in der sie damals gewohnt hatte, und sie besaß auch noch ihre Kalender und machte mir auf meine Bitte hin Auszüge daraus: alles, was sich auf Karl Kraus und meine Proben- und Begleittätigkeit für ihn bezieht. Da sind Fakten vermerkt, die ich längst vergessen (oder nie gewußt) habe und auf die ich mich (besonders im Abschnitt II.4.) stützen konnte. Vor allem aber ist in der *Fackel* selbst das allermeiste von dem, was den Stoff dieses Buches ausmacht, in Form von Ankündigungen, Notizen über die Vorlesungen, Besprechungen und in andern Formen festgehalten, und aus der *Fackel* auch läßt sich unendlich viel von dem erfahren, was hinter den Fakten, den Vorlesungen und ihren Unterbrechungen zu bestimmten Zeiten, hinter den zeitgemäßen Anspielungen und hinter den Zeitstrophen steckt. In diese Lektüre mehr und mehr hineingezogen, von ihr fasziniert und zu immer erneuertem und vertieftem Eindringen angeregt, bin ich im Laufe der Jahre etwas von der Art eines Kenners der Schriften von Karl Kraus (besonders im Jahrzehnt von 1926 bis zu seinem Tod) geworden. Ich glaube mitreden zu dürfen, wenn ernste Männer und Frauen, Germanisten und Literaturwissenschaftler, über Karl Kraus sprechen. Ich hatte glücklicherweise die – noch separat anzuführende – Mithilfe mancher von ihnen, und ich weiß, warum ich den Auffassungen anderer von ihnen lebhaft widerspreche.

Aus dem Gesagten geht schon hervor: Einen so wichtigen Teil der Lebensarbeitszeit von Karl Kraus die Beschäftigung mit Offenbach auch in Anspruch nahm, man muß seine Leistung als Einheit sehen: seine Lyrik und seine Dramen, seine Aphoristik und seine Glossen und Zeitstrophen – »die Glosse (ward) zur Strophe« (F 857, 1931, 65), meinte Kraus selbst –, seine Shakespeare- und Offenbachbearbeitungen und, in dem Lebensabschnitt, der uns hier beschäftigt, nicht zuletzt seine *Aktionen* juristischer und politischer Natur, die ja bis zum Versuch gingen, in das politische Geschehen einzugreifen. »Mein Schreiben und Treiben macht ihnen Migrän'«, sang Kraus in einem Couplet, das zu zitieren und zu kommentieren sein wird; sein T r e i b e n auch, nicht bloß sein Schreiben. So bildet also in meiner Darstellung die Offenbach-Rezeption zwar Ausgangs- und Schwerpunkt, schon deshalb, weil ihre Rolle in Kraus' Gedanken- und Kunstwelt bisher nicht zulänglich dargestellt wurde. Aber die anderen Leistungen mußten mit einbezogen werden.

Damit im Zusammenhang steht auch die Anlage dieses Buches. Es mußten nicht nur die Schriften durchgearbeitet, es mußten ihnen auch Fakten, Daten, Zahlen als Grundlage meiner Resultate entnommen werden. Hätte ich sie alle in meine Darstellung aufgenommen, sie wäre zäh und schwer lesbar geworden. Hätte ich andererseits darauf verzichtet anzugeben, worauf ich mich stütze, ich könnte kaum überzeugen. So habe ich mich zu einer Zweiteilung des Buches entschlossen. Der erste Teil ist so gehalten, daß er ohne Belastung durch Verweise und Fußnoten in einem Zug gelesen werden kann. Die Literaturangaben sind, abgekürzt, in Klammern gesetzt; sie sind einerseits durch die Bibliographie leicht aufzuschlüsseln, werden andererseits die Lektüre derjenigen nicht belasten, die sich im Augenblick für meine Quellen nicht interessieren, abgesehen davon, daß e i n Detail der Quellenangaben, nämlich die immer mitgenannte Jahreszahl des Erscheinens einer Schrift, jedenfalls von Interesse sein dürfte. – In diesem ersten Teil stelle ich Karl Kraus so dar, wie er mir sich darstellt. Aus seinen köstlichen und so ungemein aufschlußreichen Zeitstrophen, aus seinem »Auftreten« in jedem Sinn des Wortes, aus seiner reichen – sicher widerspruchsvollen und doch so geschlossenen – liebenswerten Persönlichkeit, aus seinem höflichen, verständnisvollen, ja zarten Wesen, und, natürlich, vor allem aus seinen Schriften – und zwar aus *allen* Schriften, auch aus jenen, die einander (und dem, was man gerade erkannt zu haben glaubt) widersprechen –, ja, nicht zuletzt, aus eben diesen Widersprüchen habe ich in diesem ersten Teil meines Buches ein Bild des großen Mannes in seinem letzten Lebensjahrzehnt zu zeichnen versucht, wobei ich vor keinem seiner vielen Züge die Augen verschlossen und ihn selbst in allen entscheidenden Fragen habe zu Wort kommen lassen. Kein Wort der Auseinandersetzung, kein polemisches Wort mit anderen Auffassungen, wird man in diesem Teil des Buches finden.

Freilich kann die Auseinandersetzung mit anderen Auffassungen nicht fehlen. Der Leser soll erfahren, warum ich diese oder jene Seite im Werk von Karl Kraus oder in seinem Wirken so völlig anders sehe als andere Autoren, wobei ich mich glücklicherweise mit wieder anderen im Einverständnis weiß. Diese Auseinandersetzungen, die an Hand ausgiebig ausgebreiteten Faktenmaterials geführt werden, findet man im zweiten Teil. Sie sind ebenso selbständig gehalten, wie es der erste Teil ist. Mir scheint es am ergiebigsten – trotz gelegentlicher Verweise im ersten Teil auf den zweiten – das Buch in der Reihenfolge zu lesen, in der es vorliegt. Die im zweiten Teil enthaltenen Dokumentationen und Kommentare werden, wie ich meine, es verständlicher machen, wie ich zu meiner Konzeption gekommen bin, abgesehen davon, daß sie manches wissenswerte Detail enthalten.

Ich bin einer ganzen Reihe von Kollegen und Freunden zu Dank verpflichtet. Tilbert Eckertz hat mir nicht nur Fotografien Kraus' aus seiner Privatsammlung zur Verfügung gestellt, er hat mir mit seiner Liebe für Karl Kraus und seiner Kenntnis in vielen guten Gesprächen Mut gemacht. – Jürgen Ganzer ist das Arrangement der Notenbeispiele zu danken. – Das Verständnis und die Wärme, mit der Frau Hilde Glück, Wien, mir über Karl Kraus' letzte Lebensjahre erzählte, haben mir sehr geholfen, diese schwierige Phase seines Lebens zu begreifen. – Hans E. Goldschmidt, Wien, hat mir aus seinem unerschöpflichen Wissen um Wien und Karl Kraus zahlreiche Hinweise gegeben und Fallen vermeiden geholfen; auch manche Lesart von Autographen hat er mir verbessert. Eine von ihm verfaßte Arbeit findet man unter II.8. – Edwin Hartl, Wien, hat mir freundlicherweise eine unveröffentlichte Aufnahme von Kraus' Stimme, Offenbach und Gerhart Hauptmann vortragend, zugänglich gemacht. – Hans-Jochen Irmer hat mich dadurch verpflichtet, daß er mein Offenbach-Kapitel durchgesehen hat; seine Offenbach-Kenntnisse sind dem Kapitel zugute gekommen. – Ich hatte das Glück, Kurt Krolop, den ich für den besten Kenner und den klügsten Interpreten der Werke von Karl Kraus halte, dafür zu gewinnen, mein Manuskript während des Entstehens zu lesen und zu kommentieren. Ich bin ihm für zahlreiche Hinweise und Korrekturen verpflichtet, vor allem aber für entscheidend wichtige weiterführende Gedanken. Ohne seine Mithilfe wäre mancher Fehler stehengeblieben, fehlte manches Tieferschürfende. Daß er dennoch nicht verantwortlich ist für allerlei Unvollkommenes und Unvollständiges, muß ausdrücklich gesagt werden. Übrigens gilt das auch für alle anderen. – Friedrich Pfäfflin, Marbach am Neckar, hat mir sämtliche von Kraus bearbeiteten Offenbach-Libretti zugänglich gemacht, dazu viele Zeitungsausschnitte und Programme, auch durch manche Hinweise geholfen. – Frau Sophie Schick, Wien, war es, die mich zuerst auf die vielen ungedruckten Zeitstrophen hingewiesen und sie mir zugänglich gemacht hat. Aus ihrer langjährigen Arbeit im Karl-Kraus-Archiv an der Wiener Stadt- und Landesbibliothek (WSTLB) gewonnene Erkenntnisse hat sie mir freundlich zur Verfügung gestellt. – Unter den Institutionen, in denen ich gearbeitet habe, ist es vor allem dieses Archiv, sein Leiter und seine liebenswürdigen Mitarbeiter, deren ich mit Dankbarkeit gedenke. Wie erregend es war, Kraus' Autographen in die Hand zu bekommen, läßt sich denken. – Auch den Kollegen und Kolleginnen der Musikabteilung der Deutschen Staatsbibliothek Berlin, Unter den Linden, die mir inner- und außerhalb der Besuchszeiten zahlreiche Klavierauszüge und wahrhaftig zwei schöne Autographen Offenbachs herangebracht haben, bin ich verbunden. – Der Rundfunk der DDR und der Hessische Rundfunk, Frankfurt/Main, haben sich bereitwillig damit einverstanden erklärt, daß ich Textstellen und Musikstücke, die ursprünglich für diese Institute aufgenommen worden waren, im vorliegenden Buch verwende.

Zu danken habe ich vor allem meiner Frau unter anderm dafür, daß sie sich jede Zeile dieses Buches – und wie viele davon mehr als ein Mal! – hat vorführen lassen. – Schließlich danke ich Frau Rita Lembke und Frau Beate Schröder-Nauenburg und ihrem Gatten für Hilfe bei der Herstellung des schwierigen Manuskripts. Hans E. Goldschmidt hat das Erscheinen dieses Buches leider nicht erlebt; er starb im Februar 1984.

Berlin-Grünau, Sommer 1984 Georg Knepler

I. 1. Wie Karl Kraus Offenbach las

I.

Wie konnte Karl Kraus Offenbach lesen? Wie kann man überhaupt Operetten lesen? Man kann es nicht. Daß Karl Kraus es vermochte, hatte eine Reihe von Voraussetzungen, die sich kaum reproduzieren ließen, wollte man es auch versuchen. Zunächst: Öffentliche Lesungen von Theaterstücken hatte Karl Kraus bereits seit seiner Jugend veranstaltet. 1893 las er Hauptmanns *Weber,* ein Stück, das bloß ein Jahr zuvor im Druck erschienen, ein halbes Jahr zuvor in Berlin erstaufgeführt worden war. In der Karl-Kraus-Literatur wird immer wieder gesagt, daß ein Mißerfolg, den Kraus im gleichen Jahr, noch nicht 19 Jahre alt, als Darsteller des Franz Moor in einer Aufführung der *Räuber* in einem Wiener Vorstadttheater erlebt hatte, der Anlaß zur Aufgabe des Schauspielerberufs war.

Eintrittskarte
zu der am
23. August 1893 präcise 1/4 3 Uhr
im Lesesaale
stattfindenden
Vorlesung
des
Schriftstellers Karl Kraus.

Das ist zwar nicht falsch; Kraus selbst bestätigt (F 912, 1935, 46/47), daß er von Stund an Utensilien und Schminke nicht mehr zu verwenden geplant habe. Bloß, wer meint, der psychische Schock, den das Ereignis in Kraus zweifellos ausgelöst hat, sei die tiefste Ursache für seine Entscheidung, der Bühne zu entsagen, irrt. Man muß andere Motive, die bei diesem Entschluß mitgewirkt haben, und die mit ihm erkauften Vorteile mitbedenken. Einmal war Kraus, als er vom Schauspieler zum Vorleser überging, weitgehend unabhängig geworden von äußeren Faktoren. Sein Repertoire stellte er selbst zusammen, und zwar nach eigenen Gesichtspunkten. Erwägungen, die Theaterdirektoren Entscheidungen aufzwingen, brauchten ihn nicht zu belasten. Ob ein Stück der Zensur genehm sei, dem Publikum gefallen würde, ob seine Besetzung nicht zu schwierig, seine Produktion nicht zu aufwendig sei, all dieser Sorgen war er enthoben. Finanzielle Kosten reduzierten sich auf Saalmiete und Ankündigung. Auch fiel die Befürchtung weg, das Dichterwort könne durch die komplexen technischen Erfordernisse des Theaters und bei der Umsetzung durch vielleicht inadäquate Schauspieler Schaden nehmen. Daß Dekoration, Kostüm, Requisit auch stören können, hat sich nicht nur bei jener *Räuber*-Aufführung erwiesen, da ein zu weites Kostüm und eine zu weite Perücke des Franz Moor im Publikum Gelächter auslösten und die Frage des Franz Moor an seinen Vater, ob ihm auch wohl sei, zu verneinen schienen. Ebenso wichtig: Kraus vermeinte schon damals (F 912, 1935, 46), »besser ein Ensemble als eine Rolle« darstellen zu können. Seine Methode dabei war in den 20er Jahren, als ich ihn hörte, voll entwickelt; vermutlich war sie es längst. Kraus (Abbildung 2) saß an einem Tischchen, dessen Decke den Raum bis zum Boden verbarg. Auf dem Tischchen nichts als der Text. Alles war konzentriert auf den einen Darsteller des *Theaters der Dichtung,* eine Bezeichnung, die Kraus seit dem Oktober 1925 seinen Lesungen dramatischer Werke von Shakespeare, Goethe, Hauptmann, Nestroy, Gogol und von eigenen Stücken gab. Kurt Krolop (1979, 57) hat die Vorgeschichte des *Theaters der Dichtung* folgendermaßen skizziert: Sie reicht zurück bis zu einer Vorlesung aus dem Jahre 1912, in der Kraus nur im zweiten Teil des Programms eigene Stücke, im ersten Teil jedoch einen Text von Jean Paul, im dritten Teil ausschließlich Shakespeare-Szenen gelesen hatte. »Bis 1916 wurde das dramatische Repertoire der Vorlesungen noch durch weitere Szenen aus Shakespeare, Raimund, Ibsen und vor allem Nestroy bereichert, aber erst in diesem Kriegsjahr nahm Karl Kraus den 300. Todestag Shakespeares zum Anlaß, um in der 88. (35. Wiener) Vorlesung vom 24. Mai 1916 ein vollständiges Bühnenwerk vorzutragen, und zwar *Die lustigen Weiber von Windsor*. Er hat sich in den zwanzig Jahren bis zu seinem Tod mit zunehmender Intensität diesem Bereich seiner Vorlesungstätigkeit gewidmet und den Anteil der Vorlesungen aus eigenen Schriften immer mehr verringert; von den insgesamt 700 Vorlesungen waren etwa die Hälfte Abende des *Theaters der Dichtung*, und im letzten Jahrzehnt machten sie sogar rund drei Viertel aus.« Es wird zu zeigen sein, warum das so war.

Kraus' Fähigkeit, verschiedene Figuren mittels Sprechweise, Stimmlage, Gesichtsausdruck, Gebärden der Hände, Arme, der Haltung des Oberkörpers zu charakterisieren, war außerordentlich. Er konnte es sich leisten, die Namen der darzustellenden Figuren in der Regel bloß bei ihrem ersten Auftreten zu nennen; er gab ihnen mit seinen Mitteln unverwechselbare Gestalt. Dabei behielt er seine eigene Stimmlage – etwas tieferklingend als die der darzustellenden Figuren – für die Regiebemerkungen vor. Wie ein Märchenerzähler geleitete er seine Hörer durch das Geschehen mittels der Ankündigungen, wo die Szene spielt, ob die Sonne scheint oder der Donner kracht, wie die Nebenfiguren reagieren und was sonst an Anweisungen in Schauspielbüchern dem Schauspieler, dem Bühnenbildner, dem Requisiteur in Klammern mitgeteilt wird. Kaum zu glauben, was durch die Vorlesung von Regiebemerkungen alles auf die Hörer übertragen werden kann! Aus seinen verschiedenen Rollen heraustretend – oder, zu Beginn einer Operette, bevor er sich in sie hineinbegab –, kam hier der Vortragende selber zu Wort als Vermittler zwischen der realen Welt des Vortragssaales und der seines Theaters, den Rahmen aufbauend, in dem seine Figuren lebendig wurden. Und da Regiebemerkungen den Dialog immer wieder unterbrechen, konnten sie wie ein Refrain wirken, der die Dichtung gliedert. Eine Illusionsbühne kam da nicht zustande. Da sprach eben Karl Kraus, da waren Tisch, Stuhl, Text, Licht, und die vorgelesenen Szenenbilder und Regieanweisungen bauten zwar eine Bühne vor den Hörern auf, aber eine vorgestellte, eine, die die Phantasie zwar beflügelte, aber eine illusionsfreie. Der Zauber des Theaters ging nicht verloren, aber er mußte immer wieder aufs neue beschworen werden. Da paßte es dann gut ins Bild, daß Kraus den Text immer vor sich auf dem Tisch oder sogar in der Hand hatte. Er las. Aber er las auswendig. Man hat klug bemerkt, daß das schriftlich festgehaltene Wort für Kraus keine andere Funktion hatte als sie der Souffleur für den Schauspieler hat. Das geht auch daraus hervor, daß Kraus manchmal handschriftliche Texte für die Vorlesungen verwendete. Natürlich konnte er seine eigene Schrift besser lesen als die oft verzweifelnden nachgeborenen Entzifferer. Aber auch er kann bei der sekundenschnellen Reaktion, die der vorzutragende Text nun einmal erfordert, seine winzigen Schriftzeichen nicht alle gelesen haben; ein einziges Wort – etwa das erste eines Satzes –, selbst eine kleine Buchstabengruppe muß ihm jeweils einen ganzen Textabschnitt ins Gedächtnis gerufen haben. Kraus las stets den ganzen ungekürzten Dialog und trug alle Musikstücke vor. Da er ja sitzend las, sang, agierte, waren es nur die Hände, die Arme, der Rumpf und sein Gesicht, die er als Schauspieler einsetzen konnte. Aber wie sehr gelang ihm das!

Wenn's wahr ist, daß ich mit dem Requisit
des Zeigefingers eine Szene fülle
mit Akrobaten, die den Teller drehn, ...

(F 810, 1929, 5)

Es war wahr.

Karl Kraus konnte sicher sein, bei seinen Lesungen einen Teilnehmerkreis vor sich zu haben, willig und fähig, seinen gar nicht so einfachen Weg »mitzugehen«. Nicht nur in Wien, auch in Berlin, München, Hamburg, in Prag, Teplitz-Schönau, Mährisch-Ostrau, auch in Paris gab es Kreise von Menschen, die seine *Fackel* regelmäßig lasen, auf seine Vorlesungen warteten, seine Vorstellungen von der Welt und von der Rolle der Kunst in ihr teilten. Freilich waren diese Kreise nicht groß. *Die Fackel* soll bei ihrem Erscheinen (Jenaczek, 1965, 124) in 30 000 Exemplaren verbreitet gewesen sein; durchaus möglich, daß sie diese verhältnismäßig große Auflage auch wieder nach dem Weltkrieg und besonders in den Krisenjahren der zwanziger und frühen dreißiger Jahre erreichte. Wenn Karl Kraus Vorlesungen aus eigenen Schriften in Wien hielt, konnte er bei seltenen Anlässen auch den Großen Konzerthaussaal, der etwas über 2000 Menschen faßt, mühelos füllen. Aber seine Zyklen des *Theaters der Dichtung* las er in weit kleineren Sälen. Die Offenbach-Pre-

I. 1. Wie Karl Kraus Offenbach las I.

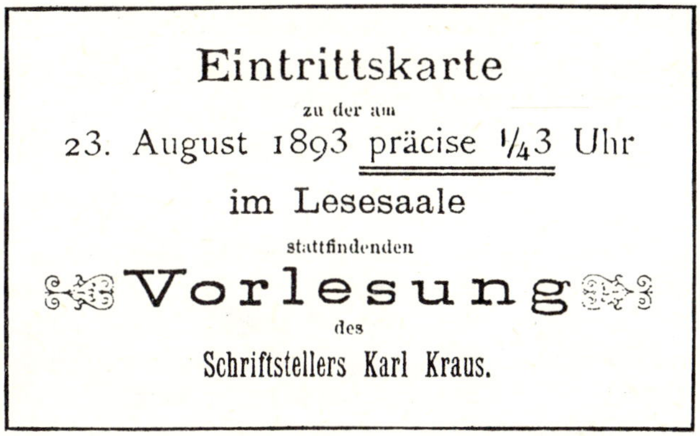

mieren ließ Kraus gern im Mittleren Konzerthaussaal stattfinden, der nicht ganz 900 Personen faßt, aber schon für die zweiten Vorstellungen neuer Operetten und die weiteren wählte er in der Regel einen Saal, in dem die Mehrzahl der Dichterlesungen und mehr als die Hälfte der Wiener Offenbach-Vorlesungen stattfanden, den Festsaal des Architektenvereins. Holzgetäfelt, in warmen dunklen Farben gehalten, von einer Behaglichkeit, die schon damals etwas altväterlich anmutete, verfügte der Architektenvereinssaal auch über eine vorzügliche Akustik; er faßte nur 270 Menschen. (Übrigens weist er alle diese Eigenschaften auch noch heute auf: Abbildung 3.) Erst in späteren Jahren und aus Gründen, die noch zu erörtern sein werden, verlor dieser Saal seine Vorzugsstellung.

Zum Bild gehört es auch, daß Offenbach zunächst (1926) in den Rahmen eines »Zyklus«, eben in das *Theater der Dichtung,* eingefügt wurde. »Theater der Dichtung, III. Zyklus: Shakespeare, Goethe, Nestroy, Offenbach, Niebergall, Gerhart Hauptmann, Frank Wedekind, Karl Kraus, im Festsaal des Architektenvereines« war auf Ankündigung und Programm zu lesen. Da wurden die Erwartungen gleich in eine bestimmte Richtung gelenkt. Karl Kraus lud seine Hörer ein, an einem Kreis erlauchter Geister teilzunehmen, die er durchaus als Vorbilder, als Idealgestalten sah (was ihn im übrigen nicht hinderte, gelegentlich ernüchternd auf Charakterschwächen etwa Goethes oder Hauptmanns hinzuweisen). Erst allmählich erreichte und überflügelte Offenbach die anderen Autoren des *Theaters der Dichtung* an Beliebtheit; bald sollten Offenbach-Operetten zu eigenen Zyklen von drei, vier, ja sieben Abenden zusammentreten.

Auch die Programme, die die Hörer um billiges Geld vor den Vorlesungen kaufen konnten, wurden als Informationsträger zwischen Kraus und seinem Kreis genutzt. Fast immer enthielten sie, neben Anzeigen künftiger Vorlesungen oder neu erschienener Bücher des Vortragenden, Essays, oft lange, die auf das zu Erwartende vorbereiten sollten. So macht das Programm der ersten Offenbach-Vorlesung, der *Blaubart*-Vorlesung vom 20. Februar 1926, mit einigen der Motive bekannt, die Kraus bewogen, sein großes Abenteuer mit Offenbach aufzunehmen. Abgedruckt ist dort das Personenverzeichnis der Wiener Erstaufführung des Stükkes aus dem Jahre 1866, und in seinem Kommentar bemerkt Kraus, daß sich unter den Darstellern von damals »die Träger der großen Theaternamen Geistinger, Rott, Albin Swoboda, Szika usw.« befanden. Und dabei hatte er noch nicht den Namen des berühmten Komikers Blasel genannt, der den König Bobèche spielte. Alle diese kann Kraus nicht gehört haben (»die Geistinger nur als wiederkehrende Greisin«, F 864, 1931, 25), wohl aber hatte er die auf dem Programm gleichfalls erwähnte »vortreffliche Neuinszenierung« des Wiener Carl-Theaters am 19. 1. 1897 gesehen und die »noch recht anständige[n] Aufführungen«, die 1906 und selbst noch 1916 an Wiener Theatern stattfanden. Diese Überlieferung zu bewahren war eines der Hauptmotive Kraus'. In den Operettentheatern seiner Zeit war der scharf satirisch-kritische Stil der Nestroy-Offenbach-Tradition durchaus einer schlampig-seichtsüßlichen Manier gewichen, die, der Amüsier- und Ablenkungsfunktion der neueren Operette gut angepaßt, den Krausschen Intentionen in jedem Detail widersprach. So war dieses Motiv auch gleich auf dem ersten Programmzettel des Krausschen *Blaubart* (F 717, 1926, 99) beim Namen genannt: »Im Angesicht des nun erreichten Tiefstandes«, nämlich des »neuen Operettenwesens«, das für den »Zauber der Musik und den tiefholden Unsinn der Burleske« keinen Sinn mehr hat, »erfolgt die Einstellung dieses Gipfelwerkes der heiteren Bühne in das ›Theater der Dichtung‹.«

Offenbach stellt ganz andere Anforderungen musikalischer und gesanglicher Natur an seine Darsteller, als Kraus sie von Raimund und Nestroy her gewohnt war, und es mag sein – siehe dazu II.4. –, daß Kraus anfängliche Bedenken solcher Art vor sich selbst zu zerstreuen hatte. Er hat auch auf seinen Offenbach-Programmen mehrfach darauf hingewiesen, daß er der Notenschrift nicht mächtig sei; seine Lesung sei »als rezitatorische Darbietung gleich der eines Nestroy'schen Werkes aufzufassen, ohne den Anspruch auf eine Leistung des Kunstgesanges zu erheben« (F 717, 1926, 99). Franz Mittler, der seit 1930 Kraus' ständiger Begleiter war, hat die Methode beschrieben (1956, 225), mittels derer Kraus die Musik erlernte: »Er konnte keine Noten lesen, und rhythmische Subtilitäten waren ihm unzugänglich. Diesen Mangel wog er allerdings durch die ganz unheimliche Geschicklichkeit auf, mit der er alles, was ihm auf dem Klavier vorgespielt wurde, sofort mitsingen konnte. Man mußte für ihn immer Melodie *und* Begleitung spielen ...« Das Ansinnen, die Notenschrift zu erlernen – was nahelag, da Kraus zwar mit ihm wohlvertrauten Offenbach-Operetten begann, später aber neue zu erlernen hatte –, dieses Ansinnen lehnte er ab. Das hätte ihn nur abgelenkt, meinte er wohl mit Recht, abgelenkt vom Wort, das für ihn im Mittelpunkt stand. So wurden also auch die Operetten, als wären sie ein Schauspiel, »gelesen«, und zwar entweder aus handgeschriebenen Exemplaren, die Kraus nach vorhandenen Übersetzungen aus der Wiener Offenbach-Zeit eigenhändig niederschrieb, oder aus Typoskripten, die genau nach seinen Angaben hergestellt wurden. Zwei eigenhändige Vorlesungsexemplare, das zu den *Briganten* und das zur *Prinzessin von Trapezunt,* bewahrt die Wiener Stadtbibliothek auf. Daß Kraus diese Exemplare zumindest bei den Proben, vermutlich aber auch bei Vorlesungen verwendet hat, geht aus den rührend unbeholfenen Zeichen einer Art von Musikschrift hervor, die Kraus in diese Exemplare hie und da eingetragen hat: Betonte Silben (wo die Betonung, wie sie die Musik erfordert, anders ist, als der Text sie erwarten läßt) werden unterstrichen, Silben, zu denen Melismen oder Koloraturen gesungen werden sollen, erhalten eine Wellenlinie, Pausen werden als Haken notiert, und manchmal finden sich außerdem Eintragungen wie »Vier Noten«, was bedeutet, daß der Vortragende vier Töne des Klaviers abzuwarten habe. Ich gebe ein Beispiel: In den *Briganten* tritt der Räuberhauptmann Falsacappa gleich in seiner ersten Szene verkleidet auf, und zwar als frommer Eremit, der eine Gruppe junger Mädchen mit sich ins Lager der Räuber bringt. Auf die bange Frage der Mädchen, wohin denn der steile Pfad führe, antwortet Falsacappa:

Es ist der Tugend Dornenpfad,
Es ist der Tugend Dornenpfad ...

Notenbeispiel 1

Wie man sieht, erfordert die Musik eine Betonung auf »ist« in der ersten Zeile, jedoch eine auf »Tu« in der zweiten, und die Melodieführung der Silbe »pfad« ist in der zweiten Zeile ebenso gewunden wie es des falschen Eremiten Gedankengänge sind. In Kraus' Musikschrift sieht das so aus:

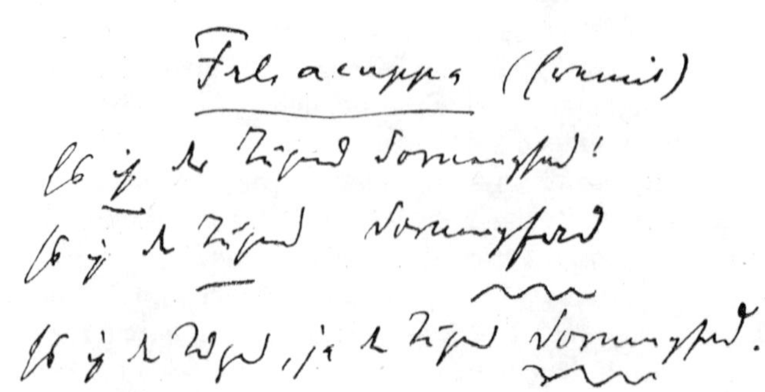

Zum Gesang hatte Kraus eine zwiespältige Haltung. Er verfügte über eine gute kräftige Tenorstimme, die unter günstigen Bedingungen – etwa im Crescendo eines Finales – das G mühelos erreichte. Auch lyrische Stücke klangen in seinem Munde gut, und in der Schnellsprechtechnik, die für ausgelassene Stücke Offenbachs so wichtig ist, war er ganz zu Hause. Freilich war seine Stimme nicht ausgebildet, und sowenig er jewann Schauspielunterricht genommen hatte, so absurd wäre ihm die Vorstellung erschienen, an Gesangsunterricht zu denken. Das abschreckende Beispiel waren natürlich jene Typen von Sängern, die in der Spezialisierung des Opernbetriebs längst vergessen haben, daß ihr Metier etwas mit Menschendarstellung zu tun hat. Einen berühmten Tenor seiner Zeit nannte Kraus einen »Kehlkopf« (F 751, 1927, 77) (Paul Rilla sprach in einer Passage, die auf S. 230 zitiert ist, vom »prominenten Tenorbauch«), und mit Behagen zitierte Kraus Offenbach, der, als er eine seiner vortrefflichsten Darstellerinnen, Hortense Schneider, engagierte, meinte, es wäre ein Unglück, sollte sie je Lektionen genommen haben. Ganz aus dem Herzen gesprochen waren ihm auch Offenbachs Worte, mit denen er das Angebot ablehnte, die beiden Hauptrollen eines seiner Einakter mit zwei berühmten Tenoristen zu besetzen; dafür bedanke er sich, schrieb Offenbach: »... meine Tenoristen für *Trompeter und Näherin* sind die Herren Blasel und Knaack [berühmte Komiker], die spielen meine Musik, wie ich es brauche, die Tenoristen brüllen sie nur« (F 852, 1931, 47). – Ich werde später ernste Musiker zu Worte kommen lassen (Steuermann, Alban Berg, Ernst Krenek), die voll des Lobes für die musikalische Seite der Leistung von Karl Kraus sind; die des Sängers stand für ihn im Hintergrund. Hätte er sich nicht auf seine natürliche Musikalität, sein instinktives Erfassen mimetischer und gestischer Qualitäten der Musik und auf sein phänomenales Gedächtnis verlassen können, seine Offenbach-Vorlesungen wären undenkbar gewesen.

Aber auch bei allen diesen Qualitäten fiel ein großer Anteil an der Gestaltung der Offenbachschen Musik natürlich seinen Pianisten zu; ich meine, ein größerer, als Kraus selbst wußte. Den Pianisten oblag es, das Tempo eines Stückes anzuschlagen und es durchzuhalten, im stürmischen Prozeß des dramatischen Ablaufs die musikalischen Gestalten zum Sprechen zu bringen, die für Offenbach so wichtige Aufeinanderfolge kontrastierender Stücke, etwa im Aufbau der Finali, herauszuarbeiten. Mehrstimmige Stücke, Ensemble- und Chorszenen mußten entsprechend bearbeitet, manche Stücke in Tonarten transponiert werden, die der Tenorstimme des singenden Nicht-Sängers gemäß waren. Der Flügel blieb halb geschlossen, damit die Stimme des Vortragenden nicht »gedeckt« werde; auch beim Musizieren sollte jedes Wort verständlich bleiben, der Text im Mittelpunkt stehen. Die »Einsätze« der Musikstücke erfolgten, wie bei Bühnenaufführungen, nach festgelegten Stichworten. Kraus' Vortragsdisziplin war erstaunlich; die in den Proben erarbeiteten und festgelegten Nuancen »kamen«, wie es in der Theatersprache heißt, unfehlbar. Als einmal in einer Vorlesung irgendein Detail meines Spiels anders kam, als es festgelegt war, zitierte Kraus nachher Goethe: »Zufall aber bleibt verhaßt.« Ich entsinne mich, daß mich Kraus bei einer Probe zu *Madame L'Archiduc* auf das erste der beiden Appositions-Kommata im Schlußcouplet der Marietta aufmerksam machte (auf das Komma nach »und« in der zweiten Zeile der folgenden Strophe), das er beim Vortrag durch Einhalten mitten in der Zeilenmelodie beachtet wissen wollte; das zweite Komma fiel sowieso mit dem Zeilenende zusammen, bedurfte also keiner besonderen Pause:

Denn man hat ihn mir ja entwendet
Und, mit diplomatischem Paß
Neulich nach Neapel entsendet,
Hat der Arme von mir nicht das!

Aber ganz so, wie bei einer Opern- oder Theateraufführung die Bühne im Zentrum der Aufmerksamkeit steht – die »unsichtbare Bühne«, die sich Richard Wagner scherzhaft wünschte, ist immer noch nicht erfunden, und Kraus hätte sie nicht begrüßt, wäre sie erfunden worden –, ganz so rückte Karl Kraus das Tischchen, an dem er saß, in den Mittelpunkt seines Podiums. Der Flügel mitsamt dem Pianisten war durch einen Wandschirm den Blicken der (meisten, nicht aller) Anwesenden entrückt (Abbildung 4). Aus den vorhandenen Materialien geht hervor, daß Kraus von allen seinen Begleitern am meisten mit Franz Mittler harmonisierte; ich bin den Gründen unter II.4. genauer nachgegangen. Mittlers Anpassungsfähigkeit und Vielseitigkeit, seine Qualitäten auch als Bearbeiter (wo Operetten, wie beispielsweise *Die Seufzerbrücke,* aus mehreren Fassungen gestaltet wurden), als Improvisator (bei Shakespeare-Lesungen vorzugsweise), als Dirigent (als die Berliner Funkstunde, siehe dazu II.5., mehrere Operetten in der Fassung von Karl Kraus und unter seiner Mitwirkung sendete), auch Mittlers Loyalität und Aufgeschlossenheit gegenüber der Krausschen Leistung – alles das machte ihn für Kraus in den letzten Jahren unentbehrlich. Auch die handschriftliche Widmung zweier im Druck erschienener Textbücher – die Widmung von Büchern war eine Auszeichnung, die Kraus nur wenigen zuteil werden ließ – macht die Wertschätzung deutlich, die Kraus für Mittler hegte (Abbildung 5). Man sieht, es bedurfte mannigfacher Voraussetzungen, damit die Offenbach-Vorlesungen von Karl Kraus zu dem wurden, was sie waren: Veranstaltungen von unbeschreiblicher Faszination. – Brecht (ca. 1934, 207) macht die treffende Bemerkung, eine charakteristische Methode von Karl Kraus (nämlich die des kommentarlosen Zitierens in der *Fackel*) setze voraus »den Aufbau eines Raumes, in dem alles zum Gerichtsvorgang wird«. In Analogie zu dieser Bemerkung ließe sich sagen, daß die Offenbach-Vorlesungen von Karl Kraus den Aufbau eines Raumes zur Voraussetzung hatten, in dem alles zum Gegenbild der Bürgerwelt wird. Zum körperlichen Raum, den er brauchte – dem Tischchen auf dem erhöhten Podium vor den Reihen der Zuhörer –, kam der geistige Raum des *Theaters der Dichtung.* Auch wenn er nicht immer darüber sprach oder schrieb, das Wort des Dichters schien Kraus aus einer anderen Welt zu kommen, aus der, die er »Ursprung« nannte (und die uns noch beschäftigen wird). Dichtung ist für Karl Kraus immer aktuell, immer auf die Gegenwart bezogen, sei es, daß sie die Gegenwart – er nannte sie auch »Widerwart« – kritisiert, sei es, daß sie ihr ein Gegenbild vorhält, eine Idealvorstellung von dem, was sein könnte, weil es in seiner Vorstellung – am »Ursprung« – einmal so gewesen war. Der Raum, in dem Karl Kraus' Offenbach gedieh, so heiter, unbeschwert, ja ausgelassen es in ihm zugehen konnte, war einer, in dem große Idealvorstellungen den Horizont bildeten.

Bei alledem ist die Frage unerläßlich, ob jener Offenbach, den Karl Kraus vor seine Hörer zauberte, identisch ist mit dem Offenbach, der, rund zwei Generationen vor Karl Kraus, in Paris auf die Bühnen gekommen war. Die Frage läßt sich weder schlankweg bejahen noch verneinen. Es wird darauf ankommen zu zeigen, worin die Ähnlichkeiten zwischen den beiden Männern und ihren Kunstwelten bestanden, worin sie sich unterschieden und was es war, das Kraus in Offenbach sah.

I. 2. Offenbach in seiner Zeit

Jeder Versuch, Offenbachs Leistung und Lebenslauf darzustellen, muß heute provisorischen Charakters sein; weder seine Kompositionen noch der Entwicklungsgang seines Denkens und Fühlens, noch auch die äußeren Umstände seines Lebens sind vollständig überblickbar (Abbildung 28). Es ist grotesk, aber es ist so: Der Komponist, dessen Melodien wahrscheinlich zu den auf der ganzen Welt bekanntesten gehören, die je komponiert wurden, ist gleichzeitig einer derer, die selbst der Fachmann nur mit einem Bruchteil ihres Gesamtwerkes kennt. Die Schwierigkeit beginnt bereits mit der Erschließung der Werke selbst. Es dürfte, soweit man irgend weiß, niemanden geben, der auch nur die wichtigsten Werke Offenbachs in ihrer Gesamtheit und in den verschiedenen Stadien ihrer Entstehung kennt. Viele seiner Partituren sind unbekannten Aufenthalts oder verloren; auch selbst die Klavierauszüge sind zum Teil schwer erhältlich, erst recht die Textbücher. Man erfährt, daß der brasilianische Dirigent und Forscher Antonio de Almeida einen Katalog sämtlicher Werke Offenbachs erarbeitet hat und daß die Drucklegung vorgesehen ist (Oeser 1981, 65).

Wenn dieser Katalog gelungen ist, wird er ein wichtiges Arbeitsmittel weiterer Beschäftigung mit Offenbach sein. Und weitere Beschäftigung tut not. Denn bislang hat sich die Offenbach-Literatur um das tiefste Rätsel dieses rätselhaften Mannes noch wenig gekümmert: Auf welchen Wegen der menschlichen und kompositorischen Entwicklung ist denn Offenbach von einem Melodienerfinder zum Komponisten eines der eigenartigsten, um nicht zu sagen eines einzigartigen, Bühnenwerkes geworden, *Hoffmanns Erzählungen*? Eine Fragestellung solcher Art wird wohl die Leitlinie für die Darstellung auch des Lebenslaufs Offenbachs zu bilden haben. Aber noch sind wir weit entfernt davon, auch nur die Dokumente, die uns Offenbachs Leben erschließen helfen könnten, in gesicherter Form vor uns zu haben, womit eine weitere unerläßliche Vorarbeit für ein Verständnis der Leistung Offenbachs genannt ist. Ähnliches wäre aber auch in bezug auf die Textautoren der Offenbachschen Operetten zu leisten. Im Augenblick sind noch nicht einmal Offenbachs Briefe gesammelt und herausgegeben worden. Weiter. Offenbach hatte einen ausnehmend großen Kreis von Mitarbeitern, Kollegen, Freunden, Familienangehörigen um sich; deren Äußerungen über ihren lieben Jacques wären von großem Interesse. Aber die Mühe, die sich Otto Erich Deutsch mit der Sammlung der Erinnerungen aus der Umgebung von Komponisten gemacht hat, ist bisher auf Offenbachs Umgebung noch nicht angewandt worden. (Ich werde später an einem Beispiel zeigen, wie aufschlußreich das wäre.) Auch ist die Arbeit noch nicht geleistet worden, eine Sammlung von Zeitungs- und Zeitschriften-Kritiken vorzulegen, die es gestatten würde, von dieser Seite her zu beurteilen, was seine Mitwelt von ihm hielt. Freilich wäre das nur eine Seite, denn Publikumsreaktion und Kritikerurteil brauchen bekanntlich nicht übereinzustimmen. Wie aber das Publikum reagierte, ließe sich mit Hilfe soziologischer Untersuchungen weit genauer erkunden, als wir es bislang wissen. Allein in Paris wurde Offenbach innerhalb von vier Jahrzehnten auf mindestens einem Dutzend Bühnen gespielt. Das Publikum dieser Theater muß sehr unterschiedlich gewesen sein. Die Salons, deren Licht die ersten dramatischen Versuche des jungen Komponisten sahen, und das große Théâtre de la Gaité, in dem, im letzten Lebensjahrzehnt des alternden Komponisten, seine revueartigen Inszenierungen stattfanden, können, was die Besucher angeht, nicht in einem Atem genannt werden. Und damit sind nur die äußersten Extreme der Besucherscharen angedeutet, die im Laufe der Jahrzehnte Offenbachiaden zu hören und zu sehen bekamen. Selbst die beiden Theater, die Offenbach unter dem Namen Bouffes-Parisiens führte, müssen, mit dem Publikum im Auge, recht unterschiedlich gesehen werden. Die Bouffes-Parisiens, die Offenbach im Sommer 1855 zur Zeit der Pariser Weltausstellung und in deren Nähe in einem kleinen baufälligen Theaterchen eröffnete, rechneten weitgehend mit einem Publikum von fremden Besuchern; die zweiten Bouffes-Parisiens, kein halbes Jahr später in einem solideren und größeren Haus eröffnet, mußten mit einem normaleren Pariser Publikum auskommen. Wir könnten unser Wissen um das Phänomen Offenbach entscheidend erweitern, würde man alle erfaßbaren Angaben zusammentragen; die geographische Lage, das normale Publikum, die Programmpolitik und das Künstlerensemble aller Theater, in denen Offenbach gespielt wurde, ihren Fassungsraum und ihre Kartenpreise; dazu zeitgenössische Abbildungen, Berichte und die (bereits erwähnten) Theaterkritiken. Gerade für das Verständnis der Offenbachschen Leistung wäre das unerläßlich. Denn wenn wir etwas mit Sicherheit sagen können über diesen schwer durchschaubaren Mann, so ist es sein erstaunliches Gefühl für das, was »in der Luft lag«. Schließlich wären die Zusammenhänge zwischen Offenbachs stilistischen Eigenheiten und seinen jeweiligen Aufführungen zu erkunden. Offenbach schrieb nicht – wie etwa sein großer Gegenspieler Richard Wagner – für ideale, erst zu schaffende Theaterverhältnisse. Nein, er hatte immer ein ganz bestimmtes Theater im Auge mit seinem Repertoire und seinem Ensemble – bis hin zu den Darstellern, Sängern und Komikern, und vor allem den Darstellerinnen. Das ist unter anderm deshalb wichtig, weil Offenbach auch im Spätwerk Unterschiede zwischen den Gattungen, vor allem zwischen Opéra bouffe und Opéra comique, wahrte.

Es dürfte deutlich geworden sein, welche Berge von Partituren (wo solche zur Hand sind), von Klavierauszügen, von Skizzen und Entwürfen, von Dokumenten,

Zeitungen, Zeitschriften durchzuarbeiten, welche Gebirge von Vorurteilen abzutragen sein werden, um ein fundiertes Bild eines der kompliziertesten Musiker des 19. Jahrhunderts zu entwerfen. Solchem Anspruch kann sich das Offenbach-Kapitel des vorliegenden Buches nicht stellen. Es muß uns genügen, den Weg freizulegen zum Verständnis dessen, was Karl Kraus in Offenbach gesehen haben kann. Aber auch dieses Vorhaben macht es notwendig, wenigstens die Umrisse eines neuen Offenbach-Bildes sichtbar und hörbar zu machen und sich dabei mit der vorhandenen Offenbach-Literatur auseinanderzusetzen (was auch unter II.3. geschehen wird).

Wir dürfen getrost davon ausgehen, daß das Urteil von Karl Kraus über Offenbach – wie es sich zunächst und vor allem in seiner Auswahl der vorgetragenen Operetten äußert – fundiert ist. Kraus hat seine Liebe für Offenbach ausführlich begründet; ich werde seine Grundgedanken später zitieren. Zunächst wollen wir uns aber von seiner Programmwahl leiten lassen. Die ersten sechs Offenbach-Operetten, die Karl Kraus in sein *Theater der Dichtung* aufnahm, sind allesamt zwischen 1866 und 1869 entstanden; Offenbach war 47 Jahre alt und hatte mehr als 60 Bühnenwerke geschrieben, als er in diese Phase seines Schaffens eintrat (die zu den politisch gespanntesten und schwierigsten seiner Laufbahn gehörte). Wenn man alle 14 Kraus-Offenbach-Operetten in Betracht zieht, findet man, daß 11 von ihnen nach 1866 entstanden sind. Kraus' Auswahl rückt also das reife Werk Offenbachs in den Mittelpunkt. Natürlich ist das kein Zufall; es darf aber auch nicht als das einzige Kriterium der Auswahl gelten. Zumindest eine Operette, die Kraus schätzte und gern vortrug, stammt aus früherer Zeit: *Fortunios Lied*, 1861 erstaufgeführt. (Das Lied des Fortunios selbst, das die Operette mit dem Titel und mit dem anziehendsten Musikstück versieht, ist noch älter.) Auch *Die Seufzerbrücke*, 1861, und *Die Schwätzerin von Saragossa* [*Les Bavards*, ursprünglich *Bavard et Bavarde* genannt], 1863, sind etwas älter als die mit *Blaubart*, 1866, einsetzende Phase. Andererseits gibt es in Offenbachs Laufbahn immer wieder Rückgriffe auf ältere Phasen, Nachzügler einer, im ganzen gesehen, schon nicht mehr gepflegten Gattung. *Die Insel Tulipatan*, erst 1868 auf die Bühne gebracht, ist ein Beispiel dafür, denn zu dieser Zeit hatte Offenbach die Gattung der »bouffonnerie«, in die das Stück gehört – es nennt sich auch so –, bereits hinter sich gelassen. (Übrigens war dieses Stück auch im *Theater der Dichtung* eine Ausnahme und brachte es nur zu vier Lesungen, während später aufgenommene Operetten die doppelte Anzahl und mehr erreichten.) Natürlich waren die Texte ein für Karl Kraus wichtiges Kriterium der Auswahl. Kraus wußte es und sprach es auch aus, daß er mit den Texten sogar von *Orpheus in der Unterwelt* (1858) und der *Schönen Helena* (1864) nichts hätte anfangen können. Musikstücke daraus ließ er gelegentlich als Bühnenmusiken, beispielsweise bei Vorlesungen seines *Wolkenkuckucksheim*, spielen. Erst recht wären ihm die meisten der früheren Einakter, die unter Bezeichnungen wie Bouffonnerie, Saynète, Opérette und anderen gespielt worden waren, fremd gewesen. Kraus' Bevorzugung von Operetten, die erstens spät entstanden sind, zweitens der Gattung Opéra bouffe angehören, deren Texte, drittens, zumeist von Meilhac und Halévy stammen, legt die Frage nahe, welche Qualitäten ihnen zukommen. Hier stoßen wir dann auf ein dramaturgisches Motiv, das insgesamt in sieben Offenbach-Operetten eine entscheidende Rolle spielt, alle sieben nach 1866 entstanden, alles Hauptwerke. Dreiviertel aller Offenbach-Vorlesungen (rund 73 Prozent) bestehen aus Operetten dieser Gattung. Es lohnt sich, näher zuzusehen.

Ein dramaturgisches Motiv Offenbachs

Ich nenne das Motiv das des sozialen Rollentauschs; es ist bislang in der Offenbach-Literatur – übrigens auch von Karl Kraus selbst – kaum genannt, geschweige denn beschrieben worden. Die Beschreibung muß zunächst offenbar die Textbücher betreffen. – Die Textautoren, auch »Les collabos« tituliert (verkürzte colloborateurs, Mitarbeiter), waren »Meil et Hal«, wie Offenbach sie in einer andern zärtlichen Verkürzung ihrer Namen nannte, nämlich Henri Meilhac (1831–1897) und Ludovic Halévy (1833–1908). Man sagt nichts Neues, wenn man heutzutage diesen beiden einen hohen Rang unter den Bühnenautoren zuspricht. Sie verstanden nicht bloß ihr Handwerk vortrefflich, bühnenwirksame, theatersichere Figuren und Situationen hinzustellen, dramatische Höhepunkte aufzubauen. Ihren Konzeptionen und Dialogen, ihren Lied- und Chansontexten eignen dichterische Qualität. (Bekanntlich stammt auch das Buch zu Bizets *Carmen* von ihnen.) In jüngster Zeit hat J. Heinzelmann (1981, 276/77 und Rückseite) zwei gewichtige Zeugen für den Rang der Offenbachschen Mitarbeiter benannt: Der Romanist Viktor Klemperer schreibt in seiner Französischen Literaturgeschichte (1956, 349ff.) über Meilhac und Halévy: »Die beiden Dichter – man darf ihnen den großen Namen geben...« Und Friedrich Nietzsche (Brief an Peter Gast, 21. 3. 1888) meinte: »Die Texte Offenbachs haben etwas Bezauberndes und sind wahrscheinlich das einzige, was die Oper zugunsten der Poesie bisher gewirkt hat...« (Damit sind Meil et Hal sicher mitverstanden, allerdings manche andere, vor-offenbachische Poeten der Oper, etwa da Ponte, vergessen.) – Die Zusammenarbeit zwischen Offenbach und den Collabos war äußerst eng; zahlreiche Briefe belegen – leider sind auch sie nie systematisch zusammengestellt, doch wenigstens mehrere von ihnen häufig zitiert worden –, daß Offenbach nie genug bekommen konnte an möglichst schnell gelieferten Texten, an möglichst täglichem Kontakt, direkter Zusammenarbeit. Eduard Hanslick (1894, 85) beschreibt, wie das funktionierte; er hatte Gelegenheit, Offenbach und Meilhac einmal eine halbe Stunde lang bei der Arbeit zu beobachten. »Offenbach saß am Klavier und sang dem Dichter vor« – auch Hanslick schrieb: »dem Dichter«! –, »was er tags zuvor von dem Libretto komponiert hatte. Hier fand er für seine musikalischen Intentionen vier Verse zu wenig; dort wollte er zwei Verse streichen, Meilhac erklärte sie für notwendig und wehrte sich. Die Verhandlungen wurden mitunter äußerst lebhaft. Am Ende wurden die beiden doch immer einig...« (Der Bericht verliert dadurch ein wenig an Wert – wenn auch nicht an Glaubwürdigkeit –, daß Hanslick die Szene mit den gleichen Worten schon einmal in einem Artikel zum Anlaß von Offenbachs Tod [1884, 282/83] beschrieben hatte, dort aber Offenbach, wörtlich, »mit seinem Textdichter, ich glaube Herrn Crémieux« arbeiten gesehen haben will. Vermutlich hat Hanslick bei der späteren Fassung seines Berichts an Hand von Aufzeichnungen oder durch Vergleich mit den damals entstandenen Operetten »Crémieux« in »Meilhac« korrigiert. Hector Crémieux war Mitarbeiter bei einem runden Dutzend Offenbachscher Operetten, mehrfach auch zusammen mit Halévy; das Buch zu *Orpheus in der Unterwelt* stammt von ihm.) Jedenfalls, in solcher Art von Zusammenarbeit entstanden auch jene Operetten, die das Motiv des sozialen Rollentauschs – in verschiedenen Formen, wie sich zeigen wird – handhaben. Wir werden die Natur der Dichterqualität der Collabos, wir werden auch die Qualität der Offenbachschen Musik besser verstehen, sobald wir die Operetten des genannten Zeitraums etwas näher in Augenschein und – es fehlt das rechte Wort – in Ohrenschein genommen haben werden.

Der Reihenfolge der Aufführung zu Offenbachs Zeiten nach – es mag sich anders mit der Entstehungszeit verhalten haben, aber die vermag ich nicht zu rekonstruieren – ist *Blaubart* die erste in dieser Gruppe von Operetten. Der soziale Rollentausch kommt in ihr dadurch zustande, daß der liebestolle Ritter Blaubart die Bauernmagd Boulotte zu seiner Gattin macht. Auf solche Weise gelangt sie als Frau eines Ritters in Hofkreise, in denen sich zu bewegen ihr nicht an der Wiege gesungen worden war. Die resultierende Verwirrung, auf beiden Seiten, ist groß. – Die zweite Operette dieser Gruppe, auch noch aus dem Jahre 1866 und gleichfalls von Meil und Hal, ist *Pariser Leben.* Hier ist der soziale Rollentausch ein Spaß, ein Jux, ausgeheckt und durchgeführt, um dem abenteuerbesessenen Baron Gondremark einen angenehmen Rauschzustand vorzuzaubern, von dem schließlich alle ergriffen werden und in dem aller Wünsche erfüllbar scheinen. Eine ganze kleine Schar von Domestiken übernimmt die Rollen ihrer Herrschaften; wer sollte besser wissen als sie, wie die Herrschaften gehen und sich drehen, wie sie sprechen und lispeln, wie sie sich anziehen – »On va les déshabiller« – Man wird sie ausziehen! – Im Jahr darauf, 1867, ist es die (schnell über alle Maßen berühmt gewordene) *Großherzogin von Gerolstein,* deren Titelheldin, darin dem Ritter Blaubart durchaus vergleichbar, sich in den gemeinen Soldaten Fritz verliebt und, da sie ihn ja nicht gut zum Mann nehmen kann, ihn in Minutenschnelle über einige Zwischenstufen vom Gemeinen zum General befördert. Und, weitere Parallele zum *Blaubart,* in seinem neuen Rang fühlt sich Fritz zwar nicht zu Hause, aber seinen neuen Kollegen überlegen. – Gleich im nächsten Jahr, im Jahre 1868, schrieben die Collabos, komponierte Offenbach ein weiteres Stück mit dem Blaubart-Komplex im Mittelpunkt: Der Vizekönig von Peru ist es diesmal, der sich in eine Straßensängerin verliebt, in Perichole, und zuerst einmal dazu sieht, daß sie sich verheiratet: Am Hof herrschen strenge Sitten, und der Vizekönig würde nicht dran denken, eine unverheiratete Frau zu seiner Geliebten zu machen; Ritter Blaubart hatte da ganz andere Methoden, mit dem Problem der Bigamie fertig zu werden. (Nebenbei bemerkt: Da Boulotte seine sechste Frau werden soll, beschuldigt, in der Krausschen Version, Boulotte ihn der Sechsgamie.) Ein Unterschied zwischen den dramaturgischen Konstellationen von *Blaubart* und *Perichole* besteht darin, daß Perichole, vom Hunger getrieben, den hoffnungslos verkommenen, selbstbetrügerischen Hof aufsucht, während Boulotte danach lechzt, an der Lotterie teilnehmen zu dürfen, bei der die Rosenkönigin, da andere Methoden zu ungewisse Resultate zeitigen, durch Entscheidung des Loses zur jungfräulichen Braut des Ritters erkoren wird. Der Unterschied ist beträchtlich. Aber einmal an den Hof gelangt, finden beide, Boulotte und Perichole, daß es dort weit eselhafter und wölfischer zuginge, als sie es sich ausgemalt hatten. – Im Jahre 1869 sind es gleich zwei Operetten, die, diesmal auf unterschiedliche Weise, den sozialen Rollentausch sich vollziehen lassen: In der *Prinzessin von Trapezunt* ist es zwar wieder ein gewonnenes Los, das die Aktion in Gang setzt, aber das Resultat ist ein anderes. Die Artistenfamilie gewinnt den Haupttreffer und fühlt sich nun gezwungen – unglückseliger Reichtum! –, in ungewohntem und unbehaglichem Luxus ihre Tage zu verbringen. Wo sind die Zeiten, da man, noch nicht gehemmt von den Sitten der guten Gesellschaft, seinen Neigungen leben konnte, gelegentlich auf dem Seil zu tanzen oder einen Schluck Feuer in den Mund zu bekommen! – Anders die Briganten. Sie brauchen den Rollentausch, um einen besonders kühnen Räuberhandstreich vollführen zu können, aber sie brauchen ihn nur vorübergehend; sobald der Plan gelungen ist, wollen sie wieder ehrliche Räuber sein. Denn was sie in der vornehmen Welt erleben, verschafft ihnen eine bessere Meinung von ihrem eigenen Handwerk. – Erst im Abstand von ein paar Jahren – und was für Jahren! Zwischen 1869, dem Jahr der *Briganten,* und 1874, dem Jahr der *Madame L'Archiduc* (und der Geburt von Karl Kraus), lag der Deutsch-Französische Krieg und die Pariser Commune –, erst nach fünf Jahren also folgte noch ein Nachzügler der Rollentausch-Gruppe: In *Madame L'Archiduc* ist es ein Erzherzog, der sich in eine Kellnerin verliebt, sie aufs Schloß nimmt und zur Erzherzogin macht, bis sie am Schluß zu einer charmanten Walzermelodie bekennt:

Da ich nun die Komtesse
Samt der Hoheit vergesse,
Ist mein ganzes Int'resse
Dem Plunder entrückt.

Selbst diese knappe Charakteristik der Figurenkonstellationen macht es klar: der soziale Rollentausch ist in Einzelheiten unterschiedlichen Charakters; er wird

---

spaßhaft vorgenommen	von den Domestiken im *Pariser Leben,* die mit Lust und Laune in die Kostüme von Admiral und Oberstenwitwe schlüpfen;
oder	
ersehnt und erreicht	von Boulotte im *Blaubart,* die sich um die Ehre drängt, Rittersgattin zu werden;
oder	
als Schicksalsfügung angenommen	wie das große Los von den Artisten in der *Prinzessin von Trapezunt* oder der Generalsrang von Fritz in der *Großherzogin von Gerolstein;*

	oder	
aufgezwungen		wie die Rolle der Erzherzogin der Kellnerin in *Madame L'Archiduc* oder die der Geliebten des Vizekönigs der Straßensängerin in *Perichole;*
	oder	
angemaßt		wie sich die Räuber in den *Briganten* die Rollen von Gesandten und Ministern anmaßen.

Unabhängig vom Modus seines Zustandekommens aber vollzieht sich der Rollentausch immer in einer Richtung: von den sozial Tieferstehenden in den Bereich der Oberen (abgesehen davon, daß, dramaturgisch nicht zentral, der Vizekönig zu »Doktorrock und -hut« herabsteigt, um inkognito unter sein Volk zu gehen, und mit ihm seine Edlen sich als Gemüsehändler und dergleichen betätigen); und der Rollentausch führt immer zu einem Resultat: die Oberen erweisen sich den Unteren unterlegen. Damit hängt zusammen die Zuordnung von positiven und negativen Figuren zu den beiden sozialen Bereichen. In fünf von den sieben Operetten ist diese Zuordnung eindeutig; in zweien fehlt sie weitgehend. So wollen wir, da sie etwas komplizierter aufzuschlüsseln sind, mit einer etwas eingehenderen Betrachtung dieser zwei beginnen: *Pariser Leben* und *Briganten.*

Im *Pariser Leben* fehlen die negativen Figuren auf der Bühne, denn weder der Baron noch gar die Baronin von Gondremark und am allerwenigsten der Baron Frascata (dem wir sogleich begegnen werden) können als negative Figuren verstanden werden. Hier liegt der Witz darin, daß Stubenmädchen und Handschuhmacherin, Diener, Schuster und die Nichten des Portiers dem auf die große Welt versessenen Baron diese so brillant vorgaukeln – »Er ist der größte General unseres Jahrhunderts; ich habe es aus seinem eigenen Munde!«, sagt der getäuschte Baron vom Schuster (Abbildung 6) –, daß der Humor und der Charme der Domestikenwelt diese in freundlicherem Licht erstrahlen läßt, als jene es ist, in der sie sich zu bewegen vorgeben. Indem sie sie parodierend nachäffen, entsteht das Bild der Gegenwelt als ein negatives. Umgekehrt, in der Virtuosität der Nachahmung dessen, was sich in der Nachahmung als lächerlich erweist, zeigt sich die Überlegenheit der Untergebenen. Nicht bloß die Nachahmung ist komisch, das Nachgeahmte ist es erst recht. – Die Komödie wird von zwei jungen Männern in Szene gesetzt, deren Beruf »Stutzer« ist, schlechthin Stutzer (Abbildung 8). Der eine, Gardefeu, stellt der schönen schwedischen Baronin Gondremark nach, und um ihren Gemahl, den Baron, einen Abend lang von ihr fernzuhalten, leistet der andere, Bobinet, den Freundschaftsdienst, für den Baron ein rauschendes Fest zu veranstalten. Die Gäste sind eben jene Domestiken, jeder und jede von ihnen mit genau festgelegter Rolle. In Vorbereitung des Gaudiums und in der Vorfreude darauf versichern sie dem Anstifter Bobinet, daß er sich auf sie verlassen kann; ihre Herrschaften darzustellen, das würden sie schon treffen! Offenbach hat für diese Szene eines seiner scheinbar einfach-kunstlosen, in Wahrheit äußerst raffinierten Stücke geschrieben. (David Rissin [1980, 199 ff.] hat für ein anderes Stück aus *Pariser Leben,* für das berühmte Finale »Es tanzet, tanzet, tanzet…«, den Nachweis geführt, wieviel Kunstverstand hinter der scheinbaren Simplizität steckt.) Unser Stück sei zunächst in seiner Textform vorgeführt, und zwar in drei Versionen: im französischen Original; in der Übersetzung von Carl Treumann, dem Schauspieler (und früheren Partner Nestroys), der in der Wiener Erstaufführung am Carl-Theater bloß drei Monate nach der Pariser Premiere mitwirkte; schließlich in einer gelungenen Neuübersetzung von Josef Heinzelmann (1982):

Meilhac und Halévy	Carl Treumann	Josef Heinzelmann
Prosper		
Les bêtises	Die Fadesse	Bester Kreise
Les sottises,	der Noblesse	Redeweise
Les potins et les caquets	und das Lispeln im bon-ton,	treffen wir Bedienten leicht,
Dont abonde	all' die Faxen,	die Fadess
Le grand monde	Gixen, Gaxen,	der Noblesse,
Sont bien connus des valets;	trifft ein schlauer Dienstbot' schon.	wie man viel mit nichts erreicht.
Ils observent	Wie sie plaudern,	Wir studieren
Ceux qu'ils servent	das belauern	beim Servieren
Et le maître qui les a,	wir mit kunstgeübtem Ohr.	gnäd'gen Herr'n und gnäd'ge Frau.
Les égaie	Diener müssen	Wie sich anstellt,
Et les paie	alles wissen,	wer uns anstellt,
Exactement pour cela.	kommt im Haus' was immer vor.	wissen wir doch ganz genau.
Les grimaces	Das Gemurre,	Wir erfassen
Si cocasses	das Geknurre,	die Grimassen,
Que maint et maint important	wenn der Herr sich dehnt und streckt,	sind Minister in Kopie.
Qu'on admire	und der Blicker	Die Frisuren,
Fait sans rire	mit dem Zwicker	die Amouren,
Nous les ferons en riant.	das copieren wir perfekt.	wir sind darin ganz wie sie.

Dieser Strophe folgt ein Refrain und ihm die zweite Strophe, die dem Stubenmädchen Pauline gehört:

Pauline		
Nous les femmes	Auch uns Frauen	Wir kopieren
De ces dames	kann man trauen,	die Manieren
Nous prendrons le ton galant,	daß wir treffen, was ihr wollt,	unsrer Damen, wie's beliebt.
Les manières	wir copieren	Mit uns werden
cavalières	die Manieren	die Gebärden
Leur air crâne et provocant;	uns'rer Damen treu wie Gold,	ja im Spiegel eingeübt.
Leur toilette	jede Regung	Zofen machen
De conquête,	und Bewegung,	in den Sachen
C'est nous qui la préparons;	Laune, Gang und Minaudrie,	ihrer Damen sicher Staat.
Ces coquettes	das zu treffen,	Sie als Zofen –
cocodettes,	nachzuäffen,	Katastrophen
C'est nous qui les habillons;	fehlt dem Kammermädchen nie!	wären da das Resultat.
Pour vous plaire	Alle Tage	Wir verzieren
On va faire	ist die Plage,	sie und schnüren,
Un tout contraire métier:	sechsmal zieht Madam sich an,	daß sie Euch den Kopf verdreh'n.
Les comtesses,	möcht' doch sehen,	Die begehrten
Nos maîtresses,	ob's wird gehen,	und verehrten:
On va les deshabiller.	ob ich das nicht g'rad so kann.	demaskiert sollt ihr sie seh'n!

Dann wieder der Refrain. – Ich werde die Musik dieses außerordentlichen Stückes (siehe II.2.) eingehender betrachten. Hier möge uns seine dramaturgische Funktion beschäftigen.

Es ist zunächst der Spieleifer, die Freude am Theaterspiel, am Sichverkleiden, der die Szene bestimmt. Sie erinnert an den Eifer von Kindern, sich in den Kleidern von Erwachsenen zu zeigen, oder an die unsterbliche Szene der Handwerker aus Shakespeares *Sommernachtstraum,* in der sie die Rollen der antiken Tragödie unter sich aufteilen. Etwas vom Geist des unvergeßlichen »Laßt *mich* den Löwen spielen!« (als Zettel, der Weber, erfährt, es gäbe auch eine Löwenrolle zu besetzen) beseelt dieses Offenbachsche Ensemblestück. Die Lust an der Verkleidung ist für die Rollentausch-Operetten überhaupt charakteristisch. Mit den neuen Rollen sind auch jeweils neue Kostüme vonnöten und meist willkommen. Vorwegnehmend sei darauf hingewiesen, daß die Räuber, die Briganten, abgesehen davon, daß der Räuberhauptmann gleich in der ersten Szene verkleidet auftritt, sich allesamt auf offener Szene zweimal verkleiden! Man übersehe auch nicht, daß die Verkleidungsfreude der darzustellenden Figuren auf die Verkleidungsfreude der jeweiligen Darsteller übertragbar scheint. Carl Treumann, derselbe, der die französischen Texte ins Wienerisch-Deutsche übertrug, spielte in *Pariser Leben* gleich drei Rollen (ohne daß dies von der Handlung der Stücke gefordert oder auch nur nahegelegt würde), von denen er in zweien sich außerdem zu verkleiden hatte. Aber freilich, der Spieleifer der Offenbachschen Domestiken, sosehr er in anthropologischen und theatergeschichtlichen Überlieferungen wurzelt, ist in keiner Weise naiv. Die Lust, die Herrschaften darstellen zu können, ist nicht bloß harmlos und ihr Resultat nicht bloß komisch. Wen man so genau kennt, daß man ohne weiteres in seine Rolle schlüpfen kann, den kann man auch ersetzen oder verdrängen. Der Rollentausch in *Pariser Leben* hat unterhalb seiner Heiterkeit etwas Bedrohliches für die Herrschaften (was man etwa von der Verkleidung des Stubenmädchens Adele aus der *Fledermaus* sicher nicht sagen kann). »Der Kleinbürger wünscht die Welt nicht anders, als sie ist, aber sich anders postiert in der so seienden Welt... Die spätere Operette begnügt sich mit der Wunscherfüllung« (Irmer, 1983). Die innerhalb dieser stürmischen Jahre entstandenen Operetten Offenbachs hingegen lassen mit Hilfe des Rollentauschs ahnen, daß auch aus Kleinbürgern Revolutionäre werden können.

Das Motiv des Rollentauschs ist in der Geschichte des Theaters reich belegbar. Unzählbare Male findet sich auch die mehr oder minder gelungene, mehr oder minder harmlose Nachahmung der Herrschenden (oder Tonangebenden oder Älteren). – Der historische Prozeß, der aus angeborenen, vererbten, sogenannten »ritualisierten« Nachahmungen, wie wir sie aus dem Tierreich kennen, bewußt vorgenommene, gesellschaftlich bedingte, »mimetische« Nachahmungen eigener und fremder Handlungen machte, der Prozeß also, aus dem das Theaterspiel hervorging, läßt sich im Augenblick noch nicht mit Genauigkeit herausarbeiten. Man kann dennoch nicht bezweifeln, daß er stattfand. Die »Mimesis«, die bewußt gehandhabte Nachahmung von Handlungen, um sich mit ihnen zu identifizieren oder sie zu bewundern – oder auch, um sie zu verhöhnen und zu verspotten –, ist mit der Menschwerdung unlösbar verbunden; Theater findet sich in allen Epochen und in allen Kulturen der Menschheit. Und von der Möglichkeit, sich von Veraltetem und Veraltendem mittels seiner parodierten Nachahmung zu distanzieren, haben unsere Vorfahren, vermutlich schon in der Urgesellschaft, reichen Gebrauch gemacht. Die parodierten Nachahmungen im *Pariser Leben* stehen in einer alten Tradition.

Kennt das *Pariser Leben* keine negativen Figuren, so sind andererseits die positiven in einer für Offenbach ungemein charakteristischen Weise leicht ironisiert. Wohl nirgendwo ist das besser gelungen als in dem unvergleichlichen Brief der Metella, einem der erstaunlichsten Kunstgriffe von Textautoren und Komponist. Ein im Stück selbst gar nicht vorkommender Stanislaus Baron von Frascata wird zu einer rührend sympathischen Figur, obwohl, was wir über seinen Lebenslauf erfahren, ihn von anderen Figuren der Lebewelt nicht sonderlich unterscheidet – sieht man davon ab, daß er nicht in Paris, sondern im fernen Schweden zu Hause ist; sein Ausflug in die Pariser Lebewelt war eine Episode. Baron Frascata ist ein junger Mann aus adlig-wohlhabendem Haus, der vor einigen Jahren ein paar Monate in Paris verlebte und mit dem Geld, das er mitgebracht hatte, sich die Gunst einer Lebedame, eben Metellas, erkaufte. Frascata liebte Metella, obwohl sie – das muß man verstehen – nur unglaubhaft versicherte, ihn wiederzulieben. Dieser junge Mann nun empfiehlt seinen Freund, den uns bereits bekannten Baron von Gondremark, an seine frühere Freundin, und zwar mittels eines Briefes, den Metella laut liest. Die Autoren stellen den Schreiber des Briefes so naiv und unschuldig hin, daß man für ihn eingenommen wird. Aber ganz ernst nehmen kann man ihn freilich auch nicht, und Walter Benjamin, der das Stück »ein Requiem auf die Generation unserer Großväter« nannte – es sind inzwischen mindestens Urgroßväter geworden –, hat das auch so empfunden. Ich gebe das Stück sowohl als Gedicht (in der Fassung, die Karl Kraus ihm nach der Übersetzung von Carl Treumann gegeben hat) als auch in Form eines Notenbeispiels wieder, als auch auf der Platte:

Sie denken, liebe Kleine, PL * 1
Noch manchmal, wie ich meine,
An Stanislaus Baron von Frascata,
Den man auf jedem Balle,
Blind für die andern alle,
Wie Ihren Schatten Sie verfolgen sah.
Ich liebte Sie – und was ward mir zum Lohne?
Ward ich geliebt? – Ich hab es nie geglaubt!
Sie sagten es – doch ach, mit einem Tone,
Der mir den Glauben an Ihr Herz geraubt!
  Trotzdem ist's keine Frage,
  Es waren schöne Tage,
Die wir in Lust und Scherzen zugebracht –
  Wo beim Gekrach der Pfropfen
  Sie die Champagner-Tropfen
Durch Ihren Witz noch köstlicher gemacht.
O schöne Zeit! Zwei Monde hoher Wonne –
Den Himmel träumt' ich hier auf Erden schon!
Anmutig strahlten Sie darin als Sonne,
O Reizende – doch schweigen wir davon!
  Jetzt sieht es anders aus –
  Ich leb' im Vaterhaus
Wie der verlor'ne Sohn, man glaubt es kaum!
  Solid ist alles hier,
  Im Geist nur zeigt sich mir
Ihr reizendes Boudoir im Nebeltraum.
O schöne Zeit, wo ich Sie täglich sah –
Voll Anmut plauderte Ihr kleiner Mund.
Dann trotzten Sie – doch ich vergaß beinah',
Was dieses Briefes eigentlicher Grund!
  Ein reicher Herr vom Stande,
  Mir wert durch Freundschaftsbande,
Baron von Gondremark reist ab von hier,
  Um nach Paris zu gehen
  Und dort sich umzusehen.
Sein einz'ger Reisezweck ist das Plaisir! –
Er bat mich, ihn ein wenig einzuweihn,
Wo man sich dort am besten amüsiert.
Ich lächelte – Sie werden schon verzeihn –
Und hab' ihn an Metella adressiert.
  Ich kenne Ihre Güte,
  Ihr zärtliches Gemüte,
D'rum bitt ich, nehmen Sie sich seiner an!
  Wenn Sie die Zügel führen,
  Wird er sich amüsieren –
Tun Sie für ihn, was Sie für mich getan! –
Ich schick' ihn hier, doch haben Sie Erbarmen,
Und machen Sie den Mann nicht ganz verrückt,
Ich hör ihn schwärmen, seufzen schon, den Armen,
In Ihren Rosenbanden ganz verstrickt.

* Das Sigel PL zeigt an, daß das betreffende Stück (in der Reihenfolge, die die nachfolgende Zahl angibt) auf der beiliegenden Schallplatte zu hören ist.

Wie ich auf jedem Balle,
Blind für die andern alle,
An Ihre Reize mich gefesselt sah.

Zum Schlusse noch das eine,
Gedenken, holde Kleine,
Sie manchmal
Ihres
Frascata.

Notenbeispiel 2

fol - gen sah. Ich lieb - te Sie und was ward mir zum Loh - ne? Ward
cher ge - macht. O schö - ne Zeit! Zwei Mon - de vol - ler Won - ne - den
das Plai - sir! Er bat mich, ihn ein we - nig ein - zu - wei - hen, wo
D D7 G
ich ge - liebt? Ich hab es nie ge - glaubt! Sie sagten es doch
Him - mel träumt ich hier auf Er - den schon! An - mu - tig strahlten
man sich dort am be - sten a - mü - siert. Ich lä - chel - te - Sie
H F♯7 H D7(♮)
rit. 1. atempo
ach, mit ei - nem To - ne, der mir den Glauben an ihr Herz ge - raubt. Trotz -
Sie da - rin als Son - ne, oh Rei - zen - de - doch schweigen
wer - den schon ver - zei - hen und hab ihn an Me - tel - la
G C G D7 G D
rit. atempo

2.
a tempo
wir davon! Jetzt sieht es anders aus, ich leb im Va-terhaus, wie der ver-lor-ne Sohn, man
G D G6 G A A7
a tempo
glaubt es kaum! So-lid ist al-les hier, im Geist nur zeigt sich mir Ihr rei-zendes Boudoir im
D G6 A7
Ne-bel-traum! O schö-ne Zeit, wo ich Sie täg-lich sah - voll Anmut plauderte Ihr
D D7 Gm Gm Eb7

klei - ner Mund, dann trotz-ten Sie, doch ich ver - gaß beinah', was die-ses
D
D
Gm
rall.
Brie-fes ei-gent-li-cher Grund. Ein
Eb7
D
D7
G
D
rall.
D. S. al
animato
a - dres-siert. Ich ken-ne Ih - re Gü-te, Ihr freundli - ches Ge - mü - te, drum
G
G5+
C

bitt' ich, neh-men Sie sich sei-ner an! Wenn Sie die Zü-gel führen, wird
Am D7 D7
rit. rit.
er sich a-mü-sieren. Tun Sie für ihn, was Sie für mich getan! Ich schick' ihn hier, doch haben
G D7 G G7
rit. rit.
più rit.
Sie Er-bar-men, und machen Sie den Mann nicht ganz verrückt! Ich hör ihn schwärmen, seufzen
C Cm G A7

rall.
animato assai
schon, den Armen, in Ihren Ro-senbanden ganz ver-strickt. Wie ich auf jedem Bal-le, blind
G D7 G D
f animato assai
rall.
für die andern al-le, an Ih-re Rei-ze mich ge-fes-selt sah. Zum Schlusse noch das Eine: ge-
G D7 G C G D7 G G7
Allegro
denken, holde Kleine, Sie manchmal Ihres Fras-ca-ta.
C G D7 G D
f

Ähnlich doppelbödig sind *Die Briganten* angelegt. Bloß: Gibt es im *Pariser Leben* keine negativen Figuren, in der Räuberoperette gibt es keine positiven, wenn man davon absieht, daß das schöne Töchterchen des Räuberhauptmanns, Fiorella mit Namen, und ihr Liebhaber Fragoletto (eine Hosenrolle – Abbildung 10) musikalisch mit ähnlich distanzierter Anteilnahme gezeichnet sind wie der Frascata der Lebewelt. – Stoff des Stückes ist ein ingeniös ausgedachter Fischzug der Briganten: Zuerst überfallen sie einen Gasthof und übernehmen die Rollen der Gasthofinhaber und deren Köche, Kellner und Stubenmädchen; dann werden die in dem Gasthof absteigenden Gesandten des Hofes von Granada, die ihren Prinzen zum Zweck einer arrangierten Ehe mit der Prinzessin von Navarra dorthin begleiten sollen, übermannt und der Kleider beraubt; nunmehr als prinzlich-granadische Granden verkleidet, ziehen die Briganten an den navarrischen Hof, um dort drei Millionen zu kassieren (Abbildung 11), die der navarrische Finanzminister als Mitgift der Prinzessin auszahlen soll. Bis zu diesem Moment klappt der Plan vortrefflich, bloß, der Finanzminister hat die drei Millionen veruntreut und besitzt keinen Heller. – Die Moral von der Geschicht ist in einem Satz enthalten, den der Räuberhauptmann Falsacappa formuliert und der im französischen Original lautet: »... il faut voler selon la position qu'on occupe dans la société« [... man muß nach der Stellung stehlen, die man in der Gesellschaft einnimmt]. Anlaß der Belehrung ist die Beratung des Planes, die Falsacappa im 2. Akt des Stückes mit seinen Getreuen abhält und bei der er sie warnt, in der Verkleidung als Aristokraten etwa eine Taschenuhr zu stehlen oder eine Schnupftabakdose. Das wäre durchaus nicht standesgemäß. Hingegen drei Millionen zu ergaunern, das stimme gut überein mit dem Rang, den sie nun zu bekleiden vorgeben. Gestohlen wird – so Falsacappa – in jeder Klasse der menschlichen Gesellschaft, bloß die Größenordnung muß stimmen. – Auf diese Erkenntnis bereitet bereits eine kleine Szene des ersten Aktes vor, in der ein getreuer Gefährte des Falsacappa, der alte Pietro, Fiorella zum Zeitvertreib eine Räubergeschichte erzählen soll. Ich gebe die Szene im französischen Original (weil sie eine hübsche Beziehung auf Voltaire enthält, die in der deutschen Übersetzung aus guten Gründen wegfällt; man hätte sie in Wien nicht verstanden) und in der (später von Karl Kraus erneuerten) Übersetzung von Richard Genée, die seit dem März 1870 im Theater an der Wien benützt wurde:

Fiorella Eh bien, bon vieillard, racontez-moi, comme vous l'a dit mon père, racontez-moi une histoire de voleur.	Nun, mein guter Alter, erzähle also ... Deine Räubergeschichte.
Pietro Volontiers. – Il y avait une fois un grand financier.	Gern. Also hör zu. Es war einmal ein Banquier.

Fiorella *après une silence*
Et puis après?

Nun und weiter?

Pietro
C'est tout.

Weiter nichts.

Fiorella *risant*
Oh! oh! bon vieillard, elle n'est pas de toi, cette histoire-là.

Das ist die ganze Räubergeschichte?

Pietro
Non, mademoiselle, c'est une histoire qui j'ai volée à M. de Voltaire.

Jawohl. Sie ist zwar gewöhnlich, aber wahr.

Fiorella
–

Etwas Amüsantes! Schnell!

Wie gut man im Theater an der Wien den Geist Offenbachs verstand – *Die Briganten* blieben dort einige Jahre hindurch auf dem Repertoire –, möge außer den Szenenfotos von der Erstaufführung ein Couplet des Falsacappa belegen; es liegt auf separaten Blättern (Abbildung 13) dem Soufflierbuch bei, das in der Theaterabteilung der Österreichischen Nationalbibliothek aufbewahrt wird (und das vermutlich auch Karl Kraus benützt hatte). Das Couplet ist von einem unbekannten Autor und, soweit ich feststellen kann, geht nicht zu einer Offenbachschen Melodie, sicher nicht zu einer aus den *Briganten;* wahrscheinlich wurde die Musik gleich dem Text eigens für Swoboda, den Darsteller des Falsacappa, geschrieben; es könnte gut nach der Belehrung über den Zusammenhang zwischen der sozialen Rangordnung, die einer einnimmt, und der Größenordnung des Diebstahls, die ihm zukommt, seinen Platz gefunden haben. Es geht so:

Will man in unser Tagen
Nicht bei der Räuberei
Dem Zeitgeist Rechnung tragen –
Geht man zu Grund' dabei!
Ein jeder schnipft famos
Und giebt sich nur dabei
'Nen andern Titel blos
Von weg'n der Polizei:
Doch bleibt er unser Concurrent
Wenn er sich auch nicht Räuber nennt.

»schnipft« – wienerisch für stehlen oder kleine Gaunereien verüben

Man lockt naive Seelen
Heran zu einem Spiel,
Um sie dann auszuschälen
ganz ohne Mitgefühl.
Wer so die Leut vexirt
Mit einem Wisch Papier

Und dann drauf speculiert,
Daß es den Werth verlier'
Der ist doch unser Concurrent
Wenn er sich stolz auch »Gründer« nennt.

»Gründer« nannte man in Österreich jene Finanzleute, die an der Modernisierung der Stadt Wien seit 1857 mit zum Teil betrügerischen Unternehmungen mitgewirkt haben.

Es sagt ein frommer Pater:
»Dein Frevel war zwar groß, –
Doch weih' Dein Geld der Kirche –
Dann bist Du Sündenlos!«
Wer so ein Erb' erschleicht,
Ein Testament erzwingt,
Und dann nur Tröstung reicht
Wo es ihm Geld einbringt,
Der ist doch unser Concurrent,
Wenn er sich »Seelenhirt« auch nennt.

Wo Stellen zu vergeben,
Die reichlich sind dotirt
Kann Wunder man erleben, –
Wenn g'hörig wird geschmiert.
Wer so die Leut ernennt,
Ob sie auch noch so dumm, –
Nicht fragt nach Geist, Talent
Nach Bildung, Studium,
Der ist doch unser Concurrent, –
Ob er sich auch »Minister« nennt.
(Ob er sich auch ganz anders nennt)

Diese letzte Zeile war offenbar als Alternative gedacht für den Fall, daß sich die vorhergehende als unaufführbar erweisen sollte.

Aus der Musik der *Briganten* will ich zwei markante Stücke in anderem Zusammenhang (siehe Seite 96 ff.) vorstellen.

So also war es mit den beiden Operetten bestellt, in denen die Gegenüberstellung von positiven und negativen Charakteren nicht das Grundmuster der Bühnenhandlung abgibt. Im ersten Fall wurden die Bösen nur in der Parodie derer, die das Bessere verkörpern, sichtbar; im zweiten ließ der Gang der Handlung (und der Reflektionen über sie) das Böse als eine die ganze Gesellschaft ergreifende Kategorie erkennen, und nicht den Beraubten, sondern den Räubern, besonders der jungen Räubergeneration, wird ein Anteil von Sympathie zugemessen.

Die andern fünf Operetten der Rollentausch-Gruppe bedienen sich der klassischen Gegenüberstellung von positiven und negativen Figuren. Die musikalische Entsprechung dieser Gegenüberstellung ist die von zwei Musiktypen. Für seine kleinen Leute, die sympathischen, hat Offenbach den liedartigen Sologesang der Opéra comique übernommen und weiterentwickelt, vor allem besonders in den späten Bühnenstücken, in der Richtung größter Einfachheit und Knappheit; wie so oft bei Offenbach, kann es leicht passieren, daß der Schein der Simplizität die Subtilität, ja Raffinesse der Gestaltung verdeckt. Für Stücke dieser Art verwendete Offenbach Bezeichnungen wie »ariette« oder »strophes« auch »romance«; oft haben sie, wenn sie nicht rein lyrisch sind, Verwandtschaft mit dem Kabarettlied; Beispiele werden folgen. – Stücke der andern Art stammen aus dem Bereich der Schwänke und Possen, der Parodien und Jahrmarktspäße. Hier geht es martialisch und mechanisch, stramm und repetitiv zu. – Am besten, ich demonstriere zunächst die Gegenüberstellungen (gemeinsam mit Szenenbruchstücken, in denen sie vorkommen). Ich wähle zuerst eine Szene aus *Madame L'Archiduc*. Im ersten Akt dieser Operette kommt Marietta, die Kellnerin, mit ihrem jungvermählten Gatten, dem Kellner Giletti, gerade aus der Kirche zurück in den Gasthof, in dem sie beschäftigt sind; Wirt und Kellner erwarten sie – mit durchaus unterschiedlichen Motiven. Das geht dann, nachdem die beiden der versammelten Gasthofmannschaft in einem charmanten Chanson von ihrer Hochzeit berichtet haben, in der von Karl Kraus stammenden Fassung so:

Der Wirt
Nun aber genug! Ihr singt, ich bin es zufrieden –
jetzt heißt es arbeiten!

Giletti
Ah pardon, Meister, das gilt nicht für mich – Sie haben uns drei Tage Urlaub versprochen.

Marietta
Drei Tage Urlaub!

Giletti
Daran halten wir fest!

Marietta
Drei Tage, das ist nicht zuviel für einen ganzen Honigmond, der von rechtswegen aus mindestens vier Flitterwochen bestehen sollte!

Der Wirt
Ich habe es euch versprochen, ich halte mein Versprechen. Ich habe euch verheiratet, weil ihr die ganze Zeit in allen Winkeln gesteckt habt, um euch zu küssen. Etwas anderes konnte man gar nicht mehr von euch verlangen. *Bewegung Mariettas* Nun, ist das vielleicht nicht wahr, was ich da gesagt habe?

Marietta
Gewiß, mein Herr! Aber es geschah nicht in Winkeln, denn wir haben das Licht der Öffentlichkeit nicht zu scheuen.

Der Wirt
Na na! Also ich habe euch verheiratet, weil ich hoffe, daß nach all den unzertrennlichen Herzensergießungen des ersten Moments ihr schließlich doch wie Hund und Katz' leben werdet.

Marietta
Oh nein!

Der Wirt
Oh doch!

Giletti
Oh nein!

Die Kellner
Oh doch!

Giletti
Was wollen denn die da?

Der Wirt
Ich spreche aus Erfahrung, es ist ganz die nämliche Geschichte, die uns passiert ist, nämlich meiner Frau und mir. *Traurig* Ich bin derzeit Witwer *fröhlich* und ich beklage es nicht.

Marietta
Es ist Ihnen passiert, weil Ihre Frau Sie nicht geliebt hat, während hingegen ich Giletti anbete!

Giletti
Jawohl, sie betet mich an.

Die Kellner
Oh nein!

Giletti
Was wollen denn die da?

Der Wirt
Genug, beenden wir das, nehmt eure drei Tage.

Giletti
Komm, liebe Gattin, schicken wir uns zur Abreise an. Ah, wir wollen unsere drei Tage gut verwenden!

Der Wirt
Ihr wollt also eine kleine Hochzeitsreise machen?

Giacometta
Und wohin soll es gehen?

Giletti
Es geht... Es geht... es geht euch gar nichts an.

Giacometta
Ach Marietta, sag du uns, wo du hingehst!

Der Wirt
Ja, Marietta, willst du es uns sagen?...

Marietta

I
Wohin ich geh, wie soll ich das wissen?
Wohin Giletti mich führen mag!
Denn ihm zu folgen bin ich beflissen,
Zumindest heut am Hochzeitstag.
Als ich noch frei war, hielt gefangen
Man hier mich in dem Heimatort.
Nun ich gebunden, zieht Verlangen
Mich in die fernste Ferne fort.
So laßt uns auf die Reise gehn,
Ihr Freunde, lebt wohl, auf Wiedersehn!
So laßt uns auf die Reise gehn,
Ihr Freunde, lebt wohl, auf Wiedersehn!

II
Neu ist das Leben mir wie mein Namen,
Ich weiß von nichts, bei meiner Ehr'!
Jedoch Giletti, meine Damen,
So scheint es mir, der weiß von mehr.
Ich bin bereit, ich laß mich lehren,
Schon in der Schule war ich brav;
Und wenn ich heimkehr', sollt ihr hören,
Wie gut ich es im Leben traf.
So laßt uns auf die Reise gehn,
Ihr Freunde, lebt wohl, auf Wiedersehn!
So laßt uns auf die Reise gehn,
Ihr Freunde, lebt wohl, auf Wiedersehn!

Marietta und Giletti reichen allen die Hand und gehen in das Zimmer rechts ab.

Adieu... Ihr Freunde!...

Notenbeispiel 3

Marietta
Wo - hin ich geh', wie soll ich das wis - sen? Wo -
hin Gi - letti mich füh - ren mag! Denn ihm zu fol - gen bin ich be -
flis - sen, zu - mindest heut am Hochzeits - tag. Als ich noch frei war, hielt ge -
rit.
poco animato
pp
G G G5+ Em
Am F F♯m5- Hm G7
C Cm G D7 G Em Hm C♯o

fan-gen man hier mich an dem Heimat-ort. Nun ich ge-bunden, zieht Ver-
F#7 Hm Em Hm Em Hm C#o
rit.
a tempo
lan-gen mich in die fern-ste Fer-ne fort. So laßt uns auf die Rei-se
F#7 Hm Em6 Hm F#7 Hm D7
p
gehn, ihr Freunde, lebt wohl auf Wieder-sehn! So laßt uns auf die Rei-se
G E7 Am D7 G D7

Nicht minder charmant und nicht minder charakteristisch Mariettas Chanson aus dem zweiten Akt. – Der Erzherzog hat inzwischen in das Geschehen eingegriffen; in Marietta besinnungslos verliebt, hat er sie überredet, ihm auf das Schloß zu folgen. Marietta stimmt unter der Bedingung zu, daß der junge Gatte mitkommt. Da finden sie sich nun, als Graf und Gräfin von Irgendwas, auf dem Schloß. Aber nur Marietta weiß, daß sie die Dinge zum Guten wenden wird und wie sie das tun will; Giletti hingegen, ein lieber, netter Kerl von einem Kellner, aber etwas schwer von Begriff, hat schon längst aufgegeben zu verstehen. Als er in einer bestimmten Situation aufmucken will, bedeutet ihm Marietta:

PL 2

Schweig still
Schweig still
Du mußt dich meinem Willen beugen.
Schweig still,
Schweig still,
Bald zeigt es dir sich, was ich will.
Und wenn ich sage, du sollst schweigen, ah …
Schweig still,
Schweig still.

Notenbeispiel 4

Und damit nun vergleiche man das Auftrittslied des Erzherzogs:

Der ganze Hof, Lehnsherren, Ehrendamen treten auf.

Chor:
/: Der Erzherzog, elastisch schreiten
Wird er gleich in den Saal herein.
Die Salve kracht, die Glocken läuten,
Um den Respekt uns einzubläun. :/*

Der Erzherzog *tritt ein, gefolgt von seinen vier Ministern*
Wir wir wir Erzherzog Ernst, von Gottes Gnaden,
Entbieten den Gruß denen, die hier eingeladen.
Er spricht. Huß, huß!
Er schreitet durch die Mitte, alles weicht zurück. Original!

/: Original, Original,
Was bin ich doch für ein Original,
Nein, nichts ist so original
Wie ein Erzherzog, der ein Original! :/

I
Jeder Erzherzog dem andern gleicht
Wie ein Ei dem andern, das ist fatal,
Doch mich hat keiner noch erreicht,
Denn ich, ich bin ein Original.
Mein Vater war ein banaler Mann,
Doch ich bin ein ganz besonderer Fall,
Den man mit ihm nicht vergleichen kann,
Denn an ihm war gar nichts original.
Man verkauft mein Bild in ganzer Figur,
Zu Fuß, zu Roß, je nach Wunsch und Wahl,
Doch bin ich es nicht, nein, gar keine Spur,
Denn dazu bin ich viel zu original.

Der Erzherzog und Chor
Original, original, original, original, ah ...
Original, original,
Was bin ich doch für ein Original,
Nein, nichts ist so original
Wie ein Erzherzog, der ein Original!
Original, original,
Was ist er doch für ein Original,
Nein, nichts ist so original
Wie ein Erzherzog-Original!

II
Original bis in das Mark,
Goutier' ich die republikanischen Chosen;
Mitten im Hochsommer heize ich stark,
Und im Winter trage ich Nankinghosen.
Wenn mich einmal ein Mädchen liebt,
Fass' ich im Nu den tiefsten Degout;
Wenn sie mir aber Grobheiten gibt,
Wend' ich wie toll mein Herz ihr zu.
Reich zwar, bettl' ich um jeden Lohn,
Schlafe bei Tag, wach' bei der Nacht,
Für einen Holzstuhl laß ich den Thron,
Denn ich bin, das ist ausgemacht:

Der Erzherzog und Chor
Original, original, original, original, ah ...
Original, original,
Was bin ich doch für ein Original,
Nein, nichts ist so original
Wie ein Erzherzog, der ein Original!
Original, original,
Was ist er doch für ein Original,
Nein, nichts ist so original
Wie ein Erzherzog-Original!

---

* Das Zeichen /: ... :/ bedeutet, daß die dazwischenstehenden Zeilen beziehungsweise Worte zwei Mal, das Zeichen //: ... ://, daß sie drei Mal vorzutragen sind.

Notenbeispiel 5

Va - ter war ein ba - na - ler Mann. Doch ich bin ein ganz be - -
Vet - ter Bum - sti wird Ge - ne - ral. Die Ma - je - stät, al - les
dies - mal meint sie, — daß sie nicht muß. — Und sie verschmäht aus
D
p
D
D
son - de - rer Fall, den man mit ihm nicht ver - glei - chen kann, denn an
reif - lich er - wä - gend fand es sehr schön und Knall und Fall
viel - fach - en Gründen und trotz diesem stoff - li - chen Ü - ber - fluß ei - nen
A7
A7
A7
ihm war gar nichts o - ri - gi - nal. Man ver - kauft mein Bild in
gab es ei - ne Hetz in der gan - zen Ge - gend. Da - zu ist ein Ruf wie
Reim auf Skandal und Jour - nal zu fin - den. Der Ab - scheu hält mich vom
A7
D
G
f
p

gan - zer Fi - gur, zu — Fuß, zu Roß, je nach Wunsch und Wahl, doch
Don - ner - hall Schul - ter an Schul - ter durch Jah - re erschol - len. Es
Zeit - stoff ent - fernt und ich fürch - te, es möch - te mir nicht mehr gelin - gen: Als
D A7 D
bin ich es nicht, nein, gar kei - ne Spur, denn da - zu bin ich viel zu
hat uns sehr ge - freut, doch wars ka - ta - strophal, und da hieß es wir hät - ten
Min - ne - sän - ger hab' ich verlernt in — Ö - ster - reich das
G D A7
f p f
o - ri - gi - nal. O - ri - gi - nal! O - ri - gi - nal! O - ri - gi -
es nicht wollen. O - ri - gi - nal! O - ri - gi - nal! O - ri - gi -
Sa - gen und Singen. Christlich so - zial - de - mo - kra - tisch e - gal, ba - nal, fa -
D D D° D D°
p f

p
nal! O-ri-gi-nal! Ah 1. O-ri-gi-nal, O-
nal! O-ri-gi-nal! Ah 2. Ja ü-berall,
tal, schwer wird die Wahl, Ah 3. O-ri-gi-nal, O-
D D° D D7 G G°
ri-gi-nal, was bin ich doch für ein O-ri-gi-nal! Nein
ja ü-ber-all, ü-ber-all in der Welt war's bloß ba-nal. Doch
ri-gi-nal, was bin ich doch für ein O-ri-gi-nal! Ich
G G° D7 G
nichts ist so o-ri-gi-nal, wie ein Erz-her-zog, der ein
un-ser Krach ist o-ri-gi-nal, doch un-ser Krach ist
las-se aus-nahms-wei-se ein-mal das Coup-let (wie es steht) im
C6 G D7

Chor.
O - ri-gi-nal! O - ri - gi - nal, o - ri - gi - nal, was
o - ri-gi-nal! Ja ü-ber-all Ja ü-ber-all, ü-ber -
O - ri-gi-nal! O - ri - gi - nal, o - ri - gi - nal, was
G G G° G G°
cresc.
ist er doch für ein O - ri-gi-nal! Nein nichts ist so o -
all in der Welt war's bloß ba - nal, doch un - ser Krach ist
ist er doch für ein O - ri-gi-nal! Er läßt aus - nahms -
D7 G C6
cresc.
ri - gi - nal wie ein Erz - her - zog O-ri-gi - nal!
o - ri - gi-nal doch un - ser Krach ist o-ri-gi - nal!
wei-se ein-mal das Coup - let im O-ri-gi - nal!
G G D7 Em
ff

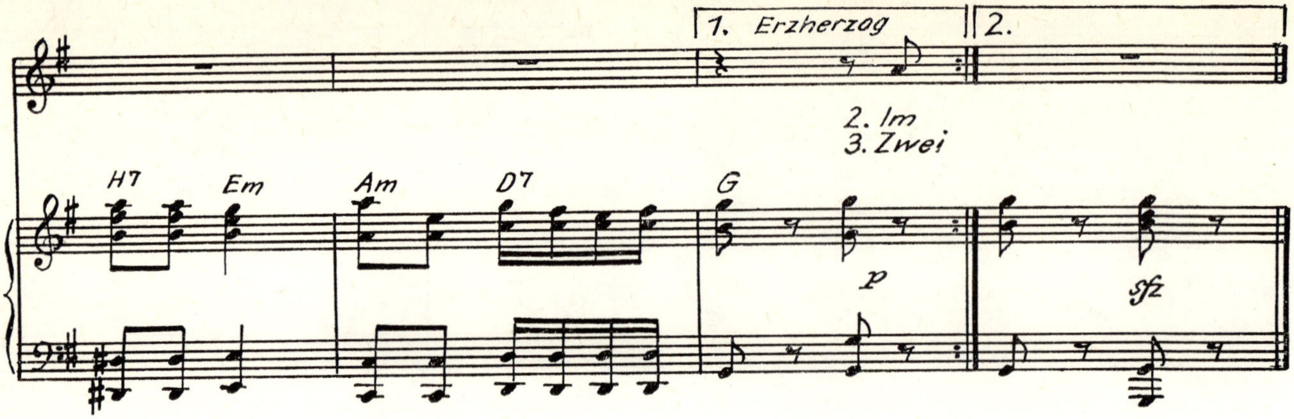

Ein zweites Beispiel für die Opposition

graziös-melodische Weisen zugehörig zu sympathischen kleinen Leuten	martialisch-mechanische Couplets zugehörig zu boshaft-beschränkten Großen

sei aus *Perichole* genommen. Ich zitiere (etwas gekürzt) den Anfang des Stückes (in der Fassung von Karl Kraus), in dem das mühevolle Unternehmen des Vizekönigs exponiert wird, die wahre Meinung seines Volkes über sich selbst zu erkunden, gleichzeitig auch der Auftritt der positiven Helden vorbereitet wird, der Straßensängerin Perichole, der Titelfigur des Stückes, und ihres Geliebten Piquillo:

I. Akt

Öffentlicher Platz in Lima, in den mehrere Straßen münden.
Links im Vordergrund die Schenke »Zu den drei Cousinen«. Vor der Schenke Tische mit Stühlen, auf den Tischen Krüge, Flaschen, Becher usw. Rechts, der Schenke gegenüber, der Pavillon des Vizekönigs.
Beim Aufgehen des Vorhangs lebhafte Bewegung. Die drei Cousinen Guadalena, Berginella und Mastrilla schenken den Gästen ein, Peruanern und Indianern.

Chor
Zum Namenstag feiern wir den Vizekönig,
Er lebe hoch! Er lebe hoch!
Was ihr heut eßt und trinkt, es kostet wenig:
Er zahlt es doch! Er zahlt es doch!
Zum Namenstag, zum Namenstag
Feiert den Vizekönig!
Er lebe hoch! Er zahlt es doch!
Er lebe hoch! Er zahlt es doch!
Nach dem Musikstück tritt der Gouverneur von Lima, verkleidet, auf:

Don Pedro
Gemüse! Wer will Gemüse? ... Auf ein Wort, ihr drei Cousinen!

Alle drei
Sie wünschen?

Don Pedro
Undankbare, ihr erkennt mich nicht?

Guadalena
Aber natürlich, an der Verkleidung habe ich Euch sofort erkannt, Ihr seid Don Pedro de Hinoyosa.

Berginella
Unser Gouverneur von Lima!

Mastrilla
Und kein Gemüsehändler. Her mit dem Korb!
Laßt Euch die ungewohnte Last abnehmen!

Sie nimmt ihm den Korb ab und stellt diesen auf den Tisch.

Don Pedro
Jawohl, ich bin es persönlich... Aber zur Sache! Sagt mir, amüsiert sich das Volk? Macht es gehörig Lärm?

Guadalena
Es geht, es geht.

Don Pedro
Antauchen, antauchen! Bedenkt, heute ist der Namenstag des Vizekönigs, da muß die Stadt Lima vergnügt sein, wann denn sonst? Wenn die Stadt Lima nicht vergnügt ist, wird man denken, daß die Stadt Lima schlecht regiert ist, und ich, der sie regiert, die Stadt Lima, ich werde meinen Posten verlieren.

Mastrilla
Die Stadt Lima ist vergnügt.

Don Pedro
Ist sie es in der Tat?

Berginella *auf die Menge zeigend*
Sie ist es. Man lacht...

Mastrilla *desgleichen*
Man singt...

Guadalena *desgleichen*
Man trinkt...

Alle drei
Was wollt Ihr mehr?

Don Pedro
Ich habe allen Gauklern, Bänkelsängern und Taschenspielern Permission erteilt, an sämtlichen Straßenecken zu gaukeln, bänkelzusingen und taschenzuspielen. Sind sie schon gekommen?

Berginella
Alle fünf Minuten kommen welche.

Don Pedro
Das ist gut, sehr gut... Aber sputen wir uns, immer frischen Wein in die Gläser, ihr drei Cousinen!
...und singen wir, damit wir die andern auf die Idee bringen, auch zu singen!

Chor
/: Nirgends gibt es ein Rendezvous
Wie das hier bei den drei Cousinen! :/

Während der Wiederholung des Chors schenken die drei Cousinen allen ein. Dann gehen sie in die Schenke zurück. In diesem Augenblick tritt von rechts Graf Panatellas, der erste Kammerherr des Vizekönigs, auf; er ist als Butterbrotverkäufer verkleidet und trägt einen Korb.

Panatellas
Butterbrot! Wer will Butterbrot?

Don Pedro
Ich, Exzellenz!

Panatellas
Wie? Ihr habt mich sogleich erkannt?

Don Pedro
Ich sollte den Grafen Panatellas nicht erkennen, unsern ersten Kammerherrn?... Ich wäre doch ein trauriger Gemüsehändler, wenn ich nicht wüßte, daß Ihr kein Butterbrotverkäufer seid. Her mit dem Korb! Laßt Euch die ungewohnte Last abnehmen! *Er nimmt ihm den Korb ab und stellt diesen auf den Tisch.* O, ich weiß alles, was in Lima vorgeht.

Panatellas
Ihr sprecht, als ob Ihr Gouverneur wäret, Don Pedro! Gewiß, Ihr wißt viel. Und dennoch möchte ich wetten, daß Ihr nicht wißt, was vor einer halben Stunde im Palaste vorgegangen ist.

Don Pedro
Mit Vergunst, Exzellenz – vor einer halben Stunde hat sich jemand heimlich durch die kleine Tür aus dem Palaste geschlichen.

Panatellas
Und dieser jemand?...

Don Pedro
War verkleidet als Arzt.

Panatellas
Und ist?

Don Pedro
Niemand anderer als Don Andrès de Ribeira, Vizekönig von Peru und unser allergnädigster Gebieter.

Panatellas
Richtig!

Don Pedro
Seid Ihr zufrieden, Exzellenz?

Panatellas
So zufrieden, daß ich Euch eine kleine Familiarität gestatte. Nennt mich fortan schlicht Euer Gnaden und sprechen wir wie ein Paar Freunde miteinander ... Zu welchem Zwecke denkt Ihr wohl hat sich Seine Hoheit entschlossen, sich auf die Straßen von Lima zu begeben, und zwar elastischen Schrittes?

Don Pedro *lachend*
He! He! He!

Panatellas
Und das wäre? ...

Don Pedro
Er ist ein alter Vokativus, unser lieber Vizekönig, davon können doch wir Würdenträger ein Liedchen singen, wenigstens soweit wir verheiratet sind, und *auf den Pavillon zeigend* – das Häuschen dort könnte etwas erzählen, wenn nicht die Spatzen auf den Dächern der anderen Häuser von Lima es schon längst gepfiffen hätten. Bevor er ausging, steckte er vorsorglich den Schlüssel ein. Vermutlich wird er diesen Abend nach dem Brillantfeuerwerk noch etwas vorhaben ...

Panatellas
Ihr glaubt, daß er sich so tief herablassen wird? Und dies sollte der einzige Zweck der Übung sein?

Don Pedro
Nein, auch ein Staatsgeschäft. Ich glaube, daß er, wähnend, nicht erkannt zu sein, die Gelegenheit benützen wird, an das Volk gewisse kleine Fragen zu richten, um endlich herauszukriegen, wie man über seine Regierung denkt.

Panatellas
Und das beunruhigt Euch nicht?

Don Pedro
Ich habe meine Vorkehrungen getroffen.

Panatellas
Wie das?

Don Pedro
Das erste, woran man einen Herrscher sofort erkennt, ist das Inkognito. Da aber die Herrscher von dieser fixen Idee nicht zu befreien sind und immer wieder vom sichern Thron diese heillose Flucht in die Öffentlichkeit unternehmen, so muß man ihnen auf halbem Wege entgegenkommen ...

Panatellas
Wie das?

Don Pedro
Sehr einfach. Alle Leute, die Ihr hier sitzen seht und auf die sich Seine Hoheit mit dem Ehrgeiz eines Harun al Raschid stürzen wird, sind instruiert. Es sind Diener meines Hauses mit ihren Verwandten sowie deren Bekannten, die wieder ihre Freunde mitgebracht haben, während diese mit ihren Bekannten sowie deren Verwandten erschienen sind. Alle zusammen bilden das Volk, dessen Meinung er wird hören wollen, alles verläßliche Leute, die genau wissen, was sie zu antworten haben.

Panatellas
Ausgezeichnet!
Man hört von fern Kastagnettengeräusch.
Was bedeutet das?

Don Pedro
Nichts andres, als daß Don Andrès hundert Schritt von hier entfernt ist.

Panatellas
Das ist verblüffend.

Don Pedro
Euer Gnaden sind zufrieden?

Panatellas
So zufrieden, daß ich dir eine größere Familiarität gestatte. Nenne mich fortan Miguel und schlage ein ...
Don Pedro will ihm auf den Bauch schlagen.
Aber nein, in die Hand!

Don Pedro *auf Panatellas Bauch zeigend*
Und hierher ... niemals?

Panatellas
Harre aus, und wir werden sehen, was sich machen läßt!
Neues Kastagnettengeräusch in größerer Nähe.
Was bedeutet das?

Don Pedro
Nichts andres, als daß Don Andrès da ist ...
Man höre, wie alles sich bereits anschickt, animiert zu sein.
Man hört Räuspern und Husten im Volke.
Setzt Euch, und paßt auf, wie alles klappen wird.
Panatellas setzt sich an einen Tisch links vor der Schenke, Don Pedro rechts auf eine Bank. Im Hintergrund rechts erscheint Don Andrès de Ribeira im Kostüm eines Arztes. Er durchschreitet die Gruppen, welche, heimlich lachend, so tun, als ob sie von ihm keine Notiz nähmen. Die drei Cousinen sind aus der Schenke getreten und beobachten ihn, boshaft kichernd.

Chor *flüsternd*
Er ist's, der Vizekönig ist's!
Er ist's, daß ihr's nur alle wißt's ...
Doch leis, doch leis, er will /: zu fleiß :/
Daß niemand, daß er's ist /: was weiß :/
Leis, leis, leis, nur leis,
Daß er's ist, ein jeder weiß,
Doch besser, man vergißt
Das was man weiß
Und was ihr alle wißt ...
So heißt das Geheiß.
/: Leis, leis, so heißt das Geheiß ... :/

Don Andrès *ist in den Vordergrund getreten* PL 3
Ohne ein Wörtchen zu verraten,
Schlich ich mich durch die Hintertür.
Die Würde eines Potentaten, PL 3
Die ließ ich weit, weit hinter mir.
Mag mich auch dies Kostüm nicht zieren,
So werd' ich doch erst des Lebens froh –
Kann heimlich ich einmal spazieren
/: Kann ich einmal spazieren :/
/: inkognito :/

Chor *leise*
Wie gut ist ein Inkognito!

Don Andrès
Nur allweil herrschen, das machet' Migrän',
Möcht' man nicht manchesmal auch gehn
inkognito.

Nur allweil herrschen, das machet' Migrän',
Drum muß man manchesmal auch gehn
inkognito.

Chor *leise*
/: Vergönnt ihm sein Inkognito! :/

Don Andrès
Bin manchmal vom Regieren kaputt ich,
Frag ich mich, was fang ich jetzt an,
Dann nehm den Doktorrock und -hut ich
Und steig herab zum Untertan.
Zur Untertänin auch kann's mich treiben,
Die frage ich gleich: wann und wo –
Und dann und dort wird alles bleiben
/: Ja dort wird alles bleiben :/
/: inkognito :/

Chor *leise*
Wie gut ist ein Inkognito!

Don Andrès
wie oben

Chor
wie oben

(Notenbeispiel siehe folgende Seite)

Notenbeispiel 6

ta - ten, die ließ ich weit, weit hin - ter mir. Mag mich
hu - ren bekannt - lich ger - ne mit mir geht. Glaubt man, daß
D A7 D
auch dies Ko-stüm nicht zie - ren, so werd' ich doch erst des Le - bens
wenn Pe-ri-chole ich ge - le - sen, wo was zu le - sen wär'? I
A Dm A Dm A Dm
froh, kann heim - lich ich einmal spa -
wo! Ich bin mein Lebtag hier ge -
A A7 D A7 D A7

zie - ren, ja ich einmal spa - zie - ren, ja ich einmal spa - zie - ren in - kog - ni - -
we - sen, mein Lebtag hier ge - we - sen, mein Lebtag hier ge - we - sen in - kog - ni - -
D
A7
D
mit Chor
to, in - kog - ni - to. Wie gut ist ein In - kog - ni - to! Nur all - weil
to, in - kog - ni - to. Wie schön ist ein In - kog - ni - to! Mein Schreiben und
G
H
Em
G6
Gm6
D
A7
D
her - schen, das ma - chet' Mi - grän', möcht' man nicht manchesmal auch gehn inkog - ni -
Trei - ben macht ih - nen Mi - grän', drum lassen s' allweil gern mich gehn inkog - ni -
A7
D
A7

to. Nur all - weil herrschen, das ma - chet', Mi - grän', drum muß man
to. Mein Schreiben und Trei - ben macht ih - nen Mi - grän', drum lassen s'
D
A7
D
(rit.)
ritenuto
a tempo
manchesmal auch gehn in-kog-ni - to!
allweil gern mich gehn in-kog-ni - to!
G6
D
A7
ritenuto
a tempo ff
1.
Don Andrès
2.
2. Ver-ge-bens
pp

Mastrilla geht in die Schenke.

Don Andrès
Aber jetzt, für die gesangliche Leistung, ein Glas Alikante! *Zu Guadalena* He! Schönes Kind, bringen Sie mir ein Glas Alikante!

Guadalena *kichernd*
Gleich, Herr Doktor ... *Sie geht in die Schenke.*

Don Andrès
Nettes Mädchen das ... *Zu Berginella, die gleichfalls hineingehen will.* Bleiben Sie ein wenig, es müssen ja nicht zwei das eine Glas Alikante holen ... bleiben Sie ein wenig und plaudern wir, wollen Sie?

Berginella *kichernd*
Natürlich will ich, Herr Doktor ...

Don Andrès
Die lacht auch so nett! ... Also, sagen Sie mir ... Ihnen gehört diese Schenke?

Berginella *kichernd*
Ja, zum dritten Teil, mit meinen beiden Cousinen.

Don Andrès
Ah! Sehr gut ... und wie geht das Geschäft?

Berginella *kichernd*
Das Geschäft?

Don Andrès
Ja, geht es gut?

Berginella *kichernd*
Ob es gut geht, Herr Doktor? ...

Don Andrès
Assa! aber ...
Mastrilla kommt aus der Schenke, sie trägt das Glas und stellt es auf den ersten Tisch links, an welchem schon ein Gast sitzt.

Berginella *kichernd und auf Mastrilla zeigend*
Ja, da müssen Sie meine Cousine Mastrilla fragen ... ich, ich kann nicht mehr ... *Immer lachend in die Schenke ab.*

Don Andrès *bemerkt Mastrilla*
Ah, das ist die dritte Cousine! ...

Mastrilla *kichernd*
Ja, Guadalena wagt nicht zurückzukommen ... Weil ... *Sie lacht laut.*

Don Andrès
Das Lachen scheint in der Familie zu liegen. *Er setzt sich an den Tisch.*

Mastrilla *kichernd*
Weil sie sich fürchtet, dem Herrn Doktor ins Gesicht zu lachen ...

Don Andrès *gibt ihr ein Geldstück*
Da! und laßt mich in Ruh, alle drei!

Mastrilla
Aber Herr Doktor ... *Laut lachend ab in die Schenke.*

Don Andrès
Kein ernstes Wort kann man mit diesen Schwätzerinnen reden ... Mein Gott, wie schwer wird es unsereinem, die Wahrheit zu erfahren! ... *Er beginnt zu trinken und betrachtet prüfend seine Nachbarn. Diese sehen ihn lächelnd an.* Auch die lächeln? Alles lächelt. Macht nichts, wenn sie nur fröhlich sind ... *Allgemeines Murmeln der Befriedigung.*
Wenn alle fröhlich sind, so geht es allen gut. *Zu Panatellas, der am Tische sitzt* Ist dem nicht so, mein Herr? ... Nicht wahr, das kommt davon, daß sich das Volk nicht zu beklagen hat?

Panatellas *ohne sich zu rühren*
Es lebe der Vizekönig!

Don Andrès
Wirklich, mein Herr?

Don Pedro *ebenso*
Es lebe der Vizekönig!

Don Andrès *mit Genugtuung*
Ah! Es lebe der Vizekönig! ... Das ist sehr gut so ... Aber, schließlich, es gibt nichts Vollkommenes auf dieser Welt, und man könnte ohne Zweifel mancherlei finden ...

Panatellas *erhebt sich*
Es lebe der Vizekönig! ... Ich kenne nur das, ich ... *drohend* Oder sind Sie vielleicht nicht meiner Meinung, mein Herr?

Don Andrès
Aber ja! Aber ja!

Panatellas
Wenn Sie nicht meiner Meinung sind ...

Don Andrès *erschrocken*
Aber bitte, bitte ...

Don Pedro *sich nähernd*
Also dann schreien Sie, schreien Sie mit uns: *aus vollem Hals schreiend* Es lebe der Vizekönig!

Don Andrès
Aber ja ... es lebe der Vizekönig!

Panatellas und Don Pedro
So lasse ich mir's gefallen!

Don Andrès
So lasse ich mir's gefallen! ... *Zu einem Gast* Ihr da, mein Herr, Ihr scheint mir nicht so vergnügt wie die andern? Was habt Ihr? Woran fehlt es Euch?

Erster Gast
Ach was, man bekommt ja nichts zu trinken! Es würde nicht schaden, wenn es etwas mehr zu trinken gäbe ... da wir doch die andern animieren müssen.

Don Andrès
Wie? Ihr müßt die andern animieren?

Erster Gast
Ei freilich, aber fragt mich nicht weiter, es ist mir nur so herausgerutscht.

Don Pedro *zum Gast*
Tölpel!

Don Andrès *für sich*
Es wird unsereinem doch schwer, die Wahrheit zu erfahren! *Zu einem andern Gast* Und Ihr, Ihr sitzt so kopfhängerisch da ... sagt mir doch rundheraus – was haltet Ihr vom Vizekönig?

Zweiter Gast
Ich werde mich hüten, Euch das an die Nase zu binden!

Don Andrès *für sich*
Die Wahrheit ist also nicht zu erfahren ... *Zum Gast* Warum wollt Ihr es mir nicht sagen?

Zweiter Gast
Sehr einfach, weil der Vizekönig heute inkognito herumstrabanzt, und weil man da aufpassen muß. Denn jeder, der eine dumme Frage an mich stellt, könnte doch der Vizekönig sein!
Allgemeines Gelächter.

Don Pedro *zum Gast*
Tölpel!

Don Andrès *für sich*
Unmöglich, die Wahrheit zu erfahren. *Zu Don Pedro* Nun, die Stimmung ist ja im allgemeinen recht vergnügt. Es scheint den Leuten in diesem Viertel sehr gut zu gehn.

Don Pedro
In den andern Vierteln geht's ihnen noch besser!

Don Andrès
Ihr glaubt?

Panatellas
Wollt Ihr Euch überzeugen?

Don Andrès
Mit Vergnügen.

Panatellas
Also gehen wir! *Zu Don Pedro* Führt ihn herum, wir treffen uns hier wieder, ich verkleide mich indessen als Indianer, weil er immer besonderen Wert darauf legt, die Stimmung des indianischen Teiles der Bevölkerung kennenzulernen.
Alle drei rufen im Abgehn: »Es lebe der Vizekönig!« Die Menge, laut auflachend, ruft: »Es lebe der Vizekönig!« – Musik im Orchester. Die Blicke der Menge richten sich nach dem Hintergrund rechts, wo Perichole und Piquillo auftreten, in der Tracht von Straßensängern, die Guitarre am Bande. Sie kommen in den Vordergrund. Bei den ersten Musikakkorden sind die drei Cousinen aus der Schenke getreten.

Piquillo
Meine Damen und Herren, eine kleine Produktion, wenn es erlaubt ist!

Die drei Cousinen
Aber mit Vergnügen, mein Herr, mit Vergnügen!

Piquillo
Schönen Dank, meine Damen! ...
Piquillo und Perichole breiten einen kleinen Teppich aus, legen Notenblätter auf und einen Teller zum Absammeln.

Hoffen wir, daß wir hier mehr Glück haben als bisher!

In der folgenden (hier nicht zitierten) Szene singen Perichole und Piquillo ihr Lied, das ihnen jedoch nur wenig einbringt. Piquillo schlägt vor, das Glück in einem andern Stadtteil zu versuchen, aber Perichole ist zu müde, weiterzugehen. Sie hat Hunger, und da es nichts zu essen gibt, will sie wenigstens schlafen. So geht er allein. In seiner Abwesenheit aber entschließt sich Perichole, das bisherige Hungerdasein nicht weiterzuführen. In einem Abschiedsbrief (den Karl Kraus zu Offenbachs schönsten Eingebungen rechnete und dessen Übersetzung er in seine Gedichtsammlung *Worte in Versen* aufnahm) nennt Perichole dem Geliebten ihre Gründe:

Notenbeispiel 7

rit.
klei-ner je-doch die Mi - se - - re, die uns lei-der be-schieden das
Eb Bb7 Eb Ab6 Bb7
rit.
a tempo
Los. Du sel-ber, du mußt es er - ken - nen, so
Eb Gm Cm6 Gm Cm6
a tempo
p dolcissimo
kann es doch wei-ter nicht gehn. Wir müs-sen ein we - nig uns
Gm Cm6 Gm Gb+ Bb E°

rit.
tren - - nen, um fro - her uns wie - der - zu - sehn. Be -
Bb Bb F7 Bb Bb7
rit.
a tempo
den - ke doch, was von uns blie - - be, wenn der Zu - stand noch wei - ter - hin
Eb Bb7 Eb Ab Ab6
a tempo
währt: Am En - de kriegt satt nur die Lie - - be, wer ver -
Bb7 Eb Bb7 Eb
rit.
rit.

a tempo
Animando
-gebens zu es-sen be-gehrt. Ich bin Weib, und ich weiß, es ist
Ab6
Bb7
Eb
Bb
a tempo
Schwä - che, a-ber e-ben das ist doch ein Grund; glaub mir, daß die
F7
F7
Bb
rit.
Wahr - - heit ich spre - che: kein Stück Brot nahm ich heut in den
Bb
F7
F7
rit.

a tempo
Mund. Ich fühl', wie dich schmerzt die-ses Schrei - ben. Was ich
Bb Bb7 Ebm
a tempo
tu - e, ich kann nichts da - für. Ich wer-de die Dei-ne stets
Ebm Bb Bb7
rit.
blei - - ben im In-nern das glau - - be mir. Ja ich
Ebm Cb7 Bb Bb7
rit.

tu-e zu un-se-rem Woh- -le, was ich muß und was Klug-heit mir
Eb Bb7 Eb Ab Ab6
pp
rät. Le-be wohl! Dei-ne Pe-ri-cho- -le, die vor
Bb7 Eb Bb7 Eb
rit. a tempo
Lie-be und Hun-ger ver-geht.
Ab6 Eb Bb7 Eb Bb7
mf
rit. a tempo

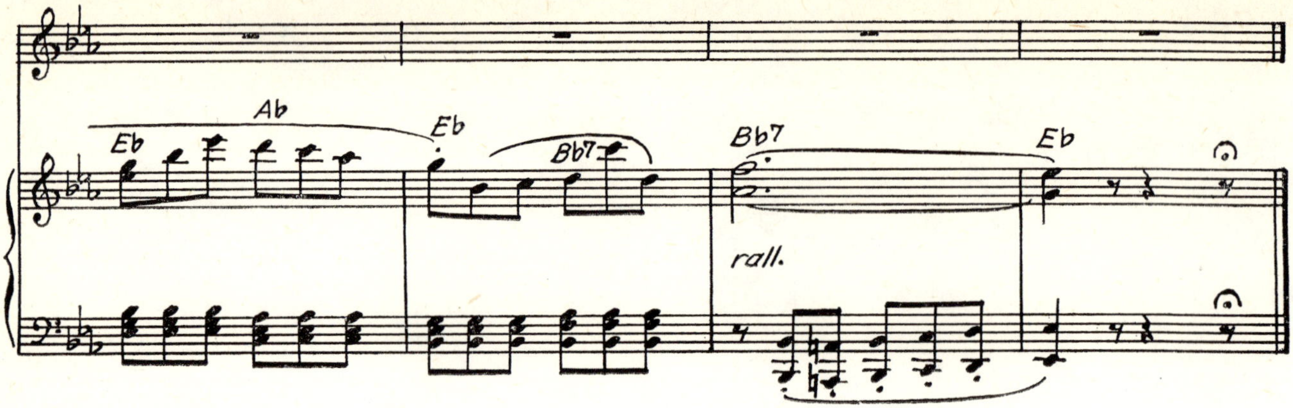

Wir finden vergleichbare Oppositionen in *Blaubart,* der *Großherzogin* und der *Prinzessin von Trapezunt.* – Im *Blaubart* ist es nicht allein, vielleicht nicht einmal in erster Linie, die Titelfigur, die den negativen Pol darstellt; der wird von König Bobèche, seinen Höflingen und dem Grafen Oskar noch wirkungsvoller repräsentiert. Andererseits gesellen sich zu Boulotte die fünf Frauen, die vor ihr Blaubarts Gattinnen gewesen waren und die der nur scheinbar unterwürfige Hofgiftmischer Popolani gar nicht getötet, sondern »getröstet« hatte. In einem der brillantesten Finale Offenbachs – das sich übrigens gleichfalls nicht auf die gängige Kategorie »Rausch« bringen läßt, obwohl die Musik sich ausgelassen und gutgelaunt steigert – ziehen die sechs in die Freiheit. – Als wahre Vertreter von Menschlichkeit und Vernunft erweisen sich in der *Großherzogin* der naive Soldat und sein Mädchen Wanda (wiederum nicht so sehr im Vergleich mit der Titelfigur, der Großherzogin, selbst, die zwar mit distanzierender Ironie, aber in ihrer Verliebtheit in Fritz eher als ein Opfer denn als Repräsentant des Hoflebens gezeichnet ist, sondern) verglichen mit General, Baron und Oberst, der Entourage der Großherzogin. Und wiederum sind es Frauen, in diesem Fall die Ehrendamen der Großherzogin, die in ihrem charmanten Walzerlied, in dem sie einander Liebesbriefe vorlesen, zur positiven Figurengruppe treten. – Wie leicht hat es in der *Prinzessin von Trapezunt* die Artistenfamilie gegenüber der bösartigen Grausamkeit der Welt des Fürsten Casimir, des souveränen Beherrschers von Knippenhausen, Menschlichkeit zu repräsentieren!

Gattungen des Musiktheaters in Offenbachs Bühnenschaffen

Anton Henseler, dessen *Jakob Offenbach* (1930) (bei allen Einwänden im einzelnen) auch heute noch als die verläßlichste Biographie und als die informierteste Darstellung der musikalischen Leistung Offenbachs gelten kann, hat mit Nachdruck auf die verschiedenen Quellen, Vorbilder, Einflüsse hingewiesen, denen Offenbach verpflichtet ist. Von Jahrmarktspossen mit ihren alten Traditionen – Kölner Jugendeindrücken – bis zur zeitgenössischen Opéra comique in ihren verschiedenen Ausprägungen, die Offenbach genauestens kannte, und von der Großen Oper des allmächtigen Meyerbeer (der wiederholt in Offenbachs Theater als Gast erschien) bis zu Bouffonnerien und Travestien, wie man sie an kleinen Theatern zu hören bekam, verfolgte Offenbach mit offenem Ohr und wachem Verstand, was Paris an Musik nur irgend zu bieten hatte. Indessen gerät eine Betrachtungsweise, die von den Quellen und Vorbildern her das Wesen der künstlerischen Produktion aufzuschlüsseln sucht, bald an ihre Grenzen. Wichtiger, als woher eine Entwicklung kommt, ist immer, wo sie hinwill. – Von seinem vierzehnten bis zu seinem siebzehnten Lebensjahr hatte der junge Offenbach im Orchester der Opéra Comique als Cellist gespielt (Abbildungen 14 und 15) und sozusagen von unten her das zeitgenössische Repertoire kennengelernt. Das Cello sollte noch auf Jahre hinaus das Hauptinstrument des Lebensunterhalts bleiben. Offenbach muß ein außerordentlicher Cellist gewesen sein; die Erfolge, die er in den Salons der Vornehmen und bei gelegentlichen eigenen Konzerten hatte, galten sowohl dem Virtuosen als auch dem melodienreichen Erfinder einschmeichelnder Salonstücke, übrigens auch von Liedern, unter denen ein Zyklus La Fontainescher Fabeln den Bühnenkomponisten Offenbach vorausahnen läßt. Auch fallen schon in diese erste Phase des angehenden Komponisten szenische Stücke, die, mangels eines Theaters, in Salons oder Konzertsälen gespielt wurden; wohin Offenbachs Anlagen ihn drängten, läßt keinen Zweifel zu. – Die erste feste Anstellung war die 1850 mit 31 Jahren angetretene als Dirigent der Schauspielmusiken an der Comédie Française, wiederum eine Gelegenheit, musikalische Kenntnisse und Erfahrungen zu erweitern. Aber Offenbach war immerhin schon 36 Jahre alt, als er endlich im Jahr der Pariser Weltausstellung 1855 sich voll der Komposition von Bühnenstücken widmen konnte – soweit ihm sein Amt als Theaterdirektor, der er ja viele Jahre hindurch auch war, Zeit dazu ließ. Dennoch, es verging nun kein Jahr, in dem Offenbach nicht drei, vier und mehr kurze einaktige Stücke mit Musik komponierte und auf die Bühne seiner Bouffes-Parisiens brachte; allein im Jahr der Eröffnung des Theaterchens waren es zwischen Juli und Dezember 1855 deren elf!

Die Kleinheit des Theaters und Kleinheit der Stükke, die man auf ihm aufführte, bedingten einander: Einakter mit bloß drei (später mit vier) Personen, waren alles, was dem Theaterdirektor Offenbach durch seine Theaterlizenz (»le privilège«, das zu erlangen große Mühe gekostet hatte) gestattet war. Aber die Autoren von Musik und Texten betrachteten diese Beschränkung als Symptom der gesellschaftlichen Zustände, mit denen sie zu leben und mit denen man sich auseinanderzusetzen hatte. Sie lernten diese Kunst. Sich in Grenzen scheinbar einzurichten, dabei der Autorität, sie überlistend, in verschiedenen Verkleidungen im wörtlichen und figürlichen Sinn zu sagen, was man von diesen Grenzen und ihren Hütern hält, ist eines der Grundmotive von Satire. Es sieht ganz so aus, als hätte die Beschränkung durch die Theaterlizenz wie eine zusätzliche Herausforderung gewirkt, Witz und Phantasie walten zu lassen. Kritik an Konventionen und Einrichtungen, auch am Hofleben – in Verkleidung, wie sich versteht – gehörte zu den Grundsubstanzen der Kunst Offenbachs und seiner Mitarbeiter.

Das Exzentrische und das Groteske fehlten unter diesen Grundsubstanzen natürlich nicht, und die Schauplätze suchten immer wieder dem beliebten Schäfer-, Dorf- und Kleinbürgermilieu zu entkommen: in ferne Theaterlandschaften, in denen Chinesen (oder Japaner, so genau nahm man das nicht) oder Menschenfresser zu Hause sind (Abbildungen 16, 17, 18). Beliebt war auch das Milieu des Zirkus und der Artisten. Schon die schiere Quantität der Produktion – in knapp einem Jahrzehnt wuchs die Zahl von Offenbachs Bühnenstücken auf über 50 an – machte Abwechslung notwendig. Alle Register wurden gezogen, die dieses »ursprüngliche und heitere Genre« nur irgend zur Verfügung hat. (Die Bezeichnung »primitive et gai genre« stammt aus Offenbachs »Manifest« von 1856, siehe dazu Rissin, 1980, 79). Aber so wichtig Satire und Parodie in dieser Phase waren (und weiterhin blieben), sie waren keineswegs die einzigen oder auch nur die vorherrschenden Elemente. Charmante junge Liebespaare, musikalisch charakterisiert durch freundlich-gefühlvolle, liedartige Gesänge, sind von allem Anfang an in Offenbachs Bühnenproduktion heimisch. Sie lassen sich auf keine der gängigen Offenbach-Kennmarken bringen; weder »Ironie« noch »Frivolität«, noch »Rausch« trifft diese Seite seines Schaffens. Das ist zu beachten. Die Ingredienzien der Opéra comique, vergleichbar denen des Singspiels, sollten Offenbach bis zum Ende seines Lebens immer wieder beschäftigen. Auch das phantastische Element, in der letzten Phase seines Schaffens so grundlegend, kam schon früh zu Wort.

Offenbach hat es Zeit seines Lebens nicht an Bewunderern gefehlt; besonders die Unerschöpflichkeit seiner melodischen Einfälle haben ihm auch jene Kritiker bescheinigt, die ihn außerhalb enger Grenzen nicht gern sich bewegen sahen. Eduard Hanslick ist dafür charakteristisch. Aber er hatte die Großmut, anläßlich der Wiener Erstaufführung von *Hoffmanns Erzählungen* zu erklären, daß Offenbachs Musik ihn »im günstigen Sinne« überrascht habe. Und in diesem Zusammenhang zitiert Hanslick den französischen Komponisten und Kritiker Ernest Reyer (1823–1909), der, wie Hanslick auch, Offenbach zwar Originalität im leichten Genre, nicht aber mehr zugetraut hatte, und der nun angesichts von Offenbachs letzter Oper im *Journal des Débats* bekannte: »Ich zweifle – schrieb ich vor einigen Jahren – daß jemals ein bedeutendes Werk aus der Feder hervorgehen werde, welche die Excentricitäten des Orpheus und der schönen Helena geschrieben hat. Ich sehe nun, daß ich mich getäuscht habe.« (Hanslick 1884, 88/89; die Sperrung ist von Hanslick)

Wir haben heute bessere Chancen, die Gesamtleistung Offenbachs in Betracht zu ziehen. *Hoffmanns Erzählungen* ist für uns keine Überraschung, und die Wege, die Offenbach als Komponist gegangen ist, sind bei allen Schwierigkeiten nachvollziehbar. In erster Annäherung läßt sich sagen, daß Offenbach sich sehr bewußt mit den Möglichkeiten und Grenzen der heiteren Musikbühne auseinandersetzte. Das geht auch aus jenem bereits erwähnten »Manifest« hervor, das Offenbach aus Anlaß eines Wettbewerbs verfaßt hatte, um seinen Bouffes-Parisiens neues Talent zuzuführen (was auch geschah: der junge Bizet und der junge Lecocq gewannen die Preise). In diesem Manifest formuliert Offenbach quasi theoretisch, was er in seiner eigenen kompositorischen Praxis anstrebte: die heitere, leichte Kunst nicht in die Bahnen der Großen Oper einmünden zu lassen, ihr den französischen, graziösen, melodiösen und heiteren Charakter zu bewahren. Offenbach stellt das Problem so dar, als läge es nur bei den Komponisten, das zu tun. Freilich, das räumt er ein, müsse man sich auch nach »dem wechselnden Geschmack des Publikums« richten. Wenn eine Oper von Meyerbeer in wenigen Jahren mehr an Einnahmen bringt als Boieldieus *Weiße Dame* in 30 Jahren – keine Frage, auf welcher Seite Offenbachs Sympathien lagen –, so muß »ein kluger Direktor« solchen Zeittendenzen eben nachgeben (Henseler, 1930, 200).

Wovon Offenbach in seinem Manifest nicht spricht, und was er wahrscheinlich auch nicht durchschaute, waren Ereignisse, die mit der Gewalt von Naturkatastrophen in die Kunstwelt eingebrochen waren und weit außerhalb der Entscheidungskompetenz selbst von Theaterdirektoren lagen. Gemessen an diesen schicksalshaft scheinenden Ereignissen, betrafen Entscheidungen wie die zwischen »bouffe« oder »comique«, betrafen auch Wünsche, in renommiertere Theater zu kommen, in die Opéra Comique, in die Wiener Hofoper, vielleicht gar in die Pariser Grande Opéra, nur Oberflächenerscheinungen. Sie hatten mit dem Problem zu tun, ohne es im Grunde zu berühren.

Verhängnisvolle Zweiteilung

Als Offenbach für die Musikbühne zu schreiben begann, war die Zweiteilung der Musik in eine hohe und eine niedere – heute sagt man bekanntlich: in E- und U-Musik – längst vollzogen. Die Zweiteilung ist, grob gesprochen, so alt, wie es Klassengesellschaften sind. Sie ist aber nicht älter als diese. Das zu betonen ist deshalb wichtig, weil die weit verbreitete Auffassung, dergleichen hätte es »schon immer«, hätte es »von jeher« gegeben, aus einer soziologischen Kategorie eine anthropologische macht. Einfach gesagt: Der Menschheit sind an ihrer Wiege nicht zwei Typen von Musik gesungen worden. Korrekter: Im Prozeß der Menschwerdung – und als wichtiger Teilfaktor dieses Prozesses – haben unsere Vorfahren die Fähigkeiten erworben, zwar verschiedene Typen von Musik mit verschiedenen Funktionen hervorzubringen, nicht aber eine Zweiteilung in hohe, die nur einigen, und niedrige, die der Mehrheit zugänglich wäre. Wir kennen ja mancherorts heute noch bestehende urgesellschaftliche Verhältnisse und deren Musiken; prinzipiell sind dort alle Typen von Musik allen zugänglich. (Inwieweit Tabus, die mit der Geschlechterbeziehung und mit Vorrangstellungen von Häuptlingen zu tun haben, als Keimzellen künftiger Klassenteilungen gesehen werden können, ist meines Wissens noch nicht untersucht worden.) Wir haben es also bei der Unterscheidung von hoher und niederer Musik mit einem Phänomen zu tun, das wohl Tausende, nicht aber Millionen von Jahren alt ist. Es ist nicht so alt wie die Menschheit, sondern bloß so alt wie die Herausbildung von herrschenden Klassen. Das ist ein kleiner Unterschied: Die beiden Zeitspannen verhalten sich zueinander etwa wie 1:1000.

Die Verfestigung und die Institutionalisierung dieser Zweiteilung war um die Mitte des vorigen Jahrhunderts noch nicht soweit gediehen, wie sie es gerade zu Offenbachs Lebzeiten wurde. Mehrere Faktoren wirkten zusammen. Die Rahmenbedingungen des Vorgangs waren durch die Möglichkeit gegeben, ein vorhandenes Bedürfnis unter Realisierung von Profit zu befriedigen und es eben dadurch zu verzerren. Die Erfindung und Verbesserung der Lithographie im frühen 19. Jahrhundert machte die massenweise Verbreitung von Musikalien technisch möglich. Die beherrschende Stellung der Finanzbourgeoisie im Zweiten Kaiserreich schloß die beherrschende Stellung der Verleger im französischen Geistesleben des vorigen Jahrhunderts mit ein. Balzac hat deren Rolle in der Literatur beschrieben; den Musikverlegern ist bisher noch kein Balzac erstanden. (Als kleinen Beitrag zu einer zu schreibenden Darstellung der Verlegerrolle in der Musikkultur nehme man die wörtliche Übersetzung der Notizen, die Offenbachs Verleger Choudens auf dem Klavierauszug von *Roi Carotte* [vermutlich 1870] anbrachte. Dort liest man nicht bloß: »Eigentum für alle Länder« und: »Übersetzung vorbehalten« [reservé], sondern auch: »Wegen der Orchesterstimmen, der Dekorationen [!], der Inszenierung [vermutlich: Regiebuch] und der Kostüme [!] wende man sich an die Firma Choudens, Herausgeber-Eigentümer« [Éditeur-Propriétaire].) Man weiß, daß unter Musikverlegern des 18. und frühen 19. Jahrhunderts manch wohlmeinender und der Sache ergebener Mann wirkte; das ist oft gesagt worden. Es ist weniger oft und deutlich gesagt worden, daß Notwendigkeit und Wunsch, Profite zu machen – nicht Menschenseelen zu veredeln –, der Motor der Entwicklung wurde. Und die lag weitgehend in der Hand von Verlegern, soweit sie nicht in der von Theaterdirektoren (respektive -besitzern) und Zeitungsherausgebern (respektive -besitzern) lag. Aber auch diese Spezies Mensch war Vertreter, war Ausübender, nicht Urheber von Gesetzen, denen sich die bürgerliche Gesellschaft zu beugen hatte, wie sie auch heute ihnen sich zu beugen hat: den Gesetzen der Marktwirtschaft. Diese tendieren dazu, ohne daß man ihnen, solange das ganze System der Marktwirtschaft nicht abgeschafft ist, entrinnen könnte, jeden Gebrauchsgegenstand zur Ware zu machen. Und die Ware wird nicht nach ihrem Nutzen für den Konsumenten bemessen – obwohl sie Nutzen haben muß, damit man sie abkauft – sondern nach dem Nutzen, den sie dem Erzeuger abwirft, nach ihrem Profit. Das gilt für Musik ebenso wie für andere Dinge, deren die Menschen bedürfen (oder zu bedürfen meinen).

Freilich mit einem Unterschied. Man braucht nicht lange zu philosophieren, um zu wissen, welchem Gebrauch ein Rock oder ein Laib Brot oder ein Haus zugeführt werden. Der Gebrauch von Musik hingegen ist so einfach nicht erklärt; er steckt voller Geheimnisse. Man weiß also längst nicht alles von Musik, wenn man weiß, daß sie im 19. Jahrhundert als Ware auf den Markt kam. Aber man kann auch ihre Geheimnisse nicht entschleiern, wenn man ihren Warencharakter vernachlässigt. Das gilt sogar für hohe Musik; es gilt erst recht für jene, die dem Gebrauch der Massen zugedacht war. – Eine weniger höfliche, eine mehr der Aufhellung von Sachverhalten dienende Musikgeschichtsschreibung, als sie üblich geworden ist, hätte zu zeigen, daß der Mechanismus, der den Komponisten Musik abnahm, sie druckte, verbreitete, zensierte, der Vergnügungsstätten, Theater, Orchester, der Zeitungen und Zeitschriften entstehen und mit Berichten über Musikereignisse versehen ließ –, daß dieser ganze riesige Mechanismus nicht dem Ideal von Menschheitserziehung oder dergleichen schönen Dingen, sondern den Gesetzen des kapitalistischen Wertgesetzes gehorchte – bei Strafe des Untergangs gehorchen mußte, unabhängig davon, was der einzelne sich dabei dachte oder gern gesehen hätte. Zwischen diesen beiden Zielsetzungen – der der Förderung von Humanität und der der Realisierung von Profit – gibt es keine Versöhnung. Die von Marktgesetzen gelenkte Politik der Unterhaltungsindustrie – um diesen, von Adorno und Horkheimer (1963, 60 ff.) geprägten, treffenden Ausdruck zu verwenden – ließ diese das Bedürfnis der Massen nach Kunst auf eine Weise befriedigen, die sozusagen am tiefsten Niveau ansetzte, auf dem das Bedürfnis der Massen nach Kunst zu befriedigen war. Die Schwellenangst der Millionen, von selbsterzeugter Musik zur industriell erzeugten überzugehen – und dieser Übergang war durch Urbanisierung und Industrialisierung, durch Kommerzialisierung jeder Bedürfnisbefriedigung so gut wie unerläßlich geworden –, sollte leicht überwindbar sein. Eine unübersehbare und unentrinnbare – auf ihre Unentrinnbarkeit hin angelegte – Flut von Potpourries, Paraphrasen, Arrangements für alle denkbaren und undenkbaren Instrumentenkombinationen ergoß sich über das Publikum. Dessen Entmündigung war nicht bloß in Kauf genommen, sie war mit einkalkuliert. Je niedriger der Bildungsstand der Massen – an dessen Senkung die Primitivisierung der Unterhaltung mitwirkt, ein Teufelskreis –, um so besser fürs Geschäft, für das mit der Unterhaltung ganz ebenso wie für das mit den Waffen.

Es muß völlig offenbleiben, mit welchem Grad von Bewußtheit Offenbach auf diese Konstellation reagierte. Fest steht nur, daß er ihr nicht entrinnen konnte, daß also seine Leistung im Zusammenhang mit dieser Konstellation gesehen werden muß. Seine Abwehrreaktion gegen die Prozesse der Kommerzialisierung und der Verflachung bestanden darin, selbst den Hebeln der Macht nahe zu sein, sie womöglich in die Hand zu bekommen. Zum Hofe Napoleons III. hatte er gute Beziehungen (Abbildungen 19, 20). Der Kaiser und die Kaiserin waren wiederholt Zeugen seiner Operettentriumphe; ein Halbbruder des Kaisers, der einflußreiche Graf de Morny, Befürworter einer liberalen Politik gegenüber der wachsenden politischen Opposition, war der Taufpate von Offenbachs Sohn, Bewunderer und Freund von Ludovic Halévy und Anreger (vielleicht sogar Mitautor) eines von Offenbachs lustigsten Einaktern (*Monsieur Choufleuri,* 1861). Er war auch Helfer Offenbachs in Schwierigkeiten. Und Helfer brauchte er. Unter den gnadenlosen Bedingungen des Kapitalismus, noch dazu in der Periode seines stürmischen Aufschwungs in der völlig skrupellosen Gesellschaft, in der Offenbach lebte, wäre ein Musiker verloren – man denke an den unglücklichen, edlen Mann Berlioz –, der es nicht verstanden hätte, sich zu behaupten. Noch dazu, wenn die Entfaltung seines Talents des schwierigen, kostspieligen Apparates der Theater bedurfte. (Siehe zu diesem Komplex C. Kaden, 1983, dort an Hand der Erscheinung Richard Wagners behandelt.) Offenbachs Methode bestand darin, sich den Spielraum (in jedem Sinn des Wortes) zu schaffen, den er brauchte. Die Tatsache, daß ein beträchtlicher Teil seiner Arbeitskraft der Tätigkeit eines Theaterdirektors reserviert werden mußte – eine Tätigkeit übrigens, die das erste Mal, in den 50er Jahren, mit einem Fiasko, das zweite Mal, in den 70er Jahren, mit einer Katastrophe endete –, legt davon Zeugnis ab. (Es ist nicht ohne Interesse, daß auch Richard Wagner ganz ähnlich verfuhr: Auch er schuf sich bekanntlich in übermenschlicher Anstrengung ein eigenes Theater; außerdem versuchte er eine Zeitlang, und ließ erst nach empfindlicher Niederlage davon ab, seine Werke selbst zu verlegen.) Auch wenn er gerade nicht Theaterdirektor war, kümmerte sich Offenbach um jedes Detail der Konzeption, Produktion, Aufführung, Ankündigung jedes einzelnen seiner Stücke, oft genug auch um deren Umarbeitung und Wiederaufführung. Dabei ging es nicht nur um die Anfertigung von Partituren – auch dieser Arbeitsgang war aufs äußerste rationalisiert (siehe dazu Oeser, 1981, Bericht, 10) –, sondern auch um die Mitarbeit an den Texten, auch um Besetzungen, um Dekorationen und Requisiten, um Reisevorbereitungen, die gelegentlich die Quartierbeschaffung für reisende Bühnentruppen mit einschlossen. Viele Hunderte, wahrscheinlich Tausende von Briefen und kurzen Anweisungen schrieb er nieder, um diesen komplizierten hektischen Betrieb in Gang zu halten. Und dennoch ging er in ihm nicht auf. Er war ein Familienmann, hing in zärtlicher und respektvoller Liebe an seiner Frau, vergötterte seine fünf Kinder, erst recht die Enkelkinder. Aber er fand auch Zeit dafür – als hätte er am Theaterbetrieb nicht genug –, im Familien- und Freundeskreis Theaterstücke, Kostümfeste, ausgelassene Feiern in allen Einzelheiten vorzubereiten und glanzvoll durchzuführen. Dabei hielt er die beiden Welten weitgehend separiert voneinander; nie betraten Schauspielerinnen seine Wohnung oder sein Haus; nicht, ehe sie verheiratet waren, durften seine vier Töchter seine Theaterstücke besuchen. Neben seiner Stadtwohnung ließ er sich nach dem außerordentlichen Erfolg von *Orpheus in der Unterwelt,* 1858, ein Haus am Meer bauen, das man von Paris nur durch langwierige Fahrten mit Bahn und Wagen erreichen konnte, das aber, wenn es sein mußte, hundert Menschen ein paar Tage hindurch bewirten konnte. – Nicht genug an alledem, Offenbach, der schon in jungen Jahren leidend war und dem seine Gicht qualvolle, mit den Jahren wachsende Schmerzen bereitete – »in seinen letzten Jahren sah der Arme selber aus wie irgend ein durchsichtig blasser, schwermüthig lächelnder Geist aus den ›Serapionsbrüdern‹« (Hanslick 1884, 88) –, war seit 1858 fast jedes Jahr zur Kur in Bad Ems oder Baden-Baden, wenn er sich nicht mit Aix begnügte, und oft gab es auch bei solchen Anlässen Konzerte, Empfänge und Theateraufführungen. So erlebte zum Beispiel *Die Prinzessin von Trapezunt* ihre Première 1869 in Baden. Zwar hatte er, wenn er in Paris war, einen genau festgelegten Tagesplan, der aber immer wieder durch Krankheit, unerwartete Besuche, durch Zwischenfälle aller Art über den Haufen geworfen wurde. Natürlich war er seiner Familie und seinen Mitarbeitern gegenüber ein Tyrann, nach dem sich alles richten mußte, und man tat es immer, wenn auch sicher nicht immer gern, einmal, weil man die kolossale Leistung bewundern mußte, die er seinem schmächtigen Körper abrang, zum andern, weil er von unwiderstehlicher Grazie war, von echter, aus dem Herzen kommender Liebenswürdigkeit.

Wie er es fertigbrachte, neben der Bewältigung dieses Programms zu komponieren, ist sein Geheimnis; er komponierte eben, wie auch andere fruchtbare Musiker, sozusagen »immer«. Offenbach hat in den rund 40 Arbeitsjahren, die ihm für sein Bühnenwerk gegönnt waren, über hundert Stücke mit annähernd 200 Akten komponiert und aufgeführt, die zahlreichen Umarbeitungen und Erweiterungen nicht mitgezählt. Rechnet man einen Durchschnitt von 6 Musikstücken pro Akt, kommt man auf die erstaunliche Zahl von rund 1200 Musikstücken, und das bedeutet, daß Offenbach Zeit gehabt haben muß, in jedem Monat seines Arbeitslebens allein für die Bühne durchschnittlich zwei bis drei Musikstücke sich einfallen zu lassen, sie auszuarbeiten, niederzuschreiben, in Partitur zu bringen und einzustudieren. Auch konnten diese Arbeitsgänge nicht sozusagen der Reihe nach absolviert werden. Da meistens gleichzeitig mehrere seiner Stücke auf den Bühnen waren oder vorbereitet wurden, überschnitten und überlagerten die einzelnen Stadien des Produktionsvorgangs einander. Man kann sich mit einiger Phantasie ausmalen, wie es im Kopf des armen Jacques ausgesehen haben muß.

Diese Lebensweise und dieser Arbeitsstil entsprangen nicht Neigungen und Anlagen, selbst wenn man die Neigung zur Geselligkeit und Betriebsamkeit konzediert. Wer in dieser Welt der Geschäftemacher obenauf bleiben wollte, mußte die Ware liefern, nach der Nachfrage bestand, und er mußte sie in einer Weise liefern, daß sie die Reklame mitbesorgen konnte, die sie für sich selbst macht, solange sie entsprechend dargeboten ist. Auch stand Offenbach unter dem Druck der Konkurrenz. (Dies wäre der Ort, von der übrigen Operettenproduktion seiner Zeit und ihren Komponisten zu sprechen; aber, so aufschlußreich das wäre, diese Darstellung ginge über die Grenzen dieses Kapitels hinaus.) Man kann nicht übersehen, daß die geschilderte Arbeitsweise ihre Spuren im Produkt hinterließ. So unversiegbar der Strom von Offenbachs Melodien auch zu fließen schien, auch die leichtestgezimmerte Operette besteht nicht nur aus Melodien, und jenen Teilen seiner Operetten, auch seiner besten, die nicht unmittelbar erfunden sind, sondern gearbeitet werden mußten, haftet oft der Mangel der Flüchtigkeit an, selbst der des unzulänglichen Könnens. Offenbach konnte sich einfach nicht immer die Zeit nehmen, an sich und seinen Operetten so lange zu arbeiten, wie es notwendig gewesen wäre. Er muß das gewußt haben, sonst wäre die Wende nicht möglich, von der zu sprechen sein wird. Besonders in der Phase der Einakter, aber immer wieder auch nach den 60er Jahren sind Offenbachs Übergänge von einem zum andern Einfall stereotyp. Oft klingen die Modulationen, die nun einmal sein müssen, wie Schulaufgaben, die mit bloß mittlerem Gelingen gelöst wurden. Auch die Textbücher der Einakterphase – auch das eine oder andere der späteren – sind gelegentlich banal. Und die Musikstücke, obwohl immer – fast immer – von jener strahlenden Frische und Unmittelbarkeit der melodisch-harmonischen Erfindung, für die Offenbach berühmt war, fallen fast alle in die eine oder andere tradierte Kategorie: Romanzen, Trinklieder, Militärmusiken, exotische Tänze und so weiter. Hätte er so fortgefahren, Offenbach wäre heute vergessen wie Hunderte andere.

Aber genau hier setzte er mit Bewußtheit, Energie und mit Gelingen zur Rettung seiner Produktion an. Wahrscheinlich ist das Jahr 1858, das Jahr der Eröffnung des vergrößerten und renovierten Gebäudes der Bouffes-Parisiens, in dem nunmehr ohne Beschränkung des Umfangs und der Zahl der Mitwirkenden gespielt werden durfte, wahrscheinlich ist dieses Jahr auch das der künstlerischen Neubesinnung. Nichts Geringeres stand zur Entscheidung als die Frage – obwohl er sie in dieser Form sich nicht gestellt haben dürfte –, ob auch zur Zeit der ausgebauten Machtpositionen der Unterhaltungsindustrie Unterhaltung und Kunst noch miteinander zu tun haben konnten.

Unterhaltungsindustrie und Konkurrenz, Politik, Ambition und der Weg des Komponisten

Die Antwort erteilte zunächst die musikalische Satire. – In den Bouffonnerien, Travestien und Opernparodien der Einakterphase wohl vorbereitet, wurde sie in *Orpheus in der Unterwelt,* Text von Hector Crémieux, 1858 in den Bouffes-Parisiens erstaufgeführt, und in der *Schönen Helena,* 1864, auf eine bislang unbekannte Höhe gehoben. (Der Text der *Helena* ist von Henri Meilhac und Ludovic Halévy; es ist erst das zweite Mal, daß diese beiden Namen mit dem Offenbachs auf einer Partitur stehen.) Eines der Geheimnisse dieser musikalischen Satiren besteht darin, wie René Leibowitz (1980, 5 ff.) klug ausführt, daß die Musikstücke an und für sich gar nicht parodistisch scheinen; sie werden es erst durch die Situation, in der sie erklingen. Eurydice singt, wenn der Vorhang sich hebt, ein charmantes pastorales Lied, während sie Blumen zum Kranz windet – die perfekte Idylle. Erst wenn sie die Blumen auffordert, ihrem Mann nicht zu verraten, für wen sie bestimmt sind, entpuppt sich die Idylle als Travestie – textlich! Musikalisch wendet der Komponist die Technik des schier unaufhörlichen Ostinato an. Nicht weniger als 27 Takte hindurch (von seinen insgesamt 47) hält das Stück eine Begleitfigur

Notenbeispiel 8

unverändert fest, und 21 Mal innerhalb dieser Takte ertönt außerdem dazu die Figur

Notenbeispiel 9

Ich will diese Technik an Hand eines anderen, noch weit berühmter gewordenen Stückes aus dem *Orpheus* exemplifizieren: »Als ich noch Prinz war von Arkadien« (schöner noch im Französischen: »Quand j'étais roi de Béothie«), das unverwüstliche Chanson, in dem Hans Styx sein Schicksal beklagt, nie der schönen Eurydice begegnet zu sein, solange er König war, und nun im Schattenreich als ihr Bedienter ihr sich nicht zu nähern wagt, dieses Stück kommt in seinen 34 Takten mit bloß 7 harmonischen Figuren aus, unter denen eine, die simple

Notenbeispiel 10

gleich 18 Takte, also mehr als die Hälfte des Stückes, in Anspruch nimmt. Zum Vergleich: Ein ähnlich einfaches Stück, das harmonisch mit ebensowenigen Akkorden – fünf sind es in beiden Fällen – auskommt, nämlich das Lied des Papageno aus der Mozartschen *Zauberflöte,* »Ein Mädchen oder Weibchen«, hat in seinen bloß 24 Takten 13 harmonische Figuren. Das heißt, in Mozarts Stück kommt eine neue harmonische Figur im Durchschnitt auf 1,7 Takte; in Offenbachs Stück wechselt die Harmonie im Durchschnitt erst nach etwa 5 Takten. Oder, mit andern Worten, aus einem absichtlich gering gehaltenen Vorrat von Harmonien – es handelt sich ja in beiden Fällen um populäre Stücke – holt Mozart möglichst viele Varianten heraus; Offenbach ist auf Monotonie der Begleitung aus.

Diese Beobachtung gestattet eine Verallgemeinerung. Die Begleitung zum Sologesang, wie sie sich in der europäischen Musik (grob gesprochen zwischen dem 15. und 19. Jahrhundert) herausgebildet hat, läßt sich auch unter dem Blickwinkel Individuum – gesellschaftliche Konvention verstehen: In der (von der Begleitung auszuführenden) harmonischen Kadenz, das heißt in der stabilisierten Abfolge weniger Akkorde, schlägt sich ein musikalisches Schema nieder, das Ähnlichkeiten mit der Grammatik der Sprache hat. Hier herrschen strikte Regeln. Die Melodie hingegen hat weit größere Freiheitsgrade, weit mehr Raum für Individualität. Zwischen Melodie und Begleitung entstehen so Spannungen, die bis zum Widerspruch führen können. Zwei prinzipielle Wege – mit unendlich vielen Nuancen des Übergangs zwischen ihnen – stehen offen: Der Weg der Angleichung der Begleitung an die Singstimme, ihrer Annäherung an den Sprachcharakter des gesungenen Wortes, ihrer auf solche Weise erreichten Beseelung und Vergeistigung. Harry Goldschmidt (1985) hat gezeigt, wie weit Beethoven auf diesem Wege gegangen ist. Der andere Weg führt zur Verselbständigung der Begleitung in der Richtung des Mechanischen, Monotonen, Unbeseelten. Diese kompositorische Möglichkeit spielte im 19. Jahrhundert eine besondere Rolle und füllte sich mit Bedeutung auf: Die monotone Wiederholung an sich unbedeutender Motive – sowohl als Begleitung oder auch sich verselbständigend – konnte zum Zeichen werden für das Gemeine, für das bedrohlich Mechanische, Unausweichliche, für das, was Adorno »das Immergleiche« nannte. Beethoven – etwa in den Scherzi seiner IX. Symphonie und seines Streichquartetts op. 135 – hat auch hierfür den Ton angeschlagen, der von Berlioz, besonders eindrucksvoll im Scherzo seiner *Symphonie phantastique,* aufgegriffen und über Gustav Mahler, etwa in der *Fischpredigt des Antonius,* bis hin zu Alban Berg (Tanzszene des *Wozzek*) erklingt. Auch Offenbach hat die Möglichkeit des Kontrasts von Sologesang und Begleitung, frei schwingender Singstimme und Monotonie, Melodie und Figur (oder Motiv) auf sehr persönliche Weise entwickelt; wir werden das weiterhin in Aug und Ohr zu behalten haben. Es war eines der Mittel seiner musikalischen Satire und seiner gespenstischen Dimension.

Ein anderes (mit dem genannten in Verbindung stehendes) kompositorisches Mittel war der Kontrast zwischen schöner Melodie und unschöner Situation, in die sie sich einzufügen hat. Orpheus spielt seiner Gattin – er hat die mythische Leier mit der modernen Violine vertauscht – eine Melodie vor, die so gut erfunden, so schön geschwungen ist wie nur irgendeine der Zeit; bloß Eurydice findet sie abscheulich und würde am

liebsten vor ihr und ihrem Erfinder davonlaufen. Aristeus singt ein Schäferliedchen, dessen Melodieführung (wiederum über exzessiv vielen pastoralen Ostinati) und dessen Schweben zwischen Moll und Dur und Dur und Moll zum bezauberndsten gehören, das in diesem Genre denkbar ist;

(Notenbeispiel siehe folgende Seite)

Notenbeispiel 11

bloß, es ist der böse Pluto, der es, als Schäfer verkleidet, singt, um Eurydice mit sich in die Unterwelt zu nehmen. Das, andererseits, ist so schlimm nicht, denn Eurydice nimmt gern den Tod – Vorbedingung der Reise in die Unterwelt – auf sich und begrüßt in einer weiteren lyrisch-gefühlvollen Melodie den Tod als Freund; bloß, man versteht, daß sie nicht den Tod, sondern einen neuen Liebhaber willkommen heißt. Und so geht das weiter bis zur Götterrevolte im Himmel, die zwar mit den Fanfaren der *Marseillaise* – die im Reich Napoleons III. nicht gern gehört wurde – drohend beginnt, aber, sobald Jupiter alle zu einem Ausflug in die Unterwelt einlädt, sich in das frivole

Notenbeispiel 12

auflöst, bis das Stück schließlich in der Unterwelt endet, wo alle, entgegen den moralischen Geboten der personifizierten Öffentlichen Meinung, sich in den berühmten Höllen-Cancan stürzen. Die Heuchelei, die Frivolität der guten Gesellschaft ließe schärfer sich kaum zeichnen. Positive Figuren – weder im Sinn der harmlos-freundlichen Liebenden der frühen Einakter noch gar im Sinn von idealisierter Heldenfigur – haben in diesem Stil keinen Raum. Positiv ist die Musik, oder genauer gesagt, die Melodie; ihre oft gewollt monotone, ihre widerspenstig ostinate Begleitung muß man als den gespenstischen Hintergrund hören, vor dem allein sich in der Realität der Bürgerwelt Heiterkeit und Anmut entfalten können.

Offenbach hat diese kompositorische Methode sicher nicht mit Bewußtheit angewandt, um die Bürgerwelt zu charakterisieren oder die Stellung des Schönen und Anmutigen in ihr; er schuf sie vermutlich ohne bewußte Reflexion darüber.

Um diese Behauptung plausibel zu machen, muß der Versuch unternommen werden, ein anscheinend unausrottbares Vorurteil außer Kraft zu setzen. – In der Offenbach-Literatur, überhaupt in der Musikgeschichtsschreibung, hat sich eine Modell-Vorstellung durchgesetzt, die sich etwa so beschreiben läßt: Entweder bilde sich ein Komponist ein politisches Urteil und schriebe dann Werke, um diesem seinem Urteil Ausdruck zu verleihen, oder aber er stehe außerhalb der Gesellschaft. Um das Gemeinte wenigstens mit einem Beispiel zu belegen: J. Heinzelmann sagt in seiner sonst so klugen Einführung zu einer Neuübersetzung von *Pariser Leben* (1982, 268), »irgendwelche politischen Anspielungen« habe in diesem Stück »noch niemand ... gefunden. Überhaupt solle man ja kritisch sein gegenüber allen Behauptungen von ›kritischen‹ Untertönen in Offenbachs Werk.« Gewiß, Offenbach nehme nichts ernst, nicht einmal seine eigene Ironie, »und darin liegt kritischer Geist, aber einen kritischen Impetus, eine Tendenz habe sein Œuvre nicht, auch nicht vor 1870«. Auch Meilhac oder gar Halévy, heißt es dann weiter, »lagen politische Aussagen fern, die irgend ›fortschrittlich‹ gewesen wären«. Aber das Tagebuch Halévys, aus dem Heinzelmann verdienstlicher Weise Auszüge veröffentlicht, bestätigt nicht, was der Herausgeber belegen will; es wimmelt von politischen Beobachtungen und Reaktionen. So ist Halévy gegenüber dem Kaiser äußerst kritisch; das Jahr 1865 – für uns interessant, da es das Vorjahr von *Blaubart* und *Pariser Leben* ist – betrachtet Halévy »politisch im weitesten Sinn« und findet einen »Status quo voller Drohungen und Gefahren«; vom *Blaubart* hat er zu sagen, daß »alle Worte der politischen Szene und alle der intimen Szene bewundernswert verstanden« wurden (ebenda, 229 und 231). Heinzelmann läßt offenbar als »politisch« nur denjenigen gelten, der sich in Worten zu einer Politik bekennt; ein zögernder, skeptischer, nachdenklicher Mann wie Ludovic Halévy scheidet bei dieser Betrachtungsweise nicht nur als politisch reagierender Mensch aus, sondern auch als Gestalter, als Formulierer weltanschaulicher Haltungen. Und künstlerische Äußerungen werden auf ihre Bezüge zur Gesellschaft hin erst gar nicht befragt. Auf solche Art entgeht dem Betrachter Wesentliches. – Nur wenige Komponisten haben sich mit Politik im engeren Wortsinn befaßt (etwa Wagner oder, ganz anders, Mendelssohn). Offenbach gehört bestimmt nicht zu den Politikern unter den Musikern; Naivität, auch und gerade in politischen Dingen, ist Teil seiner Persönlichkeit. Aber in einer gesellschaftlich bestimmten Situation, ob sie es wahrhaben wollen oder nicht, stehen alle Menschen, auch Komponisten. Und wie sie darauf reagieren, läßt sich keineswegs nur – oder auch nur: am besten – von dem ablesen, was sie bewußt tun und sagen. Zumal in Klassengesellschaften werden bekanntlich menschliche Reaktionen weitgehend von Mechanismen gesteuert, die, schwer durchschaubar, in der Regel auch nicht durchschaut werden. Das gilt für Komponisten ganz ebenso wie für Menschen geringerer künstlerischer Fruchtbarkeit. Kurzum, man muß, wenn man ernsthaft über die Stellung von Musikern in ihrer Zeit sprechen will, auseinanderhalten, was sie an Eindrücken, Erlebnissen, Einflüssen in sich aufnehmen, was davon ins Bewußtsein aufsteigt, und – das ist wiederum eine andere Sache – welche Konsequenzen für Schaffensprozeß und Lebenshaltung gezogen werden. Keineswegs kann man sicher sein, daß die zwei Komplexe – die künstlerischen Produkte und die bewußt gewordenen und geäußerten politischen, weltanschaulichen, ästhetischen Meinungen ihrer Autoren – wie aus einem Guß sind. Das berühmt gewordene Exempel Balzac sollte nachdenklich stimmen: In seinen politischen Ansichten Royalist, war Balzac ein unerbittlicher Schilderer des Sumpfes, in dem der Adel (wie die Bourgeoisie) gedieh. Seine politischen Ansichten und seine dichterische Produktion sind nicht leicht miteinander zu vereinbaren. – Offenbach ist eine Generation jünger als Balzac (1799–1850); aber fast zwei Jahrzehnte hindurch lebte er in der Zeit Balzacs in der Stadt Balzacs. Tiefe Ahnungen über das Wesen der Gesellschaft, in der er lebte, wird man dem Komponisten von *Hoffmanns Erzählungen* nicht absprechen können. Wir müssen uns mit dem Gedanken befreunden – er bildet geradezu den Schlüssel zum Verständnis Offenbachs –, daß er auf seine Zeit balzacisch reagierte, das heißt, das er künstlerisch formulierte, was er nicht ganz durchschaute. Werk und Weltansicht überhaupt dekken sich nicht einfach, allerdings widersprechen sie einander auch nicht (zumindest in der Regel nicht; es ließe sich sogar dieser Extremfall denken). Bald spricht das Werk aus, was sein Autor sich selbst kaum oder nicht bewußt gemacht hat; bald weiß er mehr, als er gestalten kann. Kurzschlüsse der Analyse sind zu vermeiden!

Während der *Orpheus-Helena*-Phase (1858–1864) schien das Kaiserreich zu florieren. Man braucht nicht zu bezweifeln, daß Offenbach es als seine – mit etwas kritischer und skeptischer Zuneigung empfundene – Heimat betrachtete. Die Herren, die unter Napoleon III. märchenhafte Reichtümer machten, waren mit ihren Damen gerngesehene Gäste bei Offenbachs Götter- und Heroensatire. Sie waren – noch! – bereit, über das boshafte Konterfei ihrer eigenen Gesellschaft zu lachen, wie sie auch gern über Offenbachs grausame Travestien der Großen Oper lachten. Übrigens wissen wir, wie gesagt, nicht genau, ob das Publikum sich wirklich nur oder auch nur vorwiegend aus reichen Herrschaften zusammensetzte. Aus zeitgenössischen Abbildungen von Offenbachs Publikum (siehe Abbildung 21) würde das nicht hervorgehen. Und nun gar, was die Wirkung von Offenbachs Operetten angeht – was die Wirkung von Kunst überhaupt angeht –, tappen wir im dunkeln. Allein auf harmlosen Spott, auf Teilnahme am »Rausch«, in dem die Gesellschaft angeblich lebte – die g a n z e? –, auf Frivolität läßt sich Offenbachs Satire sicher nicht festlegen. Vor allem aber, diese Phase, so wichtig sie auch in der Entwicklung des Menschen und des Komponisten Offenbach war, seine letzte oder höchste war sie keinesfalls. – Wir kommen zur Phase der bereits ausführlich untersuchten »Rollentausch«- oder sozial-utopischen Operetten. Zuerst sei deren Entstehungszeit in Erinnerung gerufen und der Tatbestand, daß diese Zeit zusammenfällt mit der schwersten Krise des Kaiserreichs, die seinen Untergang und seine Ablösung vorbereitete. Die Opposition formierte sich; die Arbeiterschaft erzwang die Aufhebung des Streikverbots, die Erste Internationale bildete eine französische Sektion. Das Regime suchte durch Liberalisierung den neuen Gegebenheiten Rechnung zu tragen. – Es wurden erstaufgeführt:

Blaubart	1866
Pariser Leben	1866
Die Großherzogin von Gerolstein	1867
Perichole	1868
Die Prinzessin von Trapezunt	1869
Die Briganten	1869
Madame L'Archiduc	1874

Diese Operetten, sieht man von der Nachzüglerin von 1874 ab, wurden also konzipiert und gespielt, als das Bürgertum zum ersten Mal in seiner Geschichte ernsthaft in seiner Herrschaft bedroht war.

In *Orpheus* und *Helena* war die Konstellation positive – negative Figuren aufgehoben worden; keine Figur kann als positiv gelten, und womit sich das Publikum identifizieren sollte und offenbar auch identifizierte, war die ironische Distanz zu allen. – Ganz anders jetzt. Drei Figurengruppen – jede von ihnen dichterisch-dramaturgisch sowohl als musikalisch deutlich konturiert – lassen sich unterscheiden. Die negativen Figuren beziehen ihre Vorbilder prinzipiell aus der Oberschicht der Gesellschaft; ihre Rangstufen liegen zwischen König und Minister und General, billiger wird's in der Regel nicht gegeben, kaum daß sich ein schlichter Baron oder ein höfischer Zeremonienmeister unter ihnen befindet (Abbildung 12). Sie sind vorwiegend in Couplets charakterisiert, die gern als Auftrittslieder fungieren, und in einen Refrain von der Art münden: »Wie gut ist ein Inkognito!« oder: »... tiefer bücken!« oder: »... der kriegt's mit dem Stecken!« oder noch lapidarer: »... Original!«. Das bevorzugte musikalische Mittel sind mechanische Wiederholungen melodisch-rhythmischer Floskeln, meist im stereotypen Marsch-, gelegentlich auch im Walzertakt, der Gemütlichkeit unheimlich vortäuschen kann. Militärfanfaren tönen oft hinein. Ostinato-Motive, wie wir sie im *Orpheus* gefunden haben, kommen vor, aber charakteristischer ist die Beschränkung auf Floskelhaftes.

Mit freundlich-distanzierender Ironie, aber ohne Schärfe ist jener Figurentypus gezeichnet, den wir in Baron von Frascata kennengelernt haben. Auch die Großherzogin, vielleicht sogar Ritter Blaubart in Person gehören hierher, aber vor allem die Männer der die Hauptrollen spielenden Damen: der etwas polternde Piquillo, der Freund Perichols, Giletti, der schon vor der Hochzeitsnacht unter dem Pantoffel stehende Mann Mariettas und manche andere Figur. Es ist ein Symptom ironischer Distanz, daß stereotyp wiederholte musikalische Muster – ein gutes Beispiel ist der ostinat festgehaltene Mazurka-Rhythmus

Notenbeispiel 13

im Brief der Metella (man höre Musikbeispiel 1, siehe Notenbeispiel 2 auf Seite 27 ff.) – auch dieser Figurengruppe als musikalisches Sprachmittel dienen können.

Für seine positive Figurengruppe hat Offenbach die ganze Palette seiner lyrischen Gestalten reserviert; hier ist nichts mechanisch, konventionell, nichts stereotyp wiederholt. In anmutigen Bögen schwingen die Melodien. Ihr Charme und ihre Süße, wie wir sie schon aus Offenbachs Einaktern kennen (und wie sie auch in der Opéra comique weiterlebten), haben hier eine neue Funktion erhalten: Sie kommen nunmehr einer sozial genau umrissenen Figurengruppe zu, einfachen arbeitenden Menschen. Es ist aufschlußreich, daß schon manche der Einakter – beispielsweise *Schuhflicker und Millionär,* auch *Nummer Sechsundsechzig,* beide aus dem Jahr 1856 – den Reichtum als Bürde, das einfache Leben als den Boden unbeschwerter Heiterkeit hinstellen (siehe auch Abbildung 22). Auch musikalisch ist der Darstellung der kleinen Welt eine neue Qualität zugewachsen, die man (mit einem in der Literaturwissenschaft heimischen Ausdruck) als »Lakonismus« bezeichnen könnte. Die Notenbeispiele 3 und 4 auf den Seiten 37 ff. und 41 bilden gute Beispiele.

Kurzum, die Opéra bouffe, Offenbachs ureigenste Schöpfung, hat hier eine neue Qualität erhalten. – Karl Kraus sagte einmal von Shakespeare, er habe »wie kein Revolutionär dem Adel proletarischer Menschheit gehuldigt« (F 890, 1934, 246); es ließe sich von Offenbach, Meilhac und Halévy sagen, sie haben in diesen Operetten wie kein Revolutionär dem Adel einfacher Menschen gehuldigt. In diesen vier Jahren ließ Offenbach in die Opéra bouffe einmünden, was andere Gattungen zu bieten hatten; er verband vor allem Satire und Lyrik, Parodie und heiteren Ernst miteinander, um – in einer Zeit, die sowohl mit Unheil als auch mit Zukunftsmöglichkeiten schwanger ging, wie keine zuvor – die Bühne zum phantastischen Zauberspiegel der Realität, die Musik zur Erhellung von Zusammenhängen zu machen, das Theater zum Zeittheater.

Man kann mit einiger Aussicht auf Gelingen zu rekonstruieren suchen, mit welchem Grad von Bewußtheit Offenbach in dieser Phase operierte. Es ist wahrscheinlich, daß seine Sentiments den von Halévy in seinem Tagebuch ausgedrückten ähnlich waren. Man nehme die folgenden zwei Passagen, beide aus dem Jahre 1866: »Aber der Kaiser will nicht Frieden, er will Krieg...« und anläßlich des kaiserlichen Besuchs in einem Lustspieltheater nach Ausbruch des österreichisch-preußischen Krieges: »...bewunderte ich ohne jeden Neid die Seelenruhe dieses Mannes, der ein wenig ins Theater lachen geht, während 150000 Mann in Deutschland und Italien wegen seines Fehlers oder gar auf seinen Willen hin – wenn er denn einen Willen hat – sich daranmachen, einander zu töten.« (Halévy, 1862–69, 233/34). Daß Offenbach ähnlich reagiert haben dürfte, geht daraus hervor, daß sein, mit Victorien Sardou schon 1869, also vor Ausbruch des deutsch-französischen Krieges, vor Republik und Commune, begonnenes Stück *Roi Carotte* so etwas wie ein politisches Programm enthält. Der König Fridolin, der in den letzten Szenen des Stückes als heldenhafter Retter aus der Not auftaucht, wird bei seinem ersten Auftreten mitsamt seinem Hofstaat von Kriechern und Karrieristen kritisch-satirisch gezeichnet, durchaus vergleichbar dem König Bobèche aus dem *Blaubart.* Um gegen den bösen König Carotte, der noch etwas näher zu betrachten sein wird, als guter König auftreten zu können, muß Fridolin sich »bessern«. – Ferner ist ein biographisches Detail heranzuziehen. Man liest bei Kracauer (1937, 225/26 und 235), daß Offenbach sich in den 60er Jahren täglich im Café Riche mit Freunden zum gemeinsamen Mittagessen einfand. Unter diesen Freunden war Victor Henri Rochefort (1830–1913) (Abbildung 27), ein Mann aus adligem Geschlecht, der linker Republikaner wurde. Ins Parlament gewählt, gab er 1868/69 die Wochenschrift *La Lanterne* heraus, die man in ihrem roten Umschlag überall sah und die enormen Einfluß ausgeübt haben soll. (Es ist nicht ohne Interesse, daß diese Zeitschrift ihrerseits eine der Anregungen für Karl Kraus' *Fackel* war, wie Werner Kraft [1974, 18ff.] gezeigt hat.) Zeitweise mußte Rochefort seine Zeitschrift in Belgien drucken und über die Grenze schmuggeln, so sehr stellten ihm die Behörden nach. Das hinderte ihn nicht, als das Kaiserreich tiefer in die Krise geraten war, zwischen Dezember 1869 und September 1870 eine Tageszeitung *La Marseillaise* zu publizieren, in der Materialien über die Tätigkeit der Ersten Internationale und der internationalen Arbeiterbewegung veröffentlicht wurden, desgleichen mehrere Artikel über die irische Frage von Jenny Marx; an einem von ihnen hatte auch Karl Marx mitgearbeitet (MEW 16, 666, 690 und 765). Einmal rief Rochefort in seiner Zeitung sogar zum bewaffneten Aufstand auf! – Man braucht die Meinung derer, mit denen man zu Mittag ißt, nicht zu teilen; Offenbach wurde nicht zu einem linken Republikaner, noch auch wurden es seine Collabos. Aber informiert waren sie über die neuen Entwicklungen, und sie machten sich ihren Reim darauf. Da wir diesen »Reim« kennen – die damals entstehenden sechs utopischen Operetten –, können wir, ein weiteres biographisches Detail und eine französische Theatertradition heranziehend, Rückschlüsse auf Offenbachs Haltung ziehen, die ihrerseits wieder die Werke dieser Phase erläutern helfen. – Man weiß, daß Offenbachs Herz für Menschen aus jenen kleinen Verhältnissen schlug, denen er selbst entstammte. Seine »geradezu krankhafte Wohltätigkeit«, sein »Mitleid mit den Unglücklichen und sein Mitgefühl für die kleinen Leute, seine Abneigung gegen die überflüssigen Nichtstuer«, die gehörten zu seinen unveränderlichen Eigenschaften, meinte Jacques Brindejont-Offenbach (1930, 320/21), Offenbachs Enkel. Auch standen unsere drei Autoren in einer großen französischen Tradition, wenn sie Kellnerin und Bauernmädchen, Zofe und Straßensängerin zur Trägerin von Hauptrollen machten. Mehr als hundert Jahre vor Offenbachs Wirken, zur Zeit der Aufklärung und der Französischen Revolution, hatte gleichfalls ein Szenenwechsel auf dem Theater in Verbindung gestanden mit großen historischen Ereignissen. Auch damals wurden Kulisse und Theaterhorizont von Ereignissen gestellt, die ganz andere Dimensionen hatten als die des Dekorationsmalers, und die Verschiebung des Schwergewichts vom Grafen zum Diener, der Szenenwechsel vom Palast zur Bauernstube waren mehr als dichterische Einfälle. Etwas vom Geist und von der historischen Situation Beaumarchais' lebt in den Offenbachschen Rollentausch-Operetten. In großen Zeiten kann der listen- und erfolgreichen Theaterintrige eines Dieners und einer Kammerzofe gegen ihren gräflichen Herrn, kann dem im Bühnenlicht stattfindenden Rollentausch von Stubenmädchen und gnädiger Frau, von Diener und Admiral eine Kraft innewohnen, die nicht aus dem Innern des Dichters kommt. Eine Linie führt vom Kammerdiener Figaro zum Kellner Giletti, von der Zofe Susanna zu Marietta, der Kellnerin, zu Boulotte und Perichole und all den andern. (Am Rande: Susannas Kleidertausch mit der Gräfin im 4. Akt von *Figaros Hochzeit* gehört nicht in die gleiche Kategorie; Susannas Rolle in der Intrige zur Bloßstellung des Grafen hätte genausogut von einer andern Frau, etwa von Marceline, übernommen werden können. In Beaumarchais' und in da Pontes *Figaro* tritt der dritte Stand unverkleidet und quasi unmetaphorisch auf die Bühne. Gerade darauf beruht die Kraft von *Figaros Hochzeit.* Die dramaturgische Funktion der Offenbachschen Rollenvertauschungen hingegen ist eine Metapher; sie macht zwar die Unstimmigkeit der normalen Rollenverteilung sinnlich erlebbar, jener Rollenverteilung, die vor und nach der auf der Bühne vorgespielten im realen Leben herrschte; aber mit der Möglichkeit eines sozialen Wandels wird nur gespielt. Als ernste Alternative gibt sie sich nicht zu erkennen.)

Man wird kaum fehlgehen, wenn man annimmt, daß Offenbach, Meilhac und Halévy in dieser Phase politisch und künstlerisch einer Meinung waren. Nicht weniger als sieben von den insgesamt zehn Stücken, die die drei gemeinsam verfaßten, stammen aus diesen vier Jahren. Sie hatten Sympathien mit dem sich anbahnenden Wandel, in dem die arbeitenden Menschen eine wachsende Rolle spielten, ohne daß sie vermutlich dem Kaiser Niederlage und Abdankung gewünscht hätten, und sicher ohne Gedanken daran, daß nichts Geringeres auf die Tagesordnung gesetzt war als die Frage nach der Bürgerherrschaft überhaupt.

Aber das war, zum ersten Mal in der Geschichte des Bürgertums, der Fall. Vergessen wir nicht, daß Offenbachs Lebenszeit mit der von Karl Marx beinahe vollständig zusammenfiel:

Karl Marx 1818–1883
Offenbach 1819–1880

und das heißt, daß, während Offenbach auf seine Weise reagierte, der Kapitalismus ein Stadium der Reife annahm, das seine wissenschaftliche Analyse und die Vorhersage seiner bevorstehenden Ablösung ermöglichte. Davon hatte Offenbach vermutlich keine Ahnung, und wäre er auf Marx' Gedanken gestoßen, er hätte mit ihnen kaum etwas anfangen können. Es ist erwähnenswert, daß, umgekehrt, Marx Offenbach kannte und auf ihn positiv reagierte. (Wer kennt nicht einen Operettenkomponisten! Wer kennt schon einen Ökonomen und Philosophen!) Einmal, 1870, lobt Marx eine Broschüre gegen das volksbetrügerische Plebiszit Napoleons III. (die übrigens von einem Mitarbeiter von Rocheforts Zeitung *La Marseillaise* stammte) mit den Worten, sie sei »eine famose Burleske (im Stil von Offenbachs Musik)« (MEW, 32, 499); ein andermal, 1882, nennt er in einem Brief an seine jüngste Tochter aus Monaco dieses Fürstentum gleich fünf Mal »Fürstentum Monaco-Gerolstein« oder einfach »Fürstentum Gerolstein«, was davon zeugt, wie sehr dieser Offenbachsche Begriff in die Umgangssprache eingegangen war. (Andere vermutlich ebenso). Abschließend meint Marx, der ganze Betrieb mitsamt den »Narrenhäuslern«, die an ein gewinnversprechendes »System« bei den Glücksspielen glauben, sei, verglichen mit der Börse, eine Kinderei. Aber der Fürst und sein Fürstentum und sein Bankpächter, die dabei gedeihen, die seien schließlich und endlich »offenbachisch ›interessanter‹ als die Geprellten« (MEW, 35, 328/29). Offenbar sah Marx Offenbach als jemanden, der die Betrüger, nicht die Betrogenen trifft.

Die Ereignisse hatten ihre eigene Logik. Nur kurze Zeit trennte den im Rampenlicht sich vollziehenden meteorhaften Aufstieg des Gemeinen zum General, den Bühneneffekt des Einzugs der Straßensängerin in den Königspalast, die operettenhafte Übernahme der Herrschaftsrolle von den realen historischen Ereignissen: Am 4. September 1870 riefen die arbeitenden Menschen von Paris die Republik aus, als das unfähig gewordene Kaiserreich den Krieg gegen Preußen, den es im Juli zuvor begonnen hatte, nicht führen konnte, und ein halbes Jahr später, im März 1871, gründeten die Arbeiter von Paris die Commune und unternahmen erste Schritte zur Verteidigung des Landes und zu seiner Reorganisation, als es sich herausgestellt hatte, daß die Vertreter der Bourgeoisie mehr Angst vor den Pariser Arbeitern hatten als vor den preußischen Okkupanten.

Das hatte nun keine Ähnlichkeit mehr mit der freundlichen Überlegenheit und dem leichten Sieg der kleinen Leute über die gefährlichen Bösewichter, die eben keineswegs bloß tölpelhafte Dummköpfe waren. Unsere Autoren hatten die Überlegenheit kleiner arbeitender Menschen gezeigt, nicht die der Arbeiter. So, wie es in der Realität dann wurde, so waren die Rollentausch-Operetten nicht gemeint. Damit sympathisierten deren Autoren nicht. Als in einem blutigen Gemetzel sondergleichen in den Tagen vom 21. zum 28. Mai 1871 die Pariser Commune erstickt wurde, der Versuch der arbeitenden Menschen von Paris, der Bourgeoisie die Herrschaft zu entziehen und den Staat in die eigenen Hände zu nehmen – es war der erste Versuch in der Weltgeschichte –, da war Offenbach auf der Seite der Sieger.

Er hatte Paris verlassen, und als er, nach Krieg und Commune und ihrer Niederlage, wieder zurückkehrte, war die Welt eine andere geworden. Der Bourgeoisie fiel es nun nicht mehr leicht, über sich selbst zu lachen – zu nahe war sie einer historischen Niederlage gekommen. Und Offenbach hatte zu seinen üblichen Sorgen nun die zusätzliche: Würde er noch arbeiten können in dieser neuen Welt? Er tat, was er immer tat, er stürzte sich in die Arbeit. Zwei Stücke boten sich zunächst an. Eine umgearbeitete ältere Komische Oper konnte schon im Dezember 1871 auf die Bühne der Bouffes-Parisiens gebracht werden, und da gab es ja den halbfertigen *Roi Carotte (König Mohrrübe)*. Der Stoff stammt aus E. T. A. Hoffmanns *Die Königsbraut* (nicht, wie Louis Schneider und, nach ihm Henseler, Jacob und Faris schreiben, aus dessen *Klein Zaches*), hat aber bei Hoffmann nichts von jener bösartigen sozialen Allegorie, die Victorien Sardou und Offenbach ihm gaben. Als Offenbach 1869 sensationeller Weise mit dem für ihn neuen Autor zusammenzuarbeiten begann, malte das Stück die Schreckensherrschaft eines Königs Mohrrübe mit seinem Gefolge von Wurzelgemüse an die Wand; im Französischen, nicht im Deutschen, kann der etymologische Zusammenhang von »racine«, die Wurzel, mit »les radicals«, die Radikalen, genutzt werden, so daß eine dargestellte Herrschaft des Wurzelgemüses der Furcht vor einer Herrschaft der Radikalen, derer, die von unten nach oben kommen, kurz der Arbeiter, Ausdruck geben konnte. Als *Roi Carotte* im Januar 1872 auf die Bühne kam, und zwar als revueartiges Stück in 18 Bildern, mit Hunderten von Mitwirkenden, Chor, Ballett und in märchenhafter Ausstattung und mit Bühnenwundern aller Art, formulierte das Stück den Abscheu der Bourgeoisie vor der inzwischen gestürzten Commune. Es ist ein royalistisches Stück, in dem der gute König Fridolin, Symbolgestalt des Monarchismus, im Tempel Salomonis weiser geworden, nun auch besser zu regieren verspricht. Es ist ein blutrünstiges Stück, das – acht Monate nach der Niedermetzelung der Communarden – zu den Waffen gegen den Wurzelkönig Carotte und die Seinen aufruft:

Notenbeispiel 14

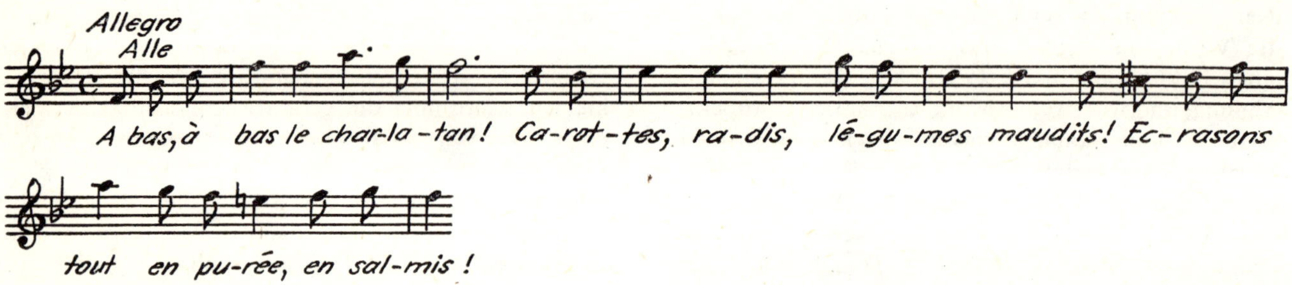

Nieder, nieder mit dem Charlatan!
Mohrrüben, Rettiche, verfluchtes Gemüse!
Zerstampfen wir alle zu Brei, zum Ragout.

Das ist weder Spaß noch Satire; dergleichen hatte Offenbach noch nie komponiert. Aber es bedarf nicht des Abscheus vor dieser brutalen Äußerung von Reaktion, um zu entdecken, daß *Roi Carotte* ein Stück von ungleichmäßigen musikalischen Qualitäten ist, offenbar in Eile geschrieben. So gelungen die Hofsatire, so reizvoll manch melodischer Einfall – der reizvollste, ein großer Walzer, stammt allerdings aus einem zehn Jahre zuvor geschriebenen Ballett –, die prunkhaft-pathetischen Opernformen, die hier gefordert waren, sind oft musikalisch leer. Sie gehören nun einmal nicht zu Offenbachs Stärke – weit eher schon deren Parodie! Aber Parodie schien nun nicht mehr gefragt. Zwar tragen noch weitere sechs, nach 1871 entstandene Operetten die Bezeichnung »Opéra bouffe«, aber sie gehören, mit der einen Ausnahme von *Madame L'Archiduc*, weit mehr der Gattung Opéra comique an.

Eine Auswahlliste von Offenbach-Stücken dieser Gattung möge zeigen, daß er von ihr nie abließ – zwei Stücke wurden noch postum aufgeführt –, obwohl er hätte wissen können, daß er in diesem Rahmen nunmehr sein Bestes nicht mehr geben konnte. Er hatte schon 1853 den (einaktigen) *Pépito* (deutsch: *Das Mädchen von Elizondo*) geschrieben; charmanter und musikalisch einfallsreicher kann man das Genre kaum handhaben. Aber nunmehr, nach der *Orpheus-Helena-*

Phase, nach *Blaubart* und *Briganten* wieder zurück zur Harmlosigkeit? Die Gattung selbst war stereotyp und steril geworden, Schauplatz der Niederlage jener Ambitionen und Illusionen, die – hundert Jahre vor Offenbach – zu ihrer Glorie beigetragen hatten. Offenbach empfand seine stetige Beschäftigung mit dem Genre offenbar nicht als Kompromiß mit Publikumsgeschmack, Theatertradition und Belohnung der Verharmlosung (was alles es in Wahrheit war). Wirklich fand Offenbach mit Stücken der Gattung drei, vier Mal den ersehnten Eingang in das Haus, das den Namen der Gattung trug, in die Opéra Comique, nie aber den Erfolg, den er sonst gewohnt war: *Barkouf,* 1860, ein Stück, in dem (was E. T. A. Hoffmann satirisch vorausgesagt hatte) die Titelrolle einem Hund zufiel, *Die Seufzerbrücke,* 1861, *Les Bavards* (deutsch: *Die Schwätzerin von Saragossa*), 1863, *Robinson Crusoe,* 1867, *Vert-Vert,* 1869, *Fantasio,* 1872, *La Jolie Parfumeuse,* 1873, *Die Kreolin,* 1875, *Madame Favart,* 1878, *Belle Lurette,* 1880. Eines der Motive dieser Hartnäckigkeit dürfte der Wunsch gewesen sein, sich in allen Sätteln gerecht zu erweisen, zumal in den spätern Jahren, jeder Konkurrenz gewachsen zu sein. Dem 25-jährigen Lecocq hatte Offenbach seinerzeit, 1857, durch eine Aufführung in den Bouffes-Parisiens zu seinem ersten Erfolg verholfen; in den 70er Jahren sah es so aus, als sollte er seinem alternden und kranken Protektor den Rang ablaufen. Lecocqs heitere, melodienreiche, in der Singspiel-Tradition stehende Operetten, in denen soziale und selbst politische Motive in harmlose Theaterintrigen umgebogen wurden, waren damals erfolgreicher als die Operetten Offenbachs. Nun ließ sich natürlich auch in dieser Gattung reizvolle Musik schreiben; immer wieder, auch in Offenbachs schwachen Stücken der Gattung, bestechen einzelne gelungene Musiknummern. Ein neuer Ton der Nostalgie und Wehmut macht sich – besonders ausgeprägt in der Gestalt des wunderlichen Kapitän Feuillemorte in der *Kreolin,* einer von Karl Kraus' Lieblingsgestalten – bemerkbar, wie überhaupt Kraus an einigen Stücken dieser Gattung – aus Motiven, die uns noch beschäftigen werden – Gefallen fand.

Achtundzwanzig Bühnenstücke hat Offenbach in den achteinhalb Jahren, die ihm nach 1871 noch gegönnt waren, komponiert. Darunter sind zwar sechs Einakter – denn auch diese Gattung wurde wieder aufgenommen –, aber andererseits Riesenpartituren, wie sie die großen revueartigen »Féerien« und die Dramen mit Musik erforderten, neue Gattungen in des Nimmermüden Repertoire – gleich sechs davon. In diesen Stücken scheinen – ich konnte nicht alle Musiken einsehen – Routine und Schablone über Inspiration und Schöpferfreude gesiegt zu haben. Das gilt auch für weite Strecken der *Reise in den Mond,* 1875. Bei Ausstattungsstücken, deren Kosten sechsstellige Zahlen ausmachten – und Offenbachs Direktion auch prompt in die Pleite führten –, wurde die Musik häufig zur Untermalung von Aufzügen, Tänzen, Märschen, Verwandlungen, Schaustellungen. Es war einer der vielen Versuche, dem neuen Zeitgeschmack Rechnung zu tragen, ohne daß, wie gesagt, andere Gattungen ganz vernachlässigt worden wären. *Madame L'Archiduc* ist ja ein echtes, prächtiges Stück aus der Gruppe der utopischen Rollentauschstücke, freilich mit der zusätzlichen zeitgemäßen Pointe der Verhöhnung politischen Aufruhrs. Martinet (1887, 216) berechnet, daß einmal, 1875, drei Riesenpremièren in drei Theatern innerhalb von vierzehn Tagen stattgefunden hätten. Im Durchschnitt fand alle die Jahre hindurch alle dreieinhalb Monate eine Première statt, nicht gerechnet die – bearbeiteten – Wiederaufnahmen alter Stücke. Und man darf nicht vergessen, daß Offenbach wieder einmal Theaterdirektor war und daß Besprechungen und Proben ihn sicher ebenso viel Zeit kosteten wie die Komposition. Auch muß man mehr als zwei Monate für die Amerikareise 1876 abrechnen. Und Offenbach war nicht mehr der jüngste (Abbildung 24), und die Gicht, an der er litt und starb (siehe dazu Faris, 1982, 252/53), machte die Arbeit zunehmend schwerer. Daß Schaffenskraft oder Erfindungsgabe nachgelassen hätten (obwohl es natürlich behauptet wurde), kann man sicher nicht sagen. Eher schon, daß Offenbach unsicher war und, wenn möglich, von noch hektischerer Betriebsamkeit als vor dem großen Einschnitt. Aber das Bild eines alternden Musikers, der seine Unsicherheit angesichts einer ihm fremden Situation durch Geschäftigkeit zu kompensieren sucht, trifft nur einen Teil von Offenbachs Persönlichkeit in seinem letzten Jahrzehnt. Denn unbeirrt durch all das, trotz Krankheit und Todesahnungen, geht der Komponist seinen Weg. Ungeachtet aller Konzessionen, die er machen zu müssen glaubt, um oben zu bleiben, über Gattungsgrenzen hinweg schrieb er bis zu seinem Ende – und ließ sich diesmal Zeit dafür – ohne Hast und ohne Konzessionen an einem der großen Meisterwerke des Jahrhunderts und schrieb es beinahe zu Ende. (Es kann in unserem Rahmen nicht den Raum einnehmen, der ihm zukäme.)

Aber gerade in unserem Rahmen muß *Hoffmanns Erzählungen* als Endpunkt einer Entwicklungslinie betrachtet werden, deren Vorahnungen, Anzeichen und Spuren in früheren Werken leicht übersehen werden könnten, hätten wir nicht dieses End- und Gipfelwerk. (Karl Kraus hat mehr als ein Mal, auch im Gespräch während der Proben mit mir, auf solche Zusammenhänge hingewiesen.) Dabei ist nicht sosehr an die bekannte Tatsache zu denken, daß Musikstücke aus älteren Bühnenstücken aufgenommen wurden; so war die berühmte Barkarole ursprünglich dem Rhein zugedacht (in den unglückseligen *Rheinnixen*), nicht Venedig, und die Melodie der Mutter aus dem Antonia-Akt der *Contes d'Hoffmann* war als eine Episode in der Ouvertüre zu *Fantasio*, 1872, zu hören gewesen. Weit wichtiger ist, daß uns das Werk gemahnt, einer ganz spezifisch Offenbachschen Art eines phantastischen Realismus gewahr zu werden, der in diesem Alterswerk den Ton bestimmt, jedoch in früheren Stücken deutlich zu vernehmen wäre, wenn nicht die Konventionen der nach-Offenbachschen Operette (und der ihnen gemäße schlampig-süßliche Aufführungsstil) Offenbachisches verschwinden zu machen und Stilunterschiede einzuebnen tendierten. Hat man aber erst einmal entdeckt, daß die *Contes* nicht vom Himmel gefallen, sondern aus früheren Werken Offenbachs herausgewachsen sind – bei allem Abstand zu allem Vorigen –, so treten Gemeinsamkeiten ins Licht. Die Methode, Schönheit der Melodie, ganz unverzerrt und unparodiert, in eine Situation zu stellen, in der sie zwielichtig und hintergründig wird – die Barkarole des Giulietta-Aktes ist das klassische Beispiel –, die kennen wir. *Orpheus* und *Helena* haben Beispiele dafür und die Operetten der späten 60er Jahre auch. Der Brief der Perichole und, auf etwas andere Weise, der der Metella belegen die Methode gleichfalls. Und – sich wieder etwas unterscheidend, und zwar dadurch, daß die Worte den unschuldigen Charme der Melodie Lügen strafen – das Lied des Prinzen Raphael aus der *Prinzessin von Trapezunt* von den unwiderstehlichen Reizen der bezaubernden jungen Dame, die eine Puppe ist – eine Vorahnung der Olympia aus den *Contes*:

Notenbeispiel 15

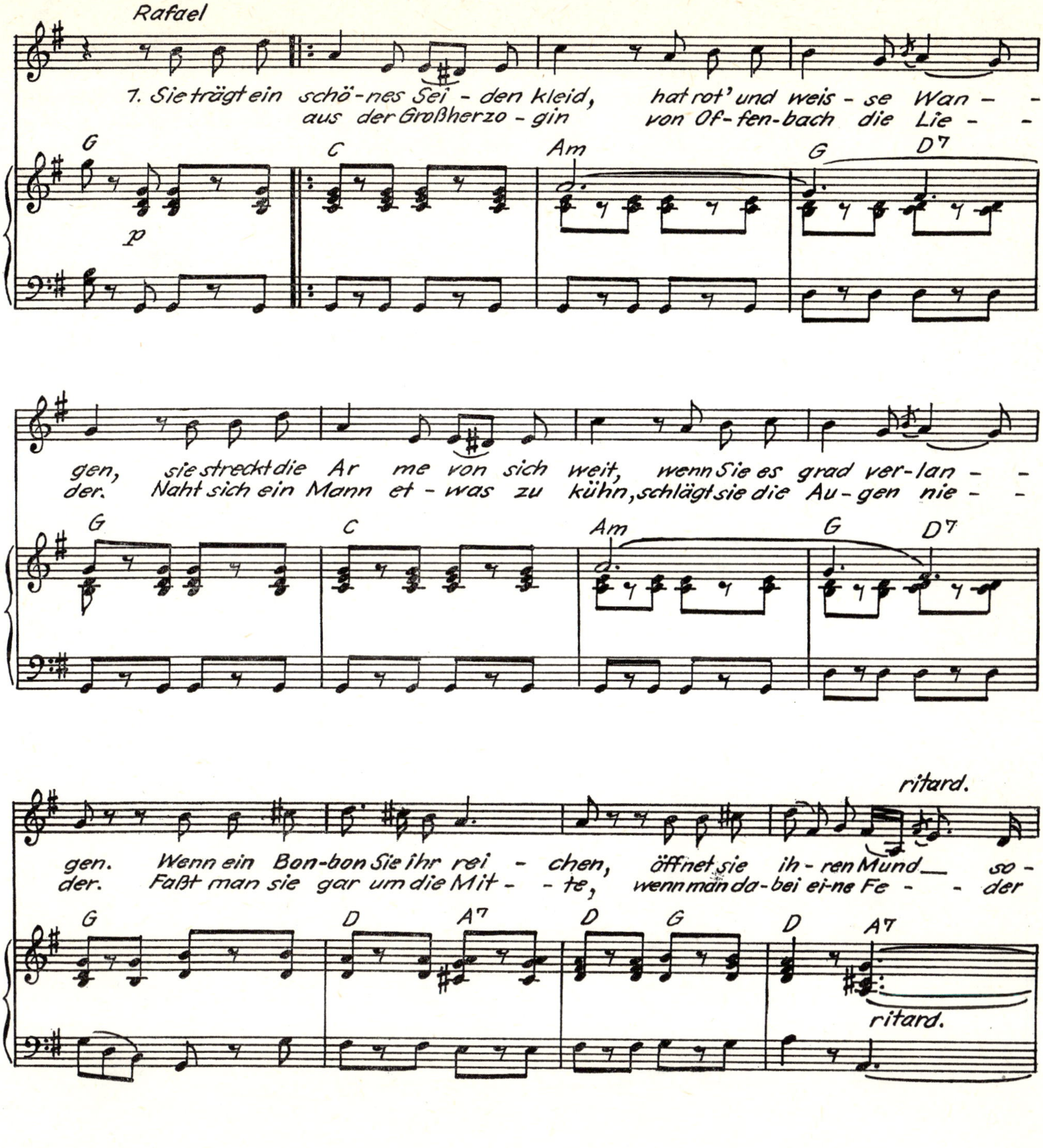
Rafael
1. Sie trägt ein schö-nes Sei - den kleid, hat rot' und weis - se Wan - - gen, sie streckt die Ar me von sich weit, wenn Sie es grad ver-lan - - gen. Wenn ein Bon-bon Sie ihr rei - chen, öffnet sie ih-ren Mund__ so-
aus der Großherzo - gin von Of-fen-bach die Lie - - der. Naht sich ein Mann et - was zu kühn, schlägt sie die Au-gen nie - - der. Faßt man sie gar um die Mit - - te, wenn man da-bei ei-ne Fe - - der
G C Am G D7
G C Am G D7
G D A7 D G D A7
p
ritard.
ritard.

a tempo
gar, macht mit dem Kopf ein nik - kend Zei-chen und spricht ganz
drückt, schlüpft sie da - von mit ra - schem Schritte. Al - les das
D D7 G D7 G D7
a tempo
aus - drucksvoll und klar mit fei - ner Stimm: Pa - pa, Ma -
macht sie so ge - schickt, und sagt da - bei: Pa - pa, Ma -
G D7 G G7 C G
rit.
ma, Pa - pa, Ma - ma, und tanzt Cancan.
ma, Pa - pa, Ma - ma, und tanzt Cancan.
G°
Am A7 G D7 G
a tempo

Vorweggenommen ist in den Rollentausch-Operetten auch der Gegensatz von Ebenmaß und Süße der Melodie auf der einen Seite und – auf Seite der bösen und unheimlichen Gesellen – das gespenstisch Mechanische. Die Szenen des Lindorf, das Lied des Coppelius, die Motivik des Dr. Mirakel – wir kennen die musikalische Methode, dergleichen Figuren zu charakterisieren; wir brauchen nur – ohne uns von einem Aufführungsstil irritieren zu lassen, der sie zu harmlosen Dummköpfen werden läßt – die skurrilen Couplets der Höflinge und des Erzherzogs, der Generale und Vizekönige auf uns wirken zu lassen. – Man könnte alle diese Verbindungslinien bis in Details hinein aufspüren.

Und doch besteht ein wesentlicher Unterschied. In der Welt von *Hoffmanns Erzählungen,* in der Menschen zu Dingen werden – Symbol: die Puppe – und Dinge gespenstisches, geisterhaftes Leben annehmen, Bild der entfremdeten Bürgerwelt, sind die Kontraste unüberbrückbar, unversöhnbar, tödlich. In den Rollentausch-Operetten der späten 60er Jahre sind sie alles eher als unversöhnbar; eine leichtgezimmerte Intrige, ein Trick, ein anmutiges Chanson – und schon hat die Melodie der Menschlichkeit die mechanische Welt der Bösen bezwungen.

Es sind Reaktionen eines Künstlers auf zwei sehr verschiedenartige und doch gesetzmäßig miteinander verbundene Situationen. Hätten wir aus der Spätphase von Offenbachs Schaffen nichts als die Rollentausch-Operetten, wir wüßten, daß sich in der Sicht ihrer Autoren in den späten 60er Jahren eine Hoffnung aufzutun schien: Könnten nicht die kleinen Leute den Großen eine Lektion erteilen? Könnten sie nicht schlicht durch ihre Klugheit, ihren Witz, ihre Menschlichkeit demonstrieren, wie die Welt ohne unsinnigen Luxus, ohne Korruption, ohne Krieg auskommen könnte? Doch die Verhältnisse, sie sind nicht so. Die Realität der Jahre 1870/71 zeigt, daß sich die Herren Kapitalisten an ihre Kontrollstellen klammern, damals wie heute. Offenbach reagierte in sehr komplizierter Weise. Hätten wir von den nach 1871 aufgeführten Werken nur den *Roi Carotte,* wir würden sagen, daß ihn der (seit der Französischen Revolution in Kleinbürgerkreisen traditionelle) Wunsch beseelt habe, die Welt möge unter der Schirmherrschaft eines guten Königs (oder Kaisers oder, sei's drum, Präsidenten) ihren Weg zwischen der Scylla des Despotismus und der Charybdis des Anarchismus finden. – Hätten wir nur seine Opéras comiques, wir müßten annehmen, er habe sich mit der Welt, so wie sie eben ist, abgefunden und mit seiner Aufgabe, sie zu unterhalten (Abbildung 23). Aber wir haben auch seine *Contes d'Hoffmann* und wissen also, daß sich die Bürgerwelt in seinem Kopf – wenn auch wahrscheinlich nicht in seinem Bewußtsein – so gespenstisch und grausam, so menschenunwürdig und so lebensgefährlich darstellte, wie sie es ist.

Ist es einzusehen, was Karl Kraus an Offenbach fesselte?

I. 3. Karl Kraus in Krieg und Nachkrieg

Wenn wir es uns nicht leicht machen wollen mit der Beantwortung der Frage, mit der das Offenbach-Kapitel schloß, dürfen uns nicht nur Ähnlichkeiten und Berührungspunkte beschäftigen, die es zwischen den beiden Männern gab. Auch der große Abstand will ins Auge gefaßt werden, der sie trennte. Um ihn zu ermessen, muß man wissen, wie tief Karl Kraus in Krieg und Nachkrieg, also seit 1914 – in einer Zeit, die Jacques Offenbach auch in seinen Alpträumen sich nicht hätte ausmalen können –, in die Struktur der Gesellschaft eindrang und wie ernst seine politischen Aktivitäten waren.

»Seit wann ist denn Mars der Gott des Handels und Merkur der Gott des Krieges?« (F 406, Oktober 1915, 109) – Diese Frage steht in der dritten nach Ausbruch des Krieges erschienenen *Fackel* und kündigt einen Einblick von großer Tiefe an. Kraus hatte auch schon vor dem Beginn des Weltkrieges gewußt, daß Händler und Bankdirektor den Ton angeben, nach dem die Gesellschaft tanzt. Aber die Entdeckung, daß deren Kompagnie auch in den blutigsten der Kriege führen würde, war neu.

»Es handelt sich in diesem Krieg –« »Jawohl, es handelt sich in diesem Krieg.« (Ebenda, 111)

Noch 1906 hatte Kraus gemeint (F 194, 1906, 6), »... daß nicht in den ›Vertretungskörpern‹ ..., nicht in den Parlamenten, sondern in den Redaktionen die wirkenden Mächte am Werk seien«, und eingeräumt, eben diese Auffassung habe der *Fackel* »die politikfremde Richtung gewiesen«. Aber zehn Jahre später – allerdings was für Jahre! – akzeptiert er (wie Kurt Krolop [1978, 262] treffend herausarbeitet) eine Formel, die der Prager Kritiker Ludwig Steiner geprägt hatte, als die Erstausgabe der *Letzten Tage der Menschheit* vorlag. In Wahrheit sei, so Kraus (F 521, Januar 1920, 60/61) »eben dies der Gedanke«. Welcher Gedanke? Die Erkenntnis (ebenda) von der »tiefen Identität des Blutgeschäftes mit dem Geldgeschäft«. Das widerspricht der Erkenntnis von den »wirkenden Mächten« in den Redaktionen der Zeitungen nicht; ohne Presse hätte weder Blutgeschäft noch Geldgeschäft gedeihen können. Aber die Erkenntnis geht über die von der Allmacht der Presse hinaus; die Akteure des Blut- und Geldgeschäftes sind nicht Journalisten.

Wie immer bei Karl Kraus treibt die neugewonnene Erkenntnis im Prozeß ihrer allmählichen Bildung Gedanken und Formulierungen in unübersehbarer Fülle hervor. Und dieser Prozeß der Gedankenbildung und -bereicherung geht quer durch die verschiedenen Formen: Kommentiertes Zitat, Aphorismus, Glosse, Essay, Gedicht, Drama. Ein Aphorismus fragt, ob das Wort »Schlachtbank« nicht »von der Verbindung der

Schlacht und der Bank« herkommt? (F 445, 1917, 3). Eine knappe Glosse sagt von einem Regierungsvertreter, er stelle »eine notgedrungene Vereinigung von militärischen und industriellen Tugenden« vor (F 457, 1917, 85). In einem Essay wird vom Krieg als einem »Exzeß der Gesellschaftsordnung« gesprochen (F 437, 1916, 30). Ein vierzeiliges Gedicht lautet:

Mit Gott
Vor solchem Saldo, solchem Siege
bleibt keine Allmacht ungerührt.
Geschäftsbücher und Kriege
werden mit Gott geführt (F 472, November 1917, 2)

Ein anderer, in der Sammlung *Nachts* (F 508, April 1919, 79) enthaltener Aphorismus lautet: »Nein, den Generaldirektoren braucht ihr Braven nicht die vorschriftsmäßige Ehrenbezeigung zu leisten. Wenngleich sie euch in den Krieg geführt haben.«

Dieser Prozeß des Umdenkens und Weiterdenkens hat vor allem im Gipfelwerk dieser Zeit, *Die letzten Tage der Menschheit*, seinen Niederschlag gefunden, so wie er von der Arbeit an diesem Riesendrama, die während des Weltkrieges geleistet wurde, immer wieder neu gefordert wurde. (Kurt Krolop [1978] hat ein wichtiges Quellen- und Kommentarwerk bereitgestellt, das die Gedankenarbeit und die Technik der Übernahme von Gedanken und Formulierungen von einer Gattung in die andere gut verfolgen läßt und glänzend kommentiert.) Man lernt verstehen, wenn man auf solche Weise die Kriegs-*Fackeln* und *Die letzten Tage der Menschheit* liest, wie sich Grunderkenntnisse im Kopf eines großen Denkers bilden und wie sie zur Sprache werden; wie sich im Hirn eines Unbestechlichen, die Fülle grauenhafter Taten und Fakten durchdenkend und durchleidend, Begriffe bilden. Komplett mit Angabe der Firma und mit Ziffern und Prozenten ist jene Profitliste versehen, die Kraus im letzten Monolog der *Letzten Tage der Menschheit* (V, 54, 558) den »Nörgler« wie eine Anklageschrift vortragen läßt, jene Figur also, die die Gedanken des Autors ausspricht. Hier wird aufgezählt und abgerechnet: Gegen das Blut der anderen der Reingewinn von 137 Prozent einer Petroleumraffinerie und der des »David Fanto 73 Prozent«, »die Kreditanstalt [hat] 19,9 Millionen Reingewinn« gemacht, und dazu »die Wucherer an Fleisch und Zucker und Spiritus und Obst und Kartoffeln und Butter und Leder und Gummi und Kohle und Eisen und Wolle und Seife und Öl und Tinte und Waffen ...« In den *Letzten Tagen* auch findet sich die atembeklemmende Formulierung, »Daß Absatzgebiete Schlachtfelder werden und aus diesen wieder jene ...« (I, 29, 170). Solche gedanklichen Verkürzungen stellen sich ein im Zusammenhang der Erkenntnis, daß die kapitalistische Welt ein System darstellt. Jedes beliebige Detail wird für Kraus nun zum Symptom des Ganzen. Er durchschaute, wie das alles zusammenhing, der Profit und die Presse, die Generale und die Börseaner, die Minister und die Schieber. Er erfuhr von irgendeiner von Offizieren begangenen Bestialität und begriff, daß es das gab, weil es in einer Klassengesellschaft gesetzmäßig ist. Er las in einer Todesanzeige eines Firmenchefs: »Sein weiter kaufmännischer Blick ließ ihn früh die großen Kampfesziele erkennen« und sah den Zusammenhang von »Wehr und Wucher« (F 457, 1917, 1–19). Er zeigte »an der kleinsten Notiz das Gesicht der herrschenden Klasse« (F 800, 1929, 24).

Nicht übergangen sei – schon deshalb nicht, weil wir uns damit dem scheinbar aus dem Gesicht verlorenen Offenbach wieder nähern – die lyrische Produktion dieser Jahre. – 1922 schrieb Kraus das Gedicht *Wien* (F 595, 124), das in 40 Strophen den haßerregenden Gegensatz von Darbenden und Prassenden (dazu die scheußlichen Stimmen, in denen er zum Tönen kommt) zum Thema hat. Da heißt es (Strophe 28 und 29):

Kinder haben keine Windel.
Ganz und gar in Seidenwäsche,
trauert dieses Erzgesindel
um die Majestät, die fesche.

Frierend läßt um eine Semmel
eine für ihr Kind sich hunzen.
Vormittag schon frißt bei Demel
eine pelzgefüllte Funzen.

Die Majestät, die fesche, das ist Kaiser Karl der letzte (seit 1918 ist die Monarchie in Österreich abgeschafft); das Erzgesindel – »Erzhaus« pflegten die Habsburger ihre Familie zu nennen – sind diejenigen, denen zwar der Adelstitel, nicht aber die Mittel genommen worden waren, Seidenwäsche zu tragen. Demel war (und ist) eine Wiener Nobelkonditorei; was eine Funzen ist, dürfte sich aus dem Zusammenhang ergeben, zumal sie durch das unübliche Attribut »pelzgefüllt« charakterisiert ist, in dem der Pelz des Mantels, den sie trägt, und die Füllung der »Mehlspeis«, die sie frißt, zu einer Eigenschaft der Person selbst zusammenzutreten scheinen. – Ganz ähnlich, schon 1918 geschrieben (F 595, 1922, 60) beginnt das Gedicht *Kärtnerstraße*:

Da kroch einer mit zerbrochenem Rücken
auf zwei Krücken.
Das war einer von den Helden, den Recken;
man mußt' ihm das Geld in die Tasche stecken.
Da trat Einer aufrechten Schritts aus dem Sacher,
jeder Zoll ein Macher.
Die Annalen werden an ihn erinnern;
er war einer von unsern Kriegsgewinnern.

In acht Zeilen hat Karl Kraus zusammengefaßt, wie er die Herren dieser Welt nun sah:

An den Bürger

Daß im Dunkel die dort leben,
so du selbst nur Sonne hast;
daß für dich sie Lasten heben,
neben ihrer eignen Last;
daß du frei durch ihre Ketten,
Tag erlangst durch ihre Nacht:
was wird von der Schuld dich retten,
daß du daran nie gedacht! (F 622, 1923, 207)

Auch die Ursachen für den Bruch mit der Sozialdemokratie, seit den späten 20er Jahren unausweichlich, werden zum Gedicht:

Weg damit!

Die ihr errungnes Gut geschändet habt,
bezwungnes Böses nicht beendet habt,
der Freiheit Glück in Fluch gewendt habt;
Hinaufgelangte, die den Wanst gefüllt,
vor fremdem Hunger eigne Gier gestillt,
vom Futtertrog zu weichen nicht gewillt;
Pfründner des Fortschritts, die das Herz verließ,
da Weltwind in die schlaffen Segel blies,
vom Bürgergift berauschte Parvenüs,
die mit dem Todfeind, mit dem Lebensfeind
Profit der Freiheit brüderlich vereint,
die freier einst und reiner war gemeint –
mein Schritt ist nicht dies schleichende Zickzack,
mein Stich ist nicht dies zögernde Tricktrack:
er gilt politischem Paktiererpack! (F 743, 1926, 4)

Die neu gewonnenen Erkenntnisse bringen neue Formulierungen mit sich. – So sehr ist das Wort »Bürgerwelt« seither Bestandteil des Wortschatzes geworden, daß man vergessen (vielleicht gar nie zur Kenntnis genommen) hat: es ist von Karl Kraus, und zwar im Zug seiner Kriegs- und Nachkriegserfahrungen, geprägt worden. Da auch die Häufigkeit des Auftretens neuer Wortbildungen Aussagekraft hat, will ich eine knappe Auswahl der Wortbildungen mit »Bürger...« (und vergleichbarer und verwandter Bildungen) folgen lassen; sie stammt überwiegend aus den Aufsätzen *Nachträgliche Republikfeier* (F 712, Januar 1926, 1–18), *Rechenschaftsbericht* (F 795, Dezember 1928, 1–51) und *Vom Zörgiebel* (F 811, August 1929, 1–20; die Quellenangaben sind hier verkürzt angegeben.) Wir lesen da von der »bürgerlichen Welt« (795, 13; 811, 2, 16), der »bürgerlichen Wirklichkeit« (795, 20), der »bürgerlichen Gesellschaft« (712, 4, 10), dem »bürgerlichen Leben« (800, 21); vom »Bürgerglauben« (795, 21), »Bürgergeist« (712, 3; 795, 21), »bürgerlichen Geschmack« (712, 1, 9); vom »Unwesen der Verbürgerlichung« (712, 2). Es fehlen natürlich nicht die »bürgerliche Kultur« (712, 2), die »bürgerliche Kunst« (712, 17), der »bürgerliche Kulturbetrieb« (712, 2), der »bürgerliche Kunstjammer« (712, 4), das »bürgerliche Theater« (712, 3), der »bürgerliche Operettendreck« (811, 81), auch »bürgerlicher Operettenmist« genannt (795, 22). Eine zentrale Rolle, wie sich denken läßt, nehmen die Begriffe »bürgerliche Presse« (712, 3, 10, 17; 795, 15), »bürgerliche Pressepraktiken« (795, 14), »bürgerliches Preßmetier« (811, 10) ein, die nicht nur zur »bürgerlichen Preßkorruption« (712, 13), sondern schlicht zur »bürgerlichen Zeitungspest« (712, 17) zusammengefaßt werden. Sie, diese Pest, verfügt über Methoden »bürgerlicher Erpresser« (795, 13), der »bürgerlichen Totschweigetaktik« (811, 82), über den »Fonds großbürgerlicher Argumente« (811, 10). Kurzum, dieser »verhaßte Bürgergeist« (795, 21), »bürgerliche Gesinnungsdefekt« (811, 11), diese »bürgerliche Moral« (811, 78), »Bürgerfratze« (811, 75), dieser

»bürgerliche Schiefblick« (712, 16), »bürgerliche Zerfall« (795, 13), der »Schlamm dieser Bürgerlichkeit« (712, 13) lassen nur eine Lösung zu, die »Abschaffung dieser bürgerlichen Welt von Schwachköpfen« (712, 4). Verwandte und vergleichbare Begriffe stellen sich ein. Als Synonyma mit der »Bürgerwelt« tauchen auf »die kapitalistische Welt« (712, 2), der »kapitalistische Geist« (712, 10), die »kapitalistische Zeitungswelt« (811, 10) und die »kapitalistische Justiz« (811, 11). Auch kann man lesen von der »feindlichen« oder auch »verfaulten Gesellschaft« (712, 6, 7), identisch mit der »herrschenden Gesellschaft« (712, 3), und was sie beherbergt, sind »Todfeinde« (F 712, 9). Es sind die »Lügen« oder auch »der Betrug dieser Weltordnung« (712, 3), vor der sich die Arbeiterschaft zu hüten habe.

Nicht minder neu die Bezeichnungen für die neu erkannten Gegner: »rechtssozialistische Politiker« (712, 2) oder »Rechtssozialisten« (811, 2, 3). Nicht minder neu auch die Gegenbegriffe: Kraus spricht nun von »revolutionärer Pflicht« (712, 1), vom »revolutionären Begriff« (712, 2), von einer »Revolution im Geist« (712, 1), von einer »wahrhaften, werdenden« Kultur im Gegensatz zur bürgerlichen »Scheinkultur« (712, 1), vom »geistigen Anspruch einer aufstrebenden Menschheit« (712, 3), und er sieht sich selbst als »Zeitkämpfer« (811, 16, 17), nennt sich »individuellen Revolutionär« (811, 13) und die auf seiner Seite Stehenden »meine Mitkämpfer« (811, 14).

Man kann nicht sagen, daß Gedanken solcher Art Karl Kraus auch vor dem Weltkrieg fremd gewesen wären. Aber sie erhielten nun neue Konkretheit. – Daß er es mit der »Verkehrtheit der menschlichen Dinge« zu tun habe, wußte Kraus schon zur Zeit, da er das erste Heft der *Fackel* herausgab, auch, daß dies »mit der Vertreibung aus dem Paradiese« (F 1, 1899, 12–23) zusammenhänge. Es war dies ein Bild, das sich ihm mit immer wieder anderen Bildern verband; am tiefsten ging ihm die Vorstellung von einem »Ursprung«, aus dem die Menschen kämen, den sie aber hinter sich gelassen, vergessen hätten, statt zu ihm – zurück – hinzustreben. Denn in diesem ihrem Unschuldstand seien die Menschen unverbildet, naturverbunden, gottnäher, frei von Ungleichheit und Ungerechtigkeit – dem Fluch der Gegenwart – gewesen. Die Vorstellung vom »Ursprung« dürfte ihrerseits religiösen Ursprungs sein. Es scheint mir wahrscheinlich, daß Kraus sich auch von der antiken Lehre vom Goldenen Zeitalter hat anregen lassen, in dem die Menschen ohne Furcht, Habsucht und Streit und ohne Gesetze glücklich gelebt hätten. (Es würde über meine Zielsetzung hinausgehen, wollte ich – hier und anderswo in diesem Buch – erörtern, wie sich Karl Kraus' Ansichten in Anknüpfung oder Ablehnung zu denen zeitgenössischer Autoren verhielten. Doch sei angemerkt, daß Walter Benjamin dem Begriff »Ursprung«, auch in direktem Bezug auf Kraus, systematische Überlegungen zuwandte, während Kraus ihn vorwiegend metaphorisch-bildhaft entwickelt hatte.) Fruchtbar ist die Vorstellung für Karl Kraus auch dadurch geworden, daß er seine positiven Ursprungswerte nicht nur in längst Vergangenem und Vergessenem sah; sosehr sie sich vom Ursprung entfernt habe und sich immer weiter von ihm zu entfernen schien, Kraus näherte sich auch der Gegenwart mit der Gewißheit – oder Hoffnung, oft der verzagenden Hoffnung –, er werde in ihr Spuren des Ursprungs, wie immer verschüttet, finden. Sowieso wußte er manche Geister seiner Zeit mit ihm verwandt. Dem wird noch nachzugehen sein. Auch die Frau verkörperte für Kraus den Ursprung, »die Natur«, »das Leben« – freilich in seinem früheren Denken (in später kaum mehr aufrechterhaltenem) Gegensatz zum »Geist«. (Siehe zu diesem Problemkreis Nike Wagner, 1982). Er sah aber auch im Unscheinbaren, Unbeachteten, etwa im unbeholfenen empfundenen Wort eines Erniedrigten und Beleidigten, das »Echte«, »Ursprüngliche«, das von der offiziellen Unkultur noch nicht erstickt worden war. Erst recht in den großen Bewegungen, zumal in der Arbeiterbewegung, in der »großen Sache« fühlte er nach dem Puls des Ursprungs. Solcherart hatte seine Konzeption für Karl Kraus konservative sowohl wie revolutionäre Konsequenzen. Er hat in einem schönen Gedicht ausgesprochen, wie sie, einander widerspruchsvoll ergänzend, sich ihm darstellten:

Mein Widerspruch

Wo Leben sie der Lüge unterjochten,
war ich Revolutionär.
Wo gegen Natur sie auf Normen pochten,
war ich Revolutionär.
Mit lebendig Leidendem hab ich gelitten.

Wo Freiheit sie für die Phrase nutzten,
war ich Reaktionär.
Wo Kunst sie mit ihrem Können beschmutzten,
war ich Reaktionär.
Und bin bis zum Ursprung zurückgeschritten.
(F 751, 1927, 36)

Es geht nicht um einen formal-logischen Widerspruch; die konservativen und die revolutionären Konsequenzen aus Kraus' Konzeption sind prinzipiell miteinander vereinbar. Aber Probleme schuf dieser dialektische Widerspruch in der Anwendung auf jeweils konkrete Situationen in seinem ganzen Leben, und er hat sie in verschiedenen Phasen auf verschiedene Weise gelöst. Es gereicht ihm zur Ehre – und so wollte er das auch verstanden wissen –, daß er sich Widersprüchen stellt. Sie kommen nicht aus seinem widerspruchsvollen Innern –

aber der Widerspruch ist in der Welt.
(F 588, 1922, 87)

hatte er »die Sucher von Widersprüchen« gewarnt. In keinem der vielen Texte, in denen Kraus sich mit dem Problem des Widerspruchs beschäftigt, war er so ausgesprochen wie in einer Glosse aus dem Jahre 1921, *Meine Widersprüche*. »Meine Widersprüche«, heißt es dort, »scheinen mir schlimmstenfalls das Ehrenzeugnis auszustellen, daß der Weltkrieg auf mich Eindruck gemacht hat, was man doch wahrlich von dem Geschmeiß, das sich literarisch mit ihm befaßt hat, nicht behaupten kann. Und wenns eben dieses nicht anders kapiert, so sei ihm in Gottes Namen zugestanden: alles was ich bis zum 1. August 1914 geschrieben habe, war, soweit es in Widerspruch steht zu allem, was ich seit dem 1. August 1914 geschrieben habe, und soweit es nicht als Vorwort dazu unmißverständlich ist, falsch.« So weit war Kraus noch nie gegangen. Gewiß, was er damals geschrieben hatte, »war, wie es war, so richtig, wie es heute falsch sein mag, und es konnte nicht anders sein, wie das, was heute ist, nicht anders sein kann« (F 577, 1921, 11). (Ein zusätzliches Problem, das Kraus mit einbezieht, das vom Widerspruch zwischen »lebendigem Willen« oder auch »Erlebnis« auf der einen Seite, und »Meinung«, abgewertet, auf der anderen, soll in anderem Zusammenhang, unter II.9. zu Wort kommen.) Zur Bekräftigung des Rechts auf Meinungsänderung stellt Kraus an das Ende der Glosse eine Passage aus dem Vorbericht einer Lichtenberg-Ausgabe, veranstaltet von dessen Söhnen (ebenda 14), in dem es unter anderem heißt: »Allein man erwäge, daß Politik sich überhaupt auf Erfahrungen gründet, und daß, wenn diese sich ändern, auch unsere Überzeugungen und Meinungen sich ändern können.« Dieser Grundsatz gelte, solange nur »das Ganze« – und das »liegt in dem Kopf und Geist ihres Urhebers« – gewahrt bleibt.

Überzeugungen und Meinungen können sich ändern, auch wenn der Mensch in dem, was »in Kopf und Geist« ist, sich treu bleibt.

Ansichten solcher Art trieben Karl Kraus mit logischer Notwendigkeit zu immer direkterer politischer Aktion. Nicht, daß er es gewollt, gar geliebt hätte! Es ging ihm nicht anders als manchen anderen, denen Teilnahme an Politik nicht an der Wiege gesungen worden war. Es war der wachsende Druck der gleichen Notwendigkeit, die Kraus auch in seine zwiespältige Haltung zu seinem Stoff trieb. »Nein, ich höre es nicht gern, aber mein Muß ist's nun einmal, den Mißton nachzusingen, von dem mir's in den Ohren klingt.« So hatte er 1920 (anläßlich eines Abenteuers mit der Reaktion in Innsbruck) geschrieben (F 531, 1920, 1). Nicht bloß »den Mißton nachzusingen«, auch die Missetäter zu stellen, zu überführen, sie unschädlich zu machen, wurde für Karl Kraus ein Muß in jener »Nachkriegsbegeisterung«, von der er noch Jahre später sagte, er habe sich ihrer »nicht zu schämen« (F 800, 1929, 8).

Aber wenn man ihnen nun endlich die Rechnung präsentiert, »diesen nichtswürdigen Generalen, Monturdepoträubern, uniformierten Schleichhändlern und befehlenden Hurentreibern« (F 501, 1919, 11), den Schlachtbankiers, jenen, »die für die Erweiterung von Absatzgebieten über Leben und Glück von Millionen verfügt haben« (F 499, 1918, 29) – wie soll diese Rechnung beschaffen sein? Es war das eine Frage, die Karl Kraus zutiefst aufwühlte, und die er für sich eindeutig nicht entschieden hat. Nachkriegserfahrungen besonders waren es, die zeigten, daß man sich vor nichts mehr zu fürchten habe »als vor Gespenstern, die man verjagt hat und die noch da sind« (F 514, 1919, 28) (ein Gedanke, aus ähnlicher Erfahrung geboren wie der spätere von Brecht, »der Schoß ist fruchtbar noch,

Preis des Programms (Verlag Richard Lányi) 50 Groschen (inkl. Steuer) [Der Ertrag des Programms für die Rote Hilfe.

OFFENBACH-SAAL IV. TREITLSTRASSE 3 (beim Verkehrsgebäude), 30. April 1932, pünktlich 1/48 Uhr

VORLESUNG KARL KRAUS

THEATER DER DICHTUNG

Zum 1. Mal

Die Reise in den Mond

aus dem das kroch!«). Da drängte sich dann die unausweichliche Notwendigkeit auf, den gefährlichen Scheusalen den Tod zuzudenken – ein so unausdenkbarer Gedanke, daß Kraus ihn oft – als bedürfe er dabei der Mitwisser- und Zeugenschaft von Gleichdenkenden – in Worten anderer vorbrachte, in Worten von Dehmel oder Carlyle, Ibsen oder Kierkegaard. Aber schon in einer der Kriegs-*Fackeln* (F 431, 1916, 27) war der Wunsch, Kriegsgewinner am Galgen zu sehen, Wort geworden. Ob es mit den Gesetzen der Menschlichkeit vereinbar ist – oder ob diese es nicht sogar gebieten –, Wesen zu töten, die sonst zu einer Gefahr für die ganze Menschheit werden, das war eine Frage für Karl Kraus, wie sie es für jeden Revolutionär ist, der er sich nicht entziehen konnte. (Ich werde auch diese Frage ausführlicher und mit mehr Belegen aus Kraus' Schriften unter II.9. aufgreifen.)

Das Versäumnis der Sozialdemokratie, die welthistorische Chance zu ergreifen, mit der Bürgerwelt Schluß und ihre Vertreter unschädlich zu machen, sah Karl Kraus so deutlich wie irgendeiner. Die Ansprachen, aus denen sein antikapitalistisches Vokabular (siehe Seite 86 f.) bezogen ist, richteten sich an Arbeiter, von denen Kraus mit Recht annahm, eine gründliche Beseitigung der Bürgerwelt läge ihnen mehr am Herzen als ihren Führern. Es waren zunächst die radikaleren Gruppen innerhalb der sozialdemokratischen Partei, die sich zu ihm hingezogen fühlten, wie er sich zu ihnen: Jugend- und Wiener Bezirksorganisationen. Anfragen und Dankschreiben bezeugen das. Der Republikanische Schutzbund, eine 1924 gegründete Organisation innerhalb der sozialdemokratischen Partei, drang auf energischere Maßnahmen gegen Kapitalismus und wachsende reaktionäre Gefahr. Kraus hielt diesen Republikanischen Schutzbund für eine Notwendigkeit und hielt Jahre hindurch Verbindung mit ihm; er las für seine Mitglieder und wandte ihm Spenden zu. Es war der Republikanische Schutzbund, der, wie Kraus mitteilt (F712, 1926, 17), von der Leitung der Sozialdemokratischen Partei »energische Unterstützung« seines Kampfes gegen die Presse forderte; »er sei ein eminent sittlicher«. – Die Rote Hilfe war eine 1922 in Moskau gegründete internationale Organisation zur materiellen Unterstützung von Revolutionären, Arbeitern, Politikern, Künstlern; auch in Österreich gab es eine Zweigorganisation, mit der Karl Kraus, besonders in der Sache der Verbreitung des Schoberliedes (siehe Seite 131 ff.) zusammenarbeitete; eine seiner Vorlesungen (siehe Seite 235 und Abbildung 25) fand für diese Organisation statt, und Jahre hindurch wandte Kraus ihr Erträgnisse (siehe den Kopf dieser Seite) zu.

Führte diese Entwicklung nicht mit Notwendigkeit an die Gedankenwelt des wissenschaftlichen Sozialismus heran? Gewiß. Karl Kraus hat in diesem Lebensabschnitt mehrfach in den Schriften von Karl Marx gelesen und seinen Namen mit Hochachtung genannt, wenn die Lektüre auch »nicht die religiöse Erschütterung hervorgebracht« hat (mit der man ihm offensichtlich von Marx gesprochen hatte) und mit Recht auch nicht die Auffassung, er habe »die Kritik an der bürgerlichen Welt, die im Werk der Fackel geleistet ist, als Stümperei zu bereuen« (F 890, 1934, 43). Kraus hat im gleichen späten Lebensabschnitt das Konzept des Kommunismus mehr als ein Mal über das der Sozialdemokratie gestellt. Diese ganze Frage ist durch einen Teil der bürgerlichen Kraus-Literatur dermaßen verwirrt worden, daß ich auch auf sie, wiederum unter Heranziehung von Belegen aus Kraus' Schriften, unter II.9. eingehen will.

I. 4. Karl Kraus und Offenbach

Nun sind wir aber weit abgekommen von Jacques Offenbach und seiner Operettenwelt! Kaum, so will es scheinen, läßt sich zwischen den Kämpfen, in denen Karl Kraus stand, und den Operetten, die Jacques Offenbach ihm bot, eine tieferreichende Verbindung herstellen als die der »Erholung« nach der »argen Plage« (BSN 21. 11. 1928, 604/05) des Tages. Erholt hat Karl Kraus sich in seinen Offenbach-Vorlesungen gewiß. Aber um zu erkunden, welcher Art diese Erholung war und was sonst noch er und seine Hörer aus Offenbachs Werk gewannen, wenden wir uns der Operettenästhetik zu, die Karl Kraus in seinen Schriften und Dichtungen formulierte. Auch wenn uns nicht vorwiegend Kraus' Beschäftigung mit Offenbach interessierte, könnten, ja müßten wir mit einer Betrachtung der Operette beginnen – der Operette und des Märchens, das für Karl Kraus in einem Sinn, der alsbald klarwerden dürfte, der Operette verschwistert ist. Geheimnis, Traum, Ahnung, ja das Chaos – dieses in einem besonderen Sinn verstanden – sind für Kraus Kategorien, die, aus dem Leben vertrieben, in der Kunst, in der Dichtung, und eben ganz besonders in Operette und Märchen, eine Heimstatt haben. Auch das Chaos? – Ich werde weiter unten das Gedicht *Operette* zitieren, eins von den beiden, in denen Kraus eben sie zum Gegenstand macht. (Das andere heißt *Offenbach;* Operette und Offenbach wurden für Kraus so gut wie gleichbedeutende Begriffe.) In dem Gedicht *Operette* steht an hervorgehobener Stelle die Formulierung »das Chaos ohne die Kausalität«; Kraus versteht darunter einen Zustand des Anfangs, in dem alle Möglichkeiten noch bestehen, dem »Ursprung« ähnlich oder gleich, der alles Liebens- und Lebenswerte aus sich entlassen könnte, überließe man sich ihm. Ihn könne man ahnen, träumen, von ihm könne man dichten, musizieren. Es sei ein Zustand, zu dem die Menschheit deshalb einmal finden werde, weil sie ihn schon einmal erlebt und nie ganz vergessen hat.

Karl Kraus scheint seine Lehre vom Ursprung wörtlich verstanden zu haben. Man braucht ihm darin nicht zu folgen; als Gleichnis, als dichterisches Bild, das andeutet, was an Möglichkeiten in der Menschheit steckt, und andeutungsweise ausdeutet, wie die Welt aussehen müßte, hat die Vorstellung vom Ursprung Sinn und Kraft. Jedenfalls geht die Kategorie Möglichkeit als eine zentrale durch das Denken und Dichten von Karl Kraus. Den Nachweis, daß die negativen Möglichkeiten der Menschheit in der Bürgerwelt sich triumphierend durchsetzen – und daß es in der Bürgerwelt, nicht aber in einer möglichen anderen so sein muß –, kann man geradezu als den Grundgedanken seiner Position nach dem Weltkrieg bezeichnen. Und was Menschen an positiven Möglichkeiten in sich haben, entdeckt Kraus nicht nur in der Kunst und nicht nur in bedeutenden Menschen. Ich will das wenigstens an einem Beispiel zeigen. Während des Krieges hatte die Familie des von Karl Kraus geliebten Franz Janowitz eine Feldpostkarte erhalten, auf der Josef Greunz, der »Offiziersdiener« oder »Bursche« des Leutnants (die Worte reproduzieren die abscheulichen Zustände, denen sie entstammen) mitteilt, »mein Herr Leutnant Janowitz« sei »den 4. November [1917] seinen Wunden erlegen«. Rührende Worte findet er. Kraus zitiert die Karte und läßt ihrem Abdruck Worte Goethes fol-

> Hochgeehrter Herr!
>
> Erlaube mir mit zitternder Hand mitzuteilen, daß mein Herr Leutnant Janowitz den 4. November seinen Wunden erlag.
>
> Mir wurde trotz meines Bittens nicht erlaubt, mit seinen Sachen zu Euch zu kommen.
>
> Hab wohl viel Thränen vergossen für den H. Ehre seinem Andenken. Mein innigstes Beileid. Gott hat es gewollt. Ich komm wieder zur Kompagnie.
>
> Sein tr. Diener
> Josef Greunz.

gen, die so anheben: »Wie sehr ich wieder Liebe zu der Klasse von Menschen gekriegt habe, die man die niedre nennt, die aber gewiß vor Gott die höchste ist!« (F 474, 1918, 71). – In dieser Hochachtung vor arbeitenden Menschen traf sich Kraus auch mit Offenbach.

Diese Welt von Ahnung und Traum, von Märchen und Operette ist dem Leben zwar entgegengesetzt, aber nicht von ihm abgewandt. Der Mann, der noch am Ende seines Lebens – vereinsamt, verzweifelt und verbittert, wie er es damals war – von sich sagte, er suche »die Sache der gepeinigten und gemarterten Kreatur zu vertreten« (F 890, Juli 1934, 306), Karl Kraus, sah die Welt der Kunst vielfach mit dem Leben – und nicht bloß mit dem der »Auserwählten« – verbunden.

Das Leben aber erfordert Zweck, Logik, Plan. Dem bewunderten Freund Adolf Loos rühmt Kraus nach, er habe in seinen Bauten Beispiele des »zweckhaft vereinfachten Lebens« gegeben (F 888, 1933, 2). »Die Maschine« (und das heißt für Kraus auch: die Technik überhaupt, vor allem: das System, in dem Maschine, Technik, Staatsapparat stehen), die so gesehene Maschine also hat Kraus zwar oft als eines der Gebrechen der Gegenwart hingestellt; aber er hat sehr genau gewußt, daß sie alle, solange sie den Menschen dienen, unentbehrlich sind. Aber in heilloser Verkehrung sei der Mensch zum Mittel geworden, sei er dem Zweck untertan gemacht, sei ihm versklavt worden. Bis in sein Privatleben hinein hat Karl Kraus mit konservativer Haltung, die ihn Radio, Schreibmaschine, sogar die Füllfeder meiden ließ, auf die Drohungen der modernen Technik reagiert. Aber er wußte andererseits doch Auto, schnelle Zugverbindungen, Flugzeug (auch, solange er sie selbst nicht handhaben mußte, die Schreibmaschine) in den Dienst seines »Lebens« zu stellen. In einem Zustand, in dem nicht der Lebenszweck dem Lebensmittel, der Konsument dem Händler dienstbar wäre (F 668, 1924, 28), hat auch die Maschine ihren Sinn. »Heillos« in Kraus' Sprache wird die Wissenschaft, wenn sie in den Traum, das Geheimnis der Seele eingreift, und das tat in seinen Augen vor allem die Psychoanalyse. (Als ob sie seinen Abscheu noch nachträglich verständlich machen wollten, versuchen Psychoanalytiker heute, Kraus' säkulare Anklage gegen die Bürgerwelt, sein Lebenswerk, dem Verständnis durch Erkenntnisse vom Tiefengang der folgenden Einsicht näherzubringen: Zeitlebens habe er mit einer Melancholie gekämpft, denn früh sei ihm eine Schwester geboren, früh die Mutter gestorben, ein psychoanalysierender Freund sei von ihm abgefallen. Versteht man nun seine Satire? Seine dichterische Kraft? Verschwunden ist auf solche Weise Kraus' Erkenntnis, daß die Bürgerwelt der Menschlichkeit objektiv feindlich ist, überflüssig geworden ist das Eingehen auf die Gründe, aus denen Kraus sich von manchen seiner früheren Vorbilder, Freunde, Kampfgefährten trennte. Reduziert ist das alles auf die Notwendigkeit, daß das psychisch belastete Individuum Karl Kraus »Feinde brauchte« [Mitscherlich, 1975, 21 ff.])

In der Welt, die er als »die Bürgerwelt« erkannte, ist alles verkehrt. Dort, wo man nicht vorgeben sollte, daß man wisse, wenn man nur ahnen kann, dort, wo man nicht verbergen sollte, daß das Geheimnis, das Unerkannte sein Recht hat, gerade dort versuche man logisch zu sein. Und umgekehrt. Wo man zu denken hätte, herrscht Wahn, wo Zwecke erfüllt werden sollten, werden sie verfehlt. Da lebe er lieber im Traum! Und die haben ihre Herrschaft im Märchen, im Theater, dort, wo es Dichtung ist. Schon 1909 (F 270, 1 ff.) hat Karl Kraus in einem Essay, das er *Grimassen über Kultur und Bühne* nannte, formuliert, was ihm die Operette ist. Dort findet sich die folgende Passage, die er 1927, kurz nach Aufnahme von Offenbach in das *Theater der Dichtung*, mit anderen Passagen in das neuentstandene Essay *»Offenbach-Renaissance«* (F 757, 1927, 38 ff.) übernahm und die seine entscheidenden Gedanken zu dem Thema enthält. »... die Operette setzt eine Welt voraus, in welcher die Ursächlichkeit aufgehoben ist, nach den Gesetzen des Chaos, aus dem die andere Welt erschaffen wurde, munter fortgelebt wird und der Gesang als Verständigungsmittel beglaubigt ist. Vereinigt sich die lösende Wirkung der Musik mit einer verantwortungslosen Heiterkeit, die in diesem Wirrsal ein Bild unserer realen Verkehrtheiten ahnen läßt, so erweist sich die Operette als die einzige dramatische Form, die den theatralischen Möglichkeiten vollkommen ebenmäßig ist.« So ist die Operette für Kraus vielerlei: eine Idealgestalt von Kunst, eine Projektion der Welt, die durch eben diese Projektion erträglich wird, ein reines Gegenbild der Welt.

Operette

Mehr Logik will ich, als die Welt kann fassen;
drum leb' ich lieber, wo sie fehlt: im Traum.
Am Tag jedoch wehrt ihr die Welt den Raum
und just den Traum will sie ihr überlassen.

Heillose Wissenschaft zerrt an dem Saum,
verpöbelnd das Geheimnis vor den Massen,
die dort, wo Zweck ist, kläglich ihn verpassen
und dort, wo Grund ist, ihn berühren kaum.

Doch jeder weiß, wenn nur zu ahnen wäre,
und jeder wähnt, wenn er zu denken hätte,
und Wahn berechnet, Plan ist ihm Gebet.

Das Chaos ohne die Kausalität!
Die Bühne wär' es, die ich lang entbehre
und die die Welt nicht träumt: die Operette.

Auch in den manchmal sehr eingehenden Bemerkungen auf den Programmen seiner Offenbach-Vorlesungen spricht Karl Kraus von dem, was ihn an Offenbach fesselte. Aufschlußreich sind auch Notizen über den Offenbachstil aus den Jahren 1930/31, deshalb, weil Kraus damals (wie unter II.5. ausgeführt) an 11 Offenbach-Sendungen der Berliner Funkstunde mitwirkte und vor der Notwendigkeit stand, einem Ensemble von Sängern und Schauspielern seine Vorstellungen zu vermitteln. Sucht man zusammenzubringen, was Kraus hier und anderswo über seine Operette schrieb, man könnte es unter einigen wenigen Begriffen fassen, die, wie für Karl Kraus' dialektisches Denken charakteristisch, in einem polaren Spannungsverhältnis zueinander stehen: »das Zeitgemäße«, das dem »Zeitentrückten« widerspruchsvoll verbunden ist; »das Unnatürliche«, das »dem Natürlichen« gegenübersteht. Soviel zunächst. »Zeitgemäß« (F 909, 1935, 25) ist für Kraus eine Operette keineswegs erst dann, wenn sie in der Gegenwart spielt. Im Gegenteil. Von der Auffassung grenzt er sich ab, man müsse durch zeitgenössisches Milieu und Kostüm die Aktualität Offenbachs betonen, statt durch ein »Niemandsland«. »Ist denn Operette die Abschilderung und nicht vielmehr die Projizierung des zeitlichen Wirrsals?« (F 885, 1932, 42) Habe nicht Offenbach alle seine Stücke mit der einzigen Ausnahme von *Pariser Leben* in eine Phantasie- oder historisch entfernte Welt transferiert? Das Zeitgemäße habe sich vermittelt zu präsentieren. – Ein unversöhnlicher Widerspruch zwischen dem Zeitgemäßen und dem Zeitlosen kann auf diese Weise nicht entstehen; im Gegenteil, sie gehören zusammen, erläutern einander. So wie die Beziehung zum Heute immer gegenwärtig ist, auch wenn die Operette in einem Fabelland spielt, so ist, umgekehrt, ein Idealreich von Ursprung und Natürlichkeit immer präsent, auch wenn das Gegenwärtige in seiner Abscheulichkeit auf der Bühne vorgestellt wird.*

Nirgendwo innerhalb der Krausschen Offenbach-Vorlesungen ist der Alltag gedrängter und intensiver präsent als in den Zeitstrophen. Kraus selbst teilt mit, daß er bei der ersten Lesung von Nestroys *Lumpazivagabundus* nicht weniger als 13 Zeitstrophen zu dem berühmten Kometenlied vorgetragen habe! Ähnliche Zahlen dürften bei mehreren Offenbach-Lesungen zustande gekommen sein, besonders wenn man an die Dutzende von Vierzeilern zur Tirolienne aus *Pariser Leben* denkt; auch aus dem Vorlese-Exemplar des *Blaubart* (Jb 149.511) scheint hervorzugehen, daß Kraus an einem Abend mindestens sechs Zeitstrophen zum Höflingscouplet gesungen hat. Ich erinnere mich, irgendwo gelesen zu haben, der Brauch, den Couplets Zusatzstrophen hinzuzufügen, sei eine Wiener Unsitte und dem Zusammenhang der Stücke abträglich. Nichts falscher als das! Was die Einheit der Figurenwelt des Stückes (durch die Einführung ihm fremder Stoffe) stört, stärkt gleichzeitig das Grundprinzip jeder großen Satire: der Abscheulichkeit des Alltags die große Perspektive zu geben. Gewiß, in seinen Zeitstrophen bewegte sich Kraus, wie er selbst wußte, »auf eigenstem geistigen Terrain« (F 757, 1927, 44), so wie Nestroy mit den seinen es getan hatte. Aber gerade der Kontrast zwischen der scheinbar unrealen Welt der Operette und dem unverhüllt Gegenwärtigen, das Hin und Her und das Einverständnis zwischen den Schurken aus der Gegenwart der Hörer und denen der Operette – »Operettenalba« nannte Karl Kraus einmal einen von ihnen –, gerade das kennzeichnet jenes widerspruchsvolle Einverständnis zwischen dem Zeitgemäßen und dem Zeitfernen und nimmt den Bösewichtern den Schrecken der Unüberwindbarkeit.

Auch Anspielungen auf Zeitgemäßes im Dialog gehorchen dem gleichen Gesetz. Ich werde dafür Beispiele geben. – Aber es muß auch gesagt werden, daß es sehr entschieden von den Zeitumständen abhing, ob Kraus in seinen Offenbach-Vorlesungen mehr zum Pol des Aktuellen oder mehr zum Pol des Zeitfernen tendierte. Das drückte sich aus in der Stückwahl, in der Einführung oder aber Abstinenz von Anspielungen auf Aktuelles im Dialog und natürlich im Ein- oder Ausschluß von Zeitstrophen. Es wird zu berichten sein, daß Kraus nach dem Machtantritt Hitlers mehr als zwei Jahre hindurch keine einzige Zeitstrophe zu einem Offenbach-Couplet in Wien vorgetragen hat. Und *Die Briganten,* ein Werk, das er besonders liebte, hat er seit Ende des Jahres 1929 überhaupt nicht mehr in seine Lesungen aufgenommen, ganz sicher deshalb nicht, weil es in reicherem Maße noch als andere »ein Werk der Kunst und des Kampfes« war (F 800, 1929, 70) und nicht mehr in eine Zeit passen wollte, in der der Kampfaspekt der Offenbach-Abende zurücktrat. Das äußerte sich auch in der wachsenden Ersetzung der »Rollentausch«-Operetten durch solche von Opéra-comique-Charakter. Das wird noch genauer zu zeigen sein.

»›Nur unnatürlich sein! Zuerst unnatürlich! Alles weitere wird sich finden.‹« Mit diesen Worten führte Kraus die Schauspieler, mit denen er für die erwähnten Funkstunde-Aufführungen probte, in seine Offenbachwelt ein (F 864, 1931, 59). – Es ist nach dem bereits Gesagten nicht schwer zu sehen, was er meinte. In der Operettenwelt, seinem Ideal von Kunst, geht's eben märchenhaft zu, närrisch, unwahrscheinlich, unlogisch. Da kommt man mit der Natürlichkeit, die man beispielsweise einem alltäglichen Gauner abgeguckt haben mag, nicht weiter; er sei auf dem Kurfürstendamm natürlicheren Gaunern begegnet als je auf einer Bühne. Er berichtet (ebenda), er habe damit begonnen, den Schauspielern »das Klima der Sprachregion zu eröffnen, in der die Charaktere wohnen, und zu erklären, daß ein Satz nicht bloß aus Subjekt und Prädikat besteht, die man zur Not – nicht immer – in die Verbindung eines äußeren Sinnes bringen kann, und daß jedes Wort sein Leben, seinen Ton hat«. »Das Klima der Sprachregion, in der die Charaktere wohnen« – das ist die Zauberformel. Es wird berichtet, daß Kraus mit unheimlicher Schärfe Menschen seiner Umgebung mit ihrem Tonfall, mit ihren Sprach- und Sprecheigenheiten habe nachahmen können. Ich will an einem kleinen Beispiel zeigen, wie das funktionierte, und zwar an einem Stück Prosa, das sich auch auf einer Schallplatte, von Karl Kraus gesprochen, erhalten hat. In der Glosse *Das Ehrenkreuz* (F 272, 1909, 2–5) geht es gegen die Justiz, die den Prostituierten das Leben schwer macht. In die Satire, die insgesamt nur wenig über hundert Zeilen umfaßt, sind zwei knappe Gerichtsszenen eingebaut; beide Male fragt der Richter die Angeklagte, was sie sich dabei (bei ihrem gerichtswidrigen Verhalten) gedacht habe; beide Male antworten die Mädchen mit einem Wort: »Nichts«. Man höre (PL 4), wie mit der Sprachregion, aus der Richter und Angeklagte kommen, die zwei Welten, denen sie entstammen, lebendig werden. Diese Fähigkeit, in e i n e m Wort einen Menschen und sein Schicksal ahnen zu lassen, ist eine der Voraussetzungen für Kraus' Vortragskunst, auch für sein *Theater der Dichtung.* Man wird nicht übersehen, wieviel an Erfahrung, Beobachtung, Verarbeitung der realen Umwelt in diese Fähigkeit eingegangen ist. Dennoch ist sie nur eine Voraussetzung der Kunst des Schauspielers, nicht die Kunst selbst. Denn was da erfahren und beobachtet und nachgeahmt wird, muß verarbeitet, in einen Zusammenhang gestellt, verdichtet – dichter gemacht und zur Dichtung gemacht – werden; es muß »unnatürlich«, muß zur Kunst werden. (Eine Kunst, die von Brechts Kunst des Verfremdungseffekts gar nicht so weit entfernt ist; es ist auch unter diesem Gesichtspunkt einleuchtend, daß die beiden Dichter so tiefes Verständnis füreinander hatten. [Siehe dazu Krolop 1961]) Ein Symptom dieser bewußten Entfernung von der Natürlichkeit, die Kraus an Offenbach so sehr schätzte, ist das ständige Umkippen der Dialoge aus einer scheinbar alltäglichen Konversation in eine phantastisch-groteske Schnurre.

Aber die eigentliche Domäne der Unnatürlichkeit ist selbstverständlich die Musik. Kraus hat vollkommen richtig erkannt, daß es vergebliche Liebesmüh wäre, den Gesang auf der Bühne als etwas Natürliches erscheinen zu lassen, und er meinte, die Oper kranke daran, daß das Singen auf der Opernbühne ernst genommen würde; ihre Charaktere »schädigen den Ernst ihres Vorhabens durch die Unmotiviertheit ihres Singens« (F 757, 1927, 40). Aber auch die Oper – darin der Operette durchaus vergleichbar – braucht nicht, sollte nicht vorgeben, das Singen ihrer Charaktere sei ein natürlicher Vorgang. Zwar beruht er auf natürlich-biologischen Faktoren, aber was muß mit denen nicht alles gemacht werden, damit Kunst entsteht! Dazu ließe sich mancherlei sagen, was hier nicht ausgeführt werden kann. Jedenfalls: der Gedanke von Karl Kraus wird dadurch nicht widerlegt, sondern, im Gegenteil, auch für ein Gebiet bestätigt, für das er sich nicht interessierte.

Der kunstvoll-unnatürliche Gesang, die verdichtete Schauspielkunst mit ihren Kunstgriffen, ihrem Einschluß von Verfremdetem, Absurdem, Groteskem und ihren blitzschnellen Übergängen von einem zum andern, auch vom Singen zum Sprechen, können ein Niveau erreichen, für das Kraus gleichfalls den Begriff »Natürlichkeit« anwendet. Man könnte von einer »zweiten Natürlichkeit« sprechen, die sich von der naturalistischen Illusion abhebt, die Leute müßten auf der Bühne so reden, wie den Figuren, die sie darstellen, der Schnabel gewachsen ist, oder sie müßten vergessen machen, daß sie singen. Erst wenn Dichter, Schauspieler, Sänger die Scheinnatürlichkeit hinter sich gelassen haben, erreichen sie die angestrebte Natürlichkeit großer Kunst, die für Kraus aus dem Idealreich des Ursprungs stammt.

Zwei weitere zentrale Begriffe aus Kraus' Operettenästhetik mögen das Bild abrunden. Der eine ist die Grazie oder Anmut, die Kraus an Offenbachs Musik hervorhebt; diese Qualität unterscheidet die Offenbachsche Satire von der pathetischen, scharfen, bitteren Satire, wie Shakespeare, Gogol, Nestroy, Wedekind – und Kraus selbst – sie geschrieben haben. Das heißt aber nicht, daß nicht auch Offenbachs Musik gelegentlich (ein Beispiel soll gleich geboten werden) in die »pathetische Musiksatire« (F 777, 1928, 2) umschlägt. Wie das vor sich gehen kann, macht ein weiterer Begriff aus Kraus' Offenbach-Vokabular verständlich. – Der Musik von *Pariser Leben* schrieb Kraus zu (F 757, 1927, 47) »die unnachahmliche Doppelzüngigkeit..., alles zugleich mit dem positiven und dem negativen Vorzeichen zu sagen, das Idyll an die Parodie, den Spott an die Lyrik zu verraten«. Es geht hier also um die Musik, und zwar dieser bestimmten Operette (die Kraus, nebenbei bemerkt, öfter als irgendeine andere vorgetragen hat: 19 Mal); aber der Begriff »Doppelzüngigkeit« trifft die Offenbachsche Operette überhaupt. Kraus hat diesen seinen Gedanken in eine schöne Gedichtzeile, die berühmt geworden ist, einfließen lassen: in das Gedicht *Offenbach* (F 622, 1923, 150), das er schon Jahre vor der Aufnahme seiner Offenbach-Vorlesungen geschrieben und veröffentlicht hatte; dessen erste Strophe, um deren letzte Zeile es geht, lautet:

O Offenbach, von dessen Zaubergeige
das Wunder blaut, wie jenes Ritters Bart,
du aller Welten holde Gegenwart,
von Lust zu Schmerz unsagbar zarte Neige!

(Von dieser letzten Zeile hat Walter Felsenstein bekannt, daß sie ihm geradezu zur Regiekonzeption seiner *Blaubart*-Inszenierung – einer unvergleichlichen Leistung – geworden sei.) Kurt Krolop machte mich darauf aufmerksam, daß Kraus an dieser letzten Zeile in dem kurzen Zeitraum von der ersten öffentlichen Lesung des Gedichts im Mai 1923 und der Veröffentlichung in der *Fackel* im Juni darauf bis zur Aufnahme in den Band VII seiner *Worte in Versen*, die schon im November 1923 erschien, eine nicht unwesentliche Änderung vorgenommen hat; nunmehr lautet die Zeile nämlich:

von Lust und Schmerz unsagbar zarte Neige!

Das klingt nicht nur an die Wendung an »bis zur Neige leeren«; durch diese Änderung wird das Gedicht noch inniger in den Gedanken einbezogen von dem »berükkend bitter-süße(n) Doppelwesen« dieser Musik, in die Vorstellung, daß »eine Nestroysche Tirade, eine Offenbachsche Melodie« Ergebnis seien »dieser vollkommenen Durchdringung, Erhaltung und Verstärkung polarer Strömungen« (F 349, 1912, 11). Das Wort »Doppelzüngigkeit« drückt schon an sich aus, daß polare Strömungen zusammenhalten, was es bezeichnet; es kann – ich glaube sogar: muß – ihm noch ein Gegenpol zur Ergänzung mitgegeben werden: Eindeutigkeit. Denn so doppelzüngig ist diese Musik wieder nicht, als daß sie nicht völlig eindeutig positive von negativen Figuren auseinanderhalten könnte; ich habe Beispiele dafür bereits geboten, weitere werden folgen. Das relativiert den Satz von Karl Kraus – es »unterstreicht der Witz, der es auslacht, das Entzücken an einem Schäferspiel« (ebenda) – in keiner Weise. Bloß, es ist eben ein Unterschied, ob die ironische Distanz einer Figur gilt, die Entzücken verursacht, oder einer, die »nichts als Schrecken und Heiterkeit verbreitet« (F 800, 1929, 63). Aber wieder ist, wie Kraus sehr wohl erkannt hat, die Musik das Hauptmedium der Doppelzüngigkeit; sie bietet, wie er (wieder im *Pariser Leben*-Essay, F 757, 1927, 47) schreibt, eine Fülle »zu allem erbötiger, Schmerz und Lust verbindender Tonfiguren«. Und wirklich, Musik bereitet einen Raum, in dem die Emotionen nahe beieinander wohnen und leicht ineinander übergehen oder umschlagen, in dem Lachen und Weinen oft nur einen Halbton voneinander entfernt sind, ja in dem in seltsam beunruhigender Weise, die, nebenbei sei es bemerkt, von der Musikästhetik noch nicht erklärt worden ist, Schmerz und Lust in e i n e m ausgedrückt erscheinen kann. Und Offenbach war, darin an Schubert gemahnend, in den Operetten der späten Jahre – um ganz zu schweigen von *Hoffmanns Erzählungen* – ein Meister dieser »unsagbar zarten Neige«. – Der feinsinnige Jacques Brindejont-Offenbach schrieb (1940, 319): »War Offenbach wirklich ein wesentlich heiterer Musiker? Ich denke nicht, denn ich habe stets durch alle Lebens-, Liebes- und Wein-Rauschhaftigkeit seiner Musik hindurch die ganze Herzensangst einer solchen zügellosen Fröhlichkeit zu spüren vermeint.«

Das Zeitgemäße, das Unnatürliche, das Doppelzüngige stehen in innigem Zusammenhang. Ich will das an zwei Beispielen aus den *Briganten* zu demonstrieren suchen. Diesem Werk kommt, wie man sich erinnern wird, eine besondere Stellung zu: Die Aufführung der *Briganten,* zum ersten Mal am 10. Dezember 1869, ist (von einem Einakter geringeren Gewichts abgesehen, der einen Tag später auf die Bühne kam) das letzte Theaterereignis vor jenem Krieg 1870/71, der auch Offenbachs Welt gründlich verändern sollte. Die sozialen Spannungen, als *Die Briganten* auf die Bühne kamen, waren größer als je zuvor in der Geschichte des Zweiten Kaiserreichs, und keine neun Monate sollten vergehen, ehe in Frankreich die Republik ausgerufen wurde. Da tritt nun in diesem Stück des Räuberhauptmanns schöne Tochter Fiorella mit einem Auftrittslied auf, das so treuherzig und schlicht, melodiös und warm klingt, als wäre sie die Christel von der Post; nicht einmal die warmen Hornklänge fehlen im Refrain. Ich gebe die Übersetzung von Birk und Genée (ÖNB Mus B 328), die Karl Kraus als Vorlage benützt hat, daneben seine Änderungen:

I	(WSTLB, Ja 149513);
Die treue Büchse stets zur Seite,	
Und den Dolch an der Brust, –	
Auf dem Hut die Reiherfeder, schreite	
Durch den Wald ich voll Lust.	
Wenn jegliche Gefahr scheint ferne,	
Süße Ruhe allen lacht,	Süße Ruh allen lacht,
So wachen meines Auges Sterne	So leuchten meines Auges Sterne
In dem Dunkel der Nacht.	
Mein Stutzen blinkt im Mondenschimmer	Die Waffe blinkt im Mondenschimmer
Krachend schlägt die Kugel ein –	
pan-pan!	Piff paff!

/: So wird Fiorella immer :/
/: Des Räubers ächte Tochter sein! :/

II
Zur Seite bleib ich unsern Schaaren,
Auch wenn's zum Kampfe geht,
Und umringen drohend uns Gefahren,
Meinen Mut es nur erhöht.
Nie bleib zurück ich im Gefechte,
Krafterfüllt ist die Hand,
Und manchen Feind hat diese Rechte
Hingestreckt in den Sand!
Die Waffe blinkt im Mondenschimmer
(und so weiter)

Des Räubers Tochter sein,
Des Räubers echte Tochter sein!

Ich trotze jeglichen Gefahren,
Wenn ein Mann vor mir steht.
Nehm's mit ihm auf in dem Gefechte,

Notenbeispiel 16

Dolch an der Brust. Auf dem Hut die Rei-her-fe-der
Kamp - - fe geht. Ich trot-ze jeg-li-chen Ge-
Fm Eb7 Ab Ab
schrei - te durch den Wald ich voll Lust. Wenn
fah - ren, wenn ein Mann vor mir steht. Nehm's
Eb Ab Eb Bb7 Eb
jeg-li - che Ge-fahr scheint fer-ne, süs-se Ruh al-len
mit ihm auf in dem Ge - fech-te, kraft-er - füllt ist die
H F# H E H F#

lacht, so leuchten meiner Au-gen Ster-ne in dem
Hand. Und manchen Feind hat die-se Rech-te hin-ge-
F#7
H F# H
E
Dun-kel der Nacht. 1.u.2. Die Waf-fe blitzt im Monden-
streckt in den Sand!
C#m
E7
Eb
A
Dbm
schim-mer. Kra-chend schlägt die Ku-gel ein, Piff paff,
Eb
A
Eb
Abm

Piff paff, Ah
Eb Abm Eb Eb7
So wird Fi-o-rel-la im-mer, so wird Fi-o-
Ab Eb7 Ab
rel-la im-mer des Räubers Toch-ter sein, des
Eb Ab Db Bb7

Chor
p
Räubers ech-te Tochter sein. Ah ___ So ___ wird Fi-o-
Ab
Eb7
Ab
p
rel-la im-mer, so ___ wird Fi-o-rel-la im-mer des
Eb7
Ab
Eb7
Räubers echte Tochter sein, ah ___ des Räubers echte Tochter
Ab
allarg.
cresc.
Db
f
Ab
Eb7

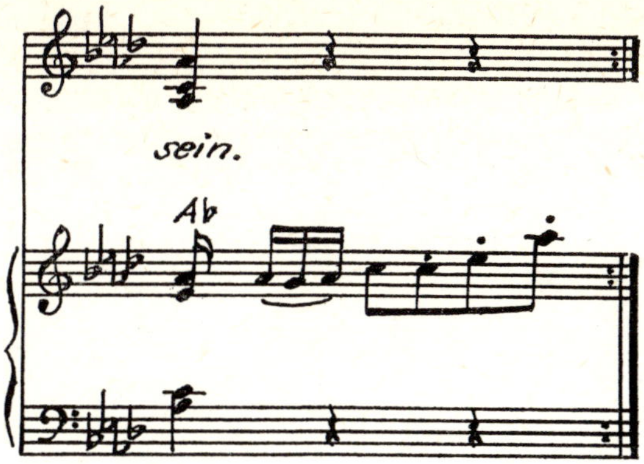

Es ist also eine Räuberstochter, eine echte, die das singt! Die Waldidylle ist eine Täuschung; eine Täuschung sind die friedlichen Hörnerklänge. Was an Fiorellas Seite blinkt, ist nicht das Posthorn, sondern eine Flinte, und das Piff-Paff, das so wirkungsvoll zum Refrain überleitet, gilt nicht den Hirschen und den Hasen, sondern Menschen. Mit einem Wort – mit einem Wort von Karl Kraus – die Idylle ist an den Spott verraten. Oder doch nicht? Es sind ja friedliebende menschenfreundliche Räuber, mit denen wir es zu tun haben. Sie übertölpeln zwar die Polizei, aber gereicht ihnen das nicht zur Ehre; sie sind weiser als die Regierenden, aber sollte man ihnen das verdenken? Doppelzüngigkeit wäre treuherzige Wahrheitsliebe verglichen mit dem, was sich in diesem Liedchen abspielt! Karl Kraus, der das Stück keine 60 Jahre nach der Erstaufführung vortrug und eineinhalb Jahre später in den Rundfunk brachte, hat mit seinem »Nur unnatürlich sein, zuerst unnatürlich!« nur in seine Gegenwart verpflanzt, was der Regisseur der Pariser Uraufführung wahrscheinlich nicht einmal auszusprechen brauchte. Da damals die Gegenwart unweigerlich, unüberhörbar mitspielte, konnte kein Mensch verkennen, was alles in diesem scheinbar so traditionell unschuldigen Liedchen steckt.

Wennmöglich noch hintergründiger ist ein anderes Stück aus den *Briganten*. Es handelt sich um eine Szene, in der die Briganten einen Überfall auf einen Gasthof vorbereiten. Als bettelnde Pilger verkleidet, heben zunächst nur einige von ihnen, arm, mitleiderregend, klagend und kläglich folgendermaßen an:

Hört uns flehn voll Zagen
Um ein Stückchen Brot, um ein kleines Stückchen Brot.
Leer ist unser Magen, o du lieber Gott, o du lieber, lieber Gott!
Facitote caritatem, (lat.) Habt Erbarmen,
Date panem, panem date! Gebt Brot, Brot gebt!

Dann erhebt sich das Stück allmählich, die Technik des Kanons verwendend, zu rauschender Schlußwirkung. Wie das vor sich geht, sei in der amüsanten Darstellung von Volker Klotz (1980, 223–24) wiedergegeben: »Zunächst singen, ständig sich mehrend, nur Einzelmitglieder der Bande. Dann kommen, klanglich absteigend zum Fundament, erst die Soprane, dann die Tenöre, dann die Bässe hinzu. Stufenweise also füllt sich der Raum mit Leuten und Stimmen. Bis die drastische Steigerung des Kanons erbarmungslos seine geheuchelte Flehgebärde zermalmt. Weiterhin wollen sie was, die Pilger, aber jetzt mit Gewalt. Der Wolf reckt sich, daß der Schafspelz in Fetzen fliegt.« Den hymnenartigen Schluß des Stückes, da alle Briganten, nunmehr die Bühne füllend, mit voller Tonstärke singen, verglich Kraus mit der *Marseillaise* (F 800, 1929, 62), und er trug ihn entsprechend vor. Vielleicht wußte er auch, daß zur Zeit, da *Die Briganten* geschrieben und gespielt wurden, in der Tat die *Marseillaise* auf den Straßen und sogar auf den Bühnen von Paris mit erneuter Wucht erklang:

(Notenbeispiel siehe folgende Seite)

Notenbeispiel 17

andere Briganten
Fa-ci - to-te ca-ri-ta-tem, da-te panem, panem da-te! Fa-ci-
lieber, lieber Gott!
G D7 G D7 G D7
to-te ca-ri-ta-tem, da-te panem, panem da-te! immer mehr Briganten
O hört uns fleh'n voll
G D7 G D7 G G7
ein Stückchen Brot
Za - - gen um ein Stück-chen Brot, ein Stückchen
A7 Cm G A7 D A7

ein Stückchen Brot,
Brot, ein Stück-chen Brot!
D A7 D D7 G D7
Hört uns fleh'n voll Za - gen um ein Stückchen Brot, um ein
p cresc. O hört uns fleh'n voll Za - gen um ein
G D7 G D7 G D7
kleines Stückchen Brot! Leer ist un - ser Magen o du
Stückchen Brot, um ein kleines Stückchen Brot! Leer ist un - ser
G D G D7 G D7

lieber Gott, o du lie-ber, lieber Gott! Fa-ci - to-te ca-ri-tatem, da-te
Ma-gen o du lie-ber Gott, o du lie-ber, lie-ber Gott! Fa-ci -
G D7 G D G D7
panem, panem da-te! Fa-ci - to-te ca-ri-tatem da-te, pa-nem, panem da-te! O
to-te ca-ri-ta-tem, da-te panem, panem date! Fa-ci - to-te ca-ri-ta-tem, da-te
G D7 G D7 G D
hört uns fleh'n voll Za - gen um ein Stückchen Brot, um ein
pa-nem, panem da-te! O hört uns fleh'n voll Za - gen um ein
G D7 G D7 G D7

kleines Stückchen Brot! Leer ist un-ser Ma-gen, o du
Stückchen Brot, um ein klei-nes Stückchen Brot! Leer ist un-ser
G D G D7 G D7
lieber Gott_ Briganten von allen Seiten
f
Ma-gen._ Gebt Brot, gebt Brot, gebt Brot, gebt Brot, gebt Brot, gebt Brot, gebt Brot, gebt
G A7 D D° D D°
f
Brot! O hört uns flehn voll Za-gen
D
p
crescendo

ff
Hört uns flehn voll Za-gen um ein
um ein Stück - chen Brot!
G D7 G D7
ff
Stückchen Brot, um ein kleines Stückchen Brot! Leer ist un - ser Ma - gen und
G D7 G D7 G C A7
groß ist uns - re Not!
G D7 G G

Wir haben es also mit Schauspielern zu tun, die Banditen darstellen, die sich als fromme Pilger verkleiden und die in dieser Doppelverwandlung, indem sie ein unterwürfig-frommes Musikstück zu singen vorgeben, das sich in Minutenschnelle zu revolutionärer Drohgebärde erhebt, die Haltung weiter Kreise ihrer Pariser Zeitgenossen von 1869 visuell-akustisch auf die Bühne zu projizieren bewerkstelligen! Wie könnte man, was da vorgeht, besser beschreiben als mit der Formel von der Verschränkung des Zeitgemäßen mit dem Zeitfernen, des Unnatürlichen mit dem Natürlichen, des Doppelzüngigen mit dem Eindeutigen?

Aber selbst wenn das alles gesagt und bedacht ist – die Sonderstellung, die Kraus den Operetten Offenbachs in seinem *Theater der Dichtung* einräumte, ist noch nicht verständlich geworden. Auch ein Blick auf Kraus' eigene »magische Operette« *Literatur oder Man wird doch da sehn* hilft da nicht weiter. Denn sie ist eine Operette in Anführungsstrichen, eine ätzende, beinahe beklemmende Travestie der zeitgenössischen Literatur, ihrer Anhänger und ihres Umfelds. Es ergeben sich äußerst komische Wirkungen durch die Heterogenität der virtuos zusammengebrachten Ingredienzien; da mischt sich der Jargon, in dem die Figuren miteinander konversieren, der Stil von Werfels *Spiegelmensch* und – in boshafter Überspitzung von dessen Bezug auf Goethes *Faust* – herausgerissene Faustfetzen. Aber die befreiende Heiterkeit Offenbachs kommt nicht zustande, die »Grazie« Offenbachs wäre hier fehl am Ort, erst recht in den Musikstücken, die »nach Angabe des Verfassers« niedergeschrieben wurden. In diesem Stil ist auch nicht ein Lichtblick, auch nicht eine positive Figur zugelassen. Offenbach ist weit entrückt. Hingegen ist ein Satz über Kraus' eigenes »phantastisches Versspiel« aufschlußreich, über *Wolkenkuckucksheim,* 1923, das auch Musik erforderte – und Kraus ließ Offenbach dazu spielen!

Wolkenkuckucksheim, schrieb er (siehe Seite 110), bilde »die Sublimierung der *Letzten Tage der Menschheit* in eine luftigere Region«. – Ich will an dieser Stelle ein persönliche Bemerkung einschalten: Gelesen habe ich diese Worte zum ersten Mal vor 55 Jahren; sie standen nämlich auf dem Programm der Offenbach-Vorlesung vom 9. Dezember 1928, und es traf sich so, daß das die erste Vorlesung war, bei der ich Kraus begleitete. Vorgetragen wurden *Die Briganten.* Natürlich habe ich jedes Wort gelesen, das auf diesem Programm stand (und ich habe es bis zu diesem Tage aufbewahrt). Aber daß Kraus mit diesem Satz von der »Sublimierung der *Letzten Tage der Menschheit* in eine luftigere Region« den tiefsten Grund seiner Liebe für Offenbach aufdeckt, habe ich erst jetzt begriffen. Die zweite Satzhälfte bezieht sich direkt auf die *Briganten* und besagt, daß in gleicher Weise »der Polizeikrieg aus dem Nachkriegsdrama in die *Briganten* übergehen« mußte. Mit dem Nachkriegsdrama ist das Stück *Die Unüberwindlichen* gemeint, von dem noch die Rede sein wird, ebenso wie von jenem »Polizeikrieg«, den beide Stücke, die *Unüberwindlichen* und die *Briganten,* zum Gegenstand haben, das eine in bitterm Sarkasmus, das andere in heiterer Überlegenheit, das eine als pathetische, das andere als ironische Satire. So wie sich im besonderen Die *Briganten* zu den *Unüberwindlichen* verhielten, so die Offenbach-Welt zu den Polemiken, Kampagnen und ihren Kampfschriften im allgemeinen. Ich erinnere daran, daß die ersten sechs Offenbach-Operetten, die Kraus vortrug – die Zeit war 1926 bis 1929 –, allesamt zur Rollentauschgruppe gehörten. Wenn sich Kraus damals in die Bühnenwelt seines Offenbach begab, entfloh er keineswegs seinem Krieg. Dafür sorgten nicht bloß die Anspielungen auf seine Widersacher im Dialog und die vielen Zeitstrophen; auch wenn die Stücke nicht in *Wolkenkuckucksheim* spielen – in gewissem Sinn tun sie's ja –, waren Stoff, Figurenkonstellation und Handlungsablauf der Operetten so beschaffen, daß sich die Sublimierung des Kampfes in eine luftigere Region unvermeidlich ergab. Das Chaos ohne Kausalität, die heitere Verantwortungslosigkeit im Bühnengeschehen ließ wie von selbst die realen Verkehrtheiten der Welt ahnen – mehr: verstehen –, mit der Kraus im Kampf lag. Er hatte den Kampf geistig gewonnen, wie immer er in der Realität verlaufen mochte. Die Rollentausch-Operetten haben ein Element von Utopie in sich; in ihnen geht es – wie im Märchen, das sie sind – so zu »wie es unserem Empfinden nach in der Welt zugehen m ü ß t e«; ihr Verlauf entspricht »der Erwartung und den Anforderungen, die wir an einen gerechten Lauf der Welt stellen« (Jolles, 1956, 199 ff.). Undenkbar, daß die Kellnerin dem Erzherzog zu Willen wäre, General Bumbum den Krieg

Preis des Programms (Verlag Richard Lányi) **30** Groschen (inkl. Steuer) (Der Ertrag des Programms für den wohltätigen Zweck.)

MITTLERER KONZERTHAUSSAAL, SONNTAG, 9. DEZEMBER 1928, 1/28 UHR

VORLESUNG KARL KRAUS

THEATER DER DICHTUNG

Zum 1. Male

Die Briganten

Operette in drei Akten von **Offenbach**

Text von Meilhac und Halévy, nach der Übersetzung von R. Genée erneuert von Karl Kraus

(»Les Brigands« zum 1. Male in Paris, Théâtre des Variétés, 10. Dez. 1869; »Die Banditen« zum 1. Male am Theater an der Wien 12. März 1870)

Der Prinz von Navarra		Lanjallay	Jäger
Falsacappá, Räuberhauptmann		Dupuis	Swoboda
Fiorella, seine Tochter		Mlle Aimée	Frl. Geistinger
Pietro, sein Vertrauter und Unterbefehlshaber		Kopp	Rott
Fragoletto, ein junger Pächter		Mlle Zulma Bouffar	Frl. C. Finali
Baron Campotasso, Zeremonienmeister	des Prinzen	Ch. Blondelet	Rüden
Bramarbasso Connivente, Präfekt der Polizei	des Prinzen	Baron	Romani
Antonio, Finanzminister	des Prinzen	Léonce	Friese
Die Prinzessin von Granada		Mlle Lucciani	Frl. Schwöder
Graf Gloria-Cassis, Kammerherr	der Prinzessin	Gourdon	Frinke
Pablo, Haushofmeister und Erzieher	der Prinzessin	Videix	Liebold
Adolf von Valladolid, erster Page	der Prinzessin	Cooper	Frl. R. Finali
Die Herzogin		Mlle Alice Regnault	Frau Berg
Die Marquise		„ Gravier	Frau Rott
Barbavano	Räuber	Daniel Bac	L. Friedrich
Domino	Räuber	Bordier	Bittner
Carmagnola	Räuber	Gobin	Thalboth
Pipo, Gastwirt		Boulangé	Buchner
Pipa, dessen Frau		Mlle Léonie	Frau Clossegg
Pipetta, deren Tochter		„ Génat	Frl. Talmar
Fiametta	Landmädchen	„ Bessy	„ Meersberg
Zerline	Landmädchen	„ Julia H.	„ Monte
Bianca	Landmädchen	„ Oppenheim	„ Waldau
Cincinella	Landmädchen	„ Dronard	„ Künzler
Ein Türsteher Ein Kabinettskurier		Millaux	

Räuber, Höflinge, Küchenjungen, Polizisten

Zeit der Handlung: unbestimmt

[Der Prinz von Navarra im Original: le duc de Mantoue, in der Übersetzung: Alphonso, Prinz v. Braganza; Bramarbasso Connivente, Präfekt der Polizei im Original: le chef des carabiniers, in der Übersetzung: Bramarbasso, Kapitän der Dragoner. Die Pariser Besetzung ist dem »Théâtre de Meilhac et Halévy de l'Academie Française, Paris, Calmann-Lévy, éditeurs« entnommen; das Personenverzeichnis der Wiener Aufführung, von der kein Archiv einen Theaterzettel bewahrt, wurde aus den mehr oder minder lückenhaften Anzeigen und Kritiken der Tagespresse zusammengestellt.]

Begleitung: Georg Knepler

Nach dem ersten Akt eine längere, nach dem zweiten eine kurze Pause

Die Zuwendungen aus den Erträgnissen werden in der Fackel ausgewiesen

Ebenda, Dienstag, 1. Jänner 1929, pünktlich 1/4 8 Uhr:
AUS REDAKTION UND IRRENHAUS oder EINE RIESENBLAMAGE DES KARL KRAUS
Zur Aufklärung von Troglodyten und Konfektionsreisenden

DIE UNÜBERWINDLICHEN, Nachkriegsdrama in vier Akten von Karl Kraus
Durch den Verlag der Fackel und alle Buchhandlungen zu beziehen

Für den Text dieses Programms verantwortlich: Der Vortragende.
Druck: Jahoda & Siegel, sämtlich in Wien III., Hintere Zollamtsstraße 3
Verlag: Richard Lányi, Wien I. Kärntnerstraße 44

Der Offenbach-Biograph Louis Schneider (Perrin et Cie, Paris 1923) schreibt:

Il est bien difficile de décider si les Brigands sont supérieurs à une autre œuvre des mêmes auteurs. Ce qui est sûr c'est que la pièce et la musique se marient à souhait, c'est que jamais partition n'avait été plus variée, jamais livret n'avait été plus fin, plus ironique et au fond plus vrai. Des mots comme celui du caissier *[Finanzminister]* du duc de Mantoue, qui a volé trois millions à son gouvernement: »Il faut voler selon la position qu'on occupe dans le monde« avaient non seulement déchaîné un rire formidable, mais on désignait par des noms propres le caissier en question .... ce caissier est la trouvaille de la pièce ....

Nach einer etwas fehlerhaften Inhaltsangabe hebt er die Musikstücke hervor:

Le chœur d'entrée des brigands, le dialogue »Bon ermite où nous conduis-tu?« *(»O heil'ger Eremit, sag an«)*, la chanson de Falsacappa »Quel est celui qui par les plaines *(»Wer ist es, der durch Wald und Fluren«)* et les couplets, à la plaisante modulation, de Fiorella »Au chapeau je porte une aigrette« *(»Die treue Büchse stets zur Seite«)* sont les pages les plus délicieuses du premier acte; au deuxième acte, le chœur en canon »Soyez pitoyables et donnez-nous du pain« *(»Hört uns flehn voll Zagen um ein Stückchen Brot«)*, le duo de Fiorella et de Fragoletto: le petit duo du notaire *(»Mein Herr Notar, mein Herr Notar«)*, et bien d'autres morceaux encore, tels que l'air du caissier au troisième acte »Hélas! j'ai mangé la grenouille« *(»Sagt mir ein Weib, daß es mich liebe«)* sont restés dans toutes les mémoires.

Und er hat nicht einmal die merkwürdigsten genannt. Zwar der Kettengesang der als Bettler verkleideten Räuber, der vom parodischen Kanon bis zum Pathos der Marseillaise hinaufführt, ist ein selbst bei Offenbach verblüffender Genieeinfall; das Entree des Falsacappa von einer Schlagkraft, die das Auftreten des Bumbum und des Erzherzogs übertrifft. Aber da fehlen noch: das entzückende Spottlied der Fiorella, die als Wegweiserin den ratlosen Prinzen, der sich an ihr zurechtfindet, wegweisen muß (»Erst zur Rechten, dann zur Linken«); die Lieder des Fragoletto: von der gegenseitigen Plünderung (»Als kürzlich du besuchtest mich«) und vom Kabinettskurier (»Falsacappa, sich meine Beute«); die »verwickelte Affaire« und die Angelobung als Räuber; die spanischen Motive (»Granada, das ganz Spanien preiset« und »Habt bisher Ihr immer besessen«); das Lied des Prinzen im Kreise der Hofdamen (»Einst herrscht' in fernen Landen«); das einzigartige Gemenge der Räuber- und Höflingschöre; und vieles noch, und in jedem Klang das berückend bitter-süße Doppelwesen. Aber zwei Stücke gibt es, die alles Offenbachische überbieten. Das Auftreten des Präfekten an der Spitze der über die Bühne schreitenden Polizisten, mit deren Erscheinen und Verschwinden immer das der Briganten abwechselt. Nach deren Aviso: »Die großen Stiefel, sie trappen, sie trappen, sie trappen ...« jene mit ihrem: »Respekt, jetzt kommt Polizei!« (die »immer zu spät herbei« kommt). Der Biograph erwähnt diesen Auftritt nur in einem Zusammenhang mit dem Malheur des großen Schauspielers Baron, der bei dem Motiv

Nous sommes les carabiniers,
La securité des foyers;
Mais je ne sais par quel hasard,
Au secours les particuliers,
Nous arrivons toujours trop tard

zu spät einsetzte und es dann zu einem sieghaften Extempore in Prosa verwandte.

.. sa voix de tonnerre enrhumé était si comique qu'on l'applaudit furieusement ...

Eben diese Stimme gehört zu dieser Gestalt. Es dürfte aber wohl erst in der neuen textlichen Anwendung der ganze grandiose Hohn dieses Marsches hervorkommen, der heute etwas von einem Kondukt von Leichen hat, über die er schreitet: förmlich durch den Hohlraum hindurch, der entsteht, wenn dieses Gepränge einer subalternen Wichtigkeit nur auftaucht. Ein Operettenalba, der nichts als Schrecken und Heiterkeit um sich verbreitet. In schicksalhafter Zusammenschließung künstlerischer und polemischer Mission mußte ich diesen Griff tun, ein Werk zu finden*), dessen unvergleichliche Einheit in Text und Tönen wie von selbst allen Zeitgehalt aufnahm. Das Staunen über die Aktualität mag sich aber mit der Erkenntnis beruhigen, daß alles, was in der satirischen Landschaft zwischen Polizisten und Briganten spielt, veraltet war, bevor es neu wurde, und das Ereignis besteht nur darin, daß die Wirklichkeit, die heutige Hiesigkeit, ihren Vollgehalt an ältester Komik frisch ausleben kann. So bleibt es keineswegs dabei, daß die Gestalten, die sie bevölkern, lächerlich sind. Denn diese Wirkung ist durchwirkt von dem Grauen, daß sie so lächerlich sind, keine Ahnung von ihrer Lächerlichkeit zu haben. Eben dieses Unsagbare sagt Offenbach und eben dieser Zustand ist es, was heute nach ihm verlangt. Bald glaubt man konturhaft der Umformung eines Lebens von Schönpflug-Gestalten ins Daumier-artige beizuwohnen; bald hört man diese Musik mit einer Deutlichkeit der Expression alles zur Sprache bringen, was die Sprache selbst kaum mehr bewältigt hätte. Auch losgelöst von einem Text, der bloß nirgendwo solchen Ausdruck belasten durfte, vermittelt uns diese Rhythmik die schmerzhafte Vergewisserung von Lebensformen und die Entschädigung, sie in ihren eigenen Wahnwitz aufgelöst zu sehen. Voll und ganz. Gespensterhafteres wäre nicht vorstellbar als diese Vertonung des Zeremoniells — hier aus dem Spanischen ins Österreichische greifend — durch das Duo, mit dem im zweiten Akt, vom Gefolge gardiert, der Zeremonienmeister und der Präfekt auftreten. Auch ohne Text, ohne dessen Auffüllung, wäre diese Tongebärdung von Automaten der reinste Ausdruck alles dessen, was man aus dem Bereich der klischierten Phrase ins Bewußtsein übernommen hat: das Um und Auf von Lebensäußerung der Träger einer grundlosen Würde, derer, die da sind, um da zu sein, die kein Umsturz entfernen könnte und die gemäß dem Urmotiv der österreichischen Offizialwelt — à la »Spielvogel und Zawadil« — nur paarweise auftreten können. Man achte auf die Übereinstimmung, wie in dieser Szene eines Werkes, dessen Schatz mir erst nach den »Unüberwindlichen« erschlossen wurde, der Präfekt durch Wiederholung der jeweils letzten Zeile das Einverständnis mit dem Partner bekundet. Doch wie »Wolkenkuckucksheim« die Sublimierung der »Letzten Tage der Menschheit« in eine luftigere Region bildet, so mußte der Polizeikrieg aus dem Nachkriegsdrama in die »Briganten« übergehen. Nie sind Spott und Schauder derart musikalisch verdichtet worden, und ich glaube, daß mit diesen Motiven — des Marschierens und des Repräsentierens — wie mit allem, was sich textlich wie von selbst, gleichsam pflichtgemäß ergab, eine Gestalt, der in ihrer Funktion bisher nur die Lebenslänglichkeit garantiert war, definitiv von der Tagesordnung in die Unsterblichkeit eingeschritten ist. Lächerlichkeit kann zwar nicht mehr töten, aber sie kann auch nicht vor dem Schicksal retten, daß eben dieser Zustand aufgezeichnet wird. Alles was hier bloß darum fortlebt, weil es nicht untergehen kann, ist in einer Offenbachschen Tonfigur längst enthalten. Er war seiner Zeit voran, welcher er darum bloß einen flüchtigen Reiz zurückließ, und die, in die er eingreift, überlebt seine Wirkung nur, weil sie so geartet ist, ihn nicht mehr hören zu können. Es berührt gleich einem Wunder, daß die Grazie aus der französischen Luft der Sechzigerjahre wie ätzendes Gift wirkt, eigens für das Neuösterreichische erfunden. Dagegen schützt keine Ablehnung, und der Widerstand des christlichgermanischen Schönheitsideals, der sich sofort regt, wenn der Name Offenbach nur genannt wird, beweist die Wirkung. Unfehlbar spürt der Troglodyt den Geist, besser als der Weltkommis, der andere Sorgen hat. Wenn diesem nicht bis dahin alles Organische erlegen ist, wird sich zu der Trauer, daß Shakespeare auf dem Theater ausgespielt hat, der Trost gesellen, daß mit Offenbach ein neues Zauberreich erschlossen werden könnte. Alles, was der neuen Groteskoper einfällt, kommt von ihm, und es fehlt nur noch das Theater, das Mut zu ihm selbst hat, ohne ihm die Gewalt der schäbigen Zeitmittel anzutun. Seine Lebensfähigkeit steht außer Zweifel: Österreich bekreuzigt sich vor ihm.

*) In einer Reihe von Offenbach-Partituren, die ich Herrn Carl Lindau, einem Kenner und Vertreter der alten Operettenwelt, verdanke.

gewönne, die Polizei die ehrlichen Räuber finge. Kraus stand mitten im Kampf, wenn er damals Offenbach vortrug, und war ihm doch entrückt. Denn hier war ein Spielraum geöffnet »für die Belichtung der Welt durch den Genius des musikalischen Froh- und Tiefsinns, als die Form einer Vergeistigung, die den Ernst des Lebens in ein närrisches Märchen« (F 781, 1928, 51), »die Dissonanz der Welt in heiteren Wohllaut« (F 845, 1930, 6) auflöst.

Was sich nun in jenem Spannungsfeld vollzog, das zwischen Karl Kraus' Vorstellung von der Operette und ihrer jeweiligen Realisierung in einer schnell sich wandelnden – verdüsternden – Szene der österreichischen Politik bestand, will ich zu demonstrieren suchen. Dabei, so wird es sich zeigen, lassen sich innerhalb der zehn Jahre, in denen Kraus Offenbach las, drei Phasen unterscheiden. Unwandelbar blieb die Liebe zu Offenbach; was sich wandelte, war die Rolle, die Offenbach im Wirken von Karl Kraus zufiel. Und dieser Wandel wurde von Ereignissen bewirkt, die von außen kamen.

»Ich selbst pflege mich zu bücken ...«

Die erste Phase: 20. Februar 1926 bis 1928/29

Am 20. Februar 1926 las Karl Kraus seinen ersten Offenbach: *Blaubart.* In Abstand von mehreren Monaten folgten *Die Großherzogin von Gerolstein, Pariser Leben, Madame L'Archiduc, Die Briganten, Die Prinzessin von Trapezunt.* Innerhalb von wenig mehr als drei Jahren hatte Kraus sechs von den insgesamt sieben sozial-utopischen Operetten Offenbachs (siehe S. 20 ff.) in das Repertoire seines *Theaters der Dichtung* aufgenommen. Die siebte, *Perichole,* folgte, wenig später, erst zu Beginn der zweiten Phase. Mit anderen Worten, das ganze Repertoire der ersten Phase war von den Rollentausch-Operetten bestimmt.

Wie das im einzelnen zuging, möge ein kurzer Auszug aus dem berühmten zweiten Bild des *Blaubart* – Hof des Königs Bobèche – zeigen, in dem das Höflings-Couplet steht. Kraus hat gleich für seine erste Lesung 6 Strophen dazu geschrieben und gesungen, im Laufe der Jahre insgesamt 25. (Wie im folgenden immer, wo ich Zeitstrophen von Karl Kraus zitiere, bringe ich im Text und in den Notenbeispielen in der Regel nur die erste der Offenbachschen Originalstrophen in Übersetzung, gefolgt von der oder den Zeitstrophen.) Die Szene zeigt den Ahnensaal des königlichen Schlosses; die Höflinge sind in Erwartung des Königs versammelt, Graf Oskar, sein Minister, tritt »in Nachdenken versunken aus dem Hintergrunde« auf:

Chor der Höflinge

Untertänig
auf den König
Warten wir mit Sehnsucht schon;
Seine Gnade
Uns belade
Mit dem allerschönsten Lohn.
Da ist der Minister,
Wie ist er so düster!

Oskar
Ihr Herrn, gegrüßt seid mir!

Chor
Wir beugen uns vor dir!

Oskar *für sich*
Ha, wie sind sie devot, solang die Sonne mir scheint!
Fall' in Ungnade ich, ist jeder mein Feind;
Wie sie mir dann den Rücken zudrehn!
Diese Höflingsmanier
Bringt mich oft in die Rage,
Alle sind hier
Nichts als eine Bagage!

Gleich sollt Ihr sehn
Ihr Herrn! Ein Lied!

Chor
Wir singen mit.
Stimmt an!

Oskar Pl 5

1
Will am Hofe Glück man machen,
Und erringen hohe Gunst,
Braucht man tausend kleine Sachen,
Sonst scheitert oft die größte Kunst.
Ein Mittel führet an das Ziel:

Höfling muß mit //: krummem Rücken ://
Immer sich noch //: tiefer bücken ://
/: Wenn er was erreichen will! :/

Chor
Höfling muß mit //: krummem Rücken ://
Immer sich noch //: tiefer bücken ://
Ja er muß sich tiefer bücken,
Wenn er was erreichen will,
Bücken, bücken, bücken, bücken,
Wenn er etwas will!

Oskar
Immer tiefer sich zu bücken,
Das verlernt die Menschheit nie.
Und sie trifft es zum Entzücken
Selbst in der Demokratie.
Das ist der wahren Freiheit Sinn:
Jeder kann in //: Republiken ://
Jeden andern //: unterdrücken ://
/: So verlangt's die Disziplin :/.

Chor
Jeder kann in //: Republiken ://
Jeden andern //: unterdrücken, ://
Ja er kann ihn unterdrücken,
So verlangt's die Disziplin.
Drücken, drücken, drücken, drücken,
Das ist Disziplin!

Oskar
Einstmals machte Idioten
Die Geburt zur Majestät.

PL 5

Das ist heuzutag verboten,
Weil der Wind jetzt anders weht.
Von solchem Wahn ist frei die Welt!
Heut tun sich die //: Leute lieber ://
Bücken vor dem //: Borsenschieber. ://
/: Jetzt regiert allein das Geld! :/

Chor
Heut tun sich die //: Leute lieber ://
Bücken vor dem //: Börsenschieber. ://
Bücken vor dem Börsenschieber,
Denn nur Geld regiert die Welt.
Lieber vor dem Börsenschieber
Bückt sich heut die Welt!

Oskar
Sonderbar ist die Erscheinung –
Selbst der Papst vergeht vor Neid –:
Denn die öffentliche Meinung
Ist die erste Großmacht heut.
Da herrschen halt ganz andre Herrn!
Gründlich wird es //: dem mißglücken, ://
Der sich da nicht //: wollte bücken, ://
/: Nicht genannt soll jener wer'n! :/

Chor
Gründlich wird es //: dem mißglücken, ://
Der sich da nicht //: wollte bücken; ://
Wenn er sich nicht wollte bücken,
Soll er auch genannt nicht wer'n,
Soll sich bücken, soll sich bücken,
Um genannt zu wer'n!

Notenbeispiel 18

Oskar
1. Will am Ho-fe Glück man ma - - - chen und er - rin-gen ho-he Gunst,
2. Im - mer tie-fer sich zu bük - - - ken, das ver - lernt die Menschheit nie.
braucht man tausend klei-ne Sa - - - chen, sonst scheitert.
Und sie trifft es zum Ent - zük - - ken selbst in
Eb
Bb7
f
Eb
Eb
Bb7
Eb
Bb
F7
Bb
Bb7
Eb
Bb7
Eb
Gm

oft die größte Kunst. Ein Mit - tel füh - ret an das Ziel.
der De-mo-kra-tie. Das ist der wah - ren Frei - heit Sinn.
D7 Gm D7 Gm
Höfling muß mit krummem Rücken, krummem Rük-ken, krummem Rücken im-mer sich noch tie-fer bük-ken,
Je-der kann in Re - pu-bli-ken, Re - pu-bli - ken, Re - pu-bli-ken je-den an-dern un-ter-drük-ken,
Eb Bb7 Bb7 Eb Eb Bb7
p

tie - fer bük-ken, tie - fer bük-ken, wenn er was er - rei-chen will,
un - ter-drük-ken, un - ter-drük-ken, so ver-langt's die Dis-zip - lin,
Eb♭
Ab6
Chor
wenn er was er- - rei chen will! Höf - ling muß mit krum-mem Rük-ken,
so verlangt's die Diszip - lin. Je-der kann in Re - pu-bli - ken,
Eb
Bb7
Eb
Eb
Bb7
f
krummem Rücken, krummem Rücken, im-mer sich noch tie-fer bük-ken, tie-fer bük-ken,
Re - pu-bli - ken, Re - pu-bli-ken je-den an-dern un-terdrük-ken, un-ter-drük-ken,
Bb7
Eb
Eb
Bb7

1. Page *tritt aus des Königs Gemächern*
Der König!

Oskar
Seine Majestät der König Bobèche! Tiefer bücken!

Bobèche *von zwei Pagen gefolgt, geht an den tiefgebückten Höflingen vorüber, sein Gesicht drückt lebhafte Befriedigung aus.*
Zwei Zoll tiefer als gestern. Ausgezeichnete Disziplin! *Bemerkt Alvarez, der den Kopf etwas höher hält*
Herr Alvarez! *drückt ihn auf den Kopf, um ihn in gleiche Linie zu bringen*
Halten Sie die Linie, mein Herr! So! Meine Herren, lernen Sie beizeiten sich zu bücken – bedenken Sie, wenn einmal eine Republik kommt! *Er klopft dreimal rasch doch leicht in die Hände, die Höflinge erheben sich.*
Sehr gut! Jetzt Graf Oskar, lesen Sie das Programm des heutigen Tages!

Oskar *nimmt ein Papier, das ihm der 2. Page überreicht, und liest*
Um zwei Uhr Empfang des Prinzen Saphir, der um die Hand der Prinzessin Hermia anhält. Sämtliche Höflinge eilen ihm entgegen, wobei sie die Kantate Nr. 5 singen.

Und so weiter. Wir sind bereits mitten drin. Denn die Strophe auf die Republik Österreich und die auf die

Börsenschieber formulieren ständige Motive dessen, der, da er sich nicht bücken will, auch nicht genannt werden soll. – Eine Probe für Kraus' Aktualisierung von Bühnensituationen biete ein Ausschnitt aus einer Sprechszene des ersten Aktes: Die Prinzessin, die als kleines Kind im Auftrag des Königs Bobèche ausgesetzt worden war, soll nun, da der Prinz sich als schwachsinnig erwies, als Kronprinzessin wieder an den Hof zurückkehren. Graf Oskar hat sie zu finden. Wer anders als die Schäferin Fleurette kann die Prinzessin sein! Die Szene, in der der Graf ihr die Kindheit in Erinnerung ruft, hat Kraus mittels weniger Extempore (die ich gesperrt wiedergebe) zu einer Parodie auf die Psychoanalyse gemacht:

Oskar
Also gehn mr's an! Ich bitte sich jetzt an folgendes zu erinnern: Ein Palast, ein großer Palast – ungeheurer Komplex! Leibwachen mit goldenen Harnischen, prächtig geschmückte Frauen, Pagen, und in ihrer Mitte, die Krone auf dem Haupte, ein ziemlich erhabener Mann, der in einemfort mit seiner Frau zankt. Erinnert euch doch!

Fleurette
Ja, ja, ich erinnere mich!

Oskar
Aha! Jetzt bitte noch etwas mehr mit dem Unterbewußtsein anzutauchen! Bissl infantiler, wenn ich bitten darf! Also es ist der Hof eures Vaters und im Hof eures Vaters habt ihr Fangerl mit den Nachbarkindern gespielt. Bald darauf, ohne merklichen Übergang, ein Gefühl von Frische, von Wasser ringsum, oben blauer Himmel, unten Wasser, viel Wasser – schwimmender Korb, Finanzwächter, unendliche Grobheit –

Fleurette
Ja, ja, ich erinnere mich! Eine unvergeßliche Grobheit, wie ich sie später nur noch in Lundenburg [Grenzstation zwischen Österreich und Tschechoslowakei] erlebt habe.

Oskar
Nicht ein Wort weiter, ihr seid es! Ich kann den ersten Erfolg der Psychoanalyse verzeichnen!

Eine Zeitstrophe zu dem bereits zitierten Original-Couplet aus *Madame L'Archiduc* (Notenbeispiel 5, Seite 43 ff.) möge Kraus' Zitaten-Technik belegen. (Ich bringe zuerst die Strophe selbst; die Nummern in Klammern des folgenden Kommentars beziehen sich auf die Zeilen des Couplets):

(1) Im Erzhaus, da gibt es oft Skandal, PL 6
(2) Sonst wäre die Ödigkeit allzu phantastisch.
(3) Zur Aufmischung machen wir Weltkrieg einmal
(4) Und schreiten dann über Leichen elastisch.
(5) Mein Vetter Bumsti wird General,
(6) Die Majestät, alles reiflich erwägend,
(7) Fand es sehr schön und Knall und Fall
(8) Gab es eine Hetz in der ganzen Gegend.
(9) Dazu ist ein Ruf wie Donnerhall
(10) Schulter an Schulter durch Jahre erschollen.
(11) Es hat sehr uns gefreut, doch war's katastrophal,
(12) Und da hieß es, wir hätten es nicht wollen.
Original, original, original, ah –
/: Ja überall, ja überall,
Überall in der Welt war's bloß banal,
Doch unser Krach ist original,
(Doch) unser Krach ist original! :/
(Musik: siehe Notenbeispiel 5 auf S. 43ff.)

Das »Erzhaus« (1), von dem die Strophe handelt, ist das Haus Habsburg – man beachte die Anknüpfung Erzherzog – Erzhaus. »Aufmischung« (3) stammt aus dem Jargon der österreichischen Offiziere; gleich in den ersten Zeilen der ersten Szene aus den *Letzten Tagen der Menschheit* sagt einer von ihnen über den Kriegsausbruch: »... a bisserl a Aufmischung – gar nicht schlecht ...« Daß die kaiserlichen Hoheiten »elastisch schreiten« (4), sagte ihnen die Presse nach. Den »Vetter Bumsti« (5) lernt man am besten aus einer Szene der *Letzten Tage* kennen – Vetter war er nicht nur des Operetten-Erzherzogs, sondern auch des Kaisers: Erzherzog Friedrich, Besitzer zahlreicher Molkereien und Schnapsbrennereien, Mitglied des Kohlensyndikats, Feldmarschall, Oberkommandierender der österreichisch-ungarischen Streitkräfte, Held der folgenden Szene (II, 28):
Hauptquartier. Kinotheater. In der ersten Reihe sitzt der Armeeoberkommandant Erzherzog Friedrich. Ihm zur Seite sein Gast, der König Ferdinand von Bulga-

rien. Es wird ein Sascha-Film vorgeführt, der in sämtlichen Bildern Mörserwirkungen darstellt. Man sieht Rauch aufsteigen und Soldaten fallen. Der Vorgang wiederholt sich während anderthalb Stunden vierzehnmal. Das militärische Publikum sieht mit fachmännischer Aufmerksamkeit zu. Man hört keinen Laut. Nur bei jedem Bild, in dem Augenblick, in dem der Mörser seine Wirkung übt, hört man aus der vordersten Reihe das Wort:
Bumsti!
Verwandlung.

Die Worte »reiflich erwägend« (6) stammen, wie Kraus annahm und oft zitierte (in Wahrheit lauteten sie etwas anders), aus dem Manifest, in dem der Kaiser »seinen Völkern« die Kriegserklärung mitteilte und begründete. Es war »sehr schön« (7), es hat mich »sehr gefreut« (11), soll der Kaiser stereotyp gesagt haben, um das Ende einer Audienz oder seiner Anwesenheit bei offiziellen Anlässen zu signalisieren. Eine »Hetz« (8) gibt's in Wien bei jeder Gelegenheit – das Wort kommt von »Tierhatz«, die in Wien noch im 18. Jahrhundert als Volksbelustigungen stattfanden. Der »Ruf wie Donnerhall« (9) stammt aus der deutschen Staatshymne, und »Schulter an Schulter« (10) lautete die Phrase, mit der das Bündnis Deutschland – Österreich bedacht wurde. Und »Ich habe es nicht gewollt« (12) soll Kaiser Wilhelm II. in bezug auf den Weltkrieg gesagt haben. – Man sieht, wie die Strophe »gebaut« ist!

Als Karl Kraus seine Offenbach-Vorlesungen aufnahm, war er, wie immer in seinem Leben, in verschiedene Kampagnen und Polemiken verstrickt, und er hat sie – zeitgemäß – in seine Offenbach-Vorlesungen eingelassen. Wie weit gestreut das Spektrum der Polemiken war und wie sie auf das *Theater der Dichtung* gebracht wurden, möge eine Auswahl aus den weit mehr als 100 Zeitstrophen demonstrieren, die Kraus im Laufe der Jahre zu einem harmlosen Stück, der Tirolienne aus *Pariser Leben,* schrieb. Im Original nichts weiter als eine Stufe in der Steigerung der Ausgelassenheit im Finale des 2. Akts geht die erste Strophe so:

Mein Vater is a Schneider,
A Schneider is er,
Und macht er die Kleider,
So is's mit der Scher'!
Duliöh!

Notenbeispiel 19

Dazu nun Kraus:

Ein Schneider is mein Vater,
Und mir macht es Spaß:
Ich nahm neulich dem Flatter
Maß für »Maß für Maß«.

»der Flatter« – Autor einer von Kraus verachteten Shakespeare-Übersetzung

In der Volksoper eben,
's ist a halberte G'schicht.
Die »Helena« tun's geben,
Aber schön ist sie nicht!

Das ist Deutschlands Streben:
Viel Feinde, viel Ehr'.
Die Österreicher heben
Den Fremdenverkehr.

Kraus war nicht für die »Hebung«, sondern für die »Aufhebung des Fremdenverkehrs«

'S is a Freud, wie sich's g'wend't hat
Mit dem Theater am End':
Wer in Wien kein Talent hat,
Ist in Berlin prominent.

Als ein Exodus Wiener Schauspieler nach Berlin stattfand

Den Viechern es gebricht
An den geistigen Gaben.
Aber solche Viecher sind's nicht,
Daß sie Politiker haben!

Warum soll ich verhehlen
Meines Herzens Begehr:
Ich tät' gern wen wählen!
Aber die Wahl wird mir schwer.

Ungleichheit beschlossen
Hat die Vorsehung wohl:
Nicht alle Genossen
Hab'n a Schloß in Tirol.

Als sich ein sozialdemokratischer Abgeordneter ein Schloß in Tirol gekauft hatte

---

Ebenso zwanglos und amüsant fügen sich Kraus' Zeitstrophen über Theaterereignisse seiner Zeit dem Couplet von Baron und Baronin Gondremark aus *Pariser Leben*. Diese verkünden dem wartenden Fremdenführer, was sie in Paris zu sehen wünschen. Damit verständlich wird, warum die Baronin – in Kraus' Strophe – Moissi mit dem zu Herzen gehenden Gesang verbindet, sei mitgeteilt, daß der damals hochberühmte Schauspieler, dessen Stimme jeder Theaterbesucher kannte, einen affektiert singenden Tonfall hatte.

Gondremark
Ich möchte ins Theater gehn,
Doch wo nicht viel gesprochen wird,
Und hübsche Mädchen tanzen sehn,
So ungezwungen kostümiert.

Joseph
Oh, das sehn Sie ganz gewiß –
So etwas gibt's nur in Paris!

Gondremark
So ein Ballett voll Lustigkeit –

Joseph
Oh, da weiß der gut Bescheid!

Baronin
Ich möchte gern zur Patti gehn,
Weil ihr Gesang zum Herzen dringt,
Und das Café chantant besehn,
Wo abends die Theresa singt.

»Die Patti« – eine damals weltberühmte italienische Sängerin
»Die Theresa« – eine Pariser Schauspielerin und Chansonsängerin, die auch in Offenbach-Operetten berühmt wurde

Joseph
Oh, die hör'n Sie ganz gewiß –
So etwas gibt's nur in Paris!

Baronin
Doch wie sich's schickt für eine Frau –

Joseph
Oh, das weiß der ganz genau!

Gondremark
Ich möchte gern den Hamlet sehn
So ungezwungen kostümiert,
Denn man muß mit dem Fortschritt gehn,
Wird was von Shakespeare aufgeführt.

In Berlin gab es, damals neu, eine Inszenierung von »Hamlet im Frack«

Joseph
Da müssen Sie wo anders hin,
So etwas gibt's nur in Berlin.

Gondremark
So ein Trauerspiel voll Lustigkeit –

Joseph
Nein, da weiß der schlecht Bescheid.

Baronin
Ich möchte gern zum Moissi gehn,
Weil der Gesang zum Herzen dringt,
Und das Chantant möcht' ich besehn,
Wo abends er den Hamlet singt.

Moissi war auch ein – umstrittener – Hamlet-Darsteller

Joseph
Oh, den hör'n Sie ganz gewiss,
Das gibt's jetzt auch schon in Paris.

Baronin
Noch lieber hätt', ich muß gestehn,
Ich als Ophelia ihn gesehn....

(Notenbeispiel siehe folgende Seite)

Notenbeispiel 20

Baron
Joseph
gibt's nur in Pa - ris! So ein Bal - lett voll Lu - stig - keit! Oh, da
gibt's nur in Ber - lin! So ein Trau - er - spiel voll Lu - stig - keit. Nein, da
D7 G G7 C G7 C C♯°
Baronin
weiß der gut Be - scheid! Ich möchte gern zur Pat - ti gehn, weil ihr Ge -
weiß der schlecht Be - scheid! Ich möchte gern zum Mois - si gehn, weil der Ge -
G D7 G D G
p
sang zum Her - zen dringt, und das Ca - fé chantant be - sehn, wo a - bends
sang zum Her - zen dringt, und das Chan - tant möcht' ich be - sehn, wo a - bends
D7 G D G

Joseph
die The-re-sa singt. Oh, die hö-ren Sie ge-wiß, so et-was
er den Ham-let singt. Oh, den hörn Sie ganz ge-wiß, das gibt's jetzt
D7 G D7 G
Baronin
Joseph
gibt's nur in Pa-ris. Doch wie sich's schickt für ei-ne Frau? Oh, das
auch schon in Pa-ris. Noch lie-ber hätt', ich muß ge-stehn, ich als O-
D7 G G7 C G7 C C♯°
1. 2.
weiß der ganz ge-nau!
phe-lia ihn ge- sehn.
G D7 G
p

Man sieht, den kleineren und größeren Themen leiht sich willig diese Art musikalischer Satire.

Das gilt auch für eine Kampagne weit größeren Ausmaßes, die Kraus schon 1924 aufgenommen hatte, die gegen einen Zeitungsgangster mit Namen Bekessy. Dieser, Herausgeber der Tageszeitung *Die Stunde* und der Zeitschrift *Die Bühne*, ließ Artikel verfassen, daraufhin angelegt, daß die in ihnen Genannten, da man »auf sie etwas wußte«, für das Nichterscheinen bezahlten. Kraus führte seine Kampagne mit ungeheurem Elan. Wie immer ging es nicht allein um den Mann Bekessy selbst; er galt ihm als Prototyp dessen, was lange Jahre hindurch sein Hauptgegner blieb: die Korruption der bürgerlichen Presse. So ging auch die (wahrscheinlich) überhaupt erste Zeitstrophe, die Kraus zu einer Offenbach-Melodie schrieb, die zum Höfling-Couplet aus *Blaubart*, das Jahr war 1926, so:

Männerstolz vor Königsthronen
War stets unbekannt in Wien.
Jetzt rutscht man in diesen Zonen
Vor der Presse auf den Knien.
  Denn jetzt regiert der Journalist!
Ich selbst pflege //: mich zu bücken, ://
Um die Wanzen //: zu zerdrücken, ://
/: Ich laß mich herab zum Mist! :/

Er selbst pflegt ja //: sich zu bücken, ://
Um die Wanzen //: zu zerdrücken, ://
Um die Wanzen zu zerdrücken,
Läßt er sich herab zum Mist,
Kann sich bücken, bücken, bücken
Bis herab zum Mist!

(Musik: siehe Notenbeispiel 18 auf S. 112 ff.)

Der Kampf war erfolgreich. Im Sommer des Jahres 1926 mußte Bekessy angesichts der öffentlichen Anschuldigungen, die Karl Kraus seit mehr als zwei Jahren gegen ihn erhoben hatte, Wien fluchtartig verlassen. (Dr. Oskar Samek, Kraus' Rechtsanwalt, war an diesem Erfolg stark beteiligt. Ich glaube sagen zu können, daß gerade im Verlauf der Bekessy-Kampagne – und der ihr folgenden Schober-Kampagne, über die sogleich zu berichten sein wird – Samek von einem Mitarbeiter zu einem Freund wurde, dem Kraus wenig später sein Nachkriegsdrama *Die Unüberwindlichen* widmete.)

Seinen Sieg über Bekessy feierte Kraus in folgender Strophe:

Schließlich aber sei's besungen, PL 7
Daß nun reiner doch die Luft,
Da der große Wurf gelungen:
Draußen endlich ist der Schuft!
  Und alle kriegen jetzt Kurasch.
Doch bleibt eine //: große Lücken, ://
Man brauch wen, um //: sich zu bücken. ://
/: Es ist eine Mordsbagasch! :/

Jetzt bleibt eine //: große Lücken, ://
Man braucht wen, um //: sich zu bücken, ://
Man braucht wen, um sich zu bücken,
Wir sind eine Mordsbagasch;
Bücken muß sich, bücken will sich
Doch die Mordsbagasch!

(Musik: siehe Notenbeispiel 18 auf S. 112 ff.)

Zum Verständnis dessen, was nun folgte, ist es unerläßlich zu wissen – und die psychischen Konsequenzen des Tatbestandes sich zu vergegenwärtigen –, daß Karl Kraus weder vorher noch jewann nachher einen solchen, gleichsam praktischen, weithin sichtbar wirkenden Erfolg erzielt hat, wie es der von Bekessys Verjagung aus Wien war. Ihm, dem Einzelgänger, der sich damals als »Außenstehender und doch einer großen Sache Verbundener« (F 735, 1926, 59) sah, war ein Beitrag zur Reinigung des öffentlichen Lebens gelungen. »Reiner doch« war jetzt die Luft!

Ist es ein Wunder, daß Kraus nunmehr – seine Siegessicherheit sollte nicht lange anhalten – die Möglichkeiten eines Einzelgängers überschätzte? – Schon ehe er den Kampf gegen Bekessy aufgenommen hatte, stand Kraus – seit 1911 – im Kampf gegen den Kritiker Alfred Kerr. Dessen abscheuliche, auf die niedrigsten Instinkte der Menschen ausgerichteten Hetzgedichte, die Kerr während des Weltkriegs unter einem Pseudonym veröffentlicht hatte, waren einer der unmittelbaren Anlässe für Kraus' Feldzug gegen Kerr. Er war für Kraus ein typisches Beispiel für das klägliche Auseinanderklaffen von dem Anspruch, mit dem einer auftritt, und seinem Wesen. Kerr hatte sich, obwohl nun Pazifist, von seinen Kriegsgedichten niemals distanziert. Dazu kam die snobistische, Kraus verhaßte Ausdrucksweise des Kerr. – Am 27. März 1928 trug Kraus den Kampf gegen Kerr nach Berlin, wo dieser wirkte; dort sang Kraus zur Coupletmelodie Gondremarks aus *Pariser Leben* (nur die letzten vier Zeilen sind hier zitiert):

Ecco: egal, ob es zwanzigmal gestuft
Oder geballt, ich mach' bald rein die Luft,
Wenn ihr nur wollt und nach Berlin mich ruft:
Ich treib' aus jeder Stadt hinaus den Schuft!

»Ecco« [it.: »Hier« »Jetzt kommt's«] – Kraus ahmt die Gewohnheit Kerrs nach, unübliche Vokabeln zu verwenden. – »Gestuft«, »geballt« – Eigenschaften, die damaligen expressionistischen Autoren als positive galten

---

(Musik: siehe Notenbeispiel 22 auf S. 144 ff.)

(Auf den Fall Kerr, auch auf Kerrs Verdienste, die er ja wohl hatte, kann hier nicht weiter eingegangen werden.)

Dieser Feldzug mißlang. Was immer er an moralischen Konsequenzen gehabt haben mag, Kerr blieb, wo und was er war.

Ganz andere Dimensionen hatte der Feldzug gegen den mächtigsten Gegner, mit dem Kraus es je aufgenommen hat: gegen den damaligen Polizeipräsidenten von Wien, Johann Schober mit Namen. Die Schober-Kampagne war mit der Bekessy-Kampagne verschlungen; denn im Verlauf der letzteren hielt Kraus es für geraten, auch mit dem Polizeipräsidenten direkte Verbindung aufzunehmen. Er ging davon aus, daß die überwältigenden, auch dokumentarisch belegten Beweise von Erpressungen Bekessys, die Kraus in Händen hatte, den Chef der Wiener Polizei dazu veranlassen würden, amtlich einzuschreiten:

»Es war im Oktober 1925, als ich, im schmerzlich errungenen Bewußtsein, die Sozialdemokratie nicht zum Anteil an der Befreiung Wiens von der Pest aufrufen zu können, daran ging, der entehrten Stadt die Tatsache zum Bewußtsein zu bringen, daß eine weite Partie ihrer öffentlichen Meinung von einem Schieber, Betrüger und militärgerichtlich abgeurteilten Erpresser beherrscht werde ...«

(F 771, 1927, 45)

Bekessy war während des Krieges in Ungarn von einem Kriegsgericht verurteilt worden

---

Als Kraus in einem persönlichen Gespräch Schober ersuchte, bestimmte weitere Beweisstücke zu beschaffen, die Kraus als Privatmann nicht zugänglich waren, versicherte Schober,

---

»daß er, mit aller Sympathie für den selbstlosen Beweggrund und das gemeinnützige Ziel dieses Kampfes, zu jeder Unterstützung, die dem Polizeipräsidenten das Amt ›nur irgend erlaubt‹, bereit sei – bloß könne er ›natürlich nicht persönlich hervortreten‹«.

(Ebenda 46)

Schober hielt nicht Wort. Mehr noch. Kraus konnte in einem brillanten Aufsatz – *Blut und Schmutz oder Schober entlarvt durch Bekessy* (F 778, Mitte Mai 1928, 1–56) – den Nachweis führen, daß Schober Bekessy hatte warnen lassen.

Inzwischen waren Ereignisse eingetreten, die auf ganz anderer historischer Ebene lagen. In eine Arbeiterversammlung in der Nähe von Wien war geschossen worden; zwei Menschen kamen ums Leben. Als die Mörder, die die Tat keineswegs abstritten und sich auf ihre verläßlich reaktionäre Gesinnung beriefen, von einem Geschworenengericht freigesprochen wurden, strömten Tausende Arbeiter spontan auf die Ringstraße. Kraus nannte diese Demonstration »eine Bekundung der Menschheitsehre, die Demonstration lebendigsten, lautersten Fühlens« (F 766, Oktober 1927, 54). Aber die Bourgeoisie sah das anders. Als eine Gruppe Demonstranten Feuer an den Wiener Justizpalast legte und der Feuerwehr den Zutritt zu dem brennenden Gebäude verwehren wollte, ließ Schober Karabiner an die Polizei verteilen, und innerhalb von zwei Tagen erschoß die Polizei in den Straßen Wiens – auch in Straßen, die weitab vom Ort der Demonstration lagen – 89 Menschen und verwundete Hunderte, unter ihnen Frauen und Kinder, Zuschauer, zufällige Passanten, Unbeteiligte.

Zwei Monate nach den blutigen Julitagen – Karl Kraus hatte inzwischen seine Anklage für den Druck vorbereitet – ließ er in Wien Riesenplakate (nebenstehend, stark verkleinert) affichieren.

Das war am 17. September 1927. Wenig später, im Oktober 1927, keine drei Monate nach den Julitagen, erschien ein Heft der *Fackel*. Von seinen 92 Seiten sind mehr als die Hälfte Zeugenberichten gewidmet, Zuschriften an den Herausgeber, Zeitungszitaten, aus denen hervorgeht, daß die Brandlegung nur zum Anlaß genommen wurde, ein Blutbad anzurichten; »der Hort der Republik« – so die Bezeichnung, die dem Polizeipräsidenten von seinen Bewunderern verliehen wurde, so auch der Titel des *Fackel*-Heftes – sah die Stunde gekommen, den Arbeitern zu zeigen, wer der Herr im Hause Österreich war.

Es traf sich so, daß Kraus zur gleichen Zeit mit Janowitz an der Lesung von Offenbachs *Madame L'Archiduc* arbeitete (eine Arbeit, die fraglos schon vor den Julitagen aufgenommen worden war). Und wirklich, er las die Operette am 9. Oktober 1927 zum ersten Mal, inmitten seines schweren (man würde meinen: alle Nervenkräfte erfordernden) Kampfes gegen Schober. Ich halte es für ausgeschlossen, daß Kraus an diesem Offenbach-Abend irgendeine aktuelle Anspielung auf die blutigen Ereignisse selbst oder auf Schober gemacht hat. Anlaß dazu hätte vor allem das »Original«-Couplet des Erzherzogs geboten; aber zu diesem Couplet gibt es keine Krausschen Schober-Strophen. Gestützt wird diese Vermutung durch eine Notiz auf dem Plakat, das die zweite Vorlesung von *Madame L'Archiduc* am 20. November 1927 ankündigt. Dort heißt es nämlich:

An den Polizeipräsidenten von Wien

JOHANN SCHOBER

Ich fordere Sie auf, abzutreten.

KARL KRAUS
Herausgeber der Fackel

»Dieser Vortrag ist, nebst der Darbietung Offenbachs, einer aus ›eigenen Schriften‹. Dem Wunsch nach den sonst so bezeichneten Vorträgen kann nicht entsprochen werden.«

Deshalb, weil Kraus die Übersetzung der Operette geschrieben hatte
(F 781, Anfang Juni 1928, 53)

Auf dem Programm dieser Vorlesung wird die Plakatnotiz erläutert; auf eine »fragwürdige Heiterkeit jenseits des Grauens« verzichte der Vorleser; Offenbach hingegen, den er »am liebsten tagtäglich darbieten« würde, entschädige ihn »für alles, was Zeit und Ort ihm anhaben können«.

Aber dabei blieb es nicht. – Schober war natürlich nicht zurückgetreten; er wußte die entscheidenden Kräfte der Reaktion hinter sich, und Kraus sah, daß der Versuch, Schober sozusagen im ersten Anlauf aus dem Amt zu zwingen, mißlungen war. So erschien Ende Dezember 1927 das nächste große Heft der *Fakkel, Mein Abenteuer mit Schober* (F 771–776, 1927, 1–112). Sein Ziel ist, gegenüber dem des vorhergehenden Heftes, modifiziert. Kraus weist nunmehr nach – und zwar im Detail an Hand seiner Begegnungen und Korrespondenz mit Schober und anderer Dokumente –, daß Schober dem Bekessy aus seiner bedrohlichen Situation mit Vorsatz und mit Hilfe einer Fälschung herausgeholfen habe; auch Schober sei von Bekessy erpreßt worden. War im *Hort der Republik* die Blutschuld nachgewiesen worden, nun, im *Abenteuer mit Schober*, daß sie gleichsam in Tateinheit mit der Begünstigung eines überführten Erpressers verübt worden war. Kraus schließt das Heft mit der Aufforderung an die Regierung,

»den Polizeipräsidenten vor die Wahl zu stellen, mich entweder anzuklagen – in welchem Fall er als Zeuge auszusagen hätte –; oder mich einen Lügner zu nennen – in welchem Falle ich als Zeuge auszusagen hätte. Oder die schon an ihn gerichtete Aufforderung zu erfüllen. Eine vierte Möglichkeit, die des Schweigens, wäre, unter der Voraussetzung eines Rests von öffentlicher Moral, nicht denkbar.

Die »an ihn gerichtete Aufforderung« – sein Amt niederzulegen

(F 771, Ende Dezember 1927, 112)

Aber, natürlich, Schober klagte Kraus ebensowenig, wie er ihn der Lüge zieh oder wie er zurückgetreten war. Er fühlte sich völlig sicher, und das mit Recht; wenig später wurde er sogar österreichischer Bundeskanzler. Die vierte von Kraus genannte Möglichkeit trat ein, die des Schweigens.

Kraus hatte sie einkalkuliert. Im gleichen Heft kündigte er endlich für den 13. Januar 1928 eine Vorlesung *Aus eigenen Schriften* an; er war, außer in Paris (F 781, 1928, 75), seit den Juliereignissen nicht in der Öffentlichkeit erschienen. Das erste Stück, das er nun las, hatte den Titel *Das Ereignis des Schweigens* (F 777, 1928, 1–15). Auch ich war unter den Hörern. – Bleich vor Erregung, aber erst recht mit äußerster Disziplin und Beherrschung seiner Stimme erhob Kraus pathetische Anklage (Abbildung 26). Er bebte buchstäblich vor Empörung, als er eine Zeitungsnotiz vorlas und kommentierte, von der er sagte:

»Ich bekenne, nach dem dreißigjährigen Krieg, den ich mit den geistigen und moralischen Mächten dieses Bürgertums geführt habe, daß mir ein ähnliches Dokument noch nicht untergekommen ist.«

(F 777, 1928, 6)

Abbildung 1:
Karl Kraus, Photographie,
vermutlich Mitte der 20er Jahre.

Abbildung 2 (linke Seite):
Karl Kraus, lesend »Reklamefahrten zur Hölle«
(F 577, November 1921, 96 ff.). Aus einem Film, der vermutlich Mitte der 20er Jahre gedreht wurde.

Abbildung 3:
Festsaal des Architektenvereins, Wien, Photographie.
Heutiger Zustand, der sich nur durch die erneuerten Stühle vom damaligen unterscheidet.

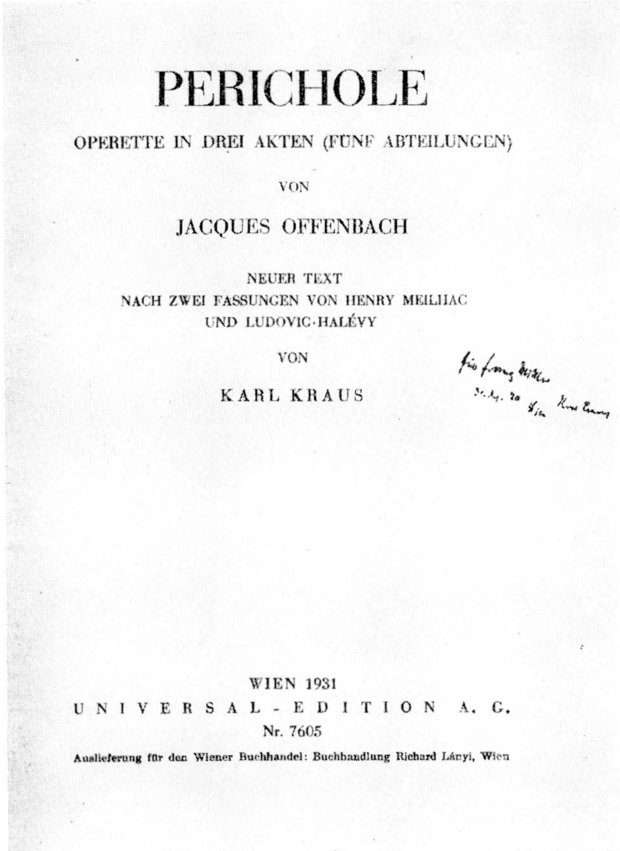

PERICHOLE

OPERETTE IN DREI AKTEN (FÜNF ABTEILUNGEN)

VON

JACQUES OFFENBACH

NEUER TEXT
NACH ZWEI FASSUNGEN VON HENRY MEILHAC
UND LUDOVIC-HALÉVY

VON

KARL KRAUS

WIEN 1931
UNIVERSAL-EDITION A. G.
Nr. 7605
Auslieferung für den Wiener Buchhandel: Buchhandlung Richard Lányi, Wien

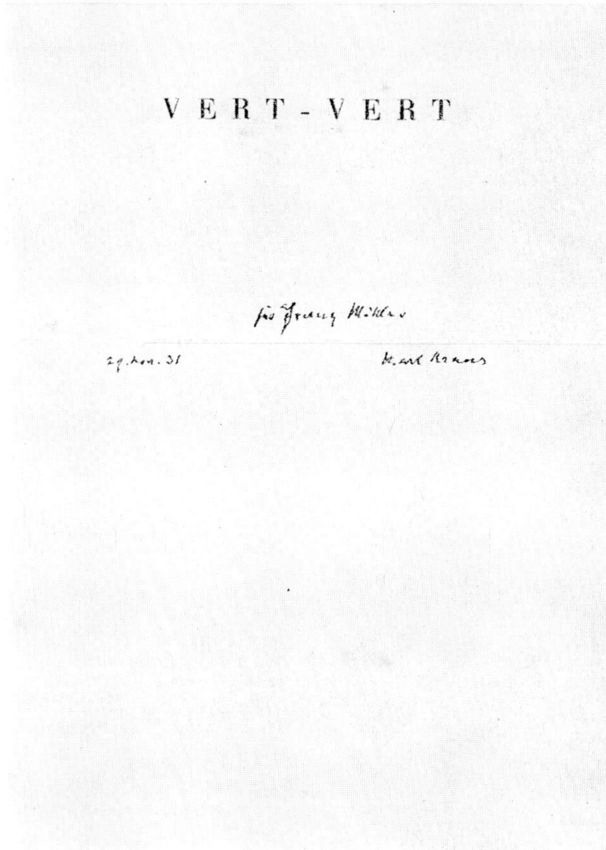

VERT-VERT

Abbildung 4 (linke Seite):
Karl Kraus am Vortragstisch, Karikatur von Alfred Hagel, um 1930. Man beachte das Klavierende am linken Bildrand.

Abbildungen 5a und b:
Widmungen der beiden Textbücher, an denen Karl Kraus mit Franz Mittler gearbeitet hatte.

Abbildungen 6 und 7:
General Malaga de Porto-Rico und Oberstenwitwe.
Zeitgenössische französische Figurinen zu »Pariser Leben«
von Draner.

Abbildung 8 (rechte Seite):
Die beiden Stutzer Bobinet (Josef Matras) und Gardefeu
(Franz Tewele). Bühnenphoto der Wiener Erstaufführung
von »Pariser Leben« im Carl-Theater, 1867.

Abbildung 9 (linke Seite): Baron und Baronin Gondremark (Wilhelm Knaack und Marie Fontelive). Bühnenphoto der Wiener Erstaufführung von »Pariser Leben« im Carl-Theater, 1867.

Abbildung 10: Falsacappa, der Räuberhauptmann (Albin Swoboda) und Fragoletto (Caroline Finali). Bühnenphoto der Wiener Erstaufführung von »Die Briganten« im Theater an der Wien, 1870.

Abbildung 11:
Der Prinz von Navarra (Herr Jäger) und zwei Räuber (von links nach rechts). Bühnenphoto der Wiener Erstaufführung von »Die Briganten« im Theater an der Wien, 1870.

Abbildung 12 (rechte Seite):
Sparadrap, der Erzieher des Prinzen (Wilhelm Knaack), Prinz Rafael (Karoline Tellheim), Fürst Casimir (Josef Matras) (von links nach rechts). Bühnenphoto der Wiener Erstaufführung von »Die Prinzessin von Trapezunt« im Carl-Theater, 1871.

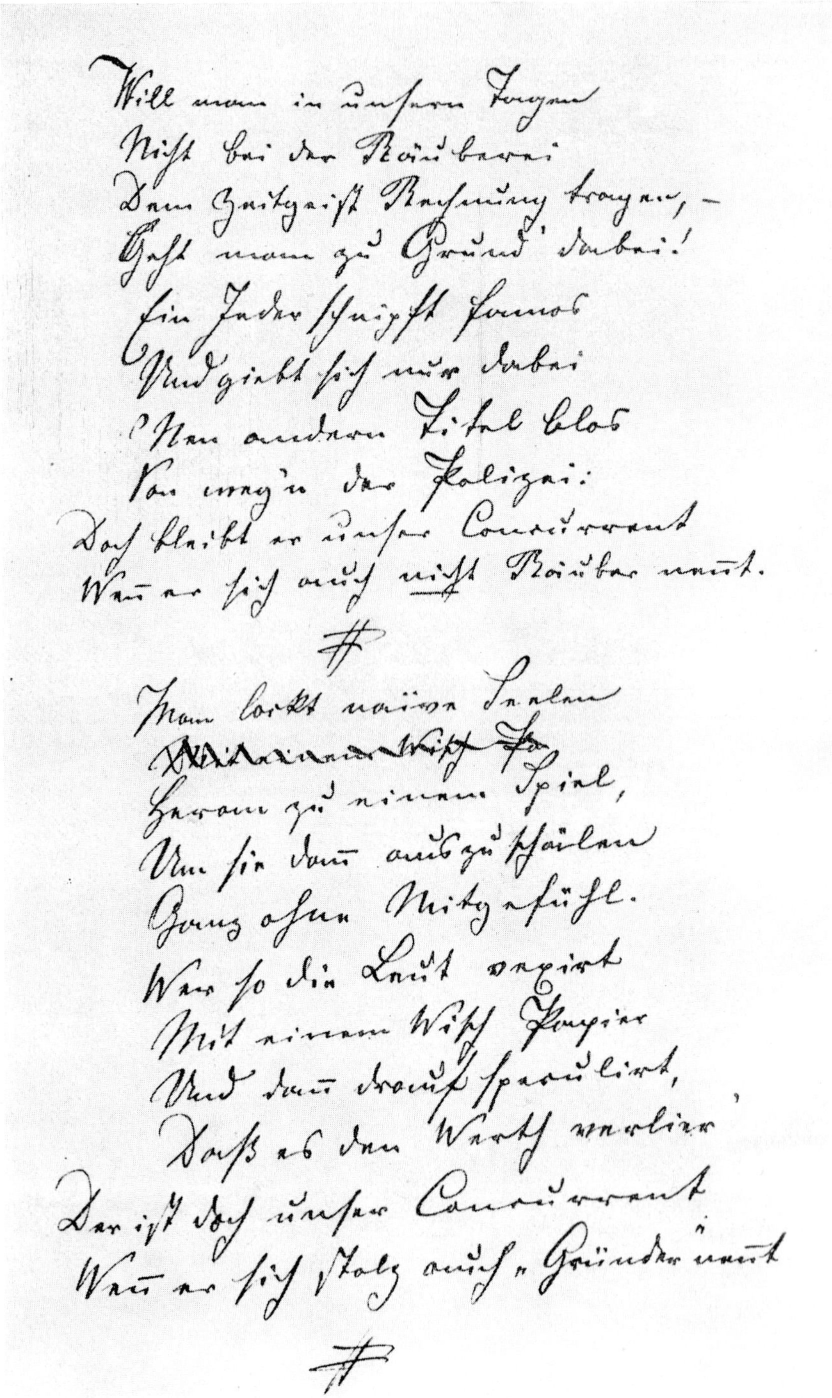

Will man in unsern Tagen
Nicht bei der Räuberei
Dem Zeitgeist Rechnung tragen, –
Geht man zu Grund dabei!
Ein Jeder schmückt famos
Und giebt sich nur dabei
'Nen andern Titel blos
Von weg'n der Polizei:
Doch bleibt er unser Concurrent
Wenn er sich auch nicht Räuber nennt.

#

Man lockt naive Seelen
~~[illegible]~~
Heran zu einem Spiel,
Um sie dann auszuschälen
Ganz ohne Mitgefühl.
Wer so die Leut' vexirt
Mit einem Wisch Papier
Und dann drauf speculirt,
Dass es den Werth verlier'
Der ist doch unser Concurrent
Wenn er sich stolz auch „Gründer" nennt

#

Abbildungen 13a und b:
Couplet eines unbekannten Autors, sicher für Swoboda, den Darsteller des Falsacappa der Wiener Erstaufführung von »Die Briganten«, geschrieben.

Es sagt ein frommer Pater:
„Dein Frevel war zwar groß, —
Doch weih' dein Geld der Kirche —
Dann bist du sündenlos!"
Wer so ein Erb' erschleicht,
Ein Testament erzwingt,
Und der nur Tröstung reicht
Wo es ihm Geld einbringt,
Der ist doch unser Concurrent,
Wenn er sich „Seelenhirt" auch nennt.

#

Wo Stellen zu vergeben,
Die reichlich sind dotiert
Kann Wunder man erleben, —
Wenn g'hörig wird geschmiert
Wer so die Leut ernennt,
Ob sie auch noch so dumm, —
Nicht fragt nach Geist, Talent
Nach Bildung, Studium,
Der ist doch unser Concurrent, —
Ob er sich auch „Minister" nennt.
(Ob er sich auch ganz anders nennt)

Abbildung 14:
Offenbach als Cellist, zeitgenössische Karikatur.

Abbildung 15:
Offenbach als Cellist, zeitgenössische Zeichnung.

Abbildungen 16 und 17 (rechte Seite):
»Häuptling Abendwind« (»Le Vent du Soir ou l'Horrible Festin«) und »Ritter Eisenfraß« (»Croquefer ou Le dernier des Paladins«), Abbildungen auf zeitgenössischen Klavierauszügen, beide 1857.

ROBINSON CRUSOÉ
von
J. Offenbach.

Abbildung 18 (linke Seite):
»Robinson Crusoe«, Abbildung auf einem zeitgenössischen deutschen Klavierauszug, 1867.

Abbildungen 19 und 20:
Kaiser Napoleon III., Photographie, und Herzog von Morny, Halbbruder des Kaisers, Industrieller und einflußreicher Politiker, auch Autor von Theaterstücken, zeitgenössischer Stahlstich.

Abbildung 21:
Das Publikum der Bouffes-Parisiens, zeitgenössischer Stahlstich, vermutlich 1855. Zum Unterschied von anderen zeitgenössischen Abbildungen zeigt diese, daß Offenbachs Publikum keineswegs nur aus reichen Vornehmen bestand.

Abbildung 22 (rechte Seite):
»Schuhflicker und Millionär« (»Le Savetier et le Financier«), Titelblatt eines zeitgenössischen deutschen Klavierauszugs, 1856. Das Blatt thematisiert den Gegensatz von kaltem Luxus und gemütvoller Handwerkerzufriedenheit. Selbst der Vogel, wenn auch im Käfig, singt im Handwerkermilieu lustig; im Millionärmilieu hingegen gibt es sogar im Garten nur Geldsäcke.

Répertoire des Bouffes Parisiens.
SCHUHFLICKER & MILLIONÄR
(LE FINANCIER ET LE SAVETIER.)
OPERETTE in 1 AKT
nach dem Französischen des H. Cremieux
deutsch bearbeitet
von
TH. GASSMANN.
Königl. Bibliothek Berlin
Musik von
J. OFFENBACH.
Eigenthum der Verleger.
Vollst. Klavierauszug mit
deutsch u. französischem Text 2½ Rth.
Arrangement à 2 ms ⅔ Rth.
BERLIN u. POSEN
bei ED. BOTE & G. BOCK
G. BOCK Hof Musikhändler S. M. des Königs u. S. K. H. des Prinzen Albrecht von Preussen.
Berlin,
Jägerstr. 42. U. d. Linden 27.
Posen,
Wilhelm Straße 21.
Depots:
Wien, Gust. Lewy. Leipzig, Leede. Dresden, Friedel. Hamburg, Cranz. Stettin, Simon
Paris, Heugel et Cie.
Entered at Stationers Hall in conformity with Art. II of the treaty of March 1846.
Mus. 11992

Abbildung 23:
Offenbach mit Sohn Auguste,
Photographie, etwa 1864.

Abbildung 24:
Offenbach, Photographie aus
dem Jahre 1876.

O e s t e r r e i c h i s c h e R o t e H i l f e

V o r l e s u n g K A R L K R A U S

S a m s t a g den 17. November 1923 um halb 8 Uhr abends

in W e i g l's D r e h e r p a r k - A l t d e u t s c h e r S a a l

---o---

P R O G R A M M

I.

An den Bürger

Gerhard Hauptmann: Die Weber 1. und 2. Akt

II.

Zum Geburtstage der Republik

Bekenntnis zum Tage (Eine Annonce)

Weg damit!

Wahl des Titels

Lied von der Presse

Die Räuber

Umsturz

Definitionen

Das S c h o b e r - L i e d

[redacted] Die Ballade vom Papagei

[redacted] Szenen aus: "Die letzten Tage der Menschheit"

Die Raben

Reklamefahrten zur Hölle

---o---

Der Ertrag der Vorlesung für die Opfer des 15. Juli und für proletarische politische Gefangene.

Programm! Preis 10 Groschen

Abbildung 25 (linke Seite):
Programm einer von der Roten Hilfe veranstalteten Vorlesung.

Abbildung 26:
Karl Kraus vorlesend in charakteristischer Anklagehaltung. Es handelt sich um eine der ganz wenigen während einer Vorlesung aufgenommenen Photographien, vermutlich aus den späten 20er Jahren. (Auch hier ist die Stellung des Klaviers auf dem Podium zu erkennen.)

Abbildung 27:
Victor Henri Marquis de Rochefort-Luçay (1831–1913), Büste von Auguste Rodin (1840–1917), 1884, wahrscheinlich auf Anregung von Rocheforts Verleger Bazire entstanden. Die Abbildung ist die einer überlebensgroßen Fassung der Büste, die wahrscheinlich ohne Mitwirkung Rodins durch mechanische Vergrößerung 1897/98 hergestellt wurde. Rochefort, berühmt durch seine radikalen Ansichten, seine publizistische und politische Tätigkeit, auch durch seine Verurteilung zu lebenslänglicher Haft und Deportierung nach der Niederschlagung der Commune, wurde mehrfach porträtiert. Auch Edouard Manet (1832–1883) malte 1881 ein Portrait Rocheforts und (in zwei Fassungen) seine Flucht aus der Verbannung in einem Ruderboot.

Abbildung 28 (rechte Seite):
Publikum eines Gartenkonzertes in den Tuilerien, unter ihnen (vor einem Baum sitzend mit Zylinder) Jacques Offenbach. Ausschnitt aus dem Bild »Musik in den Tuilerien« von Edouard Manet, 1862. Andere berühmte Männer der Zeit, auch Manet selbst, sind auf dem Bild (hier nicht wiedergegeben) dargestellt.

Abbildung 29:
Schloß Leopoldskron, der Wohnsitz Max Reinhardts.
Heutiger Zustand.

Abbildung 30 (rechte Seite):
Karl Kraus, Photographie 1930.

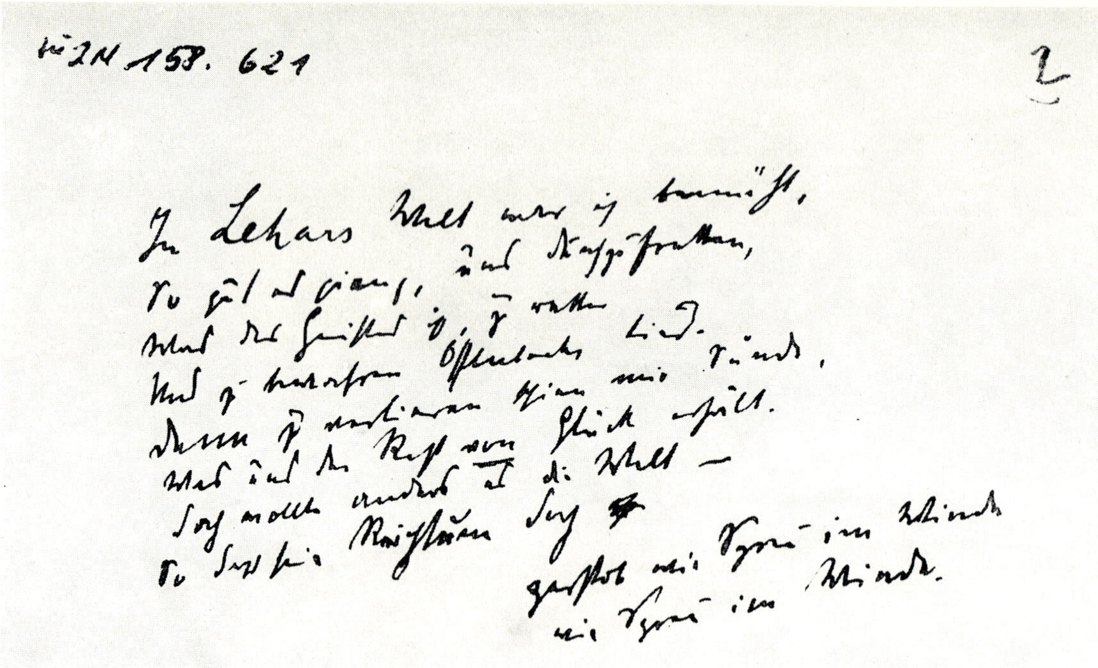
zu I.N. 158.621

2

In Lehars Welt war ich [illegible],
Da gibt es [illegible], auch [illegible],
Und der [illegible] [illegible] Offenbachs Lied.
Und [illegible] [illegible] [illegible] [illegible].
Wenn [illegible] [illegible] [illegible] Glück [illegible].
Und [illegible] [illegible] [illegible] die Welt —
Doch wollte [illegible] [illegible]
Da [illegible] [illegible] [illegible] [illegible]

geschickt wie Spreu im Wind
wie Spreu im Wind.

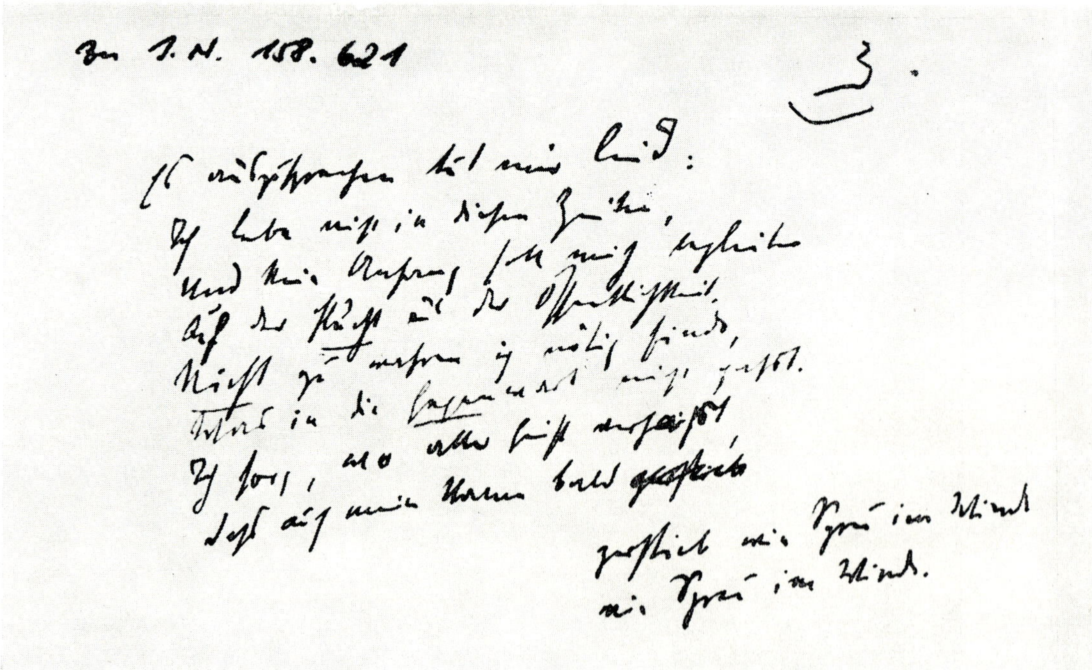
zu I.N. 158.621

3.

Es ausgesprochen hat mein Lied:
Ich lebe nicht in diesen Zeiten,
Und kein Anfang soll mich begleiten
Auf der Flucht aus der Öffentlichkeit,
Nicht zu [illegible] ich nötig finde,
Nicht [illegible] Gegenwart nicht [illegible].
Und in die [illegible] [illegible] [illegible]
Ich hoff, wo alles [illegible] [illegible],
Daß auf mein Namen bald [illegible]

gestrichen wie Spreu im Wind
wie Spreu im Wind.

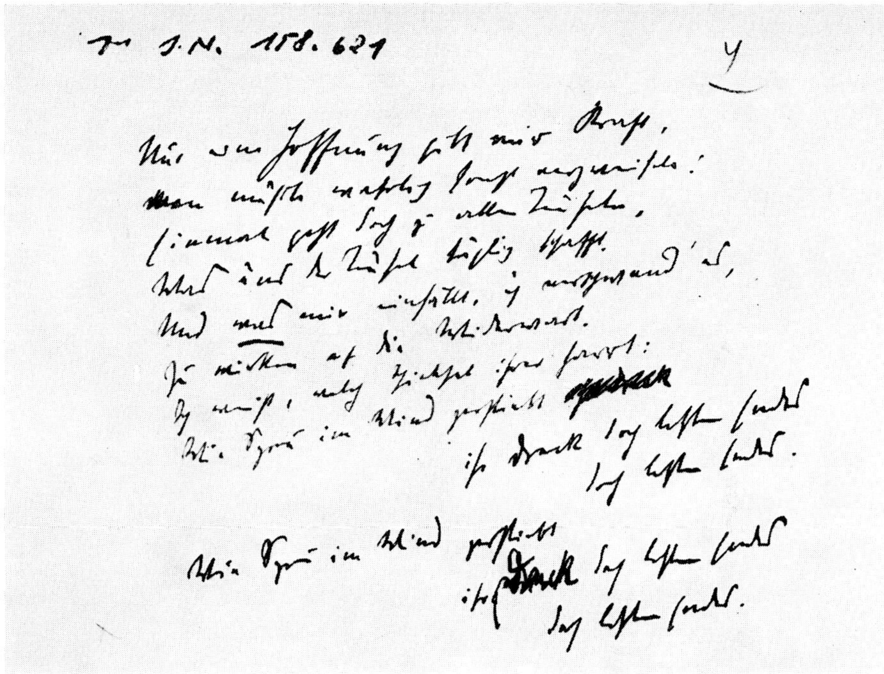

Ser. I.N. 158.621

4

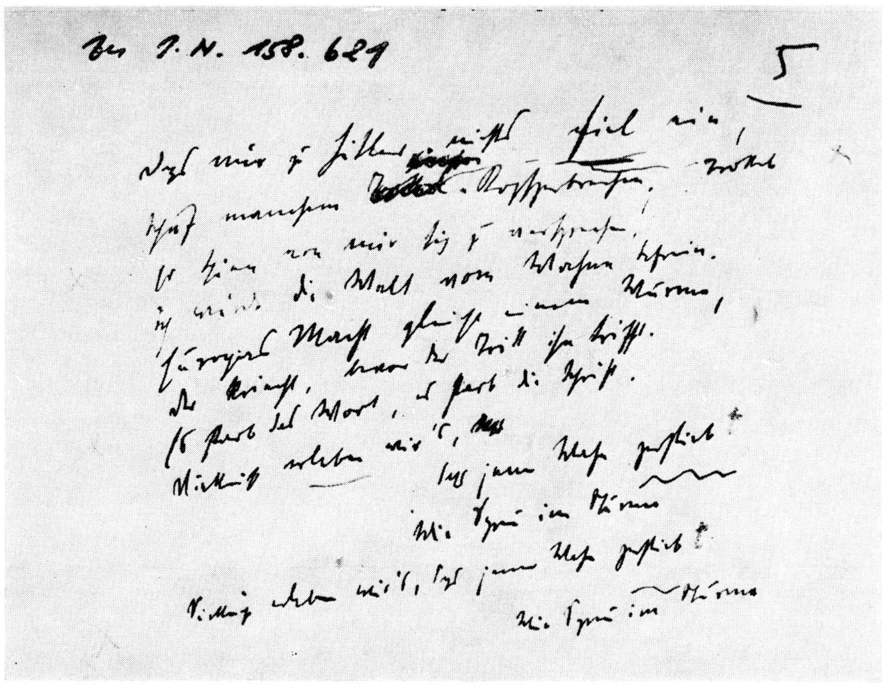

Ser. I.N. 158.621

5

Abbildungen 31a–d:
Autograph der Zeitstrophen zwei bis fünf aus dem Couplet des Kapitäns Feuillemorte aus »Die Kreolin«. (Das Autograph der ersten Strophe findet sich auf S. 177)

Veranstaltung für die Arbeiterschaft Wiens

auf Einladung der sozialdemokratischen Bezirksorganisation Wieden
und des republikanischen Schutzbundes Favoriten

Mittwoch, den 9. Dezember 1925

im Theatersaale des Arbeiterheimes Favoriten, X., Laxenburgerstr. 10

VORLESUNG

KARL KRAUS

AUS EIGENEN SCHRIFTEN

Saaleröffnung um halb 7 Uhr   Beginn punkt 7 Uhr abends

Rauchverbot!

Um zahlreichen Besuch u. pünktliches Kommen bitten Die Veranstalter

Karten zum Preise von S 2·–, 1·50, 1·–, –·50 und –·30 bei allen Vertrauensmännern des IV. und X. Bezirkes erhältlich

Für den Inhalt verantwortlich: Franz Postulka, X., Quarinplatz 10/12 – Druck der »Bugra« Ges. m. b. H., IX., Währingerstraße 78

Abbildung 32 (linke Seite): Jugendbild des Autors, Photographie um 1930.

Abbildung 33: Programm.

Abbildung 34:
Autograph einer Seite der Partitur der »Schwätzerin von Saragossa«: Anfang des Trinkliedes, 1863.

Ein sechzehnjähriger Junge war am 15. Juli bei einem Botengang in der Innern Stadt – weit entfernt von den Ereignissen auf dem Ring und beim Justizpalast – von einer Polizeikugel lebensgefährlich verwundet worden und nach sechsmonatigem qualvollem Krankenlager gestorben – das 90. Opfer. Sein Begräbnis wurde von der bürgerlichen Presse totgeschwiegen – mit einer Ausnahme: Die christliche *Reichspost* brachte unter dem Titel *Zum Begräbnis des angeblichen Apothekerlehrlings Kiesler* (als solcher war der Junge in einem Bericht irrtümlich bezeichnet worden; er war Volontär in einem Drogenhaus) eine Berichtigung des »Pharmazeutischen Reichsverbandes«, die in der Feststellung gipfelt, daß es »in der Pharmazie ... Lehrlinge überhaupt nicht gibt«. – Hier war nun ein besonders infames Beispiel des tausendfach geübten, von Kraus »Tonfallschwindel« genannten Verfahrens aufzuzeigen. Das »angeblich« im Titel der Zeitungsnotiz, das »... überhaupt nicht gibt«, mit der sie schließt, suggeriert dem Leser – in jener Atmosphäre von Halbwahrheit, Lüge und Auslassung, in der sich die bürgerliche Presse so virtuos bewegt –, daß auch der Schuß der Polizei ein »angeblicher« gewesen sein könne, daß es vielleicht auch den Tod des Sechzehnjährigen »gar nicht gegeben« habe. – Karl Kraus erschien uns Jungen damals wie ein Wortsprecher der Wahrheit, ein Anwalt der guten Sache. Unter der Leidenschaft der Anklage litt nicht die Nüchternheit der Analyse eines gar nicht so einfachen Tatbestandes: Nicht umsonst sprach Kraus, wenn er den Schwindel mit dem Tonfall charakterisierte, von »Tonfallstricken«. Ich habe damals erfahren, was Erschütterung über das Ausmaß menschlicher Niedertracht, was Verachtung der Bürgerwelt bedeutet; Kraus übertrug sie auf seine Hörer mit einer Intensität, die in meiner Erinnerung in den inzwischen verstrichenen Jahrzehnten nicht verblaßt ist.

Im übrigen wiederholte Kraus in jenem *Ereignis des Schweigens* seine Anschuldigungen gegen die Polizei; er bezichtigte sie der Lüge, der Fälschung, des Mißbrauchs der Amtsgewalt. Er erwarte, so sagte er und so druckte er es, wegen seiner Anschuldigungen vor das Schwurgericht oder vor das Bezirksgericht gestellt zu werden, aber er wußte auch: »daß dieses Los so lange auf mich warten wird, wie ich auf das große Los« (ebenda, 9); der »vollen Unwirksamkeit, mit geistigen und sittlichen Behelfen« in Österreich irgend etwas ausrichten zu können, war er sich bewußt (ebenda, 12).

Das zeigt auch die Arbeit, die er inzwischen aufgenommen hatte: Zwischen Ende Dezember 1927 und Anfang Februar 1928 entstand ein grimmiges, bitter satirisches »Nachkriegsdrama« – die »Abenteuer mit Schober« in Form eines Theaterstücks –, in dem Schober als »Wacker«, Bekessy als »Barkassy«, Kraus als »Arkus« und eine ganze Reihe anderer Figuren die schon an sich unglaublichen Vorgänge agieren, und zwar zum Teil in getreuer Nachbildung, zum Teil in phantastischer Satire – so etwa, wenn die braven Polizeibeamten Hinsichtl und Rücksichtl plötzlich, wie aus Versehen, statt der Polizeiberichte die Zeugenberichte zu zitieren beginnen, die Kraus bereitgestellt hatte, oder wenn der vertriebene Barkassy überlegen und jovial bei einer Weihnachtsfeier der Wiener Polizei auftaucht, als wäre nichts passiert und als könnte die Geschichte wieder von vorn beginnen. – Sein Drama nannte Kraus *Die Unüberwindlichen;* er wußte, woran er war.

Man sieht, die Kampagne gegen Schober hatte von allem Anfang an historische Dimension, und sie hatte, seit den Julitagen 1927, tragischen Hintergrund. Wie immer in Zeiten großer politischer Ereignisse enthielt sich Kraus lange des gesprochenen Wortes. Das war 1914 so gewesen und 1917/18, es war so 1927; es sollte 1933/34 wieder so sein. Aber wo er mit dem geschriebenen Wort reagierte, schlossen, wie immer, Pathos und Satire einander nicht aus. Nun muß man wissen, daß Schober, als Biedermann sich gebend, der keiner Fliege ein Leid antun zu können schien, weißen Haares und blauen Auges, simplen Gemütes und Verstandes, gerne Verslein seines Lieblingsdichters Rückert zitierend, sich in ihnen, und wo immer sonst nur möglich, auf seine Pflicht berufend, Ironie und Spott geradezu herausforderte. Und so konnte selbst in der bitteren, blutig-ernsten Schrift *Der Hort der Republik* eine Passage wie die folgende stehen. – Auf den damaligen österreichischen Bundeskanzler Seipel war ein »Seipel-Marsch« gedichtet und komponiert worden, in dem, mit der Zeile »Gott erhalt' ihn uns lange noch«, selbst eine Anspielung auf die (frühere, kaiserliche österreichische) Volkshymne »Gott erhalte ...« nicht fehlte. Dazu nun Kraus:

»Doch da der Gefeierte alles Verdienst, die Republik gerettet zu haben, auf die Polizeidirektion abwälzt, so möchte die Fackel auf einen Schober-Marsch nicht mehr allzulange warten, bereit, ihn, eingedenk der Lorbeerreiser, auch selbst herzustellen. Eingedenk vor allem der Rückert-Zitate, die ein schlichtes Gemüt – schon physiognomisch alle Vorzüge der österreichischen Landschaft mit Gletscher und himmelblauem Gewässer darbietend – auf ein Massengrab gepflanzt hat.«

Seipel hat Schober zur Rettung der Republik gratuliert

Kraus zitiert nun seinerseits eine Zeile der kaiserlichen Hymne: »eingedenk der Lorbeerreiser«

(F 766, Oktober 1927, 59)

Und wirklich, wenig später veröffentlichte Kraus das *Schober-Lied* (wie es nun hieß), das im 4. Akt der *Unüberwindlichen* seinen Platz hatte. Es sei (nebenstehend) in der Form wiedergegeben, in der es als Sonderausgabe der *Fackel* erschien:
Von diesem *Schober-Marsch* oder *Schober-Lied,* ein Stück, das Kraus wiederholt besonders in seinen Vorlesungen vor Arbeitern unter großem Jubel vortrug, hat sich eine Aufnahme mit Kraus' Stimme (PL 8) erhalten. Sie ist auch deshalb unschätzbar, weil sie stilistisch dem Vortrag der Offenbach-Couplets am nächsten kommt, am ehesten also trotz der mangelhaften technischen Qualität eine Vorstellung davon vermittelt, wie Kraus' Zeitstrophen geklungen haben.

Die Pause in der Produktion und im Vortrag von Offenbach-Zeitstrophen nach den Julitagen dürfte schon im Januar 1928 zu Ende gegangen sein. (Die genaue Datierung von Zeitstrophen – siehe dazu II.6. – ist nicht immer möglich.) Vermutlich sang Kraus schon am 9. Januar 1928 zum Couplet des General Bumbum aus *Die Großherzogin von Gerolstein* das folgende:

Reit' ich auf meinem schwarzen Schimmel
Stracks in den Krieg,
Da hab' ich schon im Schlachtgetümmel
Bumsti – den Sieg!
Ja selbst die frechsten Feinde zittern
Vor meinem Mut,
Wenn sie den Federbusch nur wittern
Auf meinem Hut,
Ja wittern sie den Federbusch
Auf meinem Hut –
  /: Ha, piff paff puff – tatarapapapum,
  Ich bin der Held General Bumbum! :/

  /: Ha piff paff puff – tatarapapapum,
  Er ist der Held General Bumbum! :/

Zu »Bumsti« siehe S. 117 f.

Einst wird man von meinen Siegen sagen,
Denn das ist mein Programm:
Energisch und maßvoll in Julitagen
Hau ich alles z'samm'.

»Energisch und maßvoll« hatte Seipel Schobers Vorgehen genannt

Sonderausgabe der Fackel. Nr. 1

DAS SCHOBERLIED

TEXT
VON

KARL KRAUS

Musik nach den Motiven: »Üb' immer Treu und Redlichkeit«
und Radetzkymarsch

Aus »Die Unüberwindlichen«, Nachkriegsdrama

DER ERTRAG FÜR DIE OPFER DES
15. JULI

PREIS 10 GROSCHEN

JULI 1928
VERLAG »DIE FACKEL«, WIEN–LEIPZIG

— — — Ich kann wahrlich von mir sagen, daß ich mein ganzes Leben lang nichts als meine Pflicht getan habe, weil dies und nichts anderes meine Pflicht ist.

Ja das ist meine Pflicht,
bitte sehn S' denn das nicht.
Das wär' so a G'schicht,
tät' ich nicht meine Pflicht.
Auf die Ordnung erpicht,
bin ich treu meiner Pflicht.
Wenn ein Umsturz in Sicht,
ich erfüll' meine Pflicht.
Die Elemente vernicht'
ich bezüglich der Pflicht.
Doch wenn einer einbricht,
hätt' ich auch eine Pflicht.
Nur erwisch' ich ihn nicht,
wie es wär' meine Pflicht.
Da genügt ein Bericht
hinsichtlich der Pflicht.
Der ist schon ein Gedicht,
das nur handelt von Pflicht.
Denn stets Wert und Gewicht
leg' ich nur auf die Pflicht.

In Gemäßheit der Pflicht
hab' ich's manchem schon g'richt'.
An's Licht, hinter's Licht
führ' ich alles nach Pflicht.
Man glaubt mir aufs G'sicht,
da is nix drin als Pflicht.
Schon mein Auge besticht,
denn es spricht nur von Pflicht.
Und mein Herz ist so schlicht
und schlagt nur nach der Pflicht.
Das Geschwornengericht
hat verletzt seine Pflicht.
Wenn's Verschworne freispricht,
ja wo bleibt da die Pflicht.
Daß ich aufs Amt nicht verzicht',
das gebietet die Pflicht.
Wohl wagt's mancher Wicht
und verkennt meine Pflicht.
Doch vors G'richt geh' ich nicht,
das ist nicht meine Pflicht.

(Tritt rechts ab.)

Ich geh los auf die Wiener mit Karabiner
Und rette den Staat
Und nachher gebrauch ich, korschamerdiener,
Ein Rückertzitat!
Ja ich gebrauche, korschamerdiener,
Ein Rückertzitat –
/: Ha rückkehrt euch, zur Monarchie zurück,
Ich bin der Hort der Republik! :/

/: Ha rückkehrt marsch, zur Monarchie zurück,
Er ist der Hort der Republik! :/

Wienerisch für: Gehorsamer Diener

In der *Fackel* (781, 1928, 107) hatte Kraus geschrieben: »Ha Rückert euch ...«, entsprechend auch in der vorletzten Zeile

---

Notenbeispiel 21

tüm - mel Bum - sti den Sieg! Ja selbst die frechsten Fein-de
ta - gen hau ich al - les z'samm'. Ich geh los auf die Wie-ner
G C6 G Em
zit - tern vor mei - nem Mut, wenn sie den Fe-der-busch nur
mit Ka-ra-bi-ner und ret - te den Staat und nachher gebrauch ich kor-schamer-
Am6 H7 Em A7 D4
wit - tern auf mei - nem Hut, ja wit - tern sie den
die - ner, ein Rük - kert - zi - tat! Ja, ich gebrau-che
A7 D4 A7 D G6 G#°

Fe-der-busch auf mei - nem Hut. Ah. Ha
korschamerdie-ner ein Rük - kert - zi - tat. Ah. Ha
D A7 D D7
f
piff paff puff ta - ta-ra-pa-pa-pum, ich bin der Held Ge-ne-
rück-kehrt euch, zur Mo-narchie zu-rück, ich bin der Hort der
G. G. D7
mf
(gesprochen)
ral Bum-bum! Ha piff paff puff ta - ta-ra-pa-pa-pum, ich
Re - pu - blik! Ha rück-kehrt euch, zur Mo-narchie zu-rück, ich
D G. G.
f mf

Chor
bin der Held Ge - ne - ral Bum-bum! Ha piff paff puff__ ta -
bin der Hort der__ Re - pu - blik! Ha rück-kehrt marsch, zur
D7 D7 G G
f
ta-ra-pa-pa-pum, er ist der Held Ge-ne - ral Bum-bum! Ha
Mo-narchie zu-rück, er ist der Hort der__ Re - pu - blik! Ha
(gesprochen)
G D7 D7
piff paff puff__ ta - ta-ra-pa-pa-pum, er ist der Held Ge-ne -
rück-kehrt marsch, zur Mo-narchie zu-rück, er ist der Hort der
G G D7

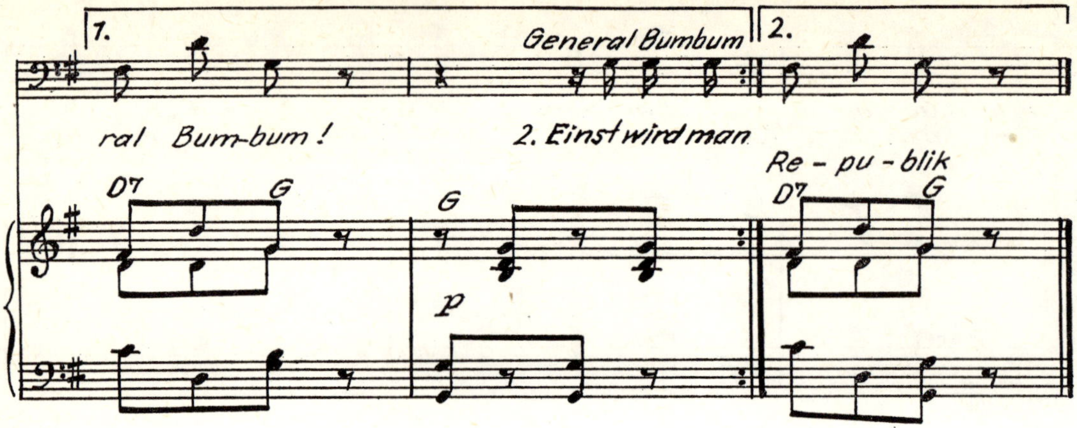

Nun der Bann gebrochen war, kam eine ganze Flut von Schober-Strophen. – Im Juni 1928 stand in der *Fackel* 781, 105 ff.) ein brillant-übermütiger Aufsatz mit dem Titel *Schober im Liede.* Darin wird in typisch Krausscher Technik eine Brücke geschlagen zum »Schubertjahr«. (Schuberts 100. Todestag wurde in Österreich in einer Weise gedacht, gegen die Kraus den Gefeierten in Schutz nahm, wie er es bei ähnlichen Anlässen getan hatte, so zum Beispiel als er 1927 bitter abfällige Äußerungen Beethovens unter dem Titel zusammenstellte: *Antwort Beethovens auf den Versuch, den Fremdenverkehr durch seinen hundersten Todestag zu heben* [F 759, 1927, 20].) Zu Schubert gelangt *Die Fackel* folgenderweise:

> **Schober im Liede**
>
> Kein Ort, der Schutz gewähren kann,
> Wenn meine Flinte zielt. . . .
>
> Aus einem Schubert-Lied,
> Text von Franz Schober

Dann geht's von Franz Schober über Schubert wieder zurück zum zeitgenössischen Schober; Schubert könne *Die Fackel* zwar nicht ehren, wohl aber sei sie imstande, »zum Ruhme einer noch unter uns wirkenden volkstümlichen Gestalt, der Devise des Jahres zu huldigen und einen *Schober-Liederkranz* herauszugeben.« (F 781, 1927, 105)

Nun folgen nicht weniger als 33 Zeitstrophen zum Thema Schober, die seit dem Juli 1927 entstanden waren; die meisten, nämlich 21, gehen zu Nestroyschen Couplets und zwei davon seien zitiert. Nestroys *Eine Wohnung zu vermieten* war das erste von den Nestroy-Stücken, das Kraus am 30. Januar 1928 in Wien vortrug. (Es seien eines Tages »sämtliche Refrains von Nestroy-Couplets« mahnend vor ihm aufgestanden, schreibt er [F 781, 1928, 105].) Dieser Refrain nun lautet im Original:
»Wenn man so den stillen Beobachter macht«; dazu Kraus:

Wie ich im Juli, ich denk's noch, spazieren so ging, Geh' ich, ohne gewarnt zu sein, über den Ring. Da hör' ich – das Herz steht mir heute noch still – Ein wildes Gewehrfeuer und Schlachtengebrüll.	Ein direkter Bezug auf die Tatsache, daß die Polizei ohne Warnung auf Unbeteiligte schoß
Wer lebend nachhaus kam, ja der hatte halt Glück, Und er dankt es dem Horte der Republik. Denn der sorgt für uns alle, ob früh oder spat, Mit Waffen und Worten, mit Tat und Zitat, Energisch, doch maßvoll, daß nur alles so kracht. /: Diese stille Beobachtung hab' ich gemacht. :/	Der Verfasser des vorliegenden Buches gehört zu ihnen

Wenig später (am 4. 2. 1928) sang Kraus zur Melodie des Couplets »Man findt's ganz natürlich und kein Hahn kräht danach« aus Nestroys Hebbel-Parodie *Judith und Holofernes:*

Doch auch heut' gibt's noch Wunder, mein Glaube ist stark,
Und speziell ein Erlebnis ging mir bis ans Mark.
Also bezüglich des Bekessy – und wer er denn sei –
Das war hieramts bekannt bei der Staatspolizei.

Sie gab ein Attest,
Daß er erpreßt.

Doch es gibt ein Zitat: heute rot, morgen tot,
Die Polizei wurde selbst vom Erpresser bedroht.
Er klopft etwas ungestüm an das Tor –
So attestiert sie ihm halt: 's liegt nix gegen ihn vor.
Also das nenn' ich ein Wunder, da verlier' ich die Sprach' –
/: Aber ich krieg sie gleich wieder und ich krähe danach! :/

Der Bericht über das Geschehene überflutet zwar das Versmaß, nicht aber die Stilgrenzen. In der außer Rand und Band geraten scheinenden Wortfülle – einem Charakteristikum des Nestroyschen Couplets – revoltiert der Stoff, als wäre er, in jedem Wortsinn, nicht zu fassen, gegen seine künstlerische Bändigung. Die erforderte Virtuosität des Vortrags wirkt an dieser Bändigung mit.

Natürlich spielte auch Offenbach dem Schober auf. Und kein Couplet schien sich dazu besser zu eignen als jenes, das gleichsam das Stammcouplet war, das erste und bevorzugte, das mit seinen 25 Zeitstrophen alle andern (mit Ausnahme der Tirolienne-Vierzeiler) schlug, das der Höflinge!

Alles eher als ein Lober
Hab' ich manches Wort gewagt.
Wie Sie wissen, hat der Schober
Mich bis heute nicht geklagt.
Man zwingt ihn diesbezüglich nicht!
Wenn der Schuh ihn //: noch so drückert ://
Schiebt der Schober //: vor den Rückert, ://
Mich jedoch zitiert er nicht:
Nämlich vors Bezirksgericht ...

(Musik: siehe Notenbeispiel 18 auf S. 112 ff.)

Doch hatte Kraus selbst in seinem Kampf gegen Schober nicht vergessen, daß auch dieser mächtige Mann nicht der eigentliche Gegner war. Jene bereits zitierte, von Kraus formulierte Regel, besagt, daß nicht der Mann selbst, sondern der Umstand, daß es ihn gibt, zu bekämpfen ist. Und daran hatte, wieder einmal, das Höflings-Couplet seinen gewaltigen Anteil:

Einstmals machte Idioten
Die Geburt zur Majestät.
Das ist heutzutag verboten,
Weil der Wind jetzt anders weht.
Von solchem Wahn ist frei die Welt!
Heut tun sich die //: Leute lieber ://
Bücken vor dem //: Börsenschieber. ://
/: Jetzt regiert allein das Geld! :/

Heut tun sich die //: Leute lieber ://
Bücken vor dem //: Börsenschieber, ://
bücken vor dem Börsenschieber,
Denn nur Geld regiert die Welt.
Lieber vor dem Börsenschieber
Bückt sich heut die Welt!

Neulich wurde es geboten
In der Bundeshauptstadt Wien,
Vor den radikalen Roten
Einen Trennungsstrich zu ziehn.
Nun produziert sich jedes Viech:
Man sieht alle //: sich bemühen, ://
Jenen Trennungs- //: strich zu ziehen; ://
Jeder Trottel sicherlich
Trifft zu ziehn den Trennungsstrich.

»Einen Trennungsstrich zu ziehen«, war den Wienern von seiten der Regierung nahegelegt worden

Man sieht alle //: sich bemühen, ://
einen Trennungs- //: strich zu ziehen; ://
Einen Trennungsstrich zu ziehen
Produziert sich jedes Viech.
Sie zu ziehen sich bemühen
Einen Trennungsstrich.

Wir im finstern Mittelalter
Sind solch Hofieren nicht gewohnt.
Ausgesungen ist mein Psalter
Vor der Niedertracht, die thront.
Ich geb' euch diesen letzten Rat:
Da kann man sich //: höchstens bücken, ://
Zuzukehren //: ihr den Rücken, ://
/: Und zitieren ein Zitat! :/
Da kann man sich //: höchstens bücken, ://
Zuzukehren //: ihr den Rücken, ://
Zuzukehren ihr den Rücken,
Zu zitieren ein Zitat:
Rücken bücken, Rücken bücken
Bis zu dem Zitat!

Anknüpfend an den im Mittelalter spielenden *Blaubart*

Oder man lese, höre vor seinen geistigen Ohren und, wenn möglich, singe folgendes:

Manchen dürfte mehr entzücken,
Ob Sie's glauben oder nicht,
Josephine Bakers Rücken
Als dem Hartleb sein Gesicht.
Das Nackerte is nix für Wean.
Denn wir pflegen //: selbst die Fremden ://
Auszuziehn bis //: auf die Hemden; ://
A Nackerte, die bleib' uns fern,
Die kann uns den Rücken kehr'n!

Denn wir pflegen //: selbst die Fremden ://
Auszuziehn bis //: auf die Hemden. ://
Tänzerinnen ohne Hemden
Können uns den Rücken kehr'n.
Die schon ausgezog'nen Fremden
Ham'r in Wean nicht gern! ...

Josephine Baker war in Wien aufgetreten; ein reaktionärer Abgeordneter mit Namen Hartleb war einer der lautesten Protestierer gegen ihr Erscheinen auf der Bühne

---

(Musik: siehe Notenbeispiel 18 auf S. 112 ff.)

Zum gleichen Thema und zu einer andern (gleichfalls bereits gebotenen) Melodie anläßlich einer Vorlesung in München war das folgende entstanden:

Baron Gondremark
Um mir die Baker anzusehn,
Das schöne nackte Negerkind,
Da möchte ich nach München gehn,
Woselbst noch andre Schwarze sind.
Joseph
Doch zeigen die sich niemals nackt,
Drum ward das Gastspiel abgesagt.
Baron
Ja, sagen Sie, warum denn nur?
Joseph
Zum Schutz der eigenen Kultur!

Das entsprach den Tatsachen

(Musik: siehe Notenbeispiel 20 auf S. 122 ff.)

Und nun noch zwei Coupletstrophen, die sich wieder auf eine Person beziehen – und doch die Sache meinen –, nämlich auf den Komponisten Paul Amadeus Pisk. – Zum Verständnis der Strophen Folgendes: Pisk hatte in der Wiener *Arbeiter-Zeitung* vom 9. Juni 1929 eine sich objektiv gebende hämische Kritik an Kraus' Offenbach-Vorlesungen veröffentlicht. (Näheres darüber unter II.4.) Entgegen früher vertretenen Auffassungen der *Arbeiter-Zeitung,* denenzufolge Offenbach überhaupt verklungen und vertan sei, vertrat Pisk nun die Meinung, Offenbachs Musik sei und bleibe lebendig, aber zur Aufführung seiner Operetten bedürfe es anderer Mittel, als Karl Kraus sie zu bieten habe. (Man muß das im Zusammenhang mit der Tatsache sehen, daß Offenbach damals, abgesehen von *Hoffmanns Erzählungen, Orpheus* und *Helena,* so gut wie überhaupt nicht auf die Bühnen kam.) Pisk, der Sozialdemokratie nahestehend, hatte eine Kantate zur Verherrlichung des Wohnbauprogramms der Wiener Sozialdemokraten verfaßt, und als Kraus dieses Opus unter der damals geläufigen Bezeichnung »Wohnbaukantate« erwähnt hatte, schickte Pisk der *Fackel* eine Berichtigung; so etwas habe er nicht geschrieben. (Die Kantate trug einen anderen Titel.) David Bach war der Leiter der sozialdemokratischen Kunststelle, dessen Vermittlung Kraus bei Lesungen vor der Wiener Arbeiterschaft nicht mehr akzeptierte. – Was hinter den Personen stand, war journalistische Verlogenheit; hinter dieser die Notwendigkeit des rechten Flügels der Sozialdemokratie, mit Karl Kraus zu brechen. Dieser hatte sich, spätestens im Dezember 1926, endgültig, von der Sozialdemokratie als politischer Kraft abgewandt. Und wie so oft – Karl Kraus wies der Sozialdemokratie nicht nur in großen pathetischen Abrechnungen ihren Verrat an der Sache der Revolution nach, er goß auch Hohn und Spott über ihre kleinen Vertreter. (Durchaus möglich, daß P. A. Pisk nicht wußte, wie ihm geschah, als er sich als Objekt des Krausschen Spottes fand; vielleicht hat er gar nicht durchschaut, in welcher Konstellation er stand, als er sich mit Kraus' Offenbach-Vorlesungen auseinandersetzte.) Wichtig für unseren Zusammenhang: Auch die scheinbar so persönlichen und – man könnte denken – kleinlichen Polemiken, die Karl Kraus führte, standen im Zusammenhang des großen Kampfes:

Die Blamage schien unsterblich,
Radikal der Geisteskrach:
Meine Tat nannt' man verderblich,
Nämlich die für Offenbach.
  Bald ist's verklungen und vertan.
Denn nun wird es anders klingen:
Ich sei schuld vor allen Dingen,
Denn ich kann, sagt man, nicht singen:
Darum mußt' es uns mißlingen!
/: Dies allein war schuld daran! :/

Denn bald wird es anders klingen:
Er ist schuld, er kann nicht singen.
Darum schien es zu verklingen,
Darum mußt' es uns mißlingen!
Offenbach nur möcht' er singen,
Aber leider, leider ach,
Er kann nicht nach Noten singen
Von dem David Bach!

Unbesiegbar meiner Seele
Stand ich wie ein Basilisk:
Daß es mir an Rhythmus fehle,
Fand der Amadeus Pisk.
  Wohnbaukantaten sing ich nicht!
Ihm gesagt und ihm gesungen,
Wie er meinen Ruhm bezwungen:
Erst war Offenbach verklungen,
Später ist es mir mißlungen;
/: und er schrieb den Fachbericht. :/

Ihm gesagt und ihm gesungen,
Wie er jenes Ruhm bezwungen,
Dem's mit Offenbach mißlungen,
Man schickt ihm Berichtigungen.
Und nun, lieber Leser, rate,
Was zu tun da übrig blieb:
Sich erbaun an der Kantate,
Die der Pisk nicht schrieb!

(Musik: siehe Notenbeispiel 18 auf S. 112 ff.)

So witzig das alles, ja so ausgelassen manches ist, es läßt sich nicht übersehen, daß die im Zentrum dieser Produktion stehenden Schober-Strophen den Ton eines Mannes anschlagen, der sich und seinen Freunden eingestehen muß, daß er eine Niederlage erlitten hat. Die Zeit, da Kraus mit seinen Mitteln eine Reinigung der Atmosphäre bewirken konnte, kaum hatte sie begonnen, war auch schon wieder zu Ende. Ich habe diese erste Phase in Kraus' Offenbach-Rezeption ohne scharf gezogene Grenze mit 1928/29 zu Ende gehen lassen, deshalb, weil es schon aus dem Jahre 1928 skeptische Äußerungen gibt, weil andererseits noch 1929 manche andere darauf schließen lassen, Kraus habe gedacht, er könne den Kampf doch noch gewinnen. Er dürfte sehr wohl verstanden haben, daß der Elan, der ihn bis zur Konfrontation mit Schober gebracht hatte, zusammenhing mit einem Aufschwung der Arbeiterbewegung. Sie erlebte vor allem in der Revolution in Rußland, im Ende des Weltkriegs, im Sturz der Monarchien in Deutschland und Österreich ihre ersten historischen Siege. Aber es ist fraglich, ob Kraus sich eines komplexeren Zusammenhanges bewußt geworden war: Die Arbeiterschaft in den wichtigsten kapitalistischen Ländern Europas hatte in den Jahren nach dem Weltkrieg nicht bloß der Bourgeoisie Konzessionen abgerungen; das kapitalistische System selbst – »die Bürgerwelt« – war zeitweise in Gefahr, abgelöst zu werden. Aber der revolutionäre Schwung der Nachkriegszeit hatte um und nach der Mitte der 20er Jahre seinen Höhepunkt zunächst überschritten. Der Bourgeoisie gelang es, die Kampf- und Organisationsformen der Arbeiterschaft allmählich zurückzudrängen. Die »Gespenster«, wie Kraus es formulierte (F 514, 1919, 28), wagten sich an den Tag. Der Repräsentant dieser Tendenz in Österreich war der diesbezügliche Schober. Die Bluttage vom Juli 1927 waren eine Art von Generalprobe für die schlimmeren, noch weit katastrophaleren Ereignisse vom Februar 1934. (Von ihnen wird noch zu berichten sein; sie griffen auch zutiefst in das Denken und Handeln von Karl Kraus ein.) Es war ein Zufall, daß der Besiegte Bekessy hieß; er konnte auch »Barkassy« genannt werden, und er hätte manchen andern Namen tragen können. Es war ein Zufall, daß der Sieger Schober hieß und daß Kraus ihn mit Recht »Wacker« nennen konnte; auch er hätte gut ein andrer sein können. Es war auch ein Zufall, daß Bekessy, der schließlich für die Bourgeoisie ein Außenseiter war und der es zu arg getrieben hatte, fallen konnte, während Schober, repräsentativ, würdig, bieder, als wichtiger Vertreter der Bürgerwelt gehalten werden mußte. Aber es war kein Zufall, daß die Möglichkeiten des Sieges eines Einzelgängers über einen namhaften Vertreter der Bourgeoisie in der zweiten Hälfte der 20er Jahre beträchtlich geschrumpft waren. Der Übergang vom Sieg über Bekessy zur Niederlage gegenüber Schober hat etwas von Gesetzmäßigkeit an sich.

»Er ist aus Wachs, doch weicht er nicht ...«
Die zweite Phase: 1928/29 bis 30. Januar 1933

Und durch das Walten eben dieser Gesetzmäßigkeit ist die zweite Phase charakterisiert. – Eine Kraussche Zeitstrophe zu dem berühmten Couplet des Gondremark aus *Pariser Leben,* in dem dieser mitteilt, um sich in den Strudel des Großstadtlebens zu stürzen, sei er nach Paris gekommen (Abbildung 9), möge in die Situation der zweiten Phase einführen. Kraus knüpft an die beiden ersten Zeilen der Originalstrophe an, die ausdrücklich vom baldigen Verlassen der Stadt sprechen, läßt sich aber auch von des Barons komisch verzweifelter Situation im letzten Akt des Stückes leiten, wo dieser, da doch alles fehlgeschlagen ist, froh ist, »aus dem Strudel Strudel wieder hinauszukommen«:

Diese Stadt mit ihren Reizen
Werd' verlassen ich gar bald.
Mit den Stunden muß ich geizen,
Kurz nur ist mein Aufenthalt.
Drei Monat' werden rasch vergehen,
's wäre nötig, man zerteilte sich –
Will man, wie ich, hier alles sehen,
Die Arbeit ist ja fürchterlich!

//: Ich stürz mich in den Strudel Strudel hinein, ://
Metella soll die Losung sein!
/: Er stürzt sich in den Strudel Strudel hinein, :/
Er stürzt sich in den Strudel Strudel Strudel hinein:
Metella soll die Losung sein!

Diese Stadt mit ihren Reizen
Werd' verlassen ich gar bald.
Die mir die Hölle überheizen,
Verkürzen mir den Aufenthalt.
Kujone hier und Troglodyten,
Sie machen mir die Luft zu dick.
Vielleicht daß sie mir Beßres bieten,
Kehr' ich als Fremder einst zurück.

Ich stürz' mich aus dem Strudel Strudel hinaus,
Ich stürz' mich bald aus dem Gesudel hinaus.
Das ist der Ausgang, der wohl allen frommt:
Ich geh, Schober bleibt und Bekessy kommt!

Er stürzt sich aus dem Strudel Strudel hinaus,
Er stürzt sich bald aus dem Gesudel hinaus.
Das ist der Ausgang, der wohl allen, allen frommt:
Er geht, der bleibt und jener kommt!

In eine Zeile kondensiert ist hier eine düstere Möglichkeit, die in den *Unüberwindlichen* zur Theaterwirklichkeit geworden war

---

Notenbeispiel 22

Rei - zen werd' ver - las - sen ich gar bald. Mit den Stun - den muß ich
Rei - zen werd' ver - las - sen ich gar bald. Die mir die Höl - le ü - ber -
Gm C7 F C7 F F F7 D
gei - zen, kurz nur ist mein Auf - ent - halt. Drei Monat' werden rasch ver -
hei - zen, verkürzen mir den Auf - ent - halt. Ku - jo - ne hier und Troglo -
Gm C7 F C7 F C
ge - hen, 'swär' nö tig, man zer - teil - te sich Will
dy - ten, sie ma - chen mir die Luft zu dick. Viel -
G7 C G7

man, wie ich, hier al - les se - hen, die Ar - beit ist ja fürchter -
leicht daß sie mir Bess - res bie - ten, kehr' ich als Frem - der einst zu -
C F Dm C G
lich !
rück.
animato
Ich stürz' mich in den Stru - del Strudel hinein,
Ich stürz' mich aus dem Stru - del Strudel hinaus,
C F C7
rall.
pp animato
ich stürz' mich in den Strudel Strudel hinein, ich stürz' mich in den Strudel
ich stürz' mich bald aus dem Ge - su - del hinaus. Das ist der Ausgang, der wohl
C7 F Bb

Stru - del hinein, Me - tel - la soll die Lo - sung sein!
al - - len frommt: ich geh, Schober bleibt und Be - kessy kommt!
F
G7
C7
Chor
Er stürzt sich in den Stru-del Stru - del hinein,
Er stürzt sich aus den Strudel Stru - del hinaus,
er stürzt sich in den Stru-del
er stürzt sich bald aus dem Ge -
F
C7
C7
Stru-del hinein,
su - del hinaus.
er stürzt sich in den Strudel
Das ist der Ausgang, der wohl
Strudel Stru-del hinein: Me -
al - len, al - len frommt: er
F
Bb
F

Ob Kraus damals schon ahnte, daß er, wenige Jahre später, dem gleichen Refrain eine ähnliche (siehe S. 169), aber wahrhaft tragische Wendung geben werde?

Deutlicher noch als in den bisher zitierten wird in den folgenden Zeitstrophen die Aussichtslosigkeit des Kampfes zum Thema. *Die Prinzessin von Trapezunt* nahm Kraus 1929 in sein *Theater der Dichtung* auf; darin gibt es eine Szene, in der Regina, Tochter des »Direktors einer Seiltänzertruppe und Inhabers eines Wachsfigurenkabinetts«, dem werten Publikum das Prachtstück des Kabinetts, eben die Prinzessin von Trapezunt, die auch dem Stück den Titel gegeben hat, vorstellt; und natürlich ließ Kraus die Gelegenheit nicht vorübergehen, ohne dem Wachsfigurenkabinett weitere Stücke aus eigener Sammlung hinzuzufügen. Das ging dann so:

In Trapezunt einst hausete PL 9
Die schönste Maid vom Orient.
Die Fürsten all in Fern und Näh'
Von Liebe waren heiß entbrennt.
Doch leider sie geschworen hat,
Zu leben stets im Zölibat,
Sie lachte über alle nur,
Die töricht machten ihr die Kur.
/: Und hatte keinen anderen Grund,
Als weil sie war aus Trapezunt. :/

/: Nur herein, nur hereinspaziert, wollt ihr das Wunder schaun,
Die schönste, die schönste von allen Fraun! :/
/: Tschingbum dadera :/
//: Tschingbum ://

So mit der Zeit und nach und nach
Stell ich mir die Gestalten um
Aus jedem Text von Offenbach
In meiner Welt Panoptikum.
Und die Figuren dieses Tags
In meinen Händen sind sie Wachs.
Hereinspaziert, damit ihr seht
Die regelrechte Rarität!
Und fragen Sie, wer wird das sein,
Schon fällt der Schober Ihnen ein.
Ich führ' ihn vor treu seiner Pflicht,
Er ist aus Wachs, doch weicht er nicht.

/: Nur herein, nur hereinspaziert, wollt ihr das Wunder schaun:
Den Hort der Republik, dem jeder kann vertraun! :/
/: Tschingbum dadera :/
//: Tschingbum ://

Notenbeispiel 23

heiß ent-brennt. Doch lei-der sie ge-schwo-ren hat, zu le-ben stets im
nop - ti - kum. Und die Fi - gu - ren die - ses Tags in mei-nen Hän - den
E7 Am (b)C7 F C7
Zö - li - bat, sie lach - te ü - ber al - le nur, die tö - richt machten
sind sie Wachs. He - rein - spa - ziert, da - mit Ihr seht die re - gel - rech - te
F F7 Bb H° F C7
ihr die Kur. Und hat - te kei - nen an - dern Grund, als weil sie war aus
Ra - ri - tät! Und fra - gen Sie, wer wird das sein, schon fällt der Scho - ber
F C7 F C7

Tra - pe-zunt. Und hat - te kei - nen an-dern Grund, als weil sie war aus
Ih - nen ein. Ich führ' ihn vor treu sei-ner Pflicht, er ist aus Wachs, doch
F F7 Bb H° F C7
1.
Tra - pe - zunt.
F C7 F. D7 Gm F C7 F
f
p
2.
2. So weicht er nicht.
F

Gleichfalls in das Jahr 1929 fallen die bitteren Zeilen (zur Melodie desselben Couplets):

(Musik: siehe Notenbeispiel 23 auf S. 149 ff.)

Seit dreißig Jahren, was da kreucht,
Das stell' ich aus als Rarität.
Und hab' nichts anderes erreicht
Als daß darob die Zeit vergeht...

Sie leben, sie treiben, sie schreiben ihren Stil – meiner ändert nicht viel.

Couplet aus Nestroys der *Talisman* mit dem Refrain: »Ja, die Zeit ändert viel.«

So hatte Kraus schon früher einmal gesagt und gesungen; aber das Motiv der Vergeblichkeit nahm nunmehr einen Ton der Bitterkeit an, der sich gelegentlich bis zur Verzweiflung steigern sollte. – Seit April 1929 war auf dem Kopf der *Fackel*-Hefte dieses Jahrgangs zu lesen: »XXX. Jahr«; im April 1899 war die erste *Fackel* erschienen. Im April 1929 sprach Kraus das Gedicht *Nach dreißig Jahren / Rückblick der Eitelkeit* (F 810, Ende Mai 1929, 1–12), im Heft 800, 1–45, Anfang Februar 1929 findet sich eine große Bestandsaufnahme *Im dreißigsten Kriegsjahr*, die Kraus bereits am 30. November 1928, in der 300. Wiener Vorlesung, gesprochen hatte; und Anfang Dezember 1928 schließlich druckte er den (am 22. September gesprochenen) *Rechenschaftsbericht* (F 795, 1928, 1–51). Und der letztere enthält gleich im ersten Satz das Wort von »dieser dreißigjährigen Niederlage im Kampf gegen die Alliierten der Zeit«.

Die neue Situation ist charakterisiert durch mehrere, ineinander greifende Änderungen. – Es tritt eine neuerliche Spannung im Verhältnis zu Kraus' Hörern ein. Das »Wir«, mit dem er noch vor wenigen Jahren seine Hörer und sich selbst zusammengeschlossen hatte, verschwindet wieder aus seinem Vokabular und wohl auch aus seiner Vorstellung. Der Gegenstand, um den es jeweils ging – und der nun wahrhaftig in den großen Kampagnen in seiner realen, materiellen, gegenwärtigen Bedeutung nicht gut übersehen oder geringgeschätzt werden konnte –, scheint in seiner Bedeutung wieder zurückzutreten. Die Rückkehr »zum heimischen Herd« der Sprachlehre und anderer »kleiner Themen« wird angekündigt. Die Vorlesungen für Arbeiter, obwohl Kraus vor keinem Publikum lieber liest als vor ihnen (siehe dazu II.8.), hören in Österreich auf. Gleichzeitig versucht Kraus neuerdings, in die Schriften von Karl Marx einzudringen.

Nun darf man aber keineswegs glauben, daß die Vorlesungen dieser Zeit – und nun gar die Offenbach-Vorlesungen! – vom zunehmenden Gefühl der Vergeblichkeit überschattet worden wären. Sie änderten bloß, kaum merklich, ihren Charakter. »Die Funktion der Musik: den Krampf des Lebens zu lösen, dem Verstand Erholung zu schaffen und die gedankliche Tätigkeit entspannend wieder anzuregen«, so hatte Kraus schon 1909 (F 270, 8) geschrieben und die Definition für wichtig genug gefunden, sie 1927 in seinem Essay *Offenbach-Renaissance* (F 757, 38 ff.) zu wiederholen, obwohl er inzwischen Treffenderes über Musik im allgemeinen, ganz besonders über die Offenbachs, geschrieben hatte (siehe dazu S. 91 ff.). Aber nunmehr, in der Phase des Rückzugs aus der Frontlinie des politischen Kampfes, mochte wirklich die Wirkung der Entspannung, zumindest für Kraus selbst, vorherrschen. Der Kampfesmut machte Platz dem Gefühl, sich bei Offenbach in einer Inselwelt zu befinden. Der Geist, die Heiterkeit, der Witz, die Süße der Offenbachschen Musik übertönten den leisen Ton der Resignation.

Ein Musikstück, der Jägerchor aus der *Prinzessin von Trapezunt*, sei an dieser Stelle mitsamt den ihm vorangehenden Szenen wiedergegeben. Es handelt sich um ein Stück aus dem zweiten Akt der Operette; die Familie des Artistendirektors Cabriolo – er, seine Schwester Paola und seine Töchter Zanetta und Regina – sitzt unbehaglich zu Tische auf der Terrasse jenes vornehmen Schlosses, das ihnen beschert wurde durch den Segen eines Lotteriegewinns, der sich als Fluch herausstellt, weil er die Familie in ein Milieu zwingt, mit dem sie nichts anfangen kann. Da begibt es sich, daß Mitglieder des fürstlichen Hofes, erst der Sohn, dann dessen Erzieher, schließlich der Fürst in Person in folgender Weise hereinbrechen:

3. Szene

Rafael *im Jagdkostüm, ein Horn am Bandelier tragend, stürmt herein*
Sie ist es, ich habe mich nicht getäuscht!

Cabriolo
Mein Herr, welch Ungestüm!

Rafael
Um Vergebung, haben Sie ihn nicht gesehen?

Cabriolo
Wen?

Rafael
Den Damhirsch!

Alle
Den Damhirsch?

Rafael
Er muß hier vorbeigekommen sein. Inkommodieren Sie sich meinetwegen nicht, ich bitte, bleiben Sie ruhig bei Tische. Ich mache Ihnen tausendmal mein Kompliment, gleich bin ich wieder da. *Er drückt Cabriolo auf den Stuhl, bläst ins Horn, ab.*

Cabriolo
Sonderbarer Schwärmer!

Paola
Aber fesch.

Zanetta
Ach Gott! Er ist es!

Regina
Wer ist es?

Zanetta
Der großmütige Spender, der mir beim Absammeln das Lotterielos gegeben hat.

Cabriolo
Was? Der Stifter unseres elenden Glücks?

4. Szene

Sparadrap *im Jägerkostüm, ein Horn am Bandelier, stürzt erschöpft herein, wischt sich den Schweiß von der Stirn, fällt auf einen Stuhl, steht rasch auf und setzt sich auf einen andern*
Um Vergebung!

Cabriolo
Schon wieder einer! Wo haben's denn den ausgelassen?

Paola
Er ist es!

Regina
Wer ist es?

Sparadrap
Haben Sie ihn nicht gesehen?

Paola
Wen?

Sparadrap
Einen hübschen jungen Mann, meinen Zögling ...

Regina
Der einem Damhirsch nachlief?

Sparadrap
Ganz richtig, den nämlichen!

Cabriolo
Er kam hier vorbei.

Sparadrap
Der Damhirsch?

Cabriolo
Nein, der junge Mann.

Zanetta
Er lief in jene Allee.

Sparadrap
Inkommodieren Sie sich meinetwegen nicht, ich bitte, bleiben Sie ruhig bei Tische. Ich mache Ihnen tausendmal mein Kompliment, gleich bin ich wieder da. *Er drückt Cabriolo auf den Stuhl, bläst ins Horn, ab.*

Paola
Die Sache wird immer geheimnisvoller, es muß etwas zu bedeuten haben.

5. Szene

Fürst Kasimir *hinter der Szene*
Himmel, Kreuz, Tausend, Sapperment, Jagdhorn und Hirschgeweih!

Paola
Da ist noch einer!

Kasimir *im Jagdkostüm, einen Stock in der Hand, ein Horn am Bandelier*
Um Vergebung! Haben Sie ihn nicht gesehen? So einen Mann von mittlerem Alter?

Cabriolo
Der einen jungen Menschen suchte ...

Regina
Der einem Damhirsch nachlief ...

Kasimir
Jawohl, derselbe!

Cabriolo
Sie kamen hier vorbei.

Zanetta
Und liefen in jene Allee.

Kasimir
Inkommodieren Sie sich meinetwegen nicht, ich bitte, bleiben Sie ruhig bei Tische, ich mache Ihnen tausendmal mein Kompliment, gleich bin ich wieder da. *Er drückt Cabriolo auf den Stuhl, bläst ins Horn, ab.*

Cabriolo
Das ist der Ton der vornehmen Welt.

Paola
Er hat so etwas Distinguiertes. Wo habe ich nur schon diesen Kopf gesehn? Kein Zweifel, es sind Zusammenhänge.

6. Szene

Jäger kommen mit dem Ritornell des Chores aus dem Hintergrund. Alle mit Jagdhörnern. Sie treten rasch auf und stellen sich im Halbkreis auf.

Cabriolo
Das ist eine Jägerschar, wer wollte das leugnen. Aber der Zweck ihres Auftretens ist nicht zu entnehmen.

Tremolini
Singen werden sie. Sooft in der komischen Oper Jäger auftreten, pflegen sie nicht zu jagen, aber zu singen.

Chor
Der Jäger ruft hallo!
Es jagt die Meute
Durch Wald und Flur auf grünem Rasen.
Ihr Waidgesellen froh,
Erlegt die Beute.
Tajo! Wir blasen!
Tajo! Wir blasen!
Tajo! Tajo! Tajo!
Die Hirsche laufen fort in Eil',
Die Rehe wie die Hasen,
Wir rennen ihnen nach und blasen!
Gut Waidmannsheil!

Die Hirsche laufen fort in Eil',
Die Rehe wie die Hasen,
Wir rennen ihnen nach und blasen!
Gut Waidmannsheil!

(Notenbeispiel nebenstehend)

Ein Piqueur tritt aus der Mitte des Kreises, er nähert sich Paola.

Paola
Halt! Ich weiß, was Sie sagen wollen.

Cabriolo
Laß ihn ausreden. Vielleicht will er wissen, ob wir nicht einen rüstigen alten Herrn gesehen haben,

Zanetta
Der einem Mann von mittlerem Alter nacheilte,

Regina
Der einen jungen Menschen suchte,

Tremolini
Der einem Damhirsch nachlief.

Paola
Sie kamen hier vorbei.

Cabriolo
Und liefen in jene Allee. Inkommodieren Sie sich meinetwegen nicht, bleiben Sie ruhig bei Tische, ich mache

Notenbeispiel 24

Ihnen tausendmal mein Kompliment, gleich bin ich wieder da. *Er drückt den Piqueur auf den Stuhl, dieser steht auf, bläst ins Horn, ab. – Die Jäger folgen ihm zwei und zwei und singen den Schluß des Chores.*

Wieder ganz anders das folgende charmante Stück aus dem dritten Akte von *Madame L'Archiduc*. Es bietet, in Offenbachs sowohl wie in Kraus' Sicht, Zeitkritik, und es bietet sie mit Witz und Virtuosität (zu der dann noch die der Krausschen Übersetzung und die seines Vortrages kam):

Chor der Dragoner PL 10

Auf der Wacht der Soldat muß sein die ganze Nacht
Für eure Sachen.
Still schreitet durch die Nacht die Heeresmacht,
Um zu bewachen:

Chor der kleinen Soldaten

Jede Schlucht,
Jeden Steg,
Jede Bucht,
Jeden Weg,
Jeden Wall,
Jedes Schloß,
Jeden Stall,
Jedes Roß.
Jeden Rain,
Jeden Strauch,
Jeden Wein,
Auch den Schlauch,
Jeden Baum,
Jedes Brett
Und den Raum
Wo ein Bett.

Selbst bei Sturm
Jedes Schiff,
Jeden Turm,
Jedes Riff,
Jedes Zelt,
Jedes Haus,
Jedes Feld,
Jede Maus,
Jedes Loch,
Jeden Schrank
Und dann noch
Jede Bank,
Eh sie kracht,
Und den Staat
Überwacht
Der Soldat!

Notenbeispiel 25

re Sa-chen. Stumm schreitet durch die Nacht die Hee-res-macht, um zu be-
E Am E G7 C F C F6 C
sf
Chor der kleinen Soldaten
wa - - chen: Je-de
G7 C
p
Schlucht, jeden Steg, je-de Bucht, je-den Weg, je-den Wall, je-des Schloß, je-den
Sturm je-des Schiff, je-den Turm, je-des Riff, je-des Zelt, je-des Haus, je-des
D7 D9/7 G C6 D7
pp

1929 noch reagierte Kraus auf jenen bösartigen scheinobjektiven Angriff der *Arbeiter-Zeitung* mit Kampfesmut:

Die Zeitung sagt, daß meine Strophe
Den Offenbach'schen Stil zerreißt,
Des Geist doch selbst Napoleons Hofe
Den zeitgerechten Hohn erweist.
Das lass' ich mir nicht zweimal sagen,
Da spür' ich gleich des Zeitgeists Näh' –
Um mich an heut'ge Macht zu wagen,
Setz' fort ich Offenbachs Couplet.
//: Nein, dieser Einwand schüchtert mich nicht ein, ://
Da wird was zu erneuern sein!
//: Nein, dieser Einwand schüchtert ihn nicht ein, ://
Nein, dieser Einwand schüchtert keineswegs ihn ein,
Da wird was zu erneuern sein!

(Musik: Notenbeispiel 22 auf S. 144 ff.)

Doch haben andere Zeitstrophen dieser Phase – es wird kein Zufall sein, daß sie zu den gelungensten, eindrucksvollsten gehören – eine weniger zuversichtliche Sprache. – Bald nach der 1. Vorlesung von *Perichole* im Januar 1931 trug Kraus zur Melodie des *Inkognito*-Couplets des Vizekönigs die folgende bittere Strophe vor:

Vergebens sucht meines Wirkens Spuren PL 11
Man in der Wiener Publizität:
Weil keine von den Zeitungshuren
Bekanntlich gerne mit mir geht.
Glaubt man, daß wenn Perichole ich gelesen,
Wo was zu lesen wär'? I wo!
Ich bin mein Lebtag hier gewesen
/: Mein Lebtag hier gewesen :/
/: inkognito. :/
Bekannt ist sein Inkognito.

/: Mein Schreiben und Treiben macht ihnen Migrän',
Drum lassen s' allweil gern mich gehn
inkognito. :/
/: Sie achten sein Inkognito! :/

(Musik: siehe Notenbeispiel 6 auf S. 52 ff.)

Schon aus früherer Zeit, vom Juni 1929, gibt es eine Strophe, deren Abschiedston man leicht überhören konnte. Damals gab Kraus zum 110. Geburtstag Offenbachs innerhalb von acht Tagen nicht weniger als sieben Offenbach-Abende; am vorletzten, sechsten Abend, schien er in einer Zeitstrophe nichts weiter anzukündigen als den letzten Abend des Zyklus, und auch das Aufgreifen des »Verklungen und vertan!« aus jenem Artikel der *Arbeiter-Zeitung* ist nicht weiter auffällig: Die Technik, eine dumme, boshafte oder gefährliche Phrase satirisch ins Positive zu wenden, gehört zum Grundbestand des Krausschen Stils. Auch war dieser bevorstehende siebte Abend des Zyklus gar kein echtes Abschiedsfest; es sollten ihm noch mehr Offenbach-Abende folgen, als ihm vorangegangen waren: nicht weniger als 73! Und doch verbirgt sich in diesen Zeilen (und in der Art, in der Kraus sie vortrug) die Angst um den Fortbestand des Geleisteten. Vielleicht auch war es die – vermutlich nicht einmal sich selbst ganz zugestandene – Erkenntnis, daß die Zeit der Siege vorbei war. Und so klangen die Zeilen:

Was mir da tönt aus alter Zeit,
Ich weiß es wohl, es wirkt wie neu.
Der sechste Abend war es heut,
Noch einer kommt, dann ist's vorbei.
Doch hoff' ich, allen klingt es nach,
Was sie gehört von Offenbach,
Daß sich dem zeitverbundnen Ohr
Das holde Wunder nicht verlor.
Noch reicht zum Rausch ein süßer Rest:
Wir finden uns zum Abschiedsfest,
Fortunios Lied, Tulipatan –
Dann ist's verklungen und vertan.

(Musik: Notenbeispiel 23 auf Seite 149 ff.)

Es muß 1930 oder 1931 gewesen sein, als Kraus dem *Original*-Couplet eine Zeitstrophe hinzufügte, die geradezu das Verstummen vor der überwältigenden Häßlichkeit der Umgebung thematisiert:

Zwei Strophen hat das Original, PL 12
Die Satire aber, sie dient als Zofe
Der Zeit und sang ihr noch jedesmal
Zum Zeitvertreib eine Zusatzstrophe.
Doch diesmal meint sie, daß sie nicht muß
Und sie verschmäht aus vielfachen Gründen
Und trotz diesem stofflichen Überfluß,
Einen Reim auf Skandal und Journal zu finden.
Der Abscheu hält mich vom Zeitstoff entfernt
Und ich fürchte, es möchte mir nicht mehr gelingen:
Als Minnesänger hab' ich verlernt
In Österreich das Sagen und Singen.
Christlich-sozial-demokratisch egal, banal, fatal,
schwer wird die Wahl, ah ...
Original, original,
Was bin ich doch für ein Original:
Ich lasse ausnahmsweise einmal
Das Couplet (wie es steht) im Original!

(Musik: siehe Notenbeispiel 5 auf S. 43 ff.)

So wie der Abschiedston der zuvor zitierten Strophe keinen unmittelbaren Abschied ankündigte, so ist auch das, was der Minnesänger Karl Kraus über das Verlernen von Singen und Sagen singend sagte, nicht wörtlich zu nehmen: Kraus hat der Zeit auch nach dieser Dienstaufkündigung der Zofe Satire mehrere Dutzend Zusatzstrophen gesungen. Und dennoch markiert diese Strophe vom Erzherzog-Original, in der das Original Karl Kraus ankündigt, er wolle sie nun im Original belassen, einen Wendepunkt: Zeitstrophen werden seltener. Kraus zögerte, gelegentlich schon seit 1929, sie vorzutragen, auch wenn sie (was ich als Begleiter natürlich wußte) vorhanden waren und obwohl, wenn er dann doch die eine oder andere vortrug, stürmischer Jubel folgte. Und sie wurden immer bitterer.

Die *Reise in den Mond* trug Kraus nur im Jahre 1932 vor, und zwar zwischen April und Dezember insgesamt fünf Mal. Das Offenbachsche Original, auf dem Roman von Jules Verne basierend, stammt aus der Spätphase (1875), gehört in die Gruppe der »Féerien«

und nicht zu den Meisterwerken. Was Kraus daran angezogen haben dürfte, werden wohl die satirischen Möglichkeiten gewesen sein, die der Blickwinkel von der Mondvergangenheit auf die Erdengegenwart erschloß, besonders in dem Couplet von den Charlatanen, das mit seiner Jahrmarkt- und Zirkusmusik zu den schärfsten Stücken der Gattung zählt:

Caprice
Ohe! Ohe! Kommt her zu mir,
Die lust'gen Charlatans sind hier!
Ohe! Ohe! Ohe! Ohe!
Die lust'gen Charlatans!

Chor
Ohe! Ohe! Schnell kommen wir,
Die lust'gen Charlatans sind hier!
Ohe! Ohe! Ohe! Ohe!
Die lust'gen Charlatans!

Caprice
Hier dreht sich's nicht um Gauklerkünste,
Um Sprünge und Hanswurstelein;
Wir trachten nicht nach Geldgewinste,
Das soll nicht uns're Absicht sein.
Nach Ruhm und Ehre wir nicht jagen,
O glaubt nicht, daß erpicht wir wär'n,
In's gold'ne Buch uns einzutragen
Der Ewigkeit – nein, meine Herr'n!
Nach höh'rem Ziele nur wir streben,
Und wenn ich's ehrlich sagen soll,
Wir suchen eine Praxis eben,
Alles nur für der Menschheit Wohl.

Caprice und Chor
Ohe! Ohe! Kommt her zu mir ... (wie oben)

Caprice
Als wir die Hohe Schul' verlassen,
Erlangten wir den Doktorgrad –
Wir konnten jeden Stand erfassen,
Sei's Arzt, sei's Künstler, Mönch, Soldat.
Wir haben jedes Fach studieret,
Wir können Griechisch und Latein,
Wir wissen, wie man Heere führet,
Wir können auch Minister sein.
Der Weg zu allem stand uns offen,
Es kam nur auf den Willen an,
Doch haben wir die Wahl getroffen,
Am besten, man ist Charlatan!

Caprice und Chor
Ohe! Ohe! Kommt her zu mir ... (wie oben)

Notenbeispiel 26

lust'-gen Char-la - tans sind hier! O - he! O - he! O - he! O - he! Die
A E7 A D
Chor
f
lust'- gen Char-la - tans! O - he! O - he! Schnell kom-men wir, die
A E A E7
f
lust'- gen Char-la - - tans sind hier! O - - he! O - he! O - -
A E7 A

Caprice
he! O - he! Die lust' - gen Char - la - - tans!
1. Hier
2. Als
3. Auf
D A E7 A H7
f
dreht sich's nicht um Gaug-ler-kün-ste, um Sprün-ge und Hans -
wir die Ho - he Schul' ver-las-sen, er - - lang-ten wir den
das Ge-schäft der Char - la - ta - ne ver - steht man spä - ter
E H7 E
p
wur - ste - lein,
Dok - tor - grad,
sich erst ganz:
H7 E C E
f

Wir trach-ten nicht nach Geld-ge-win-ste, das soll nicht uns'-re
Wir konnten je-den Stand er-fas-sen, sei's Arzt, sei's Künstler,
man pflanzt das Volk, pflanzt man die Fah-ne in Po-li-tik und
Em
E
H7
E
p
Ab-sicht sein.
Mönch, Sol-dat.
Hoch-fi-nanz.
H7
E
C
E
f
Nach Ruhm und Eh-re wir nicht ja-gen, o
Wir ha-ben je-des Fach stu-die-ret, wir
Die Mensch-heit muß da-für be-zah-len, daß
Em
C
G
p

glaubt nicht, daß er - picht wir wär'n, in's gold' - ne Buch uns
kön - nen Grie - chisch und La - tein, wir wis - sen wie man
sie an un - serm Schwindel krank: ge - - füt - tert mit Par -
G7
C
C
ein - zu - tra - gen der E - wig - keit — nein, meine Herrn! Nach
Hee - re füh - ret, wir kön - nen auch Mi - ni - ster sein. Der
tei - skan - da - len, ver - hun - gern al - - le durch die Bank. Nach
G7
G7
C
höh - rem Zie - le nur wir stre - ben und wenn ich's ehr - lich
Weg zu al - lem stand uns of - fen, es kam nur auf den
No - ten, Kur - sen und De - vi - sen sich's ei - ne Zeit - lang
E7
Am
E7

In den Zeitstrophen zu diesem Couplet hat Kraus die Hauptfiguren seines Wachsfigurenkabinetts fast vollständig versammelt: Reinhardt und die Psychoanalytiker, Kerr, Wilhelm II. und manchen andern. Das Thema aber dieser Strophen greift, wie immer bei Kraus, weit hinaus über den Stoff; es lautet: Wer denn in dieser Bürgerwelt ist k e i n Charlatan? Neun der Strophen, die in der Wiener Stadtbibliothek unter der Nummer IN 158.627 aufbewahrt werden, sind bereits im Satz, waren also wohl für das Erscheinen in der *Fackel* vorgesehen; eine zehnte, die hier letztzitierte, ist ein Autograph; vier der Strophen hat Kraus mit einem Fragezeichen versehen, vermutlich also die Drucklegung in Frage gestellt (oder auch den Vortrag bei einer der Lesungen), eine ist durchgestrichen, eine Änderung und einige wenige Satzkorrekturen finden sich. Ich gebe eine knappe Auswahl. – Die folgende Strophe ist dadurch bemerkenswert, daß, mit einem seiner charakteristischen Kunstgriffe, Kraus die negative Bewertung umschlagen läßt: er selbst gehört nun zu den Charlatanen! Ironisch werden selbst die Bewertungsmaßstäbe in Frage gestellt:

Uns arme kleine Charlatane,
Uns lockt nicht Macht, nicht Rang im Staat;
Wir streben nicht im Größenwahne
Nach einem Ehrendoktorat.
Im Kriege fiel es durch den Friedrich

Schon stark im Kurs, und unbesehn,
Seit Schober es bekam, erwidr' ich
Das deutsche Wort: Ich danke schön!
Dann kriegt' es Reinhardt, weil er nämlich
Als Philosoph spekulativ.
Das Volk der Dichter ist zu dämlich –
Da lacht ein Charlatan sich schief!

Zurück zu den echten Charlatanen! – »Pflanzen« (in der folgenden dritten Zeile) heißt im Österreichischen »zum Narren halten«; daß die Menschheit »durch die Bank« verhungert, ist angesichts der Entwicklung des kapitalistischen Bankenwesens, das es in dem inzwischen verstrichenen Halbjahrhundert sogar zu einer Weltbank gebracht hat, eine beachtliche Erkenntnis; die in den beiden letzten Zeilen enthaltene Prophezeiung freilich, obwohl sie buchstäblich eingetreten ist – die genannten Herren, gehörten, als sie noch lebten, zur Hochfinanz –, harrt in ihrer weiteren Bedeutung noch der Erfüllung:

Auf das Geschäft der Charlatane
Versteht man später sich erst ganz:
Man pflanzt das Volk, pflanzt man die Fahne
In Politik und Hochfinanz.
Die Menschheit muß dafür bezahlen,
Daß sie an unserm Schwindel krank:
Gefüttert mit Parteiskandalen,
Verhungern alle durch die Bank.
Nach Noten, Kursen und Devisen
Sich's eine Zeitlang leben läßt.
Dann gibt's nicht jenen mehr, nicht diesen,
Nicht Kreuger, Sieghart, Ehrenfest.

Die als sozial geltende Annoncenträgerin der folgenden Strophe ist die *Arbeiter-Zeitung*, und die Charakteristik des Bonzen klingt an den Krausschen Witz von jenem an, der so wenig nimmt, daß es an Unbestechlichkeit grenzt. *Tribüne* und *Bühne* waren weitbekannte Zeitschriften, und das gedankliche Motiv vom Dilettantismus als Voraussetzung des Ruhmes tritt in den letzten Jahren um so mehr in den Vordergrund, als der Kreis um Kraus kleiner wird:

Von Banken nähmen wir Annonzen
Und gälten doch als sozial;
Hinwieder hält für einen Bonzen
Man jenen, der nur wenig stahl.
Mit kleinen Mitteln, aber fleißig,
Das hilft zum großen Renomee,
Um Neunzehnhundertzweiunddreißig
Da bringt man's weiter doch als je.
Tribüne oder andre Bühne:
Den, der was könnte, kennt am End'
Kein Hund; aus gleichem Grund erschiene
Der Dilettant als Prominent!

Am bittersten die folgende Strophe (die von Kraus' Hand die Nummer 1 trägt, also für die erste Stelle beim Vortrag oder der Drucklegung vorgesehen war). Hier ist der Gedanke am weitesten getrieben, daß jede Charlatanerie, auf welchem Gebiet immer, aus einer Wurzel wächst. Und auch die schlimme Erkenntnis, daß der Schwindel im Verlauf der Zeit immer bessere Chancen erhält, ist (in den Zeilen 3 und 4) formuliert. Die Gleichsetzung von Judenpresse und Hakenkreuz (in den Zeilen 7 und 8) dürfte auch heute manchen empören; ich plädiere für die Anerkennung des Scharfsinns und der Unbestechlichkeit eines Autors, der, selbst jüdisch, den jüdischen Händlergeist für ebenso verdammenswert hält wie den, der sich hinter dem Hakenkreuz verbirgt. In den beiden letzten Zeilen wird dieses Motiv weiter zugespitzt: Zeileis war nämlich ein betrügerischer Wunderarzt, dessen Namen damals in Österreich jedermann kannte, und Benedikt war der Herausgeber der großbürgerlichen *Neuen Freien Presse*. Die Abstraktionsfähigkeit, die einen Heilschwindler, Hitler und einen Wortsprecher der jüdischen Bourgeoisie auf eine Formel bringt, deren gemeinsamer Nenner der Kapitalismus ist, hatte in der deutschsprachigen Literatur von damals kaum ein Seitenstück. Man muß schon bis zu dem um ein Vierteljahrhundert jüngeren Brecht gehen, um Vergleichbares zu finden. Und wenn jemand meint, ich überinterpretiere die Strophe, die ich für eines der gewaltigsten Stücke satirischer Lyrik halte, so rufe man sich die Kraussche Terminologie jener Zeit ins Gedächtnis, die ich auf den Seiten 86/87 zusammengestellt habe.

Zu zaubern zu der Menschheit Frommen,
Wir wüßten noch der Wege viel'.

Wär'n später wir zur Welt gekommen,
Geschwinder kämen wir ans Ziel.
Da gibt es mancherlei Intresse,
Man wirkt mit dem und jenem Reiz,
Man blendet mit der Judenpresse
Und man kuriert durchs Hakenkreuz.
Wir würden uns in vieles teilen,
Und leichthin wär' es uns geglückt:
Als Zeileis alles Leid zu heilen,
Als Hitler oder Benedikt.

»Vielleicht erleben wir's ...«
Die dritte Phase: 30. Januar 1933 bis 1936

Die Geste des Verstummens bestimmt die dritte Phase. Zwar hat Kraus nach Hitlers Machtantritt noch elf Mal Offenbach in der Öffentlichkeit vorgetragen; ein Mal schon am 7. Februar 1933 in Brünn, dann, beginnend am 1. Dezember 1934, also nach langer Pause, auch in Wien – nicht mehr außerhalb – zehn Mal. Und zu den auf dem Programm stehenden Operetten kam 1935 sogar noch eine neue, *Die Kreolin.* Zwar hat Kraus in dieser letzten Phase auch einige neue Zeitstrophen verfaßt und vorgetragen – mehr als zwanzig –, darunter einige seiner charakteristischsten und ergreifendsten.

Aber schon einige äußerliche Anzeichen lassen erkennen, wie sehr alles sich geändert hatte: Es trat eine zweijährige Pause in der Reihe der Wiener Offenbach-Vorlesungen und ein drastischer Rückgang deren Zahl überhaupt ein: 1932 waren ihrer mehr als zwanzig gewesen, 1935 waren es bloß acht. Auch wurden Maßnahmen ergriffen, um sicherzustellen, daß nur Getreue in den Vortragssaal gelangen konnten. Die Vorlesung der *Kreolin* vom 11. November 1935 war »die letzte öffentliche«; von nun an konnte Einlaß nur finden, wer nach persönlicher Eintragung in eine Liste, die in der Buchhandlung Lanyi auslag, eine Eintrittskarte erhalten hatte. Wichtiger noch sind die inhaltlichen Veränderungen. Die Zeitstrophen sprechen da eine deutliche Sprache, zumal es sich so trifft, daß fünf Zeitstrophen zur *Kreolin,* entstanden Ende 1935 – das Gedicht »Man frage nicht ...« vom Oktober 1933 war das letzte, das Kraus druckte –, die lyrische Produktion beschlossen. Diese fünf Strophen – sie sind ein ergreifendes Dokument einer einzigartigen Situation – sollen am Ende dieses Kapitels stehen. Aber auch die Auswahl der Offenbach-Operetten hatte sich verändert. Man wird sich erinnern, daß die erste Phase vollkommen von den aufrührerischen Rollentausch-Operetten bestimmt war. Aber als seit 1930 *Seufzerbrücke* und *Schwätzerin,* 1931 *Vert-Vert,* 1932 *Reise in den Mond,* 1935 *Die Kreolin* aufgenommen und *Die Briganten* fallengelassen worden waren, nahmen nunmehr die Operetten mit den harmloseren Stoffen und Gestaltungsmethoden – denen freilich, wie gezeigt, Zeitstrophen gelegentlich ganz neue Aspekte verliehen – beinahe die Hälfte der Offenbach-Vorlesungen ein. Ausdrücklich bestätigt Kraus bei der Aufnahme der *Kreolin* ins Repertoire, daß sich das Schwergewicht vom Zeitgemäßen wegverlagert hatte: Von der Bearbeitung und Darstellung »dieses zeitfernen Kunstwerks« ist auf dem Programm der Erstaufführung die Rede (F 916, November 1935, 2), und dabei hatte Kraus selbst der Operette erst kürzlich die »Bestimmung« zugeschrieben, »zeitgemäß zu sein« (F 909, Mai 1935, 25)! Kraus erwägt sogar die Möglichkeit – führt sie freilich nicht aus –, »bei aller theatralischen Meisterlichkeit« der Texte »in solcher Zeit« die Musik von den Texten zu isolieren. Wie bewußt er auch die Werkauswahl vornahm, belegt ein anderer Satz aus der gleichen Vorbemerkung: »Märchenoperetten wie *Madame L'Archiduc, Perichole, Vert-Vert, Blaubart, Die Prinzessin von Trapezunt* und (als antiquiertes Zeitbild) *Pariser Leben* werden den Wegfall des Zeitgemäßen am wenigsten fühlbar erscheinen lassen; am meisten ein Werk wie die *Briganten,* dessen Aktualität zu erfüllen eben deren tragische Umstände nicht erlauben.« Und sogar das resignierte Wort von der »Ablenkung« (ebenda 26), die diese Werke besorgen könnten, fällt. Wie schlecht hätte es in die erste Phase gepaßt!

Es traf sich so, daß Karl Kraus am Tag von Hitlers Machtantritt, am 30. Januar 1933, Shakespeares *Coriolanus* – im Wiener »Offenbach-Saal« – las. Es war der siebte Abend (von dreizehn) eines angekündigten Shakespeare-Zyklus, der auch zu Ende geführt wurde. Auch in Brünn, Olmütz, Prag und Agram las Kraus im Februar, März und April 1933, insgesamt zehn Mal (darunter die *Perichole*). Anders in Wien. Hier hatte er, seit am 1. März 1933 der Shakespeare-Zyklus zu

Ende gegangen war, nicht mehr öffentlich gesprochen. Nun, nachdem man den Vortragenden »fast zwei Jahre dieser Höllenzeit nicht gesehen hatte« (F 916, 1935, 8), trat er, beginnend mit dem 19. November 1934 (im Mittleren Konzerthaussaal, der gegen 900 Personen faßt, weit mehr als der sonst bevorzugte Architektenvereinssaal), wieder mehrmals vor seine Hörer. Auf dem Programm standen Shakespeare, Nestroy und Offenbach mit zehn Operetten. (Deren vier letzte allerdings las Kraus wieder in kleineren Sälen; das Häuflein der Getreuen schmolz schnell zusammen. Daß Kraus 1932 im Offenbach-Saal, 1935 im Ehrbar-Saal las, wird damit zu tun gehabt haben, daß sie, außerhalb des Stadtzentrums gelegen, billiger waren als die andern.

Vor den ersten Wiener Offenbach-Vorlesungen nach langer Zeit, den zweien vom Dezember 1934 und den zweien vom Januar 1935, las Kraus knappe Vorbemerkungen – sie umfassen zusammen noch keine drei Druckseiten (F 909, 1935, 25/26 und 27/29) –, die er *Offenbach und die Zeit* und *An die Abwesenden* nannte. Zusammen mit dem *Vorwort* zur *Kreolin* (F 916, 1935, 2–6) geben sie einen so gut wie vollständigen Motivenbericht zur dritten Phase der Offenbach-Vorlesungen, auf den ich mich im folgenden berufen will. – »Seit es Hitler gibt, kann es Offenbach – als ganzen, zu dem er immer von neuem wurde – nicht mehr geben«, heißt es gleich im zweiten Satz. Und zwar deshalb nicht, weil die Operette ihre Bestimmung zeitgemäß zu sein, nicht mehr erfüllen könne. Die Geschehnisse »erdrosseln das Lachen«, selbst wenn sie die Satire in sich tragen. Wollte man aber »alltägliche Narrheit«, die ja vor dem Unsäglichen nicht verstummt ist, zum Gegenstand der Satire machen, etwa in den Couplets, die Lücke würde nur noch fühlbarer werden. Schon gar nicht ginge dergleichen im Dialog. Höchstens könne man in einem Couplet, wenn dessen Refrain es zuläßt, die Unmöglichkeit, etwas zur Zeit zu sagen, zum Gegenstand machen.

Und wirklich, dieser Beschränkung hat sich Kraus zunächst gefügt. Gleich für die erste Offenbach-Vorlesung nach dem verhängnisvollen 30. Januar 1933, für die in Brünn am 7. Februar 1933, hat Kraus eben diese Unmöglichkeit thematisiert. Zur Melodie des Inkognito-Couplets des Vizekönigs sang er:

Die jetzt Zeitstrophen sich erhoffen,
Sei'n vor Enttäuschung gleich gewarnt.
Inkognito – ich sag es offen –
Das nennt auf deutsch man heut: getarnt.
Die Zeit kam mir zur Unzeit eben,
Auf deutsch gesagt: mal-à-propos –
Es möcht' kein Hund so länger leben
/: geläng' es ihm nicht eben :/
/: inkognito :/
Und ich, ich lebe ebenso.
/: Zeitstrophen gäb's genug, allein
Mir fällt zu Hitler halt nichts ein
inkognito. :/
Vergönnt mir mein Inkognito!
Vergönnt ihm sein Inkognito!

(Musik: siehe Notenbeispiel 6 auf S. 52 ff.)

Für die ersten vier Wiener Offenbach-Lesungen »dieser Höllenzeit« sind keine Zeitstrophen auf dem Programm angekündigt – zum ersten Mal seit Jahren. Da sich auch keine Zeitstrophen im Nachlaß finden, die für diese Vorlesungen in Frage kämen, hielt sich Kraus in den Vorlesungen von *Madame L'Archiduc, Perichole, Blaubart* und *Prinzessin von Trapezunt* im Dezember 1934 und Januar 1935 offenbar an den selbstauferlegten Bann. Aber schon wenige Tage später, für die Vorlesung von *Pariser Leben* – der letzten, die er in seinem Leben geben sollte –, sie fand am 20. Januar 1935 im Mittleren Konzerthaussaal statt, kündigt das Programm Zeitstrophen zum Entree des Gondremark und der Baronin, zu Gondremarks Couplet vom Strudel, zur Tirolienne und zum Kommandanten-Lied an! Und wieder erfüllt eine von ihnen das aufgestellte Programm: die letzte der Strophen, die Kraus zu dem von ihm geliebten Gondremark-Couplet schrieb und vortrug, jene vom »Strudel«, in den sich der lebenslustige Baron stürzen will, spricht von der Unmöglichkeit, etwas zur Zeit zu sagen:

Zeitstrophen sind zur Zeit nicht möglich,
Das Neue ward so bald mir alt.
Was wir an Schmach erleben täglich,
Weicht schmählich vor der Zeit Gewalt.
Sie läßt mir schwinden die Gestalten
Und andre reifen nicht so schnell.
Der Kerr, der kann gar nicht veralten,
Doch ist er jetzt nicht aktuell.
//: Ich stürz' mich nicht mehr in den Strudel hinein: ://
Zu Hitler fällt mir halt nichts ein!
/: Er stürzt sich nicht mehr in den Strudel hinein :/
Er stürzt sich nicht mehr in den Strudel Strudel hinein:
Zu Hitler fällt ihm halt nichts ein!

(Musik: siehe Notenbeispiel 22 auf S. 144 ff.)

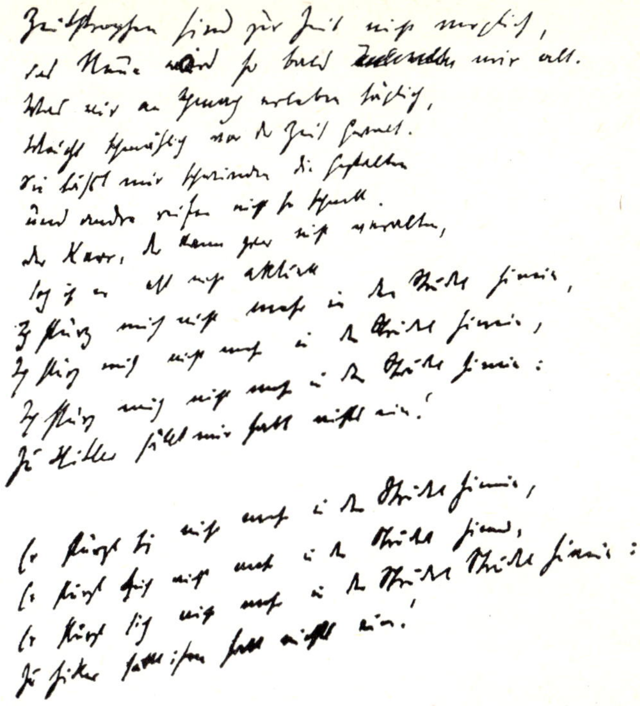

Die in beiden Couplets vorkommenden Zeilen von der Einfallslosigkeit gegenüber Hitler sind Selbstzitate. »Mir fällt zu Hitler nichts ein«, lautet der erste Satz einer großen, für *Die Fackel* bestimmten Auseinandersetzung mit der Nazibarbarei. Kraus hatte sie bereits 1933 verfaßt, und in Anspielung auf das Dritte Reich und in vielfältiger Beziehung zur Gedankenwelt des Faust (der kürzlich Kurt Krolop, 1983, gedankenreich nachgegangen ist), *Dritte Walpurgisnacht* genannt. Aber das Werk erschien erst postum. Schwieriger ist die Zeitstrophe zum Kommandanten-Lied zu verstehen. Nicht deshalb, weil sie eine etwas komplizierte Vorgeschichte hat, sondern weil Kraus mit ihr das Verbot gegen Zeitstrophen, das in der gleichen Operette zur Zeitstrophe geworden war, übertritt; allerdings hatte er schon (in einer Fußnote zu der zitierten Vorrede, F 909, Mai 1935, 25) gesagt: »Die selbstgesetzte Schranke hat – öfter im Couplet als im Dialog – die Überschreitung erlaubt.« Also: Die Szene, in der das Kommandanten-Lied vorkommt, ist die Parodie einer Szene aus einem Rührstück von Scribe, was aber spätere Besucher nicht zu wissen brauchten, um den Spaß zu genießen. Im Offenbachschen Original mimt Gabriele, die Handschuhmacherin, bei der zum Nutzen des Barons Gondremark veranstalteten Table d'hôte die Witwe eines Obersts (Abbildung 7); zwischen Himmel und Erde führt sie mit ihrem verewigten Gatten ein Zwiegespräch, das so verläuft:

Notenbeispiel 27

stand, streng von der Welt ge-schie - - den. O, sieh her ab aus je-nem
Schmach, ich gab den Geist ihm wie - ie - ie - ie - der. O sprich, er-kennst du nun die
C G D7 G Em Am H Em Am
pp
Allegro
Land, bist Du endlich zu - frie - den? Ist Dir jetzt wohl, mein Kommandant, ist Dir jetzt
Sprach deiner lieb-li-chen Lie - der? Ist dir jetzt wohl, mein Of - fen-bach, ist dir jetzt
H Am7 H Am7 H G D7
p
wohl mein Komman - dant? Besser schon, bes-ser schon, besser
wohl, mein Of - fen - bach? Besser schon, bes-ser schon, als bei
G C

rit.
a tempo
schon, als wie hie- nie-den! Ist Dir jetzt wohl, mein Kommandant, ist Dir jetzt
Reinhardt und die andern Brieder. Ist dir jetzt wohl, mein Of-fen bach, ist dir jetzt
A7 D D7 G D7 G C
rit.
a tempo
wohl, mein Kom-man-dant? Ist Dir jetzt
wohl, mein Of-fen-bach? Isl dir jetzt
G D7 G D7 G D7 G C
mf
p
Moderato
wohl, mein Komman-dant?
wohl, mein Of fen bach?
2. Erneuern
G D7 G D7 G D G D
mf
Wiederholen
al
G D schnell G

Im September 1932 schrieb der Offenbach-Biograph Louis Schneider an Kraus (siehe dazu F 885, 1932, 12), um ihm für seine Offenbach-Übersetzungen zu danken. Schneider hatte den Einfall, diesen Dank der Gabriele in den Mund zu legen; er läßt sie an den im Himmel weilenden Offenbach die Frage richten, ob er wohl mit Kraus' Leistung zufrieden sei. Schneider schrieb:

»... et je pourrai vous dire comme dans la Vie Parisienne:

Du haut de ta demeure dernière
Es-tu content, mon Offenbach?
Oui, il serait content et même enchanté.«

»... und ich könnte Ihnen wie im *Pariser Leben* sagen:

Von oben aus deiner letzten Wohnung
Bist du zufrieden, mein Offenbach?
Ja, er wird zufrieden sein, sogar entzückt.«

Schon in der *Pariser Leben*-Vorlesung vom 11. Oktober 1932 hatte Kraus die hübsche Idee Schneiders aufgegriffen und zur Zusatzstrophe zum Kommandanten-Lied gemacht (sie übrigens in sein Vorlese-Exemplar [Jb 149.517, S. 53] eingeklebt):

Erneuern wollten manche ihn
Von jenen Direktoooooren.
Sie steckten ein den Schandgewinn;
Der Geist, der ging verloooooren.
Ich aber wehrte ab die Schmach
Ich gab den Geist ihm wieieieieder.
O sprich, erkennst du nun die Sprach
Deiner lieblichen Lieder?
Ist dir jetzt wohl, mein Offenbach?
Ist dir jetzt wohl, mein Offenbach?
Besser schon als bei Reinhardt und bei die andern Brie-
Ist dir jetzt wohl, mein Offenbach? der.
Ist dir jetzt wohl, mein Offenbach?

(Musik: siehe Notenbeispiel 27 auf S. 170 ff.)

Man braucht nicht zu bezweifeln, daß Kraus diese Zusatzstrophe auch am 20. Januar 1935 vorgetragen hat. (Da neue Zeitstrophen zu »Ich möchte ins Theater gehn«, obwohl angekündigt, nicht aufzufinden waren – auch nicht für die Couplets aus der *Großherzogin* und der *Schwätzerin,* die im Februar und März 1935 auf dem Programm standen –, dürfte Kraus hier auf ältere Strophen zurückgegriffen haben.)

Hingegen gibt es mindestens zwei weitere neue Zeitstrophen zu den Tirolienne-Vierzeilern aus *Pariser Leben,* die in die Vorlesung dieses Werkes vom 20. Januar 1935 passen, die nur in sie passen und die leider in sie passen; sie lassen ahnen, daß sich hier ein Konflikt auftut, tiefer als irgendeiner, den Kraus jewann mit sich auszumachen hatte. Die Strophen lauten:

Ich bin der Verehrer beraubt,
Denn das verzeihn sie mir nie:
Sie haben nämlich geglaubt,
Daß ich so blöd bin wie sie.

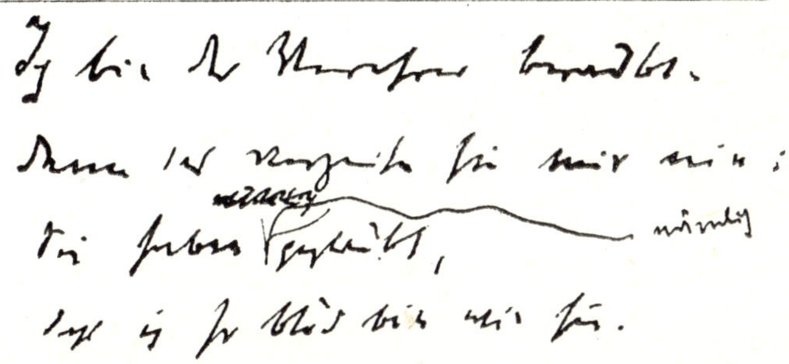

und:

Aber das ist mein' Freud,
Daß ich hier oben allein.
Die paar hundert Leut,
Die hab'n unten zu sein!

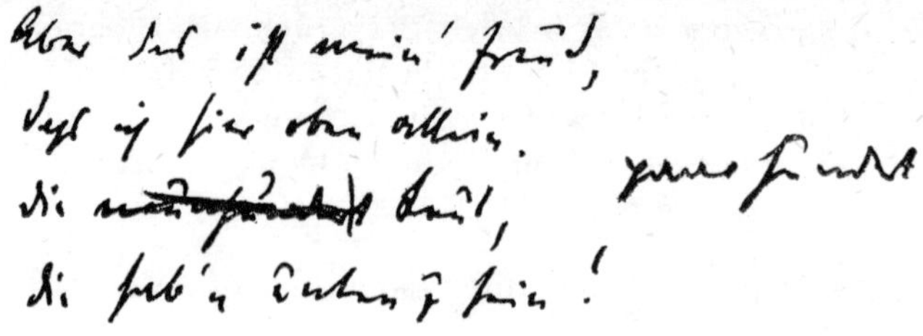

Daß Kraus zu den Hörern und Lesern, seinem »Anhang«, seinen »Verehrern«, eine zwiespältige Haltung hatte, ist bekannt. Einerseits wußte er sehr wohl, wie er auf sie angewiesen war. So hatte er in glücklichster Formulierung – allerdings war das zur Zeit seiner ungetrübtesten Hörerbeziehungen – geschrieben (F 676, 1925, 68): »... daß wenn es überhaupt ein geistiges Wien gibt, es in diesem Saal, zwischen dem Tisch auf dem Podium und dem letzten Stehplatz, versammelt ist, stolz auf die Berechtigung, diesen Namen einer geistigen Fälscherbande entreißen zu können, am stolzesten aber darauf, daß wir, um uns zu begegnen, nicht ihre Förderung brauchen, und um uns in glücklichster Wechselwirkung zu erleben, frei sind von der Anwesenheit jener, die nicht hören wollen, weil sie zu fühlen fürchten.« Aber auch noch mehr als zehn Jahre später – und zwar n a c h dem Vortrag der eben zitierten Vierzeiler – schrieb Kraus (F 916, November 1935, 9), der Vortragende wisse, »daß in keiner Hörerschaft der Welt so viel geistiges Interesse und seelische Hingabe vorhanden ist wie in der seinen. Diesen Kräften, denen er nicht weniger zu danken hat als sie ihm, will er, solange die Umstände der Welt und seine physische Natur es ihm erlauben, das Theater der Dichtung nicht entziehen.« Um den Widerspruch nicht völlig unverständlich zu machen, muß man – zunächst – wissen, daß Kraus zwischen Hörern und Hörern zu differenzieren wußte. Daß er am liebsten vor Arbeiterhörern lesen würde, hat er bis in die letzte Zeit hinein versichert. Aber diesen Wunsch glaubte er schon seit 1929, da ihm die Vermittlung durch die Organisationen der Sozialdemokratie unannehmbar war, sich versagen zu müssen. Unter seinen sonstigen Hörern, die weitgehend der Intelligenz angehörten, traf er Unterscheidungen. Diejenigen, die nur auf seine Meinungen aus waren, die nur Bestätigungen ihrer politischen Ansichten aus seinem Mund zu erfahren suchten, waren ihm suspekt. Schon seit Jahren wurden ihm Vorlesungen aus eigenen Schriften – die ja in der Regel Stellungnahmen zu politischen Tagesereignissen zum Kern hatten – im gleichen Maße verhaßter, als seine Hörer in schwierigen Zeiten von ihm mehr Auskunft, ja Führung erwarteten. (Ich spreche auch aus eigener Erfahrung.) Auch dieser Konflikt hat sich in einer Zeitstrophe niedergeschlagen (In 158.618), die vielleicht sogar im Anschluß an die vorletzte der zitierten ihren Platz hatte:

Doch tu ich's recht überlegen,
Hab'n sie recht, sich zu giften.
Ich war selbst doch stets gegen
Die eigenen Schriften.

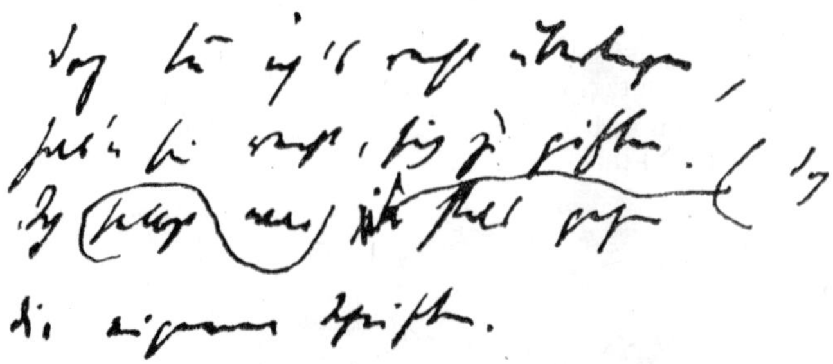

Und in seiner schlimmsten Zeit, im Juli 1934, schrieb Kraus (F 890, 312) folgendes: »Zeitinteressenten sind unerwünscht. Da eine Steigerung der Nachfrage nach Shakespeare nicht zu erzielen ist« – das bezieht sich sowohl auf die Nachfrage nach Eintrittskarten zu den Shakespeare-Vorlesungen, deren Kraus zwischen 1933 und Mai 1935 siebzehn gab, als auch auf den Verkauf seiner Shakespeare-Bearbeitungen – »... [und da] das Mißverhältnis stört, so wird eine Reduzierung der Leserschaft der Fackel auf solche erstrebt, die sich auch für Shakespeare interessieren«. Ähnliches konnte man damals mehrfach lesen und hören. Aber es hieße die Dimensionen der Tragödie einengen, wollte man den Konfliktstoff bloß in der Kommunikation zwischen Kraus und seinen Rezipienten suchen. Wenn wir die Offenbach-Vorlesungen bis zu ihrem Ende verfolgen, wird sich noch deutlicher zeigen, daß dieser Konflikt weitere Dimensionen hatte.

Die Anregung zur Aufnahme der *Kreolin* in das *Theater der Dichtung* ging von Josephine Baker aus, die in diesem Spätwerk Offenbachs zum ersten Mal im Dezember 1934 auf einer Pariser Bühne (Théâtre Marigny) die Titelrolle spielte (J. Bouillon, 1976). Schon das allein und der mit den Rassengesetzen nicht in Einklang zu bringende Stoff des Stückes – überflüssig zu sagen, daß die Kreolin ihren »reinrassigen« Partnern sowohl bei Offenbach als auch im Munde ihrer Interpreten Josephine Baker und Karl Kraus mindestens ebenbürtig war – erklärt die Wahl. Kraus, der das Stück zur 60. Wiederkehr des Tages der Pariser Erstaufführung (3. November 1875) herausbringen wollte, konnte es nur mehr zwei Mal, am 11. November und am 9. Dezember 1935, zu Gehör bringen. Aber nicht die Titelfigur steht im Zentrum des Interesses – zumindest in unserem Zusammenhang –, sondern die des Kapitäns Feuillemorte, auch »der Kommandant« genannt. Mit einer »Spur von satirischer Tendenz« ist dieser tolle Kapitän »im rührend Menschlichen« und in seiner »Wichtigmacherei« gezeichnet (F 916, 1935, 3). Ein Couplet, das er gleich bei seinem Auftritt im 1. Akt vorträgt und von dem man nicht sagen kann, es sei an sich bemerkenswert, spielt im Alterswerk von Karl Kraus eine besondere Rolle. Es ist ein nostalgisch-wehmütiges Stückchen Musik, das Offenbach für seinen Kapitän geschrieben hat: ein erster Teil, in dem Anklänge an Militärmusik dem Rang des Kommandanten gerecht werden, mündet in einen langsamen Refrain, dessen Lyrik durch die vorangehenden und folgenden Trompetenfanfaren leicht ironisiert wird. Der Text spricht davon, daß der Kapitän einen Wunsch seines Vaters erfüllen wolle, seinen Namen nicht verschwinden zu lassen. »Ne laissez pas tomber les Feuillemorte!« [Laßt die (Familie) Feuillemorte nicht fallen; kann aber auch gehört werden als: Laßt die toten Blätter nicht fallen] sind die Worte des Refrains, die Julius Hopp (in seiner Übersetzung für das Theater an der Wien, die Kraus zur Grundlage seiner Fassung machte) umgedichtet hat zu:

Sorg', daß dein Name nicht zerstieb
wie Spreu im Winde!

Zu diesem Couplet hat Karl Kraus fünf Zeitstrophen geschrieben, die wie ein Vermächtnis klingen; sie geben uns – einzigartigen – Einblick in Kraus' Denken während seiner letzten Lebensphase, wie zu zeigen sein wird.

»Der Magier«, um den sich die erste Strophe (siehe S. 177) dreht, ist Max Reinhardt. Er wurde für Kraus zum Repräsentanten geschäftstüchtiger Überdauerer aller Katastrophen; in kaum einem der letzten *Fackel*-Hefte fehlt sein Name – er steht immer in negativem Zusammenhang (siehe besonders F 890, 1934, 147–49; 912, 1935, 33–62; 917, 1936, 1–22). Man muß wissen, daß Reinhardt in zunehmendem Maße ein Mann der Veranstaltungen riesigen Ausmaßes geworden war, der Reklame und der Zeitungen, des Salzburger Festspielrummels und der von unsauberen Geldmännern finanzierten stupenden Aufmachungen sensationeller Schaustücke. Man sehe das Schloß Leopoldskron (Abbildung 29), in dem Reinhardt sich in Salzburg niederließ, als symptomatisch für seinen grandseigneuralen Lebensstil! Keine »eklere Entwürdigung« könne es geben, so Karl Kraus (F 912, 1935, 43), »als die Kriecherei um Leopoldskron, als Gastmähler, zu denen sich der Luxus, auf den die Not angewiesen ist, beim Hotelportier vormerken läßt (beglückt, wenn der Magier Cercle hält, bezaubert, wenn er im Kabinett verborgen bleibt); daß es nichts gibt, was der ›Kultursendung Salzburgs‹ ärger widerspräche als zum künstlerischen Minus ein Treiben, das Timons Speichelleckern die

Ehre rettet: das wissen die Sachwalter der Not, die sich offenbar überwinden, solche Fähigkeit der Vermittlung und des Snobdienstes ›Genie‹ zu nennen.« Es geht nicht um Reinhardt, sondern um eines der großen Probleme seiner (und unserer) Zeit, um die Charakterlosigkeit, die Verlogenheit, die Unterwürfigkeit charlatanhafter Intellektueller. Nicht als »alltägliche Narrheit«, nicht als verzeihliche Schwächen, über die man mit übermütigem Spott hätte hinweggehen können, erschienen ihm ihre Kniefälle vor der Macht des Geldes, der Presse, der Politiker, nicht nur Hitlers – Haltungen, die auch Brecht von Intellektuellen verächtlich als »Tuis« sprechen ließ. – Von dem hochbegabten Regisseur Reinhardt, von dessen Aufführungen am Wiener Josefstädter Theater in den 20er Jahren (Shakespeare, Schiller, Werfel und viele andere) ich die tiefsten Eindrücke bewahre, war in seiner Spätzeit kaum mehr etwas zu merken. Jedenfalls nicht für Kraus. Da Reinhardts Leistungen ihm Nachruhm nicht sichern würden, muß also die Presse dafür sorgen, daß sein Name erhalten bleibt. Charakteristisch für Kraus' Technik der sich wandelnden Wortbedeutungen ist der Übergang, in dem er (Zeile 5) von der »Spalte«, die eine Zeitung sowohl als auch ein Baum haben kann, über »Rinde«, die nur mehr dem Baum zugehört, der aber »Blätter« trägt, die an »Zeitungen« denken lassen – auch: aus Bäumen werden Zeitungen! –, auf den »Blättertod« kommt – und zwar in Anspielung auf berühmte Worte von Wilhelm Müller (»… ich schnitt' es gern in alle Rinden ein«) –, so daß die deutsche Übersetzung des Kapitännamens (Zeile 7) zum Symbol für die Zeitungspest werden kann. – Was »Lehars Welt« in der zweiten Strophe im Gegensatz zu »Offenbachs Lied« bedeutet, bedarf nach allem Gesagten keiner Erläuterung. – Die dritte Strophe schlägt mit tiefem Ernst das Motiv von der Vergeblichkeit der Lebensarbeit an, das in den letzten Jahren lebensbedrohende Ausmaße annahm. Man übersehe nicht den Doppelsinn, der in Zeile 7 steckt: »Ich sorg« deckt das semantische Feld zwischen »ich bin besorgt, daß …« und »ich sorge dafür, daß …«. »Kein Anhang« möge ihn »auf der Flucht aus der Öffentlichkeit« begleiten – das ist Wunsch und Besorgnis in einem. Abgesehen davon, daß diese Formulierung den bekannten Ausspruch »Flucht in die Öffentlichkeit« umkehrt, läßt sie an Goethes »Verlaßt mich hier, getreue Weggenossen!« (aus der *Elegie* von 1823) denken. Aber am tiefsten verbunden ist der Gedanke vom gleichzeitig gesuchten und gefürchteten Ende mit *Timon von Athen*. Kraus hat das von ihm bewunderte Drama Shakespeares schon seit 1912 auszugsweise öffentlich vorgetragen; zwischen 1924 und 1933 las er es (in einer von ihm erarbeiteten und 1930 veröffentlichten Fassung) neun Mal. Und oft berief er sich auf Timons Schicksal, der, von ungetreuen Freunden im Stich gelassen, sie zu einem Gastmahl lädt, bei dem er ihnen höhnend Schüsseln mit lauem Wasser vorsetzt, in die Einsamkeit flieht und, mit den ungetreuen, auch die treuen Freunde bis zu seinem Ende meidet. Kraus hat sich, je prekärer seine Lage desto mehr, mit dem edlen Timon, auf dessen Grabstein eine Botschaft des Hasses steht, von dessen Grab aber eine Hoffnung des Friedens ausgeht, identifiziert. Daß er das Grundmotiv seiner tragischsten Figur einem seiner rührendkomischen Charaktere in den Mund legt und zu einer Offenbach-Melodie vortragen läßt, hat für Kraus tiefen Sinn. Er hat oft Shakespeare und Offenbach (zum Beispiel: F 845, 1930, 34) in einem Atem genannt; er hat wahrhaftig Offenbach einmal als »den überhaupt größten satirischen Schöpfer aller Zeiten und Kulturen« (F 827, 1930, 77) bezeichnet. Tragik und Satire sind für Kraus einander ebenso nahe wie Witz und Schmerz. Und so wie in einzelnen seiner Gedichte und seiner Glossen »der Spott an die Lyrik verraten« wird und »Schmerz und Lust« sich miteinander verbinden, so im Ganzen seines Werkes. »Die beiden polar entgegengesetzten Gaben, die Karl Kraus mitbrachte, sein Witz und sein Pathos«, schrieb treffend Berthold Viertel, schlagen unablässig ineinander um. So kann auch, scheinbar unvermittelt, von Strophe 3 zu Strophe 4 der Übergang von tiefster Verzweiflung zur Hoffnung stattfinden – als ob nicht oft »Verzweiflung der einzige Trost« (F 890, 1934, 68) gewesen wäre! Bis in die letzten Zeilen von Strophe 5 wird der Inhalt dieser Hoffnung umrissen: »Der Teufel«, der in verschiedenen Bildern als Synonym für Hitler durch die Schriften der letzten Jahre gegangen war – mehrfach als »an die Wand gemalter« –, dem gilt nun die Gewißheit, er selbst werde »zu allen Teufeln« gehen müssen. Ob freilich, was Kraus dazu einfällt (Zeile 5), an dieser Teufelsaustreibung beteiligt sein werde, ist ihm fraglich:

er »verschwendet« es, wiewohl er weiß, daß sie es kaum haben will, an die »Widerwart«. Was es mit dieser auf sich hat, erfahren wir aus dem *Vorwort* zur *Kreolin* (F 916, 1935, 3). Dort heißt es, das Stück sei in das *Theater der Dichtung* aufgenommen worden »mit der bewußtesten Abzielung gegen alle Gegenwart der Welt und ihres Theaters, welche wir, solange wir noch mitmachen müssen und dürfen, Widerwart nennen wollen ...«. Warum Kraus diejenigen, denen es Kopfzerbrechen machte, daß ihm zu Hitler »nichts fiel ein« (Strophe 5), als »Trottel« bezeichnet? Weil sie sein Schweigen, dessen Gründe er im Juli 1934 (F 890) außerdem dargelegt hatte, hätten verstehen müssen. Die Gegenwelt zu »Europas Macht« (Zeile 5) ist die von der Kreolin repräsentierte, der Natur und der Menschlichkeit näher. Und daß Kraus im letzten Refrain endlich die Spreu »im Sturme« statt wie bisher »im Winde« zerstieben läßt, ist zweifach begründet: Auch in Shakespeares *Sturm* zerstiebt »ein Wahn«, aber nun, da »Wort« und »Schrift« ohnmächtig geworden waren, muß man auf einen Völkersturm hoffen – »vielleicht erleben wir's«. Vergeblich würde man in Kraus' letzten Schriften sonst nach einem Ausdruck der Hoffnung suchen. »Alles trostlos, ausweglos« (BSN 1. März 1934) umschreibt den Ton, auf den die letzten Briefe an Sidonie Nadherny gestimmt sind. Noch unveröffentlichte Briefe oder Manuskripte – unter denen vielleicht noch die eine oder andere Zeitstrophe auftauchen könnte – dürften an diesem Ton kaum etwas ändern. Sicher hat Kraus in seinen letzten *Fackel*-Heften einen Ausblick auf das Ende des Teufels und des Wahns in eigenen Worten nicht formuliert; nur die Zeilen eines Gedichtes – eines fremden – sprechen von Licht:

Wenn einstmals diese Not
Lang wie ein Eis gebrochen,
Dann wird davon gesprochen,
Wie von dem schwarzen Tod;
Und einen Strohmann baun
Die Kinder auf der Heide,
Zu brennen Lust aus Leide,
Und Licht aus altem Graun. (F 912, 1935, 71/72)

Es ist das Gedicht *Die öffentlichen Verleumder* von Gottfried Keller, das Kraus schon 1926 (F 735, 159/60) (zusammen mit zwei anderen als *Zeitgemäßes von Gottfried Keller*) abgedruckt hatte. Dessen letzte (hier zitierte) Strophe schlägt den Ton an, den Kraus seinen tollen Kapitän aus der *Kreolin* aufnehmen läßt. Aus der Zeitentrücktheit einer späten Offenbach-Operette entstehen die letzten Verse, die Karl Kraus geschrieben hat; in ihnen spricht er zeitgemäß aus, wovor seine Prosa zurückschreckte: daß es noch Hoffnung gibt.

1

Gar mancher täglich wird genannt:
Wem wäre fremd des Magiers Name?
Mein Geschäft kennt keine Reklame
Und ist darum auch wenig bekannt.
In jede Spalte, jede Rinde
Ihn einzuschneiden jener gebot.
Feuillemorte, auf deutsch: der Blättertod
Sorgt, daß der Reinhardt nicht
zerstieb wie Spreu im Winde
wie Spreu im Winde.

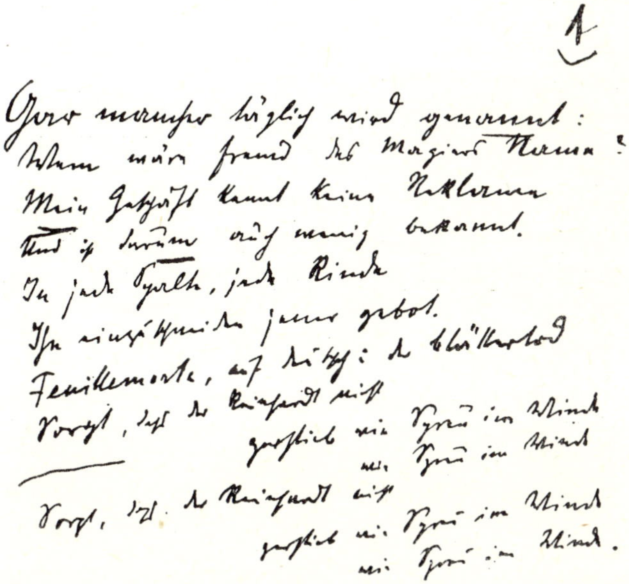
1
Gar mancher täglich wird genannt:
Wem wär fremd des Magiers Name?
Mein Geschäft kennt keine Reklame
Und ist darum auch wenig bekannt.
In jede Spalte, jede Rinde
Ihn einzuschneiden jener gebot.
Feuillemorte, auf deutsch: der Blättertod
Sorgt, daß der Reinhardt nicht
zerstieb wie Spreu im Winde
wie Spreu im Winde
Sorgt, daß der Reinhardt nicht
zerstieb wie Spreu im Winde
wie Spreu im Winde.

2

In Lehars Welt war ich bemüht,
So gut es gieng, uns durchzufretten,
Was des Geistes ist, zu retten
Und zu bewahren Offenbachs Lied.
Denn zu verlieren schien mir Sünde,
Was uns den Rest von Glück erhält.
Doch wollte anders es die Welt –
So daß sein Reichtum doch
   zerstob wie Spreu im Winde
   wie Spreu im Winde.

3

Es auszusprechen tut mir leid:
Ich lebe nicht in diesen Zeiten,
Und kein Anhang soll mich begleiten
Auf der Flucht aus der Öffentlichkeit.
Nicht zu wahren ich nötig finde,
Was in die Gegenwart nicht paßt,
Ich sorg, wo aller Geist verhaßt,
Daß auch mein Name bald
   zerstieb wie Spreu im Winde
   wie Spreu im Winde.

4

Nur eine Hoffnung gibt mir Kraft,
Man müßte wahrlich sonst verzweifeln:
Einmal geht doch zu allen Teufeln,
Was uns der Teufel täglich schafft.
Und was mir einfällt, ich verschwend' es,
Zu wirken auf die Widerwart.
Ich weiß, welch Schicksal ihrer harrt:
Wie Spreu im Wind zerstiebt
   ihr Dreck doch letzten Endes
   doch letzten Endes.

5

Daß mir zu Hitler nichts fiel ein,
Schuf manchem Trottel Kopfzerbrechen;
Er schien von mir sich zu versprechen,
Ich würde die Welt vom Wahne befrein.
Europas Macht gleicht einem Wurme,
Der kriecht, bevor der Tritt ihn trifft.
Es starb das Wort, es starb die Schrift.
Vielleicht erleben wir's,
   daß jener Wahn zerstiebt
   wie Spreu im Sturme.

(siehe Abbildung 31)

Notenbeispiel 28

nannt: Wem wä-re fremd des Ma-giers Na-me?
ein, schuf manchem Trot-tel Kopf-zer - brechen,
C6 Cm6 D7 G Gm
Mein Ge-schäft kennt kei-ne Re-kla - - me und ist darum auch wenig be-
erschien von mir sich zu ver - spre - - chen, ich würde die Welt vom Wahne be-
G Hm F♯7
kannt. In je - de Spalte, je - de Rin-de ihn ein-zu-
frein. Eu-ro-pas Macht gleicht ei-nem Wur-me, der kriecht be-
Hm D A D
f
p

Andantino
schneiden je-ner ge-bot. Feuillemorte, auf deutsch: der Blät-ter- -tod ___ sorgt, daß der
vor der Tritt ihn trifft. Es starb das Wort, es starb die Schrift. Vielleicht er-
G D A7 D Gm D Gm
p
pp dolce
Reinhardt nicht zerstiebt wie Spreu im Win - - - - de, wie Spreu im
le-ben wir's, daß je-ner Wahn zer-stiebt ___ wie Spreu im
D7 G D7
Win-de, ___ sorgt, daß der Reinhardt nicht zerstiebt wie Spreu im Win - - -
Stur-me, vielleicht er-le-ben wir's, daß je-ner Wahn zer-stiebt ___
G D7 G H7 Em C6

I. 5. Karl Kraus – »der letzte Bürger«?

Walter Benjamins oft zitierter Ausspruch, demzufolge Karl Kraus »der letzte Bürger« (1930/31, 304) gewesen sei, hält näherer Betrachtung nicht stand, nicht nur deshalb nicht, weil sich neben und nach Karl Kraus manch allerletzter Bürger zu Wort gemeldet hat. Innerhalb eines Zeitraums von rund anderthalb Jahrzehnten, der (unscharf) durch die Jahre 1916 und 1933 umrissen ist, nahm Karl Kraus eine Position ein, die eindeutig außerhalb der Bürgerwelt lag. Kaum ließe sich ein anderer Satiriker oder Dichter nennen, der zu dieser Zeit mit der Unbeirrbarkeit und Unversöhnlichkeit von Karl Kraus die Verbrechen der Bürgerwelt beim Namen genannt und seine Anklage bis zur Forderung nach ihrer revolutionären Überwindung geführt hätte. Seine Methoden der Analyse und Darstellung hatten ihresgleichen nicht. Ausgangspunkt waren Symptome, Anzeichen. Man übertreibt nicht, wenn man sagt, daß Karl Kraus Zehntausende, Hunderttausende solcher Symptome oder Anzeichen für die Verkommenheit der Welt, in der er lebte, zusammentrug, ruhelos, unermüdlich, wie besessen. Für die 37 Jahrgänge, die *Die Fackel* umfaßt, hat Franz Ögg (1976) ein Personenregister zusammengestellt; die Zahl der Namen, die das Register erfaßt, ist rund 10 400 und die der Belegstellen 46 500. Und das sind nur die Namen. Kein Register hat bisher die Zahl der Begebenheiten erfaßt, mit denen Kraus sich beschäftigt hat. »Symptome als Ausgangspunkt« ist die eine Formel; »Das Wesen als Zielpunkt« die andere, auf die sich das Denken von Karl Kraus bringen ließe. Es beschreibt eine Grundfigur, die, in entgegengesetzte Richtungen verlaufend, sich mit dem musikalischen Begriff der »Gegenbewegung« bezeichnen ließe: Es geht von den Erscheinungen aus und macht sie durchsichtig; es legt den Weg vom »Ursprung« zu den Erscheinungen zurück und holt von dort das Licht, mit dem er sie durchleuchtet. Es ist nicht seine Schuld, wenn bei diesem Verfahren die meisten Erscheinungen, je genauer man sie am Maßstab mißt, den man vom »Ursprung« her gewonnen hat – es wurde umrissen (siehe S. 90), was an positiven Werten Kraus dort beheimatet sah –, sich als hohl erweisen. Der erste Weg läßt erkennen, was alles verloren und vergessen, versäumt, vertan ist; der zweite, wie groß die Möglichkeiten der Menschheit wären, wüßte sie nur, sie zu nutzen.

Diese Denkfigur der Gegenbewegung bildet ihre Methoden aus. Eine davon, für Karl Kraus ungemein charakteristisch, besteht darin, gleichsam auf dem Weg vom Ursprung in die Gegenwart (um im Bild zu bleiben), verwandte Geister aufzusuchen. Er fühlte sich bestätigt, wenn er bei andern Dichtern, Satirikern, Publizisten, Politikern den seinen nahestehende Ideen fand. (Unter den Politikern war es vor allem Rosa Luxemburg, deren einen Brief aus dem Gefängnis [siehe dazu F 546, 1920, 5–9] er wiederholt [mit einer unvergänglichen Glosse] las und in die Lesebücher aufgenommen sehen wollte.) Dichterlesungen und Abdruck von Schriften anderer Autoren in der *Fackel* (das letztere allerdings seit 1912 nur noch selten) sind die eine Hauptform bekundeter Gemeinschaft. In den späteren Wirkungsphasen Kraus', besonders in der letzten der drei Offenbach-Phasen, verlagerte sich das Schwergewicht der Dichterlesungen in die Vergangenheit: Shakespeare, Goethe, Nestroy, Offenbach kommen im *Theater der Dichtung* immer häufiger zu Wort. Unter den Zeitgenossen war es im späteren Leben nur noch Brecht, den Kraus öffentlich las – dabei übrigens ein Mal von Kurt Weill am Klavier begleitet (F 868, 1932, 33).

Die zweite Hauptform, in der Karl Kraus fremde Dichtung als Schlüssel zum Weltverständnis brauchte, war Zitat und »Einschöpfung«. Vieles gibt sich offen als Zitat zu erkennen (wenn auch Dichter und Werk nicht immer genannt sind; die hat man selbst zu kennen!); weit komplexer sind die Verfahrensweisen, mittels derer Kraus fremde Gedanken und Worte in die eigenen einschmilzt – daher das von ihm stammende »einschöpfen«. (Diesem Komplex sind in jüngster Zeit Kurt Krolop [1982] und Jochen Stremmel [1982] nachgegangen.) Wenn Kraus zwischen sich und die Ereignisse das fremde Dichterwort – und dazu gern auch die Musik – setzt, hat er sich damit ein zusätzliches Wert-, Begriffs- und Wortrepertoire erschlossen, das das eigene – in Übereinstimmung oder Kontrast – bereichert: er hat Distanz gewonnen, ohne Nähe zu verlieren. Wenn er zeitgenössische Schurken in Worten Shakespeares darstellt, »um die Jammerhaftigkeit der Gegenwart in heroischeren Dimensionen bildhaft zu machen« (F 845, 1930, 19), wenn er Greueltaten seiner Zeit mit einer »Greuelpartie des alten Testaments« (Kraus 1933, 139) in Beziehung setzt oder die Hitlerbarbarei als *Dritte Walpurgisnacht* mit den *Faust*schen Walpurgisnächten, so läßt er das Grauen ins Unermeßliche wachsen: es nimmt den Charakter des schon immer Gewesenen, des Unausweichlichen an. Dem stehen die Bilder der anderen Welt entgegen, Traumstücke, poetische Visionen, Shakespeares besinnliche oder heitere Stücke, das *Wintermärchen* etwa oder *Troilus und Cressida,* Gedichte und Märchen. Zu dieser Gegenwelt gehören auch solche Theaterstücke, in denen die Gegenwart satirisch oder ironisch dargestellt wird, wie ein Spuk, mit dem man fertig werden kann, Stücke, in denen am Ende geschieht, was geschehen müßte, wenn es mit rechten Dingen zuginge. Nestroy ist der Meister einer Theaterwelt, in der es so zugeht, und, anmutiger, freundlicher und doch nicht ohne Schärfe – und mit weit größerem Anteil von Musik –, Offenbach.

Karl Kraus hat immer wieder betont, daß er in der Sprache lebe und wirke – »du lebst im Wort und stirbst an einer Silbe«, spricht der Traum zum Dichter (*Traumstück,* 1922, 92); »in sprachzerfallnen Zeiten / im sichern Satzbau wohnen« (F 443, 1916, 6) ist sein schwer errungenes Glück. Und von dieser seiner Sprach- und Wortwelt aus kämpft der Dichter gegen die Depravierung der Sprache. Gerade durch die Scheußlichkeit dessen, was sie sagen, hat Kraus seine Schurken gern entlarvt. Atemberaubend genau hat er ihre verschiedenen Jargons und Tonfälle mitsamt ihrem »Tonfallschwindel« in Schrift übertragen und (zu unheimlicher Wirkung) im Vortrag wiedergegeben. Das alles ist oft gesagt worden. So oft, daß man darüber andere Gestaltungsmittel und andere Zugangswege zur Aufhellung von Symptomen übersehen hat. Ich nenne zwei.

Das Visuelle spielte für Kraus eine große, viel zuwenig beachtete Rolle (siehe zu diesem Komplex Krolop 1978, 233–48 und 278–89). Wenigstens erwähnen will ich die Kraft des Blicks, die Lust des Schauens – »Die vielen Glockenblumen! Horch und schau!« (F 413, 1915, 128) –, die in Karl Kraus' Naturlyrik so wichtig sind. Und ganz so wie Kraus die akustische Häßlichkeit entlarvt hat, so auch die visuelle; er dürfte der erste Autor gewesen sein, der das auch mit Hilfe von Bilddokumenten getan hat. Sogar eine Fotomontage findet sich in einer Nummer der *Fackel* aus dem Jahre 1911 (326, Titelbild), aus einer Zeit also, da John Heartfield seine Arbeit noch nicht aufgenommen hatte. Auch die Projektion von Lichtbildern während des Vortrags von Texten hat Kraus (in der letzten Vorkriegsvorlesung am 27. Mai 1914 und während des Krieges am 22. Januar 1917, beide in Wien) praktiziert: »Vor dem Totenbett der Zeit stehe ich ... Und um ihre letzte Wahrheit weiß der Photograph noch besser als der Reporter«, heißt es in der Einleitung, die Kraus vor der Projektion der Lichtbilder sprach (F 400, Sommer 1914, 46). Um zu belegen, wie früh Kraus sich auch solcher Entlarvungsmöglichkeiten bediente, wenigstens ein Beispiel! »Ich habe etwas gesehen, das mich, ich möchte sagen mit der ganzen Überzeugungskraft des Grauens gepackt hat.« So beginnt einer von etwa hundert kurzen Texten, die Kraus in der Nr. 241 (1908, 1–28) seiner *Fackel* unter dem Titel *Vorurteile* zusammengestellt hat; die meisten von ihnen sind Epigramme oder Sprüche, manche, so auch der zitierte, gehören der Gattung der (erst später so genannten) Glosse an. »Ein Weltenschauer faßt mich, und in diesem Entsetzlichen ging mir das Rätsel des Wiener Lebens auf. Es waren diese zwei – hier verkleinerten – Köpfe, die ein Wiener Blatt über einer Annoncentabelle feinerer Restaurants angebracht hat.

Daß es Menschen gibt, die diese beiden Köpfe mit Wohlgefallen betrachten, von ihnen tatsächlich zum Essen und Trinken animiert werden, daß man dem Wiener auch die einzige Fähigkeit, in der er bisher unübertroffen war, durch Anschauungsunterricht wieder beibringen muß (Ham-Ham und gutes Trinkerl), das ist wahrlich ein Selbstmordmotiv für jeden, der im Wahn gelebt hat, hier irgendwie auf Menschen wirken zu können ...« (ebenda 12). Pressefotos, Amateuraufnahmen, Faksimiles, die Szenen aus der Politik wiedergeben oder abscheuliche Visagen, Ankündigungen aller Art, Reklame, Handschriften gehören von nun an zu den Indizien, mittels derer »Phrase und Klischee als die Grundlagen eines Jahrhunderts« (F 400, 1914, 46) erkannt werden. Und wie haben die Titelbilder, die Kraus den Ausgaben der *Letzten Tage der Menschheit* beigegeben hat, daran mitgewirkt!

Noch weniger beachtet ist geblieben, daß Kraus die Musik als Gestaltungsmittel sowohl als auch in ihrer Funktion als Erkenntnismittel zu brauchen verstanden hat. Ganz so wie sich die Visage eines Fressers zur Gestalt einer Blume verhält oder das Geschreibsel eines Journalisten zum Wort eines Dichters, so verhält sich für Kraus die Musik etwa Lehárs zu der Offenbachs. (Wo ihn sein musikalisches Verständnis im Stich ließ, half ihm sein Gefühl für Werte. »Ich stehe ihrer Kunst ferne«, schrieb Kraus 1909 an Schönberg [Pfäfflin 1975, 135], aber das hinderte ihn nicht, ihm und seiner Leistung mit Hochachtung zu begegnen; ähnlich stand er zu Gustav Mahler und Alban Berg. Um zu erahnen, daß deren Kunst die Gegenwelt zu dem Gedudel und Gejodel, Geknödel und Geblödel bilde, die in Wien sonst dominierten, bedurfte er keines musikalischen Sachverstandes.) In seinem eigenen Wirken hat Kraus viele Musiker herangezogen – als Komponisten, als Improvisierende bei Dramenlesungen, als Bearbeiter mancher der von ihm vorgetragenen Operetten, als Begleiter, abgesehen davon, daß seine Lyrik von mehreren zeitgenössischen Komponisten vertont wurde. Er selbst hat oft die Musik, die ihm zu Couplets aus eigenen und zu solchen aus Nestroys Stücken vorschwebte,

»angegeben«, das heißt wohl, einem Musiker vorgesummt, der sie dann niederschrieb. In ähnlicher Weise wurden vermutlich auch Bühnenmusiken, die er brauchte, »nach Angaben des Vortragenden«, wie es öfter auf den Programmen heißt, vorbestellt. Nicht selten wünschte er sich Bühnenmusiken von Offenbach. Aber am engsten wurde Kraus' Beziehung zur Musik natürlich dann, als er selbst damit begann, ganze Offenbach-Operetten vorzutragen. (Vergleiche zu dem ganzen Komplex auch II.4.) Die Frage liegt nahe, was es denn nun eigentlich war, das Kraus der Einbeziehung von Musik in seine Dichtungswelt verdankte. Wenn es nur um Wortkunst ginge – wozu Musik? – Ehe besser fundierte Einsichten zur Verfügung stehen, will ich meine eigenen Erklärungen (in groben Umrissen) darlegen. Am besten geht man von der Allerweltsweisheit aus, daß Musik die Sprache »eingängiger« mache. Vermutlich sind es zwei musikalische Hauptkomplexe, die das besorgen: die Organisation der musikalischen Tonhöhen und die der zeitlichen Aufeinanderfolge von Tönen und Klängen. Die Prinzipien dieser Organisation, ihre historische Entstehung – und erst recht die Gründe ihrer Wirksamkeit – können noch lange nicht als durchschaut gelten; bei meinem Versuch will ich Fachausdrücke, soweit es geht, vermeiden; besonders was die zeitliche Organisation der Musik angeht, werden sogar die Fachausdrücke, deren wichtigste »Rhythmus« und »Metrum« sind, oft widersprüchlich verwendet. – Ich gehe von der Annahme aus, daß die Satzmelodie (die auch der gesprochene Satz aufweist) historisch älter ist als der Satz. Das heißt: Ehe die Menschen ausformulierte diskursive Sprache hatten, hatten sie, so nehme ich an, vokale Äußerungen, die in rudimentärer Form, in Ansätzen, die Eigenschaften hatten, die auch die Satzmelodie der voll entwikkelten Sprache auszeichnen: wie eine akustische Äußerung einsetzt (man spricht von »Einschwingungsvorgängen«) und wie sie endet (»ausschwingt«), das Steigen und Fallen der Stimme, Höhepunkte, Pausen – man kann dergleichen bei Kindern hören, die noch nicht sprechen, aber sich schon in Grenzen vokal artikulieren können. In diesen Vorgängen ist sowohl die logische Struktur des Satzes auf das vokale Medium abgebildet als auch seine emotiven Qualitäten. Darin dürften die Grundprinzipien musikalischer Melodiebildungen stecken. Und auch die harmonischen Bereicherungen und Bekräftigungen, die in der europäischen Musik seit etwa dem 15. Jahrhundert sich diesen melodischen Bildungen hinzugesellt haben, fügen sich diesen Prinzipien. Man könnte gut davon sprechen, daß hier ideelle Strukturen auf materielle abgebildet seien. Melodisch-harmonische Gestalten haben sich auf solche Weise herausgebildet, die wir als »schön« empfinden, um so schöner, je besser sie die genannten Qualitäten von einem zum andern übertragen. Jede zu einem dichterischen Text komponierte (oder improvisierte) Musik messen wir unbewußt – ohne fachmännische Kenntnisse – daran, wie vollkommen sie die logische und emotive Eigenschaft der dichterischen Äußerung nachbildet. (Daß auch nicht-textgebundene Stücke nach diesen Kriterien beurteilt werden, ist ein Tatbestand, dessen Erörterung hier zu weit führen würde.) Wenn eine Melodie herausholt, was in einem Satz an Qualitäten der angedeuteten Art steckt, findet er Zugang zu Bereichen unseres Hirns und unserer Nerven, die dem nichtmusikalisierten Satz verschlossen sind. – Nun hat natürlich auch die Sprachmelodie – gesungen oder gesprochen, prosaisch oder poetisch – außer der Tonhöhenorganisation auch ihre rhythmisch-metrische Gliederung; sie läuft ja in der Zeit ab. Diese Gliederung hat zum einen vielleicht mit (nicht unmittelbar wahrnehmbaren) zyklischen Abfolgen von Aktivierung und Hemmung motorischer Abfolgen zu tun (Lenneberg, 1967, 138); zum andern ist sie der Sinngliederung und dem emotiven Gehalt des Satzes zuzuschreiben: Wir heben und senken die Stimme nicht bloß, wir verweilen auf manchen Lauten länger als auf andern, über die wir schnell hinweggleiten, wir halten vor oder nach einem Wort inne und so weiter. Dann aber gibt es Typen rhythmisch-metrischer Gliederung, die mit der eben genannten nicht bloß nicht identisch sind, sondern ihr sogar zuwiderlaufen. Gemeint sind Gliederungen nach kurzen rhythmisch-metrischen Mustern, die unzählige Male (unverändert oder leicht variiert) im Metrum der poetischen Sprache und in den meisten Formen von Musik wiederholt werden. Diese regelmäßige Wiederkehr zeitlich organisierter Muster kommt sicher nicht aus den Prozessen, die Gedanken produzieren; eher könnte man meinen, daß die Regelmäßigkeit, mit der sich Rhythmen, Metren, Versmaße,

Takte wiederholen, der Entfaltung von Gedanken und ihrer Übertragung von einem Menschen zum andern hinderlich ist. Und dennoch kennen wir keine menschliche Kultur, in der diese Form zeitlicher Organisation von Tönen und Klängen, und zwar in jeweils festgelegten traditionellen, oft hochentwickelten Mustern, sich nicht den ersterwähnten Typen hinzugesellte; sie sind Grundbestand jeder Poesie und jeder Musik. Diese rhythmischen Muster kommen aus ganz anderen Bereichen der menschlichen Physis als die Tonhöhenorganisation und die Sinngliederung; sie gehen auf Herzschlag und Atem, auf Schritt und Bewegung zurück, vielleicht auch auf andere, komplexere chronobiologische Vorgänge in unseren Körpern. Dergleichen physiologische Vorgänge, verstärkt, hörbar gemacht, stilisiert, kombiniert, dürften die Wurzeln der rhythmisch-metrischen Ordnung in Poesie und Musik sein. Eben darum, weil sie biologisch so tief reichen, beherbergen sie die Möglichkeit, Menschen wechselseitig zu beeinflussen, sie auf die gleiche innere Situation sich »einschwingen« zu lassen, sie aufeinander »einzustimmen«. Für Bewegung und Tanz, auch für das Spiel ist die in Klang umgesetzte Zeitorganisation konstitutiv, nicht für das Fassen von Gedanken. Beim Nachdenken hält auch das Tier still. Und dennoch ist gerade die Kombination von Tonhöhen- und Zeitabfolgenorganisation, die Zusammenklammerung dieser widerspruchsvollen Prinzipien für alle Musik, wie es scheint, charakteristisch. Es handelt sich offenbar um eine Errungenschaft, die weit in die Geschichte der Menschwerdung zurückreicht. Ihre tiefste Ursache werden wir in der Notwendigkeit zu suchen haben, Gedanken in ebenso eingängiger, emotiv bewichteter, gleichsam ansteckender Weise übertragbar zu machen wie Gefühle.

Nun fügt sich ja auch ein Gedicht, gesprochen oder gelesen und selbst gedacht, der geregelten Aufeinanderfolge langer und kurzer, betonter und unbetonter Zeiteinheiten. Aber die Musik verfügt da über einige Vorteile: Sie kann rhythmische Muster erklingen lassen, während Sänger oder andere Instrumente oder selbst andere Klangbereiche ein und desselben Instruments gleichzeitig musikalische Abläufe ganz anderen Charakters zum Erklingen bringen; das Gedicht läßt nur jeweils e i n e n Ablauf zu. Es muß die rhythmischen Muster in Worte aufsaugen, muß Tonhöhen- und Zeitorganisation auf einen Nenner bringen; darin besteht sein Reiz. Aber die Musik, weil sie (von ihrem Ursprung her) sehr verschiedene Lautäußerungen nach vielen Richtungen hin – übertreibend, luxurierend und vor allem das Widerstrebende kombinierend – ausgearbeitet hat, verfügt über reichere Möglichkeiten: In der widerspruchsvollen Zusammenfassung melodischer und rhythmischer Gegebenheiten (dazu auch anderer, hier nicht erwähnter, so der Klangfarbe) ist ein nahezu unbegrenzter und immer reicher werdender Schatz musikalischer Gestalten hervorgebracht worden. Auf der Grundlage der ihnen immanenten Eigenschaften haben sie Bedeutungen angenommen. Welches Musikstück als traurig, welches als heiter, welches als beschwingt, welches als bedrückend und so weiter und so fort gelten muß – das spürt man meist auch dann, wenn man die jeweilige Tradition, in der diese Bedeutungen stehen, nicht kennt. Das hängt damit zusammen, daß Musik den Zusammenhang mit physiologisch-biologischen Gegebenheiten stärker bewahrt hat als Sprache. – Wie diese allgemeinen Qualitäten von Musik ihre spezifische Rolle im Werk von Karl Kraus spielten, will ich später an Hand seiner Zeitstrophen zu zeigen suchen.

*

Man kann sagen, daß die hier grob umrissenen gedanklichen Motive, die Schaffensprinzipien und die Darstellungsmethoden für das ganze Werk und Wirken von Karl Kraus gelten. Ich wüßte keinen zweiten Autor zu nennen, der wie er in großen Traditionen der Menschheitskultur lebte – und so viel tat, sie ins Bewußtsein der Menschen zu rufen – und gleichzeitig die zwanghafte Arbeit auf sich nahm, die Spuren des ihm verhaßten zeitgenössischen Denkens, Redens, Schreibens, Druckens, Handelns (in beiden Wortbedeutungen) bloßzulegen. Das ging durch sein ganzes Leben. Er hat (durchschnittlich gerechnet) seit seinem 19. Lebensjahr keinen Monat verstreichen lassen, ohne in seinen Dichterlesungen einem fremden Dichter Gehör zu verschaffen. (Kraus hat bei der Zählung seiner Vorlesungen erst mit 1910 begonnen und frühere, deren aber eine beträchtliche Anzahl schon seit 1893 zu verzeichnen ist, vernachläßigt; sie müßten eigentlich der von ihm genannten Zahl 700 hinzugerechnet werden.) Und gleichfalls sehr früh, sicher seit den Anfängen der *Fak-*

kel, zielte Kraus' Arbeit auf die Entschlüsselung undurchsichtiger Zusammenhänge. Schon im vierten Jahr der *Fackel* (131, 1903, 18/19) formulierte er seine Aufgabe so: »Ich beschäftige die Leser der ›Fackel‹ nur mit Angelegenheiten, die mir ein öffentliches Interesse zu berühren scheinen. Nun ist es ja möglich, daß eine meiner Privatsachen zufällig mit einer öffentlichen Angelegenheit congruent ist: ich bin wiederholt schon Versuchsobject für diese und jene im allgemeinen Interesse anzugreifende Methode gewesen... Es ist mir verwehrt, meine Leser auf den Ocean von Niedertracht mitzunehmen, der seit vier Jahren mein Schifflein umbrandet und in dem mich die Piraten der nicht totschweigenden österreichischen Presse umlagern. 160 bis 320 Seiten müßte eine Nummer dieser Zeitschrift enthalten, wollte ich mir vornehmen, von jedem Knistern des Blätterwaldes, in den eine Fackel fuhr, Kunde zu geben. Ja, es ist unglaublich, was ich mir alles gefallen lasse! Aber ich kann dem Ansturm der Gemeinheit nur standhalten, wenn ich mich nicht zu wehren suche. Ich greife einen Sonntagshumoristen nur an, weil er ein Sonntagshumorist ist, nicht weil er seine Talentlosigkeit auch an mir persönlich versucht hat, einen Montagserpresser nur, weil er ein Montagserpresser ist, nicht weil er mich beschimpft hat.«

Diese Prinzipien hatten für Kraus lebenslange Geltung. Aber freilich, man muß auch Entwicklungen und Modifikationen beachten, die sie erfuhren, und die dabei entstehenden Widersprüche, solche in Anführungsstrichen und echte. – Seit den Anfängen der *Fackel,* erst recht vor der *Fackel*-Gründung (1899), waren die einzelnen Texte, die Kraus schrieb, weitgehend von der Zufälligkeit des Anlasses diktiert: eine Theateraufführung, ein neu erschienenes Buch, die Anfrage eines Lesers löst seine Reaktion aus. Es ist charakteristisch, daß Kraus in den ersten Jahrgängen der *Fackel* Zuschriften von Lesern willkommen heißt, sich für sie bedankt und eine eigene Rubrik *Antworten des Herausgebers* einrichtet. Im Jahre 1907 gehen diese *Antworten* – unter denen, offenbar in zunehmendem Maße, solche waren, die n i c h t von Leserzuschriften herausgefordert waren – in Glossen über. Die Aufeinanderfolge der Nummern 230/31 und 232/33 ist dafür charakteristisch: Die ersterwähnte enthält die letzten als solche überschriebenen *Antworten des Herausgebers*; die darauffolgende Nummer besteht zur Gänze aus, noch nicht so benannten, Glossen. Das ist eine für uns wichtige Entwicklung, da die Zeitstrophen nach Kraus' eigenem Zeugnis aus den Glossen hervorgehen. Eine (überfällige) neue ernst zu nehmende Kraus-Biographie hätte den vielschichtigen Prozeß des Krausschen Entwicklungsganges herauszuarbeiten. Einerseits wird Kraus von der Zufälligkeit des Anlasses unabhängiger. Zwar geht er bis zum Ende seines Lebens Symptomen nach, aber die Arbeit des Diagnostizierens wird zunehmend leichter; wer ungezählte Symptome gesehen hat, weiß, zu welcher Krankheit sie gehören. Auch die großen Polemiken, in dieser Hinsicht den kurzen Glossen vergleichbar, gehen meist von einem Symptom aus, einer Phrase, einer Redens- und Denkensart. *»In dieser großen Zeit«* (F 404, Dezember 1914, 1–19), *Frau Fanto trägt ein Ecru-Creme-Crepe-Souplekleid* (F 613, 1923, 175–84), *Die Handschrift des Magiers* (F 912, 1935, 34–62) wären einige, willkürlich herausgegriffene Beispiele. Teil dieser Methode ist die Herausbildung eines festen Stockes von negativen Figuren, die Kraus selbst gelegentlich mit Romanfiguren vergleicht. Sie sind umgeben von einem Schwarm immer wieder neu hinzukommender ephemerer Figuren, was ja mit der Verfahrensweise des Romans vereinbar ist. Die Fixierung auf einige wenige feststehende Figuren ist ein durchaus bewußter Vorgang. Es ist nicht bloß Ironie, wenn Kraus darüber klagt, daß ihm gelegentlich eines seiner Angriffsobjekte verlorengeht; er braucht sie alle. In einer bereits zitierten Zeitstrophe (siehe S. 169) klagt er die Zeit an – und man schrieb 1935! –, sie lasse schwinden die Gestalten –

Und andre reifen nicht so schnell.
Der Kerr, der kann gar nicht veralten...

Soll eine Figur tauglich sein für satirische Behandlung, muß sie einen bestimmten Reifegrad erreicht haben, das heißt auch: ihr Begriffs- und Wortrepertoire muß, satirisch umgefärbt, in das Krausschee Repertoire und in das Verständnis seiner Leser eingegangen sein – das geht nicht so schnell. Daher ist auch die Aufnahmefähigkeit für neue Möglichkeiten der Polemik – bei aller Offenheit und scheinbarer Unbegrenztheit des Panoramas – nicht unbeschränkt. Kraus rückt von seiner Bitte um Zuschriften an *Die Fackel* ab, zuerst durch

Fallenlassen der Aufforderung, später, indem er sich in immer schärferen Ausdrücken – die freilich auch andere Gründe haben – Zusendungen verbittet. Einmal schreibt er sogar an Sidonie Nadherny, nachdem er ihr für die Übersendung »interessanter Dokumente« gedankt hat: »Bitte aber: keine mehr, weil ich in dem Wust bereits erstícke und leider alles anregt« (BSN 4./5. 6. 1933). Im gleichen Maße wie die Analyse von Symptomen schärfer und, im Gegenzug, die durch Lesung und Publikation erschlossene Dichterwelt reicher wird, geschieht dreierlei: Es festigen sich die Grenzen der literarischen Gattungen, in denen Kraus sich ausspricht: Glossen und Essays, Ansprachen, Notizen, Rätsel; Dramen; Briefe (als solche des Verlags fingiert); Sprüche, Epigramme, Oden, Sonette. Gleichzeitig mit dieser Festigung bringt Karl Kraus neuartige Formen hervor. Und unabhängig von der Zugehörigkeit zu dieser oder jener Gattung, läßt sich ein Zug zur wachsenden Integrierung jedes gedruckten oder vorgetragenen Stückes – die Mehrzahl der gedruckten waren vorher gelesen worden – in das Krausscche Weltbild feststellen. Zu den Werken, deren Gestaltungsweise kein Vorbild hat, gehört in erster Linie das Drama *Die letzten Tage der Menschheit.* Aber auch einige der großen für *Die Fackel* bestimmten Schriften, wie *Warum die Fackel nicht erscheint* (F 890, 1934, 1–315) und *Dritte Walpurgisnacht* (1933, 1–292), sind streng gebaut nach Regeln, die aus der Tradition nicht ableitbar sind. Und schließlich hat Kraus seinen Zeitstrophen – obwohl diese nun wieder in einer Wiener Tradition stehen – eine Funktion zugewiesen, die sie zu einer Gattung mit nur ihnen eigener Spezifik macht. Er hat ihrer (allein zu Offenbachschen Couplets; es gibt außerdem noch 178 zu Nestroyschen) annähernd dreieinhalb Hundert geschrieben, und schon ihre Quantität, auch die manchmal fast exzessive Zahl von Zeitstrophen für eine einzige Vorlesung, machten sie zu einem Karl-Kraus-Forum auf Offenbachschem Fundament, zu einer Enklave in Offenbachs Operette, die nicht auf so viel unvermittelte Zeitgemäßheit hin angelegt war. Es gehört zur Spezifik der Offenbachschen Operette, besonders der aggressiven, daß ein bestimmter Typus von Couplet den negativen Figuren vorbehalten ist (siehe dazu S. 74/75). Es spricht für das untrügliche Stilgefühl Karl Kraus', daß er die bei weitem meisten seiner bösartigen Zeitstrophen zu Couplets dieser Art geschrieben hat; fast seine ganze negative Figurengruppe ist ständiger Gast – bis spät in die letzte Phase hinein – im Couplet vom Original, in dem von den Höflingen, in dem des Vizekönigs von Peru, dem von der Prinzessin von Trapezunt und natürlich in dem der Charlatane; in gedrängter Form sind wir einigen wenigen dieser Herren sogar noch im letzten Couplet, dem des Kapitäns Feuillemorte, begegnet. Was hat Kraus damit gewonnen, daß er seine negativen Figuren zu Offenbachs Couplets antreten läßt? Zunächst das Erlebnis, daß wir es mit austauschbaren Typen, mit Standesvertretern, mit Marionetten zu tun haben, nicht mit Persönlichkeiten. (Zu kaum einer Melodie einer von Offenbachs positiven Figuren ließen sich Zeitstrophen schreiben!) Natürlich kann man es auch in Worten sagen, daß alle Schurken aus einem Holz gedrechselt sind, aber erst wenn man fünf, sechs, zehn Strophen zur gleichen Musik gehört hat, wenn sich der Zeitunterschied zwischen Offenbachschen und Krausschen Bösewichtern verwischt, wenn man sie alle zum gleichen Rhythmus hat zappeln hören, ist es erlebt worden. Die von Offenbach gewählten musikalischen Mittel unterstreichen das Mechanische, Unpersönliche. Sie tun das mit Hilfe von kurzatmigen Floskeln, die sich auf der gleichen oder auch auf einer höheren Tonstufe oft, sehr oft, wiederholen – man höre etwa das »tiefer bücken, tiefer bücken ...« aus Notenbeispiel 18 oder auch das »Original, Original!« aus Notenbeispiel 5. Wo sich melodische Bögen hören lassen – etwa im Anfang des Höfling-Couplets (Notenbeispiel 18) –, verdorren sie alsbald zur Floskel. Dieser Technik liegt die Nutzbarmachung des Konflikts zwischen melodischer und zeitlicher Ordnung zugrunde. Die melodische Organisation wird nämlich – in dem Stil, in dem Offenbach schrieb – meist in Form von 8taktigen Gruppen (oder 16taktigen, auch 4taktigen) vorgenommen. (Auch die bei Offenbach häufigen kunstvollen und reizvollen Abweichungen von der Achttaktigkeit beruhen auf deren allgemeiner Geltung; als Ausnahme kann selbstverständlich nur empfunden werden, was akzeptierte Regeln zum Hintergrund hat.) Ein melodisch-harmonischer Achttakter verfügt über sehr fein abgestufte leichte, schwere, mittelschwere Taktteile und Takte: der erste und dritte Takt eines Achttakters beispielsweise sind in der Regel schwerer als der zweite und vierte, der achte gleicht dem ersten; Ähnliches gilt für die Einheiten innerhalb der Takte und so weiter. Was nun die rhythmische Organisation angeht, so kann sie zwar den Regeln der Schwereverteilung innerhalb des Achttakters untergeordnet werden, aber von ihrer Natur her braucht sie das nicht. Sie kann auch ganz anders aussehen. Wenn ein Komponist beispielsweise rhythmische Muster schreibt, deren jedes nur einen halben Takt umfaßt und ein eigenes Akzentzeichen trägt, so daß sie, alle gleich schwer, den Regeln der Achttaktigkeit widersprechen, so kann das den Eindruck mechanisch-geistloser Bewegung vermitteln. Die Passage »bücken, bücken, bücken, bücken...« aus dem Höflingscouplet aus *Blaubart* ist dafür ein gutes Beispiel oder, aus dem gleichen Couplet, die eintaktige Floskel, auch sie mit gleichwertigen Akzenten versehen, »krummem Rükken, krummem Rücken, krummem Rücken...«. Das floskelhaft Gedankenlose ist in solchen Fällen stärker als die melodische Organisation, in der sich, wie gesagt, gern Geistbeseeltes strukturiert. Dem entspricht die Begleitung. Spitze, meist staccato zu spielende, gleichfalls mechanisch wiederholte Figuren – besonders ausgeprägt im Trapezunt-Couplet (Notenbeispiel 23) – unterstreichen den Charakter des Mechanischen. Falsche Betonung von Textsilben – sich aus der Unterordnung der Melodieführung unter die Herrschaft des Mechanischen ergebend – gehören gleichfalls ins Bild: »... nein, nichts ist so o*ri*ginal...«, heißt es, oder »... doch leider *sie* geschworen *hat*...«. Nicht gering veranschlagen wird man bei alledem die artistische Komponente. Wohl kann man sich vorstellen, daß Börsenschieber und Pressegangster in Zeitstrophen nicht fehlen werden, die in den Refrain vom krummen Rükken münden, aber wie's gemacht oder wie »christlichsozialdemokratisch« auf einen Nenner und auf den Reim mit Original gebracht werden wird oder wie der Schober nach Trapezunt kommt – diese Schwierigkeiten zu ahnen und sich dann davon entzücken zu lassen, daß und wie gut deren Lösung gelingt, gehört zum Reiz der Zeitstrophen. Das alles im knappen Schema von Strophe und Refrain, von dem man oft gar nicht weiß, wie es die Stoff- und Silbenfülle fassen soll, die Kraus ihm zumutet! – Und das hier von der Arbeit an den Zeitstrophen Gesagte läßt durchblicken, wieviel Können und Kunstverstand Kraus in seine Offenbach-Vorlesungen überhaupt hat eingehen lassen. Es wäre der Mühe wert – man würde besonders in den Programmnotizen der Offenbach-Abende reiches Material finden –, Kraus' Arbeit an den Übersetzungen, Vorlesungs- und Bühnenfassungen, dramaturgischen Eingriffen, Zusammenklammerung mehrerer Offenbachscher Fassungen darzustellen. Man würde dann besser verstehen, warum Kraus seinen Offenbach-Vorlesungen so viel Gewicht beigemessen und seinen sonstigen Gattungen noch die der Zeitstrophen hinzugefügt hat.

*

Alles, was Karl Kraus in Jahrzehnten an Symptomatischem und Physiognomischem gelesen, gehört, gesehen und durchschaut hatte, schloß sich im Weltkrieg, das wurde ausführlich belegt (siehe S. 84 ff.), zu neuer Erkenntnis zusammen. Sie dürfte einem Grunderlebnis zuzuschreiben sein. Für wie abscheulich und verworfen Karl Kraus die Bürgerwelt auch immer hielt, daß sie bereit war, dem Profit Millionen von Menschen zu opfern, hatte er bisher nicht gewußt. Es war auch das erste Mal, daß der Kapitalismus, seiner Tendenz folgend, die ganze Erde zum Schauplatz seiner Gier nach Maximalprofit zu machen, die Menschheit in einem globalen Konflikt stürzte. Die Konsequenzen, die Kraus aus dem ihn tief aufwühlenden Ereignissen zog, waren fundamental.

Trotz aller Vorbehalte und mit Sorgen und Befürchtungen – die sich schnell als nur allzu berechtigt erweisen sollten und die er auf die Formel bringt, daß »die alten Gespenster« nur scheinbar vertrieben in Wahrheit noch da seien – tritt Karl Kraus nunmehr für die Revolution ein. Obwohl er sich weit eher als »Abgeordneter der Menschheit« (F 462, 1917, 141) sieht, denn als Vertreter einer Partei, setzt er dennoch zunächst Hoffnungen auf die Sozialdemokratische Arbeiterpartei Österreichs (SDAPÖ) und unterstützt sie. Am 1. November 1918 (F 499, 1918, 36) spricht er angesichts der neuen österreichischen Republik die Worte: »Ich beuge mich ehrfürchtig vor dem Wunder dieser Erweckung...« Nun beginnt auch die Phase der Vorlesungen für Arbeiter (die unter II.8. genauer beschrieben ist). »Die Miterlebensfähigkeit eines proletarischen Auditoriums«, so empfindet Kraus bis zum

Ende seines Lebens, sei sein »eigentlichstes und bestes Erlebnis auf dem Podium« (F 717, 1926, 113). Es bedürfte eigener Untersuchungen, um den Nachweis zu führen, daß Kraus die Popularität, ja Massenwirksamkeit dieser Lesungen in keiner Weise durch Konzessionen in bezug auf seine Sprachgestaltung erkauft. Man frage sich – um ein einziges Beispiel für ungezählte zu nennen –, ob die folgende Formulierung, zweifellos »politisch«, darum weniger künstlerisch gestaltet ist als etwa die dichterische vom Reim als »dem Ufer, wo sie landen / sind zwei Gedanken einverstanden«. – »Diese Gesellschaft ist natürlich in allen Ländern von der gleichen Wesenswiderwärtigkeit, man erkennt sie an den Reflexbewegungen und Gurgellauten der Eigentumsangst, die sie, wie manche Insekten einen übelriechenden Saft, von sich geben, sobald nur das Problem der Not an ihrem schäbigen Horizont auftaucht.« (F 657, 1924, 216) Mit der gängigen Vorstellung, derzufolge das, was man abschätzig »politisch« nennt, dem Dichter fremd sei, kommt man in dieser Phase des Wirkens von Karl Kraus nicht zurecht. Für seine Ansprachen an Arbeiter findet er – gleichzeitig – die politisch schärfsten und die geschliffensten Formulierungen; wie sich sein Wortschatz erweiterte, wurde auf den S. 86/87 gezeigt. Ohne eine Theorie der Revolution zu entwickeln – das erachtet er nicht als seine Sache –, erkennt er die Notwendigkeit, die Bürgerwelt in allen ihren Erscheinungsformen radikal zu überwinden, und auch daß diese Aufgabe nur von der Arbeiterschaft geleistet werden kann. Aber auch emotional fühlt er sich vom Proletariat angezogen. Es bleibt nicht bei Vorlesungen. Am Widerstand der Ereignisse entzünden sich seine Vorstellungen, und die Logik der Entwicklung reißt ihn in immer weitere Aktivität. Kaum mehr könnte man die Grenze ziehen zwischen dem, was Kraus in der Mitte der 20er Jahre auf sich nimmt, und dem, was man gemeinhin für die Sache bloß des Politikers hält. Er führt ausgedehnten Briefwechsel mit Sympathisierenden, organisiert seine Versammlungen; die Schober-Kampagne zwingt Kraus auf immer politischeres Gebiet im engern Wortsinn; auf ihrem Höhepunkt will er wahrhaftig einen der mächtigsten Männer Österreichs aus dem Amt zwingen; zu der Veröffentlichung von Dokumenten, zur juristischen Aktion kommt eine neue Form des direkten Appells an die Öffentlichkeit: das Plakat; ein politisches Kampflied – der moderne Ausdruck ist hier durchaus am Platz –, das *Schoberlied,* wollte Kraus in 150 000 Exemplaren verbreitet sehen (F 795, 1928, 27); es wurden dann, da die Sozialdemokratische Partei nicht mitmachen wollte, »aus eigener administrativer Kraft, ferner mit Zuziehung der Volksbuchhandlung und hauptsächlich der ›Roten Hilfe‹« (ebenda 29) bloß 19 000 abgesetzt. Vor allem: die oft bekundete Meinung von der Wirkungslosigkeit des gesprochenen oder gedruckten eigenen Wortes ist nun völlig außer Kraft gesetzt. Nicht aber die strengste Anforderung an die Gestaltung dieses Wortes. »Wortkunst« bleibt jede Zeile, die Kraus schreibt und liest; sie ist nicht etwas Zusätzliches und Ablösbares, sondern das Element, in dem sich sein Denken und Schreiben bewegt. (Übrigens waren auch seine Lebenshaltungen und -grundsätze, sein Takt und seine Freundlichkeit selbst in diesen schwierigen Zeiten an künstlerischen Normen orientiert.)

Kraus war Zeitgenosse großer Revolutionäre; Lenin, Rosa Luxemburg, Karl Liebknecht und er kamen innerhalb der Jahre 1870 und 1874 zur Welt; sie hatten die gleichen sozialen und historischen Erfahrungen. Und wirklich: In manchen wesentlichen Fragen stieß Kraus auf ihm eigenen Wegen zu Positionen vor, die denen der Genannten glichen oder nahekamen. Es ist kein Zufall, daß Kraus für Rosa Luxemburg und Karl Liebknecht bis zu seinem Lebensende tiefe Achtung bekundete. Lenins Wirken und Schriften dürfte er im späteren Verlauf der Revolution im einzelnen kaum gekannt haben. Aber den welthistorischen Funkspruch des Rates der Volkskommissare vom 12. November 1917 *An alle! An alle!,* von Lenin als Vorsitzendem der Sowjetregierung unterzeichnet, in dem der Welt zur Kenntnis gebracht wurde, daß der Übergang aller Ländereien der Gutsbesitzer an Bauernkomitees beschlossen, und den kriegsführenden Mächten das Angebot eines demokratischen Friedens gemacht wurde, hat Kraus nicht nur zur Kenntnis genommen, sondern auch zu einem der Hauptmotive seiner Polemik gegen den letzten k. u. k. Außenminister gemacht (F 474, 23. Mai 1918, 8/9). Schon lange zuvor hatte Kraus Lenins Forderung erfüllt, den Nebelschleier des Geheimnisses zu durchleuchten, hinter dem Kriege vorbereitet werden. So wie Rosa Luxemburg, Karl Liebknecht und Lenin kam auch er zu der Auffassung, daß die Sozialdemokratie in ihrer Theorie und in ihrer Praxis von einem Feind zu einer Stütze des Kapitalismus geworden war. Sein Bruch mit der Sozialdemokratie in der zweiten Hälfte der 20er Jahre war prinzipiell und vollständig. Selbst der Forderung nach Umwandlung des Krieges in einen Bürgerkrieg kam er nahe: »Ihr aber hattet Waffen – und zogt nicht in dieses Hinterland?« »Brachet nicht aus, desertiertet nicht in den heiligen Krieg, uns hinten von dem Todfeind zu befreien ...?«, läßt er seinen Nörgler (LTdM, V, 54) fragen. Und, ob er es nun gekannt hat oder nicht, er hat in eigener Formulierung das berühmte Wort von Karl Liebknecht gesprochen, es gälte, »im eigenen Lager den Feind zu sehen« (F 499, 1918, 2/3). Kurzum, in Krieg und Nachkrieg lernte Karl Kraus den Kapitalismus als ein System zu verstehen, dem er nun in jedem Detail seines Denkens, Wirkens und Lebens – bis in die Einteilung seines Tages hinein, den er, wenn Haß und Sorgen ihm nicht auch den Schlaf rauben, durchschläft, um nachts zu wachen und zu arbeiten – als ein unerbittlicher und unversöhnlicher Feind gegenübersteht. Noch bis in die späten 20er Jahre ist die Konzeption nicht aufgegeben, er würde auch als Einzelgänger der Sache dienen können. Das Scheitern der Schober-Kampagne belehrte ihn eines Schlechteren. Es wurde im Vorhergehenden – weitgehend an Hand von Offenbach-Couplets – dargestellt, wie seine Zuversicht schwand.

Kam Hitler. Das Ausmaß der Katastrophe, in die die Menschheit mit der Übergabe der Regierungsgewalt an Hitler durch entscheidende Teile der deutschen Bourgeoisie geraten war, sah Kraus deutlicher als manche andere, und es fehlte ihm nicht an Phantasie, sich auszumalen, was dieser Katastrophe folgen würde. Aber mit einer Erscheinung innerhalb der nationalsozialistischen Bewegung gedanklich fertig zu werden – von der damals nicht leicht zu sehen war, welche Rolle sie spielen würde; sie spielte bald gar keine Rolle mehr –, hatte Kraus Schwierigkeiten. – Während der Monate nach dem 30. Januar 1933, in denen *Die Fackel* nicht erschien (Februar bis September 1933), fragte auch ich »warum?«. Ich richtete die Frage, was naheliegend war, an Dr. Oskar Samek; er war es, der mich zu Karl Kraus gebracht hatte, und ich wußte, daß er mit ihm in ständigem Kontakt stand. Samek antwortete etwas Merkwürdiges. Er sagte sinngemäß, daß Kraus es schwierig finde, sich mit bestimmten Gedanken innerhalb der Hitler-Bewegung, die sich auf alte Traditionen berufen, auseinanderzusetzen; er mit seiner »Ursprungs«-Konzeption könne sie nicht ganz von der Hand weisen. In der Schrift *Warum die Fackel nicht erscheint,* erschienen Ende Juli 1934 und nicht in erster Linie gegen Hitler, sondern gegen Kraus' Widersacher in der Sozialdemokratie und der Kommunistischen Partei gerichtet, sind Spuren solcher Auseinandersetzung mit radikal-konservativen Tendenzen innerhalb des Faschismus zu entdecken. Die sozialdemokratische Partei, so heißt es dort, sei »instinktverlassen«, und man muß wissen, daß »Instinkt« – ähnlich wie »Erlebnis« und »Eindrucksfähigkeit« – zu Kraus' positiven Werten zählte, von denen die Menschen in jener vorgestellten Ursprungsphase noch nicht entfremdet gewesen wären. In diesem Zusammenhang nun meint Kraus, es stünde anders »mit dem Nationalsozialismus, der ein Vulkan ist und kein Bürokrater«, er stünde »mit der Natur im Bunde« (F 890, 1934, 114) – was freilich, wie man erfährt, wenn man den Satz zu Ende liest, ihm auch nichts nützen werde. Aber der Satz verrät, daß Kraus mit der Frage beschäftigt war, ob in dem, was er als »Naturverbundenheit« und als dem »Instinkt« verpflichtet sah, nicht etwas Positives steckt. Die Frage wird aufgeworfen, aber verneint. Daß es eben hierum geht, bestätigt eine Passage aus einem Brief über die politische Situation, im März 1934 an Sidonie Nadherny geschrieben; darin zitiert Kraus den Ausspruch eines »Weisen«, der irgendwo behauptet hatte, der Hitlersche »Aufbruch der Nation« sei »eine große und echte Revolution«; eindeutig Kraus' Kommentar: »Eben nicht!« (BSN I, 656) Der zitierte Satz in seiner Gänze lautet: »Mit der Natur im Bunde, ist er auf sie angewiesen und wird von ihr im Stich gelassen werden, wenn die Instinkte, auf die er immerhin berechnet ist, nicht auch jene Nahrung erhalten, ohne die eine Idolatrie zwar lange genug, aber nicht lebenslänglich auskommen kann.« (F 890, 1934, 114) Bedenkenswert bleibt der Gedanke, daß die Massen innerhalb der Arbeiterbewegung an »seelischer Unterernährung« gelitten, daß die versuchte »Gleichschalterei vom Intellekt her«, daß das Schmarotzen »an den Gütern der alten Welt« (ebenda 115) am Scheitern der Arbeiterbewegung ihren Anteil gehabt hätten. In seiner Auseinandersetzung mit der Hitlerbarbarei hingegen – die bereits vor dieser *Fackel* 890 erschienen war – in der *Dritten Walpurgisnacht,* geschrieben zwischen Mai und September 1933, ist keine Spur von jener gedanklichen Auseinandersetzung zu finden. Es ist eine kompromißlose unerbittliche prinzipielle Verdammung der Barbarei, die im Namen Hitlers über Deutschland hereingebrochen war.

Kam Dollfuß. Um die Dimensionen des Konflikts, der Sorgen und Zweifel zu ermessen, von denen Karl Kraus damals bedrängt war, muß man wissen, daß zur deutschen Katastrophe noch eine zusätzliche, eine österreichische Katastrophe kam und daß beide in schwer durchschaubarer Weise zusammenhingen. – Am 12. Februar 1934 nahmen Gruppen sozialdemokratischer Arbeiter den verzweifelten Kampf gegen die Zerschlagung der österreichischen Demokratie auf, Provokationen ausgesetzt, von der eigenen Parteileitung im Stich gelassen, unterstützt von der kleinen, längst illegalen Kommunistischen Partei.

Dollfuß zögerte nicht; er setzte die Armee gegen Arbeiter ein und Artillerie gegen Gemeindehäuser, in denen sie sich verschanzt hatten. In fünf oder sechs Tagen kamen 2000 Menschen ums Leben und 5000 Verwundete waren zu beklagen. Die Sozialdemokratische Partei und die Gewerkschaften wurden verboten, die Kommunistische Partei war es schon seit Monaten; ein Konzentrationslager war bereits eingerichtet, das Standrecht bereits eingeführt worden. Nach den Februarereignissen wurde von beiden Einrichtungen Gebrauch gemacht: zwölf Revolutionäre wurden hingerichtet, Tausende ins Konzentrationslager gebracht.

In dieser Situation glaubte Karl Kraus, Dollfuß unterstützen zu sollen; er würde das größere Übel, Hitler, aus Österreich fernhalten. Dollfuß verbot auch die Nationalsozialistische Partei, löste das Parlament auf, legte der Presse, soweit sie nicht sowieso verboten war, Beschränkungen auf – alles Maßnahmen, die Kraus als notwendig akzeptierte. Dollfuß' Programm war es, eine Art von milderem österreichischem Faschismus zu organisieren, der, an Mussolinis Italien angelehnt, von der Bourgeoisie und der Kirche unterstützt, Hitler aus Österreich fernhalten werde. Als Dollfuß selbst Opfer eines von Nationalsozialisten verübten Mordanschlags wurde, beugte sich Karl Kraus öffentlich »vor dem großen, kleinen, armen Schatten« (F 912, 1935, 70). Aber, obwohl er natürlich die Opfer der Februartage beklagte, eine öffentliche Klage über die 2000 Toten oder eine öffentliche Anklage gegen den, der sie unmittelbar zu verantworten hatte – nicht anders als Schober die neunzig Toten der Julitage 1927 –, eine öffentliche Anklage gegen Dollfuß hat Karl Kraus nicht erhoben. Verantwortlich für das ungeheuerliche Blutvergießen waren in seinen Augen allein jene Arbeiterführer, die den Aufstand organisiert oder doch zugelassen hatten.

Mit solchen Auffassungen isolierte sich Kraus von den meisten seiner Leser, Hörer, Freunde, und er wußte es. – Ich will es zunächst Berthold Viertel überlassen, die Situation zu schildern. Viertel, einer der ältesten, unwandelbaren Freunde, führte Ende Dezember 1935 ein Gespräch mit Karl Kraus, das sich über sechs Nachtstunden erstreckte. Erst viele Jahre später berichtete Viertel über dieses Gespräch (1947, 3/4). Zuerst von seiner lebenslangen Verbundenheit und dreißigjährigen Freundschaft sprechend, fährt er fort: »Doch kann ein Abschluß nicht verschwiegen werden, der von tragischer Natur war, Teil der Tragödie unserer Zeit und Generation. Hatte meine Beziehung zu Karl Kraus mit einem kleinen Widerspruch begonnen, so hatte sie am Ende einen großen, grundlegenden zu überstehen, nach dem Erscheinen jener letzten *Fackel,* die Karl Kraus nicht wenige Freunde gekostet hat.« (Viertel bezieht sich wohl auf das Heft 890 *Warum die Fackel nicht erscheint,* das, 315 Seiten stark, Ende Juli 1934 herausgekommen war. Die wirklich »letzte Fakkel« [917] erschien erst im Februar 1936, also nach dem Gespräch Viertels mit Kraus. Es ist denkbar, nicht wahrscheinlich, daß Viertel dieses Heft oder zumindest eine polemische Schrift daraus, *Wichtiges von Wichten,* eine böse Auseinandersetzung mit Kraus' Kritikern, im Manuskript gelesen hatte, ehe er mit Kraus sprach. Wahrscheinlicher ist es, daß im Gespräch der wesentliche Inhalt aller *Fackel*-Hefte der letzten Zeit zu Wort kam und daß Viertel, der ja über eine Zeitspanne berichtet, die mehr als 10 Jahre zurücklag – und was war in diesen zehn Jahren alles geschehen! –, die Abfolge der *Fackel*-Hefte nicht mehr genau im Gedächtnis hatte. Die Sache, über die Viertel spricht, berührt das nicht.) »Es handelte sich um seine Einstellung zum 12. Februar 1934, nicht etwa um seine Beurteilung der Hitler-Katastrophe, deren Bedeutung er wie nur die wenigsten erfaßte. Die hat er wahrlich nicht unterschätzt, im Gegenteil, nur aus ihrer tief gefühlten Erfassung ist diese letzte *Fackel* zu verstehen. Während eines stundenlangen Gesprächs wurde mir immer banger bewußt, welche Hoffnungslosigkeit der Ausbruch der Barbarei in Karl Kraus bewirkt hatte. Auf ihm lastete das unendliche Schwergewicht der Opfer, die seine Vorstellungskraft miterlebte und voraussah, in ihrem ganzen gewaltigen Umfang. Nur so erklärte sich die irrige Wahl des sogenannten kleineren Übels, das doch nur eine Angleichung an das größte war, und ein Übergang dazu. Karl Kraus sah in Dollfuß einen Märtyrer, in den gefallenen Arbeitern dagegen, die von einer falschen Politik verführten, vergeblichen Opfer. Wie war es möglich, daß er in dieser Wendung durch des Teufels Fügung nicht wiedererkannte, was er selbst beschrieben hatte, mit den Worten des verwundeten Soldaten in der letzten Nacht [Epilog zur Tragödie *Die letzten Tage der Menschheit*]: ›Ich spüre deine Hand, an ihr ist Gift und Nacht und Vaterland! Dein Blick ist Galgen und dein Bart der Strang!‹ ... Karl Kraus durfte von sich sagen, daß er nie für eine bestimmte Klasse gedacht und geschrieben hatte. Aber der Unabhängige des Geistes erwies sich in diesem tragischen Augenblick dennoch als abhängig – von seiner eigenen Vision und Konzeption des Weltunterganges. [...] Hier stand der Apokalyptiker, der so vieles vorausgesehen und vorausgelitten hatte, an der Grenze seiner Sehmöglichkeit, zugleich der Mensch an der Grenze seines Lebens. Der Weltunmut des Vereinsamten, der auch damals nicht für eine bestimmte Klasse dachte und schrieb, entsprang nicht etwa einem Mangel an persönlichem Mut. Er lehnte das freundliche Angebot eines Asyls in Kansas ab. Er wollte Wien nicht verlassen, was auch kommen möge. Der Kreis hatte sich geschlossen: der Anti-Österreicher war zum Nur-Österreicher geworden, der nichts anderes mehr zu wünschen und zu hoffen wußte, als daß dieser Fleck, zugleich der letzte Fleck deutsch-sprechender Kultur, durch welches Mittel auch immer, von ›der Pest‹ verschont bleibe. Tausendfach begreiflicher Wunsch, mehr als tausendfach vergebliche Hoffnung, die auch für ihn nur im Martyrium oder im Exil enden konnten. Der Tod hat ihm beides erspart.«

Die Epoche europäischer Geschichte, die mit Hitlers Regierungsübernahme in Deutschland – in Österreich mit dem Zwischenstadium der Dollfuß- und Schuschnigg-Ära – zu Ende gegangen war, machte auch Karl Kraus' Konzeption von seiner eigenen Rolle und Aufgabe, wie er sie seit der Gründung der Republik Österreich gesehen hatte, ein Ende. Die Vorstellung, daß er als Außenstehender, an keine Partei gebunden, doch an der Erneuerung des öffentlichen Lebens mitwirken werde – in einem kleinen Land zwar, dessen Beispiel aber weithin wirken könne –, diese Vorstellung war gründlich zerbrochen. In dieser Situation, der kompliziertesten und gefährlichsten, die er je erlebte, traf Kraus eine Entscheidung, die ihn, politisch gesehen, in der Tat ins bürgerliche Lager zurückführte: Dollfuß und Schuschnigg konnten und wollten nichts anderes erreichen als eine Festigung der Bourgeoisie in Österreich. Diese Entscheidung mußte von vielen, wahrscheinlich den meisten seiner Leser, Hörer und Freunde abgelehnt werden, die andere Möglichkeiten sahen, Österreich gegen die drohende Annexion durch Hitlerdeutschland zu verteidigen, als die bedingungslose Unterstützung der Dollfuß- und Schuschnigg-Regierungen. Was Kraus besonders schmerzte, war, daß auch Freunde in der Tschechoslowakei, mit denen er sich verbunden, von denen er sich verstanden meinte, ihm nicht folgen konnten. Selbst Sidonie Nadherny, die Frau, die Kraus so unendlich viel bedeutete, zweifelte an der Richtigkeit seiner Entscheidung. (Man sehe dazu BSN I, 653–58.) Wie Timon von Athen sah sich Kraus von seinen Freunden verlassen und verraten. Er tat, was Timon von Athen tat – oder oft auch seelisch verletzte Kinder: er selbst trieb die Vereinsamung, die er doch so schmerzlich empfand, bis zum äußersten, als ob er sich hätte bestätigen wollen, daß Vereinsamung unausweichlich sei. Schon 1930 (F 834, 1) war von einem »strategischen Rückzug« die Rede gewesen, von einer »Rückkehr zum heimischen Herd der Sprachlehre und sonstigen kleinen Themen«, von einer »Retablierung«, die sich notwendig machen werde; die militärische Terminologie verbarg damals satirisch die Resignation und

Preis des Programms **30 Groschen** [Der Ertrag des Programms für die **Winterhilfe.**]

MITTLERER KONZERTHAUSSAAL, DONNERSTAG, 2. APRIL 1936, 1/4 8 UHR

700.

VORLESUNG KARL KRAUS

I

Einleitung
Mein Widerspruch
An den Bürger
Ich habe einen Blick gesehn
Radio
Das Kind
Dein Fehler
Imago (mit Musik)
Arie der Metella (nach Meilhac-Halévy und Carl Treumann, Musik von Offenbach)
Der Reim
Leben ohne Eitelkeit
Das Hiesige
Der Grund
Todesfurcht
Jugend

II

Die Welt der Plakate (1909)
Die Psychoanalen (mit Musik)
Das Lied von der Presse (mit Musik)
Diplomaten (von Frank Wedekind) (mit Musik)
Die Raben
Reklamefahrten zur Hölle (1921)

Änderung und Kürzung vorbehalten.

Begleitung: Franz Mittler

Ende April, Anfang Mai dürfte ein Offenbach-Zyklus stattfinden (etwa: »Madame l'Archiduc«, »Perichole«, »Die Kreolin«, »Vert-Vert«).

den blutigen Ernst, der ihr zugrunde lag. Nunmehr, in den letzten Schriften, Vorlesungen, Zeitstrophen sind Retablierung und Rückzug durchgeführt. Kraus' Lyrik war verstummt. Vorlesungen aus eigenen Schriften gab es nicht mehr. Seine brisante Abrechnung mit dem Teufel, als den er Hitler sah, war zwar geschrieben, wurde aber nicht veröffentlicht. Wie Kraus zu Hitler stand, wurde, obwohl man es der *Fackel* 890 vom Sommer 1934 hätte entnehmen können, kaum zur Kenntnis genommen. (Selbst heute noch scheinen auch ernste Kritiker – siehe zum Beispiel S. Schlenstedt 1983 – den ersten Satz der *Dritten Walpurgisnacht*: »Mir fällt zu Hitler nichts ein« zwar zu kennen, nicht aber die annähernd 300 Seiten, die ihm folgen!) Auch die 700. Vorlesung vom 2. April 1936, die die letzte sein sollte, enthielt nicht ein einziges Wort, das nicht schon vor Jahren geschrieben worden wäre. Und in zwei, drei der letzten Zeilen, die Kraus zum Druck beförderte (F 917, 1936, 93), meinte er, er habe sich nur darin nie widersprochen, »daß alle Vergangenheit, aus jedem Zeitpunkt betrachtet, besser war als die Widerwart, und daß es keine Auskunft gibt«. Nicht genug an dem, wütete Kraus auch im engsten Kreis gegen einige der Treuesten. Wahrscheinlich traute er damals von den wenigen Wiener Freunden nur mehr denjenigen, die ihn entweder zu der prekären politischen Entscheidung für Dollfuß gedrängt hatten wie Helene Kann, oder zumindest ihm auch darin die Gefolgschaft nicht versagten wie Karl Jaray und, wahrscheinlich, Oskar Samek. – »Sehr genau wurde ich über die letzten Lebenswochen von Karl Kraus letzthin unterrichtet«, schreibt in einem Brief vom 4. April 1937 Walter Benjamin (1966, 730). »Sie sind dieses großen Lebens würdig; und nachdem man von ihnen vernommen hat, erscheint einem das Ende Timons von Athen wie eine Dichtung von Frieda Schanz, verglichen mit dem shakespearischen Weltgeist, der das von Kraus dichtete.« (Abbildung 30)

Wenn es damals eine Möglichkeit gab, Hitler aus Österreich fernzuhalten, sie wäre in einem Bündnis von Schichten des Bürgertums mit der Arbeiterschaft gelegen. Hätte Dollfuß, hätte nach ihm Schuschnigg die Verbote der Arbeiterparteien und -organisationen aufgehoben und die Arbeiter bewaffnet, es hätte eine Chance für Österreich gegeben. Freilich war diese Alternative zunächst nur in den Köpfen einiger weniger Politiker vorhanden; sie wurde in illegal operierenden Gruppen von Arbeitern erörtert und brach sich Bahn. Beträchtlich große Gruppen von Sozialdemokraten gingen damals zur Kommunistischen Partei über, die Theorie und Praxis einer unabhängigen österreichischen Nation ausarbeitete. Eine Strategie für Österreichs Überleben war im Entstehen begriffen. Kraus' Vorstellung, daß dies nicht die Zeit sei, die soziale Frage zu lösen, traf in dieser Form nicht das Wesen der Sache: Ohne Änderungen an der sozialen Struktur Österreichs war Hitler in der Tat unaufhaltsam. Zur praktischen Aktion freilich wurden die angedeuteten Möglichkeiten erst im März 1938, als es ein paar Tage hindurch so aussah, als könnte in letzter Stunde noch eine breite Front österreichischer Abwehr gegen die drohende Hitler-Invasion organisiert werden; daß die politisch reaktionäre und strategisch schmale Basis der österreichischen Regierung dafür nicht ausreichte, war deutlich. Aber zu dieser Zeit war Kraus längst nicht mehr am Leben, und 1934 war er von der theoretischen Unausweichlichkeit einer solchen Lösung nicht zu überzeugen gewesen. Dabei hatte er seine gedanklich-ideologische Position nicht zurückgenommen. Nach wie vor galt für ihn, er habe »gegen die Abschaffung des Kapitals noch weniger einzuwenden … als die, die sie von berufswegen betreiben« (F 890, 1934, 305). Um so abgründiger seine Verachtung der meisten linken Politiker; zwischen der Sache und ihren Vertretern suchte er genau zu unterscheiden. Größtes Gewicht legte Kraus darauf, daß das große Experiment der Zusammenarbeit zwischen unabhängigem Intellektuellen und Arbeiterbewegung nicht an ihm gescheitert sei – kein kleines und kein abgetanes Problem auch heute! In seiner letzten *Fackel* (F 917, 1936, 102–06) verwahrte er sich empört und ausführlich dagegen, daß irgend etwas von dem, was er sagte und tat, »Verrat« sei; wie könnten jene, die in seinen Augen Verrat begangen hatten, glauben machen, »daß einer, der ihren Verrat an der Sache erkannt hat, darum Verrat an der Sache begeht?« Selbst die vielleicht bittersten Worte, die Kraus je geschrieben hat, denen zufolge alle Vergangenheit besser gewesen sei als die Gegenwart, selbst die darf man, muß man als Ausdruck der seelischen Verfassung werten, in der sich Kraus in seinen letzten Lebenswochen befand, nicht als Ausdruck seiner tiefsten Meinung. Denn glücklicherweise widersprach er sich auch darin – in Worten zu einer Offenbach-Melodie: »Nur eine Hoffnung gibt mir Kraft...« und: »Vielleicht erleben wir's...!« Er kannte also auch noch in dieser extremsten Situation zwar keine Siegeszuversicht mehr, aber doch noch einen Schimmer von Hoffnung, doch noch Kraft, doch noch ein Vielleicht.

Der Irrtum der politischen Entscheidung gibt keinen Anlaß zu meinen, Karl Kraus sei sich nicht treu geblieben. Keine Revolution, die nicht gut daran täte, von Zeit zu Zeit sich zu fragen, ob sie auch den Maßstäben des religiösen Revolutionärs Karl Kraus standhält. Kein humanistischer Gedanke, der nicht gewönne, wenn er sich an den Maßstäben mißt, die dieser unerbittliche Denker sich stellte. Kein Mensch, der sich nicht Karl Kraus' Fragen ins Gewissen rufen sollte. Einmal, (F 431, 1916, 28) nach der Anprangerung einer der zahllosen Untaten, die ihm den Schlaf raubten, hat er sie so formuliert: »Warum ist das so? Warum tun sie das? Warum gibt es das?... Wie ist das alles nur möglich?... Aus dem fernsten Winkel der Erinnerung, zwischen Schlaf und Wachen, unter dem Druck eigenen Schicksals stürmen die Dostojewski-Menschen solche Fragen an. Uns müssen sie auf der Ringstraße und bei jedem Blick in die Zeitung packen. Langt keine Hand herunter, die dem Spuk ein Ende macht? Warum gibt es das alles? Warum tun sie das? Wie ist, wie war – wie wird das alles möglich sein!«

II. 1. Ein Hinweis zur Geschichte der Operette

Wo die Operette – historisch gesehen – eigentlich herkommt, beschäftigt die Autoren, die über sie schreiben, in der Regel nur wenig. Die meisten tun so, als genüge es zu wissen, »Operette« sei ein »kleines Werk«, ein Werkchen (was etymologisch nicht zu bestreiten ist), das im 19. Jahrhundert mit Offenbach ihre klassische Form angenommen, vorher in allerhand Varianten der Komischen Oper, des Singspiels in vielen Ländern der Welt existiert habe, was ja alles richtig ist. Und was nun heutzutage eine Operette ist, das scheint sowieso jedes Kind zu wissen. Ernstere Autoren zeigen sich informiert darüber, daß es noch viele ältere »volkstümlich-spaßhafte« Formen heiterer Theaterkunst »von jeher« gegeben habe (so schreibt die mit Recht Weltruf genießende *Enzyklopädie der Musik, Die Musik in Geschichte und Gegenwart* [*MGG*], was, abgesehen von dem »seit jeher«, erst recht stimmt.

Bloß, daß eine ganze Theaterwelt voll Witz, Humor, Ausgelassenheit, Derbheit, Obszönität, Anmut, Parodie und Kritik Zehntausende Jahre hindurch die Menschheitsentwicklung begleitet und mitgestaltet hat, das entgeht den Darstellern der Operettengeschichte. Man könnte für diese Theaterwelt gut die Bezeichnung »das Lachtheater« verwenden, die Volker Klotz (1980), allerdings nur für dessen jüngere Formen, herangezogen hat. Es dürften zwei Hauptgründe sein, weshalb diese ganz lachende Theaterwelt bei den Darstellern der Operettengeschichte so wenig Beachtung gefunden hat. Einmal gilt auch hier der unselige Grundsatz, daß nur musikalische Primärquellen, das heißt also niedergeschriebene Notentexte, ernsthaft als Stoff der Darstellung in Frage kommen. Zwar würde heutzutage niemand diesen Satz unterschreiben wollen, dennoch gilt er immer noch als unausgesprochene Regel. Dabei kann man nicht einmal sagen, daß die Vorgeschichte jener heiteren Theaterkunst schriftlicher Quellen entbehre. Bloß, es sind Quellen anderen Charakters, als sie üblicherweise in der Musikgeschichte beachtet werden. Dem Artikel »Operetta« im »Neuen Grove« zufolge, dem 1980 in London erschienenen 20bändigen Musiklexikon, hat sich die Operette um 1850 aus der französischen Opéra comique entwickelt, und daß es vor dem 17. Jahrhundert irgend etwas Operettenähnliches gegeben haben könnte, kommt dem Autor des Artikels nicht in den Sinn. Das kluge Buch der ungarischen Autorin Margit Gáspár über die Operette (1963), das unter Heranziehung reichen Materials die Vorgeschichte der Operette bis in die Urgesellschaft zurückführt, ist, obwohl es auch in einer deutschen Übersetzung vorliegt, nicht bis London gedrungen. An der Authentizität und Unantastbarkeit schriftlich fixierter Notentexte soll nicht gerüttelt werden. Bloß, wo sie fehlen, braucht der Musikhistoriker seinen Beruf nicht aufzugeben. Er muß sich nur dazu bequemen, auch andere Quellen heranzuziehen. – Ich zitiere einen Forscher, dessen Autorität nicht zu bezweifeln ist, obwohl das Standardwerk, das wir ihm verdanken, Jahrzehnte alt ist und obwohl seine Grundgedanken inzwischen von anderen Autoren weitergeführt wurden. Hermann Reich, *Der Mimus,* Berlin 1903, knüpft an einen Terminus an, den Aristoteles geprägt (oder aufgegriffen) hat und der sich auf in der Regel nicht-schriftlich fixiertes, traditionelles, massenhaftes Theaterspiel bezieht, eben: der Mimus. Ich habe soeben angedeutet, daß diese Art von Theaterspiel bis in die Urgesellschaft und darüber hinaus zurückzuverfolgen sein dürfte; das sind Aufgaben der Forschung. Was aber heute schon feststeht, ist der Tatbestand, daß seit des Aristoteles Zeiten reiches Material vorhanden ist, das nicht vernachlässigt werden darf, wenn die Geschichte der Operette zur Erörterung steht. Das Material, auf das Hermann Reich verweist, ist das folgende: »... aus zwei Jahrtausenden allerhand kurze, zersplitterte Nachrichten über den Mimus bei zahlreichen griechischen, römischen und byzantinischen Autoren, bei Heiden und noch zahlreicher bei Christen. Es sind alles nur kurze gelegentliche Äußerungen bei Dichtern, Historikern, Philosophen, Rhetoren, Ästhetikern, Grammatikern, Lexikographen, Scholiasten, Astrologen und Anekdotensammlern, bei christlichen Predigern, Apologeten, Dogmatikern und Kirchenhistorikern, in den Akten der Märtyrer und Heiligen, in den verschiednen Kalendarien und

Legenden wie im Corpus juris und den Dekreten der Consilien und auch in Gesandschaftsberichten. Dazu kommen noch mancherlei Inschriften, griechische und römische Wandgemälde, Vasenbilder, Tontäfelchen mit bildlichen Darstellungen, etruskische Siegel, Bronzen, Vasen, Terrakotten, Mosaiken aus den verschiedensten Jahrhunderten. – So gering die Nachrichten über den Mimus verhältnismäßig aus jeder einzelnen Epoche sind, so ungeheuer schwillt die Flut, wenn man sie aus allen Epochen zusammenstellt.« (Ebenda, 11 f.) (Ich bin an anderer Stelle [Knepler 1982, 267 ff.] diesem Fragenkreis nachgegangen, habe dort auch andere Autoren herangezogen und auf weitere, von H. Reich nicht benutzte Materialien hingewiesen.)

Wir kommen zum zweiten Hauptgrund der Vernachlässigung solchen Materials, wenn wir uns den Gegenständen und der Art ihrer Behandlung zuwenden, die den Mimus, das Lachtheater, die volkstümlich-spaßhaften Formen heiterer Theaterkunst charakterisieren. Sie sind nämlich häufig, vermutlich meistens, kritisch auf die jeweilige Gesellschaft bezogen. Und damit verstoßen sie gegen die gelehrte Tradition, derzufolge die Operette die Große Oper parodiere. Das tut die neuere Operette zwar häufig, und manche ihrer gelungensten Stücke, gerade solche von Offenbach, gehören in die Kategorie der Opernparodie. Aber erstens ist das nur eine von vielen Möglichkeiten, und zweitens steckt auch in der Opernparodie meist Gesellschaftskritik. Und so was sehen viele Autoren nicht gern, bis zum heutigen Tag. – Da gibt es ein berühmtes Theaterstück, das, wenn überhaupt eines aus älterer Zeit »Operette« genannt werden darf, Anspruch auf diese Bezeichnung hat. Denn es trägt wesentliche Züge aller Operetten: Die Handlung ist heiter; es hat Dialog, in den zahlreiche Lieder eingestreut sind, von denen manche die Handlung weiterführen, manche den Charakter von Einlagen haben: Ein Herr aus sozial gehobenem Stand bewirbt sich um ein Bauernmädchen, das einen Bauernburschen liebt und den Herrn abblitzen läßt. Soviel im ersten Teil der Handlung. Der zweite spielt in einer Bauernschänke; der junge Bauer, der von dem Herrn verprügelt worden war, wird rehabilitiert; er begeht eine Heldentat und kriegt am Schluß sein Mädchen. Als Opernparodie oder als Abkömmling der Großen Oper kommt das Stück aus gutem Grund nicht in Frage: Es stammt aus dem 13. Jahrhundert, ist also um rund 400 Jahre älter als die moderne europäische Oper. Es handelt sich um das Stück *Le Jeu de Robin et de Marion,* das, zwischen 1283 und 1287 entstanden, in zeitgenössischer Notation vorliegt und seit 1962 in einer Neuausgabe des angesehenen F. Gennrich; die Musik stammt von Adam de la Halle. Hat man also dieses Stück als Beweis dafür gelten lassen, daß die Operette eine Geschichte hat, die von der neueren Oper unabhängig ist? Keine Spur!

Gerade darauf bezieht sich der Hinweis, den ich im Titel dieser Abhandlung in Aussicht gestellt habe. Man muß den Tatbestand ernst nehmen, daß das Lachtheater seine eigene, relativ selbständige Geschichte hat und daß man die Operette, gerade die Offenbachs, nicht verstehen wird, wenn man das nicht tut. Offenbach selbst hat eine Art von Abhandlung über das Genre verfaßt und in ihr dessen Ahnengeschichte nur bis in das 18. Jahrhundert geführt. Aber ein Komponist braucht nicht zu wissen, woher das stammt, was er schreibt. Offenbach darf es sich gestatten, die Jugendeindrücke von Jahrmarkttheater und Spaßmachern, die er, wie wir vor allem aus dem öfter herangezogenen Offenbach-Buch von Anton Henseler wissen, in Köln kennengelernt hatte, zu verschweigen, sei es, daß sie ihm nicht standesgemäß erschienen, sei es, daß er sie für unwichtig hielt. Wir dürfen das nicht. Ich habe zwar der Meinung Ausdruck gegeben (siehe S. 206), man solle den Ursprung einer Entwicklung nicht überschätzen; wichtiger als wo sie herkommt, sei immer, wo sie hingeht. Davon brauche ich nichts zurückzunehmen. Aber hier ist in der Darstellung einer Gattung ihre vieltausendjährige Tradition so gut wie vollständig unter den Tisch gefallen, obwohl sie innerhalb der Gattung nachweisliche Spuren hinterlassen hat.

Denn das ist das Entscheidende. In ungebrochener Kette führt die Ahnenreihe der gängigen Operettenfiguren in die Antike zurück; und bereits dort waren sie traditionell. Das ist einer der Hauptgründe dafür, daß die Operette nicht als Nebenentwicklung der Großen Oper behandelt werden kann. Und mit dieser Genealogie ist auch eine Kontinuität von Stil verbunden. Das Groteske und Skurrile, die Travestie und die Verkleidung, die Couplets, die Lieder und Tänze, die dazu gehören, alles das erfordert einen Darstellungsstil, der sich von dem der Großen Oper entscheidend abhebt. Operette und Oper kommen aus unterschiedlichen Richtungen. Daß sie einander auch befruchteten, daß der hohe und der niedere Stil in verschiedener Weise miteinander Vermischungen eingegangen sind, ist ein ganz anderer Tatbestand.

Wovon Karl Kraus bei seiner Offenbach-Darstellung ausging, daß man es nämlich mit »närrischen Märchen« zu tun habe, daß »das Chaos ohne Kausalität« zu herrschen habe und nicht die billige Logik und die oberflächliche Psychologie, das waren im Wien des vorigen Jahrhunderts noch Selbstverständlichkeiten. Johann Nestroy hat sich in den späten 50er Jahren mehrfach mit Offenbach beschäftigt, hat dessen *Verlobung bei Laternenschein* in Wien herausgebracht, dessen *Häuptling Abendwind* und (vermutlich auch) *Dragonette* bearbeitet. (Ganz eindeutig sind die Ereignisse und deren Abfolge nicht: Offenbachs Bouffes-Parisiens gastierten am 22. Juni 1861 im Wiener Kaitheater mit *Vent du soir* [*Häuptling Abendwind*]. Aber offenbar hatte sich Nestroy vorher schon das Libretto dieser einaktigen Operette aus dem Jahre 1857 kommen lassen; er hat auch eine Bearbeitung vorgenommen, aus der Kraus [F 351, 1912, 33 ff.] einige köstliche Passagen abdruckte; das Stück wurde am 1. Februar 1862 am Kaitheater – es wäre festzustellen, ob mit Offenbachs Musik – aufgeführt. Ob es sich, was wahrscheinlich ist, bei dem Stück *Dragonerscherze*, das sich Nestroy gleichzeitig erbat, um Offenbachs *Dragonette*, gleichfalls 1857, handelt, wäre noch herauszubekommen [siehe dazu: Hein/Hüttner, 1977, 221–24].) Ferner war Nestroy 1860 der erste Wiener Jupiter im *Orpheus*. Daß Nestroys Partner Carl Treumann auch einer der besten Übersetzer von Offenbachs Libretti war, wurde bereits gesagt. Der Aufführungsstil, den Nestroy und Carl Treumann gleichsam für Wien begründet haben und an dessen Herausbildung von Offenbach geschätzte Darsteller wie Maria Geistinger, Josefine Gallmeyer, Josef Matras, Carl Blasel, Wilhelm Knaack und viele andere mitgewirkt haben, dürfte in Wien bis in die Tage, da der junge Karl Kraus Offenbach in Wien hörte, fortgewirkt haben.

Es wäre vermutlich noch rekonstruierbar, wie sich dieser Wiener Stil zum gleichzeitigen Pariser Darstellungsstil Offenbachs verhielt. Daß sich die beiden, der Pariser und der Wiener zeitgenössische Offenbachstil, im wesentlichen sowohl wie in vielerlei Details vom Darstellungsstil der Wiener Operette unterschieden, wie er sich nach dem ersten Weltkrieg herausbildete, steht fest. Karl Kraus hat bekanntlich mit äußerst vehementer Ablehnung sowohl auf die Stücke und deren Autoren wie auch auf deren Darsteller reagiert. Diese Ablehnung ist für unseren Zusammenhang deshalb wichtig, weil sie belegt, daß das, was Offenbach und Karl Kraus unter »Operette« verstanden, und die Gebilde, die heute unter der gleichen Bezeichnung laufen, miteinander unvereinbar sind. Es wäre ein eigenes Thema, das hier nicht ausgeführt werden kann, zu zeigen, wie aus der heiter-ironischen Distanz zur Bürgerwelt des Zweiten Kaiserreichs, die Offenbachs beste Operetten formulieren, die völlige Verstrickung im Ungeist der Bürgerwelt in ihrer imperialistischen Phase wurde, wie sie für die Operetten der Lehár, Kálmán e tutti quanti charakteristisch ist. Auch wäre es ein lohnendes Thema zu analysieren, auf welchen Wegen Offenbachsche Grundmuster weitergebildet und »aufgehoben« wurden, etwa *Pariser Leben* in *Mahagonny* oder *Die Briganten* in der *Dreigroschenoper* (Jochen Irmer, 1983).

Hier muß es genügen, abschließend zu sagen, daß nur mit allergrößter Mühe Hörer und Darsteller, die auf die neuere Operette eingestellt sind, sich auf die Offenbachsche umstellen können. (Wenn ich aus französischen Schallplatten-, Rundfunk- und Theateraufführungen Offenbachscher Stücke, die ich gehört habe, Schlußfolgerungen ziehen kann, so scheint das in Frankreich etwas anders zu liegen; vielleicht ist dort der Geist der Opéra comique, auch der Molières, noch lebendiger als in deutschsprechenden Ländern der des alten Singspiels und der Komödien der Aufklärung. Von dorther wäre unter Umgehung des Weges zur neuen Operette wohl doch eher eine Brücke zum Stil Offenbachs zu finden. Sicher haben Schauspieler – und nicht Sänger, die neue Operetten zu singen gewohnt sind – die bessere Chance, einen neuen Offenbachstil zu erarbeiten.)

II. 2. Offenbach – der Mozart der Champs-Elysées?

Karl Kraus wollte einmal von mir wissen, warum ich ihm nicht folgen kann, wenn er Offenbach über Mozart stellt. – Der Vergleich Offenbachs gerade mit Mozart liegt offenbar nahe, und Kraus war nicht der erste, der ihn anstellte, wenn auch wohl der einzige, der ihn so eindeutig zugunsten Offenbachs entschieden sehen wollte. – Henseler (1930, 469) sagt (leider ohne Quellenangabe), daß Rossini im Jahre 1857 »das halb ironisch gemeinte Bonmot« von Offenbach als »le petit Mozart der Champs-Elysées« geprägt habe. Man hat es ihm oft nachgeprägt, meist unter Auslassung des »kleinen« und überhaupt ohne etwas von Ironie merken zu lassen. Louis Schneider (1923, 68), auch sonst unzuverlässig, schreibt das berühmt gewordene Wort sogar Richard Wagner zu – was angesichts der Gehässigkeit, mit der Wagner Offenbach behandelte, ganz abwegig ist.

Man tut keinem Komponisten einen Gefallen, wenn man ihn mit einem der größten vergleicht. Ernsthaft kann man Offenbachs Gesamtwerk mit dem Mozarts nicht in einem Atem nennen. Offenbachs Kunst besteht in der Beschränkung; Mozart ist unbegrenzt und durchbricht alle Schranken. Aber in der Beschränkung ist Offenbach Meister.

Es sei zuerst an Hand eines Ensemblestückes Offenbachs Meisterschaft demonstriert, mit einfachsten Mitteln raffinierteste Wirkungen zu erzielen. Ich wähle dazu das Ensemble Nr. 14 (das »Sextett« oder »Septett« genannt wird) aus *Pariser Leben*; den Text des Stükkes habe ich auf S. 24 mitgeteilt. – Nr. 14 steht halbwegs zwischen Anfang und Ende des Theaterstücks; es bereitet dramaturgisch das große Domestikenfest vor. Voller Laune nehmen seine Teilnehmer vorweg, wie sie sich als Herrschaften benehmen werden, und plaudern aus, was sie von den Nachgeahmten halten. – Im Grunde genommen handelt es sich, wie immer in Offenbachs Ensembles, nicht um ein echt polyphones Stück. So gut auch Offenbachs Ensembles klingen, sie sind eher dem Prinzip »Aria à quattro« (oder: à 5 oder 6 oder 7) verpflichtet, wie wir es aus dem 17. Jahrhundert kennen (das heißt dem Prinzip, eine Melodielinie und deren harmonische Stütze auf mehrere Sänger aufzuteilen), als dem echt mehrstimmigen Satz, wie Mozart ihn auf der Musikbühne heimisch gemacht hat. – Unser Ensemble beginnt mit einem Recitativo accompagnato, wie es in der Großen Oper heißt, einem Rezitativ, dem, vom Orchester begleitet, die Funktion zufällt, in die dramatische Situation einzuführen. Schon das ist ein Witz. Wie die Verschwörer im blutigen Opernkomplott fragt der Anstifter, der »Stutzer« Bobinet: »Kann ich mich auf Euch verlassen?« – fragende Bläserfigur – »Sie können sich auf uns verlassen!«, spricht, bekräftigt von einer antwortenden Bläserfigur, der Anführer der spielfreudigen Bedienstetenschar. Die Rollen sind zwar schwer, aber – Ensemblesatz! – »Die Künstler sind erfahren!«. Das einleitende Rezitativ ist vorbei; das eigentliche Ensemble hebt an. Es steht im mäßigen Walzertakt, hat, wieder einmal, einen von Offenbachs Lieblingsrhythmen zur Grundlage, den Mazurkarhythmus,

Notenbeispiel 29

und hat zwei Strophen, deren eine von dem männlichen Protagonisten, deren zweite von der weiblichen Protagonistin eingeleitet wird. Grundlage ist der Achttakter (Notenbeispiel siehe folgende Seite), und jede Strophe hat sechs solcher regelmäßig gebauten Taktgruppen. Aber kunstvoll eingeschobene unregelmäßig gebaute Taktgruppen helfen die Monotonie vermeiden. Desgleichen eine kaum merklich eingeführte, sehr kunstvolle Modulation, die mit dem sogenannten Neapolitanischen Sextakkord zu tun hat, den (vermutlich) die neapolitanische Opernschule des 17. Jahrhunderts zuerst verwendet hat. Wenn ich nicht irre, hat Offenbach sich diesen Kunstgriff erst in den 60er Jahren angeeignet – Resultat seiner ständigen Arbeit an der Erweiterung seiner kompositorischen Mittel. – Es muß

Notenbeispiel 30

ein wenig in Technisches eingegangen werden, um zu zeigen, wie souverän Offenbach verfährt. Der oben zitierte Achttakter wird, kaum verändert, wiederholt; dann kommt ein dritter Achttakter, diesmal, wie nicht verwunderlich, auf einer andern harmonischen Grundlage: die beiden ersten standen in der Haupttonart, G-Dur, der dritte in C-Dur, der sogenannten Unterdominante. Aber er führt sich mit einer kleinen Unregelmäßigkeit ein: der tiefste Ton ist nicht, wie zu erwarten, das C, sondern ein G. Auch der Nicht-Fachmann kann merken: So kann das nicht bleiben, dieses G muß »umkippen«:

Notenbeispiel 31

Und richtig, bei der Wiederholung dieses Viertakters passiert es an unerwarteter Stelle, nämlich auf dem »schlechten«, unbetonten, nur den Bruchteil einer Sekunde in Anspruch nehmenden letzten Taktteil des sechsten Taktes, daß das G abrutscht, so als könnte es sich nicht halten, und zwar rutscht es ins Fis, das in C-Dur ganz fremd ist, und zieht den ganzen Akkord mit sich in ein Fis-Dur mitsamt seiner Septime. Dieser Akkord muß sich »auflösen«, und zwar tut er das regelhaft nach H-Dur, in das wir – und das im vorletzten Takt eines Achttakters, in dem nicht mehr viel zu passieren hätte – geraten. Der letzte Takt der Taktgruppe steht wieder in Fis-Dur mit der Septime; auch das kann sich so nicht halten; der ganze H-Dur-Fis-Dur-Komplex, der durch das Abrutschen des G ins Fis gleichsam eingeschmuggelt worden war, muß entweder wieder verlassen werden oder aber sich befestigen. Er scheint sich festigen zu wollen. Es wird zunächst ein unregelmäßiger, den bisherigen 8 + 8 + 8taktigen Verlauf sprengender Zweitakter eingeschoben (Takte 27 und 28), der die beiden vorhergehenden, harmonisch »fremden« Takte zwar bloß wiederholt, auch melodisch nichts Neues bringt, aber dem bisherigen Sänger, Prosper, das Wort aus dem Mund nimmt; Bobinet wiederholt Prospers Phrase, und nach so vielen H und Fis ist es auch so gut wie unvermeidlich geworden, daß das H-Dur als neuer Tonartenbereich sich stabilisiert. Jetzt aber, da die Harmonie gesichert ist, sind wir metrisch verunsichert. Da drei Achttakter sich schon eingepegelt hatten, würde man einen vierten erwarten. Und so kann man diese zwei Takte auch hören: als Anfang eines vierten Achttakters. Es könnte sich aber auch um ein unterbrechendes Einschiebsel handeln. Die Entscheidung bleibt in der Schwebe, und das soll sie auch. Zu einem neuen hübschen Einfall (im Takt 29 einsetzend) mit charakteristisch Offenbachschem Sextenaufschwung und -abschwung versichert Prosper zum dritten Mal: »Nous le ferons en riant« [Wir bringen das lachend], und alle sagen es nochmals, ein viertes Mal. Ob das nun ein neuer Viertakter war (der mit Takt 29 begänne) oder aber ob mit Takt 27 ein Sechstakter einsetzte, muß unentschieden bleiben. Und gerade diese Unsicherheiten in dem scheinbar so »natürlich« abschnurrenden Stück bilden seinen Reiz.

Notenbeispiel 32

Aber nun geht es erst recht los! Das nun befestigte H-Dur wird zur Ausgangsposition für eine – an den Verhältnissen des Stückes gemessen – gewaltige Steigerung: Acht Takte und dann noch einmal sieben [!] Takte lang läuft sich die Melodik mehr und mehr auf dem Ton H fest, bis am Schluß, verlangsamt und quasi drohend, nichts übrigbleibt als die folgenden, wie die Posaunen des Jüngsten Gerichts tönenden Takte:

Notenbeispiel 33

Aber was für ein Jüngstes Gericht wird das schon sein! Es folgt zwar ein Forte-Tuttischlag des ganzen Orchesters, aber gleich wird er zurückgenommen, und im Refrain der Strophe versichern die Akteure dem guten Meister Bobinet zu einer neuen Walzermelodie, was wir sowieso schon wissen, er könne sich auf sie verlassen:

Notenbeispiel 34

Nochmals der Refrain, und mit der kurios zustande gekommenen Taktziffer 63 geht die erste Strophe des Stückes zu Ende; die zweite ist analog, fügt bloß noch eine Coda an.

Es würde sich durchaus lohnen, eine Monographie zu schreiben über Offenbachs Kunst, Überraschendes und Gewohntes, Regelhaftes und Unregelmäßiges in ein sonderbares Gleichgewicht, eins, dem man nicht trauen darf, zu bringen. Am ehesten hat Offenbachs Rhythmik in dieser Hinsicht Beachtung gefunden. So bemerkt schon Hanslick (1884, 283): »In vielgestaltiger Erfindung des Rhythmus war Offenbach bewunderungswürdig; in diesem Punkte (dem schwächsten unserer jetzigen Opernkomponisten) könnten alle deutschen Kollegen von ihm lernen.« Und an andrer Stelle (1894, 83) schreibt er, hätte man zehn deutschen Komponisten den Vers (aus der *Großherzogin*)

Ah, que j'aime les militaires!

zur Vertonung gegeben, »es würden ihn neun von ihnen in gleichförmig 4füßigen Trochäen skandieren«. Nicht so Offenbach. Hanslick meint zu wissen, sagt leider nicht, woher, Offenbach habe dieses sein Thema »zehn- bis zwölfmal geändert, bis ihm der Rhythmus recht war« (1884, 283):

Notenbeispiel 35

Es scheint mir eine durchaus offene Frage, ob nicht in Offenbachs Vertonungen »gegen« die normale Betonung, auch in dem eben zitierten Beispiel – was die zeitgenössischen Kollegen und Kritiker dem Ausländer Offenbach als Fehler ankreideten (siehe dazu Noske, 1954 passim) –, ob nicht gerade darin ein modernes Mittel zu erblicken ist, auch metrisch-rhythmisch die Musik gegen den Strich zu bürsten. (Rissin, 1980, 341, plädiert auch dafür.)

Als Melodiker ist Offenbach am ehesten anerkannt und gepriesen worden, aber noch nicht mit genügender Herausarbeitung der harmonischen Implikationen seiner Erfindungen. Denn zwar ist es richtig, daß der Unerschöpfliche auch im Rahmen bloß zweier Akkorde (Tonika – Dominante) reizvollste Melodien hervorbringt; aber oft sieht es so aus, als führten ihn seine melodischen auch zu harmonischen Entdeckungen. Man nehme etwa das folgende Trinklied aus der *Schwätzerin*:

(Abbildung 34)

Notenbeispiel 36

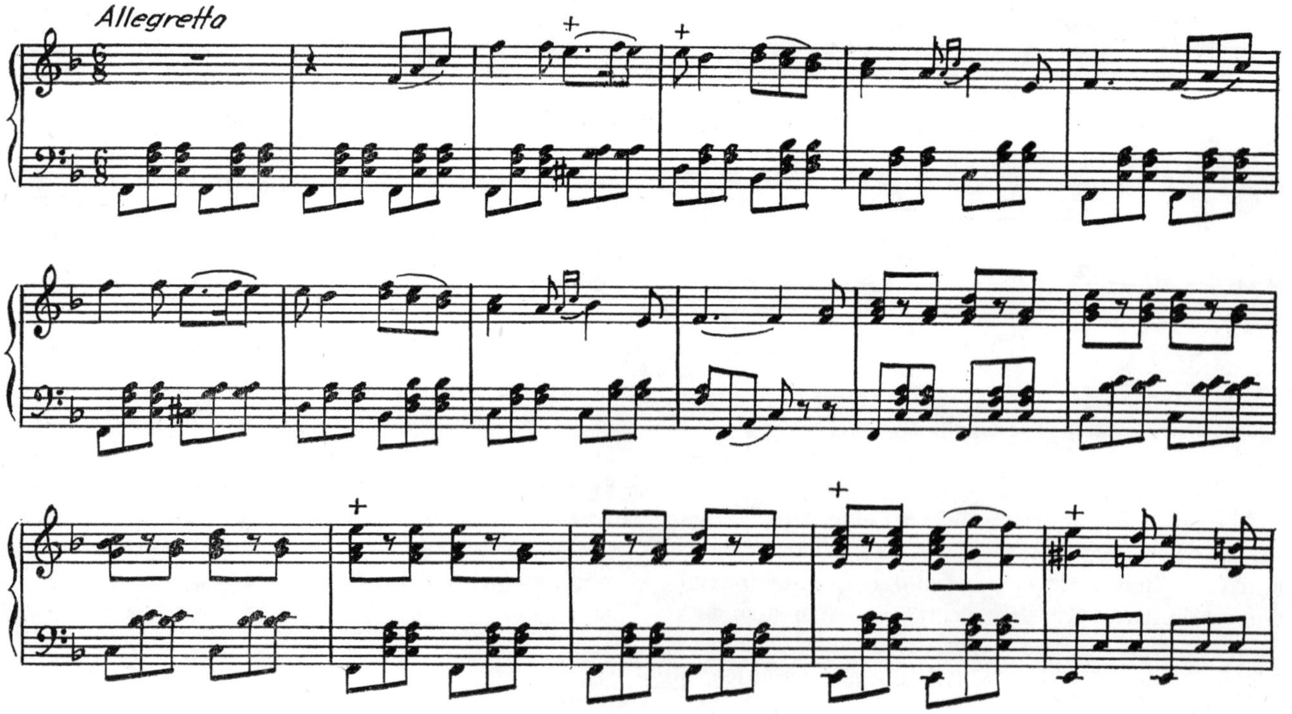

Das E der Melodie (mit + bezeichnet) ist der sogenannte Leitton; er müßte eigentlich in die Tonika, das F, leiten, daher der Name. Aber das tut er nur einmal und nicht in der exponierten hohen Lage. Vielmehr wird er als Quinte der dritten Stufe, A-Dur, aufgefaßt, gleich im Takt darauf als Vorhalt vor der Moll-Parallele, d-Moll; ganz toll benimmt er sich im Refrain, wo er überhaupt nie zur Tonika findet, sondern hintereinander unaufgelöste Dissonanz, Quinte von a-Moll, Grundton von E-Dur ist, um dann ganz in a-Moll eingemeindet zu bleiben. Sogar am Schluß des Stückes entzieht er sich der Aufgabe, ins F zurückzuleiten! – Von einigen der schönsten melodischen Eingebungen läßt sich nicht sagen, ob die Melodie die Harmonie suggeriert hat oder ob es, umgekehrt, der harmonische Einfall ist, der die Melodie so fremdartig anheimelnd macht. Man höre die Verwendung des Neapolitanischen Sextakkords (über einem Orgelpunkt, dem gleichbleibenden Baßton A) in *Hoffmanns Erzählungen*:

Notenbeispiel 37

Normalerweise bevorzugt Offenbach Quinten- und Sexten-Bögen, läßt die Melodie gern in ihrer Schlußkadenz von der Terz zur Unterquinte fallen und verleiht ihnen (unter anderm) dadurch ihr Gleichgewicht, daß er gegen Schluß hin Anfangswendungen, die man schon vergessen glaubt, wieder aufgreift. Man nehme die berühmte Romanze des Paris aus der *Helena*:

Notenbeispiel 38

Bei allem Anschein der Regelmäßigkeit und Selbstverständlichkeit ist das Gebilde kompliziert (was sich auch darin äußert, daß es auf 19 Takte kommt, wo man 16 erwarten würde). Der anmutige Bogen zur Unterquint in Takt 3 (+) – selbst Antwort auf den Sextenaufschwung der ersten vier Töne des Stückes – scheint, abgesehen von der regelhaften Wiederholung im Takt 8, abgetan. Aber nein. Als der zweite Melodieteil (ab Takt 10) sich zur Oktave aufschwingt, dann bei seiner Wiederholung um zwei unerwartete Takte verlängert wird (Takte 17 und 18), wird in die Schlußkadenz der Sextenabschwung (+) eingeführt und mit ihm der Anfang der Melodie graziös wieder aufgenommen. – Im Lied des Raphael (Notenbeispiel 15) finden wir sogar einen zweifachen Sextenfall; auch er antwortet einem Aufstieg des Anfangs (Takte 2/3):

Notenbeispiel 39

Aber am reichsten entfaltet ist Offenbachs melodisches Genie im Gipfelwerk *Hoffmann*; hier sind seine auf- und abschwingenden melodischen Kurven am üppigsten und eigenartigsten geführt. Gäbe es so etwas wie »die schönste Melodie, die je erfunden wurde«, man wäre versucht, sie in der Partitur der *Contes* zu suchen, unsicher, ob man sie nicht doch bei Mozart zu finden hätte. Es gibt eben ein Gebiet, auf dem Offenbach den Vergleich selbst mit Mozart nicht zu scheuen hat. Es mag nicht ohne Interesse sein zu hören, daß Hans von Bülow in einem (in der *Fackel* 759, 1927, 26 zitierten) Brief aus dem Jahre 1890 geschrieben hatte, er habe in New York Offenbachs *Großherzogin von Gerolstein* in einer »Musteraufführung« gehört und »mit höchstem Plaisir geschlürft«. Und dann: »Früher war ich nicht reif dafür, so wenig wie für Mozart.«

II. 3. Bemerkungen zur Offenbach-Biographik

Ich habe schon darauf hingewiesen: Es steht nicht zum besten mit der Offenbach-Überlieferung (siehe S. 18 f.): Viele Werke sind schwer zugänglich, und man kann nur selten sicher sein, sie in einer Fassung vor sich zu haben, die den Intentionen Offenbachs halbwegs entspricht; Briefe und Dokumente sind nicht ediert; kommentierte Erinnerungsliteratur existiert kaum. – Ich würde nur fünf, vielleicht sechs Bücher nennen, die als Grundlage zur Rekonstruktion von Offenbachs Leben – nur mit Einschränkungen zur Rekonstruktion seines Weges als Komponist – Geltung beanspruchen können. Da ist zunächst *Offenbach/Sa vie et son œuvre,* Paris 1887, von André Martinet. Offenbach und seinem Werk freundlich gesonnen, schildert der Autor aus eigener Anschauung – aber wie weit aus eigener Anschauung? – Lebensablauf und Werkfolge. Sein Büchlein dem man allerdings kaum ein einziges brauchbares Wort über die Musik entnehmen kann, wird wohl, solange edierte Dokumente es nicht widerlegen, als im großen und ganzen verläßlich gelten dürfen. – Dem ersten Biographen folgte lange nichts Erwähnenswertes, bis Anton Henseler 1930 sein *Jakob Offenbach* herausbrachte. Dies ist ein gründlich gearbeitetes Buch; sein Autor kennt Offenbachs Musik und geht gewissenhaft und mit Gelingen seinen Quellen, Jugendeindrücken, Einflüssen nach. Er hat sich mit der Literatur, wie sie eben ist, beschäftigt, hat zeitgenössische Zeitungen und Zeitschriften herangezogen; er weiß, wovon er spricht. Man kann sein Buch heute noch mit Gewinn lesen. Seine Schwäche dürfte vor allem darin bestehen, daß Henseler zu viel Gewicht auf die Herkunft, zu wenig auf die Eigenart von Offenbachs musikalischem Stil legt. – Mit Henselers Buch zusammen ist das von Hans Kristeller, *Der Aufstieg des Kölners Jacques Offenbach. Ein Musikerleben in Bildern,* 1931, zu nennen. Der Autor beruft sich ausdrücklich auf Henselers Hilfe bei der Beschaffung von Bildmaterial (besonders von solchem aus der Kölner Jugendzeit Offenbachs) und auf dessen Rat bei der Anlage des Buches. Es besteht ausschließlich aus reichlich gewählten, klug kommentierten und gut wiedergegebenen Gemälden, Photoporträts, Szenenphotos, Karikaturen, Zeitungsausschnitten, Programmzetteln, Notenblättern. (Leider gibt auch Kristeller wenige Quellenangaben und ist selbst oft ungenau.) Insgesamt ein Buch, dessen Lebendigkeit und Aussagekraft noch nicht überboten wurde. – 1937 erschien, gleichzeitig in deutscher, französischer und englischer Sprache, Siegfried Kracauers *Jacques Offenbach und das Paris seiner Zeit.* Das Buch ist nicht so gut wie sein Ruf, und Adornos noch im gleichen Jahr erschienene, recht kritische Besprechung (Adorno, 1937, 697/98) hat wohl im wesentlichen recht. Übereinstimmung von Werk und Gesellschaft wird vorausgesetzt, daß sich Widersprüche zwischen Komponist und Gesellschaft auftun könnten, wird kaum in Betracht gezogen; die zentrale These, daß die Gesellschaft, in der Offenbach lebte, »operettenhaft« gewesen sei, ihm deshalb Operetten gelungen seien, ist nicht mehr als ein Bonmot, und kein gelungenes. Vor allem: Wie die Vermittlungen zwischen der geschilderten Gesellschaft und Offenbachs Musik beschaffen sein könnten, wird nur angedeutet; Offenbachs Texte sind Kracauers Material. Adornos in der Besprechung empfohlene Methode, Musik als Ware zu verstehen, hat in den inzwischen verstrichenen Jahrzehnten, auch für Adorno selbst, von seiner Überzeugungskraft verloren. Der Gebrauchswert der Ware Musik ist nämlich so geheimnisvoll, daß, wer sich nur mit ihrem Tauschwert befaßt – und das ist ja zunächst gemeint –, noch immer wenig von ihr weiß. – Andererseits ist Kracauers Buch, insofern es das im Titel thematisierte »Paris seiner Zeit« behandelt, da es viel Material mit Geist und historischem Verständnis aufarbeitet – leider, wie in fast aller Offenbach-Literatur, mit keiner oder ungenauer Quellenangabe –, aufschlußreich und anregend. Und eine schönere als die folgende Darstellung von Offenbachs Wesen wird man kaum finden: »Betreibt er die Entzauberung um ihrer selbst willen? Der immerwährende Drang zu ihr rührt daher, daß Offenbach in der Vorstellung eines freien und hellen menschlichen Zusammenseins lebt, das aller Angstträume ledig ist. Das Paradies schwebt ihm vor. Wieder und wieder tauchen in seinen Operetten Melodien von paradiesischer Heiterkeit auf, – einer Heiterkeit, zu deren wesentlichen Merkmalen es gehört, daß sie sich gern mit der sanften zuwartenden Skepsis verbündet, die Ludovic Halévy, Offenbachs entscheidender Textdichter, in die Libretti einschmilzt« (Kracauer, 1937, 11). Man sollte Kracauers Anregungen aufgreifen, indem man sein Gesellschaftsbild vertieft und mit dem musikalischen Œuvre konfrontiert. Das wird wohl von einem Musiker zu leisten sein. – Das letzterschienene von den wichtigsten Büchern über Offenbach ist Jacques Brindejont-Offenbachs *Offenbach, mon grand-père*, 1940, (deutsch: *Mein Großvater Offenbach,* in einer verdienstvollen Übersetzung und Neuausgabe 1967). Der Autor hat seinen Großvater zwar nicht gekannt; er kam als Sohn von Offenbachs dritter Tochter erst drei Jahre nach dessen Tod zur Welt. Aber er war in seinen Wohnungen gewesen, hat in seinem Haus gelebt, in seinen Notenschränken gestöbert, hat mit bewußter Zielstellung viele Menschen gesprochen, die Offenbach kannten, mit ihm gearbeitet hatten, Erinnerungen und Erinnerungsstücke von ihm bewahrten. Er war nicht nur ein glühender Bewunderer und genauer Kenner von seines Großvaters Musik, er war autodidaktischer Musiker und spielte Offenbach nach dem Gehör. (Für den 16. Oktober 1929 hatte Karl Kraus in Wien eine Veranstaltung vorbereitet, in der Suzanne Robet, Jacques Brindejonts Frau, von ihrem Mann auf dem Klavier begleitet, Stücke von Offenbach, meist aus selten gehörten Operetten, hätte singen, Karl Kraus abschließend den dritten Akt von *Pariser Leben* hätte vortragen sollen. Eine Erkrankung Brindejonts verhinderte, was ich heute noch bedaure, das Zustandekommen der Veranstaltung, für die bereits die Plakate gedruckt waren.) Brindejonts Buch hat etwas von der Unmittelbarkeit, der Identifizierung mit dem Gegenstand (die ein anderer durch kritische Distanz zu ergänzen hätte), etwas von der Kenntnis der Umstände und der Umwelt, die zu den Ingredienzien einer Biographie gehören.

Die Offenbach-Biographik steht vor einer Doppelaufgabe. Offenbachs Musik in ihrer spezifischen Beschaffenheit und in ihrer Mannigfaltigkeit zu fassen ist schwierig genug. Es ist leichter, Mozarts Weg von der *Finta Giardiniera* zum *Don Giovanni* zu verstehen als den Tatbestand, daß *Pépito* und *Hoffmanns Erzählungen* von ein und demselben Komponisten stammen. Offenbachs Weg will nicht nur als der eines außergewöhnlichen Musikers gesehen werden, sondern auch als ein Reagieren auf außergewöhnliche, sich rasch ändernde soziale Verhältnisse. Was Bücher über Offenbach so unbefriedigend macht – Aufsätze und Spezialuntersuchungen, auch Dissertationen müssen hier unberücksichtigt bleiben –, ist die Unbelecktheit von dieser Problematik. Paul Bekkers (in der Reihe *Die Musik* schon 1909 erschienener) *Jacques Offenbach* ist dafür charakteristisch. Der leichte Ton des Musikschriftstellers (der allerdings damals noch recht jung war) scheint ihm der scheinbar leichten Kunst seines Gegenstandes angemessen. Den Charakter der Offenbachschen Satire mißversteht er gründlich, und der Übergang von ihr zum Alterswerk mißrät ihm vollkommen. – Über Louis Schneiders *Offenbach,* 1923, weiß ich nichts besseres zu sagen, als daß das Buch (nicht immer verläßliche) Inhaltsangaben auch von entlegeneren Werken bringt, eine Werkliste und manche zeitgenössische Kritik. – Von ganz anderem Kaliber ist das (in der chronologischen Abfolge nächst zu nennende) Offenbach-Kapitel aus René Leibowitz' *Histoire de l'Opéra,* 1957 (deutsch bei: Metzger, 1980). Über das Wesen der musikalischen Parodie Offenbachs hat er Zutreffendes und Aufschlußreiches zu sagen, ohne freilich der Gefahr zu entgehen, die ganze Leistung Offenbachs unter den Aspekt der musikalischen Parodie bringen zu wollen. Das kann nicht gelingen. Überhaupt ist es ein immer wiederkehrendes Übel von Arbeiten über Offenbach, ihn unter einem Gesichtspunkt verstehen zu wollen. Da ist er dann eben der Satiriker, oder er ist der Komponist des *Orpheus* oder der Melodienreiche oder der Komponist von *Pariser Leben,* der im Rausch der guten Gesellschaft mitversunken ist, oder, seltener, der Komponist von *Hoffmanns Erzählungen.* – Oh, hätte Alphons Silbermann seine Kräfte doch darauf konzentriert, uns eine Sammlung von persönlichen Dokumenten und Briefen von und an Offenbach zu bescheren! Sein Einfall, diese in ein Buch zu integrieren, das den Titel führt: *Das imaginäre Tagebuch des Herrn Jacques Offenbach,* 1960, ist nicht glücklich. Sicher ist es an sich legitim, dem breiten Publikum der Musikliebhaber ein amüsantes, bis zu einem gewissen Grad auch informatives, belletristisches Buch über einen Komponisten vorzulegen. Aber wenn es sich um einen Komponisten handelt, über den zwar viele schöne Worte – und vielleicht noch mehr häßliche – gemacht wurden, ohne daß man die gar nicht so raren Dokumente seines Lebens auch nur annähernd vollständig überblicken könnte – ob es in einem solchen Fall eine gute Idee ist, unter dem Anschein von Objektivität ein Gemisch von Dokument und Imagination aufzutischen? – Ich kann nicht viel über Otto Schneidereits *Jacques Offenbach,* 1966, sagen; es ist eine hübsch geschriebene und illustrierte Lebensbeschreibung, von Musik ist kaum die Rede. Ähnlich steht es mit P. Walter Jacobs *Offenbach*; die im Untertitel des Buches versprochenen Selbstzeugnisse werden nur spärlich geboten, reichlicher die gleichfalls versprochenen Bilddokumente, wobei freilich die weitaus meisten aus anderen Publikationen bekannt sind, wie der Autor ja auch Henselers *Offenbach* besser zu kennen scheint als Offenbach. – Wir kommen in die jüngste Vergangenheit. Von meinem Prinzip, Aufsätze und Spezialstudien hier nicht zu berücksichtigen, will ich im Fall der *Musik-Konzepte 13/Jacques Offenbach,* 1980, deshalb abweichen, weil die Vereinigung von sechs Arbeiten im Heft einer Reihe, die mit Recht Prestige genießt, erwarten ließe, daß so etwas wie ein Konzept zur Aufarbeitung der Offenbach-Problematik zustande gekommen wäre. Daß das nicht der Fall ist – trotz vieler kluger Einzelbeobachtungen und -bemerkungen –, hängt auch hier damit zusammen, daß die meisten Aufsätze sich nur auf jeweils einen Aspekt – unter besonderer Betonung von Parodie und Satire – konzentrieren, so daß etwas von der Art eines Gesamtbildes auch nicht umrißhaft zutage tritt. Offenbach ist nun eben einmal nicht bloß ein Parodist, noch kann man ihn rundweg als Anpasser oder Reaktionär denunzieren. Es ist unbefriedigend, wenn drei der Aufsätze – ein vierter, von Leibowitz, wurde bereits erwähnt; ein weiterer beschäftigt sich mit einem Sonderproblem – zu den folgenden Schlußresümees gelangen: Offenbach sei »ein Opfer der Anpassung« (ebenda 49); seine ganze Produktion klinge, gleich der Musik der Puppe Olympia, »wie ein riesiges Carillon, das so regelmäßig und behende abschnurrt, wie der Mechanismus im Innern es steuert und antreibt« (ebenda 70); »Regression obsiegt gegen den republikanischen Fortschritt, gegen den der Royalist Offenbach sich verstockt« (ebenda 102). Woher käme, wenn sich das so verhielte, der *Hoffmann,* woher die Musik der Marietta und der Gabriele? – David Rissins Buch *Offenbach ou le rire en musique,* 1980, ist das erste – seit immerhin 50 Jahren, seit Henselers Buch –, das die Musik Offenbachs zum Gegenstand macht. Rissin tut das mit Zuneigung zu seinem Komponisten, mit Kenntnis seines Stils, mit Sachverstand für kompositorische Probleme. Es ist auch meines Wissens das erste und einzige Buch, das ausdrücklich und ausführlich (Seite 323–343) *Hoffmanns Erzählungen* und die Opéras bouffes miteinander in Beziehung setzt. Vergleichspunkte und Unterschiede werden (für mich, obwohl im Prinzip richtig, nicht immer überzeugend) herausgearbeitet. Wahrscheinlich gelingt Rissin deshalb nicht alles, was er sich vorgenommen hat, weil der selbstgesetzte Schwerpunkt – le rire en musique [das in Musik umgesetzte Lachen] – der Punkt nicht ist, von dem aus Offenbachs so verschiedenartige Leistungen als widerspruchsvolle Einheit zu erkennen wären, sosehr Rissin auch »das Lachen« differenziert, es auch in Grauen umschlagen läßt. Insgesamt ein Buch, wie es deren als Vorarbeit für künftig zu Leistendes zu wenige gibt. – Das würde ich von Alexander Faris' *Jacques Offenbach,* 1980 (deutsch: 1982) nicht sagen wollen. Der Autor, selbst Dirigent und Filmkomponist, sucht seinem Gegenstand – den auch er glücklicherweise in der Musik sieht – durch eine leichte Hand bei der Darstellung und eine gewisse Nonchalance in der Behandlung historischer, literarischer, sozialer Zusammenhänge gerecht zu werden. Das Resultat: einige (wenige) Beobachtungen musikalischer Natur, die der Mühe wert sind, gut gewählte Illustrationen, viele Anekdötchen und alle Namen von Hortense Schneiders Hunden. Das Buch ist von entwaffnender Unbekümmertheit, wenn es zum Beispiel (Seite 112/13) auf Nestroy und die Wiener Volksbühne zu sprechen kommt oder gar (Seite 180) auf die Pariser Commune. Mehrere Details sind unrichtig. Ein Beispiel: Der Ort, wo 1869 *Die Prinzessin von Trapezunt* erstaufgeführt wurde, wird von Baden-Baden ohne Not ausdrücklich nach Baden bei Wien verlegt. Das Buch, besonders wenn man es in der stellenweise drolligen und stellenweise nicht ganz verständlichen deutschen Übersetzung liest, kann als Musterbeispiel dafür gelten, wie die trügerische Leichtigkeit des Gegenstandes dazu verführen kann, ihm mit Leichtfertigkeit gerecht zu werden.

Man könnte diesen meinen knappen Überblick über die Offenbach-Literatur nicht treffender als mit einem (den erwähnten *Musik-Konzepten 13* entnommenen) Satz von Wolf Rosenberg (ebenda 71) beschließen: »Zweifellos harrt Offenbach noch immer auf seine Entdeckung.«

II. 4. Die Offenbach-Vorlesungen von Karl Kraus und seine Begleiter

In der Skizze *Ich bin an allem schuld* schildert Sigismund von Radetzki, eine der farbigsten und sonderbarsten Figuren in der Umgebung von Karl Kraus, wie er diesen auf den Gedanken gebracht haben will, Offenbach öffentlich vorzutragen. Er habe ihn, so berichtet er, im April 1926 auf der Wiener Ringstraße folgendermaßen angesprochen: »Herr Kraus ..., ich habe in den letzten Tagen Offenbachs *Blaubart* mit einer befreundeten Dame nach dem Klavierauszug durchgesungen – da ist eine musikalische Kostbarkeit neben der anderen – Herr Kraus, Sie müssen das öffentlich zum Vortrag bringen – Sie allein können das und werden Offenbach zu einem Triumphe verhelfen! Als Begleitung genügt ein Klavier – und ich weiß auch schon den Begleiter für Sie, nämlich Otto Janowitz – er ist ein spiritueller Musiker und wird Ihre Intentionen im Fluge erraten! Das geht ganz einfach: Sie proben die Musik ein paar Mal zusammen durch, und den dramatischen Prosatext werden Sie ja sowieso wunderbar vortragen! Wirklich, Herr Kraus, Sie müssen ...« Kraus habe den Vorschlag zwar abgelehnt, sich aber am nächsten Tag dennoch an Otto Janowitz gewandt.

Ganz so kann sich der Vorfall nicht abgespielt haben; zunächst stimmt das angegebene Datum nicht: Kraus trug Offenbachs *Blaubart* mit Otto Janowitz am Klavier zum ersten Mal am 20. Februar 1926, also mindestens sechs Wochen vor der von Radetzki geschilderten Ringstraßenbegegnung, öffentlich vor. Mit Offenbach, schon gar nicht mit dessen *Blaubart,* den Kraus seit seiner Jugend kannte und liebte, brauchte er nicht erst bekannt gemacht zu werden, auch nicht mit Janowitz als Begleiter; der hatte seit 1918 wiederholt Kraus zu Vorträgen von Raimunds und Nestroys Couplets begleitet. Dennoch. Durchaus möglich, daß Radetzki sich bei seiner Zeitangabe geirrt hat; daß Kraus aus Höflichkeit schwieg, als jener ihm ein längst bekanntes Werk vorschlug und einen Begleiter, mit dem er seit langem zusammenarbeitete. Mag sein, daß Kraus eines äußeren Anstoßes bedurfte, um Offenbach in das *Theater der Dichtung* aufzunehmen. Zu singen hatte Kraus zwar bei verschiedenen seiner dramatischen Lesungen, vornehmlich in den Stücken Raimunds und Nestroys. Aber dort handelt es sich vorwiegend um Couplets, die sowieso für Schauspieler, nicht für Sänger gedacht sind; Kraus konnte nicht sicher sein, den gesanglichen Anforderungen abendfüllender Operetten gewachsen zu sein mit ihren Dutzenden von Musikstücken, darunter musikalisch anspruchsvollen, auch Ensembles. Musik von Offenbach hatte er schon wiederholt bei Vorlesungen verwendet (besonders seit 1923 Stücke aus *Orpheus in der Unterwelt* als Ouvertüre und Zwischenaktmusiken für sein Wolkenkuckucksheim, auch anderes aus der *Prinzessin von Trapezunt* und *Blaubart*). Aber selbst vorgetragen hatte er bislang Offenbach nur ganz ausnahmsweise (die Musik des Liedes der Clementine aus *Blaubart* als Lied des Pagen Motte aus Shakespeares *Verlorener Liebesmüh*). Auch scheint es eben Radetzkis Idee gewesen zu sein, Janowitz – und nicht Victor Junk, der die genannten Offenbach-Musiken gespielt hatte, übrigens auch weiterhin oft für Kraus spielte – als Musiker für die anspruchsvolle Aufgabe der Offenbach-Lesungen heranzuziehen. Eine intensivere Zusammenarbeit mit Musikern wurde durch die Aufnahme von Offenbach in das *Theater der Dichtung* notwendig, als Kraus sie bislang kannte. Für seine Nestroy- und Raimund-Couplets, für Lieder, Balladen und Couplets, die in seinen eigenen Schriften vorkamen, benötigte Kraus zwar schon seit

Beginn seiner Vortragstätigkeit Klavierbegleiter. Er hatte deren im Laufe der Jahre annähernd zwanzig, vielleicht mehr. Unter ihnen waren bekannte Musiker wie Victor Junk (1875–1948), Theo Mackeben (1897 bis 1953), Karol Rathaus (1895–1954), Kurt Weill (1900–1950). Auch Bühnenmusiken für Lesungen aus Shakespeare, Nestroy, Raimund, für Kraus' *Wolkenkuckucksheim* und andere Stücke konnten von erfahrenen Musikern auch ohne langwierige Proben übernommen werden; ich nehme an, daß bei manchen Gelegenheiten eine kurze Verständigungsprobe genügte.

Das trifft nicht auf die Offenbach-Lesungen zu. Hier waren wiederholte Proben aus zwei Gründen notwendig. Einmal mußte Kraus selbst jene Stücke erlernen, die er nicht bereits im Ohr hatte, und da hierfür nur die Vorspiel-Nachsinge-Methode zur Verfügung stand, da ferner in Ensemblestücken Entscheidungen zu treffen und Alternativen auszuprobieren waren, mußte man sich Zeit nehmen. Zweitens hatten auch die betreffenden Musiker sich mit den Klavierauszügen zu beschäftigen, Zwischenaktmusiken zusammenzustellen, Transpositionen einzuüben, wenn sie sich nicht gar, wie Franz Mittler, bei Neubearbeitungen auch mit verschiedenen Fassungen der Operetten, und unter Umständen sogar mit Orchesterstimmen beschäftigen mußten. So kam es, daß Kraus für seine Vorlesungen von Offenbach-Operetten (mit wenigen Ausnahmen) insgesamt nur drei Musiker ständig heranzog.

An dieser Stelle zwei terminologische Bemerkungen. »Operette« ist keine zutreffende Bezeichnung für Offenbachs sämtliche Bühnenwerke, da Offenbach selbst die Bezeichnung »Operette« nur in ganz spezifischer Bedeutung verwendete: für ihn ist »opérette« ein *einaktiges* Stück mit Musik. So dürfte also, wenn man es genau nimmt, unter den von Kraus vorgetragenen Stücken nur *Fortunios Lied* »Operette« heißen (*Die Insel Tulipatan* heißt bei Offenbach »bouffonnerie«). Die anderen werden im Original »opéra bouffe« genannt, die eine oder andere – *Die Kreolin* zum Beispiel – »opéra comique«, *Die Reise in den Mond* »opéra-féerie«. Aber da sich im Deutschen die Bezeichnung »Operette« für Stücke mit Musik, die nicht den Anspruch erheben, »große« Oper zu sein, unabhängig davon, ob sie ein- oder mehraktig sind, durchgesetzt und da Kraus das Wort in einem sehr weiten Sinn verwendet hat, soll es hier beibehalten werden.

Die Bezeichnung »Begleiter« ist aus anderen Gründen nicht treffend. Es ging offensichtlich um mehr als eine Begleitung, und in der Tat findet man auf den Programmen, besonders auf denen späterer Jahre, die Angabe: »Musikalische Einrichtung und Begleitung«. Aber auch die Bezeichnung »Begleiter« wird hier beibehalten, schon deshalb, weil sie zumindest einen Sachverhalt richtig wiedergibt: die dominierende Rolle, die Kraus auch bei seinen Offenbach-Vorlesungen zukam.

Es folgt hier zunächst ein vollständiges Verzeichnis aller Offenbach-Vorlesungen:

KARL KRAUS' OFFENBACH-VORLESUNGEN

Aufgenommen sind nur Vorlesungen vollständiger Offenbach-Operetten (mit Ausnahme von Nr. 71). Alle Operetten (mit Ausnahme der Einakter *Fortunios Lied* und *Die Insel Tulipatan,* die vier Mal zu einem Abend zusammengezogen wurden [Nr. 52, 56, 58 und 66]) sind mehraktige, abendfüllende Stücke. Insgesamt sind es 14 Operetten.

Folgende Abkürzungen werden verwendet:

BL – Blaubart
GG – Die Großherzogin von Gerolstein
PL – Pariser Leben
M'L – Madame L'Archiduc
BR – Die Briganten
PT – Die Prinzessin von Trapezunt
FOR/TUL – Fortunios Lied/Die Insel Tulipatan
SEU – Die Seufzerbrücke
SCHW – Die Schwätzerin von Saragossa
PER – Perichole
VER – Vert-Vert
MOND – Die Reise in den Mond
KRE – Die Kreolin

OJ – Otto Janowitz
GK – Georg Knepler
FM – Franz Mittler
FH – Friedrich Hollaender
EA – Eugen Auerbach
T.-Sch. – Teplitz-Schönau
M.-O. – Mährisch-Ostrau

AVS – Architektenvereinssaal
GRKS – Großer Konzerthaussaal
MKS – Mittlerer Konzerthaussaal
KLKS – Kleiner Konzerthaussaal
KLMS – Kleiner Musikvereinssaal
OS – Festsaal im Gewerkschaftshaus Treitlstraße; seit Anfang 1932, offenbar auf Kraus' Vorschlag, Offenbachsaal benannt
ES – Großer Ehrbarsaal, Mühlgasse
GVS – Gewerbevereinssaal

Vg. – Vorlesung
Vgg. – Vorlesungen
mit Ztstr. – mit Zeitstrophen
mit n. Ztstr. – mit neuen Zeitstrophen

Fassungsraum der von Kraus verwendeten Wiener Vortragssäle:

Architektenvereinssaal	270 Personen
Großer Konzerthaussaal	etwas über 2000 Personen
Mittlerer Konzerthaussaal	890 Personen
Kleiner Konzerthaussaal	420 Personen
Kleiner Musikvereinssaal	520 Personen
Offenbachsaal	567 Personen
Gewerbevereinssaal	(etwa) 300 Personen
Ehrbarsaal	419 Personen

Laufende Nummer			Datum	Titel	Begleiter	Bemerkungen auf dem Programm	Quelle Fackel	Ort; (in Wien:) Saal
der Offenbach-Vgg.	aller Vgg.	der Vgg. am Ort						
1	375	242	20. 2. 26	BL	OJ	Theater der Dichtung, III. Zyklus. Zum 1. Mal	717/98	Wien MKS
2	387	254	6. 4. 26	BL	OJ	mit n. Ztstr.	726/67	Wien KLKS
3	397	258	10. 10. 26	BL	OJ	mit n. Ztstr.	743/74	Wien KLKS
4	401	262	10. 12. 26	GG	OJ	Zum 1. Mal mit Ztstr.	751/69	Wien MKS
5	402	263	6. 1. 27	GG	OJ	mit Ztstr.	751/77	Wien KLKS
6	408	269	20. 2. 27	BL	OJ	Zum 4. Mal mit n. Ztstr.	759/25	Wien AVS
7	409	270	27. 2. 27	GG	OJ	Zum 3. Mal mit Ztstr.	759/26	Wien AVS
8	411	272	9. 3. 27	PL	OJ	Zum 1. Mal mit Ztstr.	759/28	Wien KLKS

Laufende Nummer			Datum	Titel	Begleiter	Bemerkungen auf dem Programm		Quelle Fackel	Ort; (in Wien:) Saal
9	412	273	13. 3. 27	PL	OJ	Zum 2. Mal	mit n. Ztstr.	759/29	Wien AVS
10	413	274	27. 3. 27	PL	OJ	Zum 3. Mal	mit Ztstr.	759/29	Wien AVS
11	417	277	17. 6. 27	BL	OJ	Zum 5. Mal	mit n. Ztstr.	781/48	Wien AVS
12	418	278	21. 6. 27	GG	OJ	Zum 4. Mal	mit n. Ztstr.	781/49	Wien AVS
13	419	279	23. 6. 27	PL	OJ	Zum 4. Mal	mit n. Ztstr.	781/49	Wien AVS
14	420	280	9. 10. 27	M'L	OJ	Zum 1. Mal		781/50	Wien MKS
15	422	282	20. 11. 27	M'L	OJ	Zum 2. Mal		781/53	Wien AVS
16	425	283	9. 1. 28	GG	OJ	Zum 5. Mal	mit n. Ztstr.	781/54	Wien AVS
17	430	288	11. 2. 28	BL	OJ	Zum 6. Mal	mit n. Ztstr.	781/57	Wien AVS
18	435	292	13. 3. 28	M'L	OJ	Zum 3. Mal		781/58	Wien GVS
19	435	292	15. 3. 28	PL	OJ	Zum 5. Mal	mit n. Ztstr.	781/60	Wien AVS
20	438	54	24. 3. 28	GG	OJ		mit n. Ztstr.	781/77	Berlin
21	439	55	25. 3. 28	BL	OJ			781/77	Berlin
22	440	56	26. 3. 28	M'L	OJ			781/77	Berlin
23	441	57	27. 3. 28	PL	OJ		mit Ztstr.	781/77	Berlin
24	449	28	19. 5. 28	PL	OJ		mit Ztstr.	800/47	Prag
25	460	297	22. 6. 28	PL	OJ	Zum 8. Mal	mit n. Ztstr.	800/50	Wien AVS
26	469	2	17. 10. 28	M'L	G. Witt		mit n. Ztstr.	800/52	Hamburg
27	470	3	19. 10. 28	PL	G. Witt		mit n. Ztstr.	800/52	Hamburg
28	476	301	1. 12. 28	BR	GK	Zum 1. Mal		800/60	Wien MKS
29	478	303	2. 1. 29	BR	GK	Zum 2. Mal		800/68	Wien AVS
30	479	68	13. 1. 29	BR	GK			806/10	Berlin
31	485	306	18. 2. 29	BR	GK			806/24	Wien AVS

Laufende Nummer			Datum	Titel	Begleiter	Bemerkungen auf dem Programm	Quelle Fackel	Ort; (in Wien:) Saal
32	488	9	2. 3. 29	PL	GK		806/46	München
33	489	10	4. 3. 29	BR	GK	mit n. Ztstr.	806/49	München
34	490	308	10. 3. 29	GG	GK	mit n. Ztstr.	806/51	Wien AVS
35	491	309	14. 3. 29	BL	GK	mit n. Ztstr.	806/54	Wien AVS
36	492	5	18. 3. 29	GG	GK	mit Ztstr.	806/59	Hamburg
37	493	6	19. 3. 29	BL	GK		806/59	Hamburg
38	494	7	20. 3. 29	BR	GK		806/59	Hamburg
39	495	8	21. 3. 29	M'L	GK		806/59	Hamburg
40	496	9	22. 3. 29	PL	GK	Zum 11. Mal mit Ztstr.	806/59	Hamburg
41	497	310	5. 4. 29	PT	GK	Zum 1. Mal mit Ztstr.	806/60	Wien AVS
42	498	311	6. 4. 29	PT	GK	Zum 2. Mal mit Ztstr.	806/65	Wien AVS
43	503	33	28. 5. 29	BR	GK		811/42	Prag
44	505	5	30. 5. 29	BR	GK		811/42	T.-Sch.
45	506	34	31. 5. 29	BL	GK		811/43	Prag
46	507	314	3. 6. 29	PL	GK	Offenbach-Zyklus mit n. Ztstr.	811/59	Wien AVS
47	508	315	4. 6. 29	M'L	GK	zum 110. Geburtstag mit n. Ztstr.	811/59	Wien AVS
48	509	316	5. 6. 29	BR	GK	mit n. Ztstr.	811/59	Wien AVS
49	510	317	6. 6. 29	GG	GK	mit n. Ztstr.	811/59	Wien AVS
50	511	318	7. 6. 29	BL	GK	mit n. Ztstr.	811/59	Wien AVS
51	512	319	8. 6. 29	PT	GK	mit Ztstr.	811/59	Wien AVS
52	513	320	10. 6. 29	FOR/TUL	GK	Zum 1. Mal mit Ztstr. Vorher: Bekenntnis zum Tage	811/59	Wien AVS
53	515	69	16. 10. 29	PT	GK	mit Ztstr.	827/42	Berlin
54	516	70	18. 10. 29	BL	GK	mit Ztstr.	827/42	Berlin

Laufende Nummer			Datum	Titel	Begleiter	Bemerkungen auf dem Programm	Quelle Fackel	Ort; (in Wien:) Saal
55	517	71	21. 10. 29	BR	GK		827/42	Berlin
56	518	72	28. 10. 29	FOR/TUL	EA	Vorher: Offenbach-Renaissance	827/42	Berlin
57	520	322	12. 11. 29	PT	GK	mit Ztstr.	827/43	Wien AVS
58	521	323	14. 11. 29	FOR/TUL	GK	Vorher: Die Schändung von Pariser Leben mit Ztstr.	827/44	Wien AVS
59	529	81	29. 11. 29	PL	FH	mit n. Ztstr.	827/46	Berlin
60	534	326	1. 3. 30	BL	FM	mit Ztstr.	834/21	Wien AVS
61	547	327	22. 4. 30	SEU	FM	Zum 1. Mal mit Ztstr.	834/30	Wien AVS
62	548	328	23. 4. 30	SEU	FM	mit Ztstr.	838/125	Wien AVS
63	549	39	2. 5. 30	PT	GK	mit Ztstr.	838/128	Prag
64	552	87	8. 5. 30	GG	OJ	mit n. Ztstr.	838/129	Berlin
65	558	333	11. 6. 30	M'L	GK	mit n. Ztstr.	838/128	Wien AVS
66	560	335	16. 6. 30	FOR/TUL	GK	mit Ztstr.	838/128	Wien AVS
						Außerdem: Aus dem 3. Akt von Pariser Leben		
67	561	336	24. 9. 30	SCHW	FM	Zum 1. Mal mit Ztstr. Zum 50. Todestag Offenbachs	845/7	Wien AVS
68	562	337	25. 9. 30	SCHW	FM	Zum 2. Mal mit Ztstr.	845/14	Wien AVS
69	563	88	30. 9. 30	SEU	FM	mit Ztstr.	845/14	Berlin
70	564	89	3. 10. 30	SCHW	FM	mit Ztstr.	845/14	Berlin
71	565	338	15. 10. 30		OJ GK FM	Stücke aus BL, GG, M'L Stücke aus BR, PT, FOR, TUL Stücke aus SEU, SCHW Offenbach-Feier	845/14	Wien AVS
72	566	339	16. 10. 30	PL	GK	mit n. Ztstr. Offenbach-Feier	845/16	Wien AVS
73	567	4	27. 10. 30	SCHW	FM		845/17	Dresden

Laufende Nummer			Datum	Titel	Begleiter	Bemerkungen auf dem Programm		Quelle Fackel	Ort; (in Wien:) Saal
74	568	41	29. 10. 30	SEU	FM	Zum 50. Todestag Offenbachs	mit Ztstr.	845/17	Prag
75	570	43	31. 10. 30	SCHW	FM		mit Ztstr.	845/17	Prag
76	572	90	24. 11. 30	SCHW	FM		mit Ztstr.	845/18	Berlin
77	574	1	3. 12. 30	SCHW	FM		mit Ztstr.	845/18	Breslau
78	577	342	1. 1. 31	PER	FM	Zum 1. Mal	mit Ztstr.	847/35	Wien MKS
79	578	343	6. 1. 31	PER	FM			847/55	Wien AVS
80	579	44	21. 1. 31	GG	GK		mit Ztstr.	847/55	Prag
81	580	45	23. 1. 31	M'L	GK		mit Ztstr.	847/55	Prag
82	581	344	31. 1. 31	PER	FM	Zum 3. Mal	mit Ztstr.	847/55	Wien AVS
83	582	92	9. 2. 31	PER	FM		mit Ztstr.	847/58	Berlin
84	583	93	12. 2. 31	M'L	FH		mit Ztstr.	847/58	Berlin
85	586	3	14. 3. 31	PL	FM	Zu Ehren Offenbachs	mit Ztstr.	852/53	Breslau
86	588	5	16. 3. 31	PER	FM		mit Ztstr.	852/53	Breslau
87	590	94	21. 3. 31	PL	GK	Zu Ehren Offenbachs	mit Ztstr.	852/54	Berlin
88	596	96	21. 5. 31	BL	GK		mit Ztstr.	857/70	Berlin
89	597	97	27. 5. 31	PER	FM		mit Ztstr.	857/70	Berlin
90	598	7	29. 5. 31	PER	FM		mit Ztstr.	857/70	M.-O.
91	599	46	1. 6. 31	PER	FM		mit Ztstr.	857/70	Prag
92	601	352	29. 11. 31	VER	FM	Zum 1. Mal	mit Ztstr.	864/6	Wien MKS
93	606	353	1. 1. 32	VER	FM	Zum 2. Mal	mit Ztstr.	868/32	Wien OS
94	607	100	8. 1. 32	VER	FM	100. Berliner Vorlesung	mit Ztstr.	868/33	Berlin

Laufende Nummer			Datum	Titel	Begleiter	Bemerkungen auf dem Programm		Quelle Fackel	Ort; (in Wien:) Saal
95	609	102	12. 1. 32	GG	FM	Vorrede: Zu Ehren Offenbachs	mit Ztstr.	868/37	Berlin
96	610	354	26. 1. 32	GG	FM	Vorrede: Zu Ehren Offenbachs	mit Ztstr.	868/63	Wien OS
97	611	355	30. 1. 32	M'L	FM		mit n. Ztstr.	868/65	Wien OS
98	612	356	2. 2. 32	PER	FM		mit n. Ztstr.	868/65	Wien OS
99	615	359	30. 4. 32	MOND	FM	Zum 1. Mal	mit Ztstr.	876/87	Wien OS
100	617	47	9. 5. 32	M'L	FM		mit n. Ztstr.	876/93	Prag
101	618	48	12. 5. 32	VER	FM		mit Ztstr.	876/93	Prag
102	619	49	13. 5. 32	MOND	FM		mit Ztstr.	876/93	Prag
103	620	360	25. 5. 32	PT	FM		mit n. Ztstr.	876/95	Wien OS
104	621	361	28. 5. 32	PER	FM			876/95	Wien OS
105	622	362	1. 6. 32	VER	FM		mit Ztstr.	876/95	Wien OS
106	623	363	4. 6. 32	MOND	FM	Zum 2. Mal	mit Ztstr.	876/96	Wien OS
107	625	365	3. 10. 32	SEU	FM		mit Ztstr.	885/11	Wien AVS
108	627	367	11. 10. 32	PL	FM		mit n. Ztstr.	885/12	Wien AVS
109	631	13	26. 10. 32	PER	FM		mit Ztstr.	885/13	München
110	636	53	11. 11. 32	PL			mit Ztstr.	885/15	Prag
111	637	103	14. 11. 32	MOND	FM		mit Ztstr.	885/15	Berlin
112	645	17	2. 12. 32	MOND	FM		mit Ztstr.	885/20	München
113	646	371	9. 12. 32	SCHW	FM		mit Ztstr.	885/20	Wien AVS
114	657	10	7. 2. 33	PER	FM		mit Ztstr.	909/2	Brünn
115	674	388	1. 12. 34	M'L	FM			901/2	Wien MKS
116	675	389	5. 12. 34	PER	FM			901/3	Wien MKS

Laufende Nummer			Datum	Titel	Begleiter	Bemerkungen auf dem Programm	Quelle Fackel	Ort; (in Wien:) Saal
117	676	390	9. 1. 35	BL	FM		901/3	Wien MKS
118	677	391	12. 1. 35	PT	FM		901/3	Wien MKS
119	678	392	20. 1. 35	PL	FM	mit Ztstr.	901/3	Wien MKS
120	680	394	3. 2. 35	GG	FM	mit n. Ztstr.	901/3	Wien MKS
121	682	396	11. 3. 35	FOR	FM	Vorher: Verschiedenes von Raimund	901/4	Wien KLMS
122	684	398	27. 3. 35	SCHW	FM	mit n. Ztstr. Vorher: Nestroys Tritschtratsch	901/4	Wien AVS
123	689	403	11. 11. 35	KRE	FM	Zum 1. Mal. Letzte öffentliche Vorlesung mit Ztstr.	916/1	Wien ES
124	691	405	9. 12. 35	KRE	FM	mit Ztstr.	917/32	Wien ES

Aus diesem Verzeichnis ergibt sich, daß Karl Kraus in wenig mehr als einem Jahrzehnt 124 Mal Offenbach-Operetten vorgetragen hat, mehr als eine in jedem Monat seines letzten Lebensjahrzehnts. Es waren insgesamt 14 Operetten Offenbachs, die in der beschriebenen Weise aufs Podium kamen. (Bei zweien davon, *Fortunios Lied* und *Die Insel Tulipatan,* handelt es sich um Einakter, die, insgesamt vier Mal, zu einem Abend zusammentraten.) *Fortunios Lied* und *Die Schwätzerin von Saragossa* wurden je ein Mal zusammen mit einem Programm aus anderen Schriften gebracht, auch einzelne Stücke (hier nicht mitgerechnet) aus *Orpheus in der Unterwelt* und andere Einzelstücke wurden in gemischte Programme aufgenommen und ein Mal, am 15. Oktober 1930, gab es eine Offenbach-Feier zum 50. Todestag, bei der Stücke aus neun Operetten unter Mitwirkung aller drei seiner Begleiter, jeder mit den Stücken, die er ursprünglich mit Kraus einstudiert hatte, aufgeführt wurden. Wenn Kraus außerhalb Wiens war, las er oft zwei und drei Operetten im Abstand weniger Tage oder selbst an aufeinanderfolgenden, ein Mal in Wien sogar innerhalb einer einzigen Woche (3.–10. Juni 1929) nicht weniger als sieben Offenbach-Abende. Nicht mitgezählt in diesem Verzeichnis sind die Einzelstücke von Offenbach, die Kraus gelegentlich in Programme aufnahm. Zwar fanden die meisten Offenbach-Vorlesungen in Wien statt (69), aber immerhin 54 außerhalb Wiens; wie auch bei anderen Vorlesungen sind tschechische Städte verhältnismäßig stark vertreten (16).

Mit 31 Vorlesungen war 1929 das Jahr mit den meisten Offenbach-Vorlesungen, im Durchschnitt fand in diesem Jahr eine alle 11 oder 12 Tage statt; das blutige Krisenjahr 1934 hat nur zwei aufzuweisen und 1936 eine – bloß drei Monate vor Kraus' Tod.

Begleiter waren	regelmäßig	gelegentlich	insgesamt
Otto Janowitz	1926 bis Ende 1928	bis Herbst 1930	26 Mal
Georg Knepler	Ende 1928 bis März 1930	bis Juni 1931	39 Mal
Franz Mittler	April 1930 bis März 1936	März 1930	56 Mal
Gustav Witt		1928	2 Mal
Eugen Auerbach		1929	1 Mal
Friedrich Hollaender		1929 und 1931	2 Mal
			126

Die Zahl 126 (bei insgesamt 124 Vorlesungen) kommt dadurch zustande, daß bei Nr. 71 drei Begleiter mitwirkten.

Da sie nicht nur auf Probleme des Kraus-Offenbach-Stils ein Licht wirft, sondern auch auf Kraus' Freundlichkeit und Behutsamkeit im Umgang mit Menschen, soll auch die komplizierte Frage der Qualität der Begleitungen behandelt werden. – Mit Sicherheit hat die Qualitätsfrage nicht mitgewirkt, als Otto Janowitz seine Tätigkeit mit Kraus im Herbst 1928 – vorübergehend, wie sich später zeigen sollte – einstellen mußte. Äußere Ereignisse griffen ein. Damals wurde ich von Dr. Oskar Samek, Kraus' Rechtsanwalt und mit ihm befreundet, gefragt, ob ich mich getrauen würde, Nachfolger von Otto Janowitz zu werden; dieser, Mitglied der Wiener Staatsoper, könne, da die Leitung der Staatsoper die Zusammenarbeit mit dem mißliebigen Karl Kraus nicht gern sähe, nicht mehr mit ihm gemeinsam auftreten. Diese Begründung von Janowitz' Ausscheiden wird durch den weiter unten im Wortlaut zitierten Brief Kraus' an Sidonie Nadherny (BSN 869) bestätigt; dort heißt es nämlich, Janowitz könne für Kraus, »solange der neue Vorgesetzte sich zu dem Fall nicht gestellt hat«, nicht arbeiten; sein Ausscheiden sei für Kraus »eine Katastrophe« (ebenda). Der »neue Vorgesetzte« scheint die Sache nicht so streng aufgefaßt zu haben, denn schon im Mai und im Herbst 1930 spielte Janowitz gelegentlich wieder für Kraus; er dirigierte auch eine der Berliner Rundfunk-Aufführungen von 11 Offenbach-Operetten, die in der Bearbeitung von Kraus gespielt wurden und bei denen dieser die Wortregie hatte. Übrigens war Otto Janowitz der Bruder von Franz Janowitz, dem Kraus sehr zugetan war und auf dessen Tod im ersten Weltkrieg er mit einem ergreifenden Gedicht reagierte (F 484/115, 1918). – Von Otto Janowitz – in dessen Wohnung ich Kraus anläßlich der ersten Probe im Herbst 1928 zum ersten Mal persönlich traf – sprach Kraus immer nur mit Achtung und offenbarer Zuneigung. – Warum Janowitz, nachdem ich ausgeschieden war, nicht wieder in sein früheres Amt eingesetzt wurde, entzieht sich meiner Kenntnis.

Ich erklärte mich – natürlich – bereit, die Aufgabe zu übernehmen, aber nicht ohne Bangen und nicht ohne Zureden meiner Freunde. Ich war damals noch nicht 22 Jahre alt; mein Klavierspiel war nicht schlecht – ich war damals Schüler von Eduard Steuermann –, aber es gab bessere Pianisten als mich. Als Begleiter hatte ich zwar schon einige, aber bescheidene Erfahrung hauptsächlich mit angehenden Sängern, zu denen damals auch Hedi Marienschek gehörte, oder mit Amateurmusikern, zu denen Oskar Samek zählte. Er war ein leidenschaftlicher Sänger von Opernarien, bei denen ich ihn in Freundeskreisen öfter begleitete.

Die Sache ging nicht glatt; rückblickend meine ich, deshalb nicht, weil Unzulänglichkeiten meiner Leistung, die objektiv bestanden, aber wahrscheinlich zu überwinden gewesen wären, und meine Auffassung davon, wie Offenbach für Karl Kraus zu spielen sei, für manche Leute seiner Umgebung, deren manche außerdem andere Motive hatten, zu einem negativen Gesamteindruck verschmolzen. – Für mich stellten sich – damals – die Dinge so dar: Nach der Wiener Offenbach-Vorlesung vom 10. März 1929 (Nr. 34 des Verzeichnisses) – es war das siebte Mal, daß ich Karl Kraus begleitet hatte – nahm er mich zur Seite und sagte – seinen ersten Satz, da er mich sehr traf, habe ich mir gemerkt –: »In die allgemeine Anerkennung Ihrer Leistung mischt sich eine Stimme der Kritik.« Dann kam die Kritik, mit der ich, da sie natürlich in allgemeinen Ausdrücken gehalten war, nicht viel anfangen konnte. Ich ging niedergeschlagen zu Steuermann. Der sagte »Wer macht's besser?« und ging mit mir die Auszüge durch, die ich kurz darauf (in Hamburg) zu spielen hatte. (Mit einem kleinen Lächeln wies er darauf hin, daß ausgerechnet auf das Wort »Original«, im Couplet des Erzherzogs aus *Madame L'Archiduc,* der abgebrauchte Verminderte Septimenakkord komme.) – Im folgenden halte ich mich hauptsächlich an Tagebuchaufzeichnungen Hedi Marienscheks (THM): 11. März: »Man zieht gegen Georg zu Felde.« 12. März: »Georg sehr traurig wegen K. K.« 13. März: »Mit Oskar im Kaffee. Wir sprechen über die Sache Georg – K. K. Es ist alles in bester Ordnung.« [Da hatte Kraus, ein paar Tage zuvor, mit mir gesprochen.] Aber die Sache war nicht in Ordnung. 3. Juni: »Oskar erzählt mir, daß sich viele Leute gegen Georg als Begleiter von K. K. stellen ... Dann fahren wir zur Vorlesung. Die Vorlesung wunderbar.« 8. Juni [das war vor der sechsten Vorlesung des siebentägigen Zyklus (Nr. 46–52)]: »Georg ist müde ... Er will selbst von der Begleitung KK's zurücktreten, weil so gegen ihn gearbeitet wird.« 9. Juni: »Mit Oskar zum Essen. Um $1/2$ 8 Uhr kommt

KK wegen einer empörenden Kritik über seine Offenbach-Vorlesungen in der ›Arbeiter-Zeitung‹. ... Um 9 Uhr zur Probe. KK ist heute besonders lieb zu Georg.« 10. Juni: »Zur Vorlesung. KK antwortet auf die Kritik. Rasender Beifall! Die Vorlesung sehr gut!« [Es handelt sich um die brillante Glosse *Verklungen und vertan* (F 811, 1929, 75–93), die Kraus der Vorlesung voranstellte und in der er eine Zeitstrophe (die sich auf S. 142, Musik: S. 112 ff. findet) vortrug. Außerdem hatte er die empörende Kritik der *Arbeiter-Zeitung* in 50 Exemplaren im Saal auslegen lassen. In der gleichen *Fackel* (811, 89) kam dann außerdem eine Passage über mich vor, die in den hier hergestellten Zusammenhang gehört. Der Kritiker der *Arbeiter-Zeitung*, Paul A. Pisk, hatte sich in seiner Kritik auf die Behauptung konzentriert, Kraus werde der Musik Offenbachs nicht gerecht, es fehle ihm an der Fähigkeit, »Melos und Rhythmus durch seinen Gesang auszudrükken«. (Wie andere Musiker auf diese Behauptung reagierten, habe ich auf S. 228 ff. zitiert.) Und dann heißt es bei Pisk: »Die Begleitung zu diesem Sprechgesang ist holperiges Klavierspiel, das Georg Knepler hinter einem Wandschirm besorgt.« Dazu Kraus: »(Zur Not wäre ich auch Fachmann genug, um dem Kollegen begreiflich zu machen, daß sein Diktum über den Klavierbegleiter, selbst wenn es so richtig wäre wie es falsch ist, keine Meinung, sondern die Nichtswürdigkeit ist, mit einem Federstrich einem ehrlich bestrebten jungen Musiker den Garaus zu machen. Andere Kritiker sprechen anders von seinen Qualitäten, und dem Fachmann wird der Jargonausdruck vielleicht nicht unbekannt sein, mit dem ich als Laie wünsche, den Unterschied zwischen diesem Musiker und jenem, der ihn verwirft, klavierspielen zu können. Ich glaube auch mit der Vermutung nicht fehlzugehen, daß der Tadler sich glücklich geschätzt hätte, mir gelegentlich hinter einem Wandschirm dienen zu können; und wie denn anders sollte bei einer dramatischen Vorführung, die eben kein Konzert ist, der Begleiter postiert sein. So verdächtig ist kein Paravant, hinter dem ein Musiker sitzt, wie ein Musiker, hinter dem sich ein Journalist verbirgt.)«

Ich hatte zwar begriffen, daß Pisks Kritik nicht objektiv war (und ich konnte mich mit anderen Zeitungskritiken trösten, in denen auch über mich Schmeichelhafteres zu lesen war), aber wie den Dreiundzwanzigjährigen die warmherzige Verteidigung durch Karl Kraus bewegte, mag man dem folgenden Brief (WSTLB, IN 176.561) entnehmen:

Ischl, 8. September 1929. Verehrter Herr Kraus! Es drängt mich, Sie wissen zu lassen, daß mich die Worte, die Sie in der letzten Fackel über mich geschrieben haben, sehr glücklich machen. Ich bin stolz, daß Sie meine Qualitäten, meine ehrliche Bestrebung bemerkenswert finden, und ganz abgesehen vom Anlaß, der Verteidigung gegen eine Kritik, die, wie Sie gezeigt haben, als solche nicht ernst zu nehmen ist, bedeutet mir die Tatsache, daß ich in der Fackel in so ehrenvoller Weise erwähnt bin, unendlich viel. – Ich habe Ihnen als Leser und Zuhörer seit Jahren mehr zu danken, als ich Ihnen sagen kann. Doch selbst jetzt, da mir die Auszeichnung zu Teil geworden ist, Ihnen bei einem wichtigen Teil Ihrer Tätigkeit helfen zu dürfen, was für mich mit den wertvollsten und beglückendsten Anregungen verbunden ist, hätte ich Sie nicht damit belästigen wollen, Ihnen davon zu sprechen. Daß Sie mich nun aber für würdig halten, von Ihnen an dieser maßgebendsten Stelle, die es gibt, verteidigt zu werden, scheint mir Gelegenheit zu bieten, davon zu sprechen und Ihnen für Alles vom Herzen zu danken. Ihr ergebener

Georg Knepler.

Die Fortsetzung der Dokumentation über Kraus' Begleiter sei nun Franz Mittler (1893–1970) übertragen, dem Mann, der von April 1930 bis zu Kraus' Tod sein ständiger Begleiter war. Zur Zeit, von der hier die Rede ist, war er, neben Otto Schulhof, der beste und angesehenste Liedbegleiter und Kammermusikspieler Wiens. Er war Komponist, eine Oper von ihm wurde gerade 1930 in Duisburg aufgeführt, er schrieb Kammermusik, Lieder und Unterhaltungsmusik. Mir, dem Anfänger, war er nicht nur an Erfahrung überlegen; er war auch der bessere Klavierspieler. In einem Artikel, ein Vierteljahrhundert nach seiner ersten Zusammenkunft mit Karl Kraus geschrieben, schildert Mittler diese Begegnung folgendermaßen (1956, 225): »Im Winter 1929/30 unterrichtete ich auf der Hohen Warte [im Wiener Gemeindebezirk Döbling] im Hause des Herrn Moritz von Chlumetzky, das eines der wenigen war, in denen Karl Kraus verkehrte. Moritz von

Chlumetzky, ein Gutsbesitzer aus der Tschechoslowakei, war ein Mann von ungewöhnlicher Intelligenz und Bildung. Seine Frau, die der österreichischen Aristokratie entstammte, lebt jetzt mit ihrer Tochter in Kanada [...] Chlumetzkys und einige andere aus dem Kreise um Karl Kraus waren schon lange der Ansicht gewesen, daß ich der geeignete Klavierbegleiter für Kraus sei, und harrten einer Gelegenheit, mich mit ihm bekannt zu machen. Im Februar 1930, als Kraus wieder einmal bei einer Gesellschaft im Hause Chlumetzky erschien (die Auswahl der sonst noch zuzulassenden Gäste war immer ein besonders kitzliges Problem), wurden wir einander vorgestellt. Er hatte seinen damaligen Begleiter Georg Knepler mitgebracht, einen vortrefflichen Menschen, dem nur ein wenig an der nötigen Flexibilität für diese spezielle Aufgabe fehlte. Im Verlauf des Abends trug Kraus einige Nummern aus der damals in Vorbereitung befindlichen »Prinzessin von Trapezunt« vor, und ich – in einer Ecke sitzend und wie gewöhnlich übermüdet – begann einzunicken, zum größten Entsetzen der Hausfrau, die ihre kühnsten Pläne gefährdet sah. Glücklicherweise blieb mein Frevel unbemerkt, und nachher wurde ich von Kraus sogar im Taxi mitgenommen. Die Bekanntschaft war gemacht.«

Die Zeitangabe »Februar 1930« kann nicht stimmen; *Die Prinzessin von Trapezunt* wurde schon im April 1929 zum ersten Mal vorgetragen. Ich nehme an, daß Mittler zwei verschiedene Begegnungen im Hause Chlumetzky in seiner Erinnerung irrtümlich zu einer kondensiert hat. Das geht auch aus zwei anderen Berichten hervor: THM 23. Februar 1929: »Georg ist heute ziemlich nervös und hat Angst vor der Probe. Oskar kommt und ruft später K. K. an, ob wir mitkommen können. Wir fahren dann in die Stadt und gehen mit zur Probe. Auch Frau Gräfin Nadherny anwesend. K. liest ›Pariser Leben‹. Er findet, daß Georg heute ausgezeichnet spielt, wahrscheinlich, weil er uns anwesend weiß.« (Diese letztere Bemerkung muß man sich wohl mit dem unwiderstehlichen verschmitzten Lächeln hinter vorgehaltener Hand, Verschwiegenheit spielend, gesprochen vorstellen, wie es Karl Kraus eigen war.) THM 24. Februar 1929: »Oskar kommt und sagt mir, daß wir mit Georg und K. K. zu Chlumetzky eingeladen seien. ... Wir essen noch etwas und fahren dann nach Döbling. Es ist sehr hübsch. Eine Kinderaufführung von ›Hänsel und Gretel‹, dann spielt eine Schauspielschülerin und dann liest K. K. vor. Janowitz, Mittler und Georg begleiten ihn.« – Mittler war also schon im Februar 1929, kaum daß ich meine Tätigkeit als Begleiter aufgenommen hatte, vorgestellt worden.

Des weiteren gehört ein Brief, den Kraus am 11./12. März 1929 an Sidonie von Nadherny richtete, in unseren Zusammenhang. Er darf auch deshalb Interesse beanspruchen, weil gerade aus ihm die Fürsorge, die Kraus allen angedeihen ließ, die in seinem Kreis wirkten, in rührender Weise zum Ausdruck kommt. Es gab Fälle, in denen Kraus, durch Intrigen innerhalb seines Kreises verführt, an denen es leider besonders während seiner letzten Jahre nicht fehlte, solche Fürsorge und Anteilnahme vermissen ließ, und ungerecht, sachlich falsch, urteilte und entschied. Nicht so hier. Auch läßt der Brief, hinter den Fragen der eingeschätzten Qualität – ob die Begleitung einen »guten Eindruck« mache oder nicht –, das Problem des Stils seiner Vorlesungen ahnen. Darüber weiter unten mehr. – Schließlich sagt der Brief einiges über Kraus' Auffassung des Antisemitismus aus. – Der Brief der Gräfin, auf den Kraus eingeht, hat sich nicht erhalten, doch macht seine Antwort es völlig klar, was in jenem gestanden haben muß. Zur Erläuterung genügen wenige Worte: »München« (das erste Wort des Briefes) bezieht sich auf drei Vorlesungen, die Kraus dort gegeben hatte: Am 1. März las er aus eigenen Schriften, am Klavier war Eugen Auerbach; am 2. und 4. März las er Offenbach mit mir am Klavier. »Offenb.« bedeutet natürlich Offenbach, »K.« Knepler, »J.« Janowitz, »M.« Mittler und die »zwei herausfordernd jüd. Gesichter« gehörten mir und (vermutlich) Eugen Auerbach; die »sehr ernsten Musiker« sind zweifellos mein Lehrer Steuermann und andere Musiker aus dem Schönbergkreis. Der Brief Karl Kraus' lautet:

11./12. III.

München war außerordentlich. In größter Hast innigsten Dank für alle liebe Sorge und alle entzückenden Worte. Nur das von den 2 herausfordernd jüd. Gesichtern ist nicht gerecht, weil der Eindruck dem Wesen von Menschen, von denen ich weiß, daß sie für ihre Kunst leben, nicht entspricht. Wie könnte ein

Zweifel obwalten, daß mir »Offenb. näher steht als K.«? Aber würde nicht das landläufige Antisemitentum, das doch tief unter dem geistigen Semitentum steht und gegen das ungeistige schmählich und feige unterliegt, nicht gerade den Gesichtszügen Offenb.'s diesen Vorwurf machen? Ich weiß genau, daß Du es nicht so meinst, aber ich möchte nicht das Vorurteil dieses äußerlichen Eindrucks gegen einen jungen Menschen angewandt wissen, der nachweislich kein Handelsjud, also nicht um Noten andern Begriffs bemüht ist. Ob der künstlerische Mißeindruck berechtigt ist, kann ich nicht entscheiden. Sehr ernste Musiker sagen das Gegenteil. Aber manche urteilen wie Du (obschon Du ja bei der Probe einen guten Eindruck hattest). Die Situation ist sehr schwierig. Ich mußte froh sein, einen Ersatz für J. zu bekommen, dem es eben jene Instanzen, die von Rassenfeindschaft her über Posten gebieten und verfügen, unmöglich gemacht haben. Ein Umtausch wäre nur wieder gegen J. möglich, ist aber vorläufig nicht möglich, solange der neue Vorgesetzte sich zu dem Fall nicht gestellt hat. Ein Umtausch gegen M. wäre in dieser »Saison« eine Härte gegen K., die ihn direkt ruinieren würde; in der nächsten geht er ohnedies höchstwahrscheinlich von Wien in ein Engagement. Dann käme selbstverständlich M. in Frage, wenn J. weiter verhindert wäre. Maßgebend ist auch dann noch die Rücksicht auf J., der selbst K. gut gefunden hat. Dein Gefühl für diese Dinge ist mir natürlich über alle Fachbegutachtung hinaus wichtig für solche Berufung und Entscheidung; aber für die zwei oder drei oder 4 Vorlesungen in dieser »Saison« kann leider nichts geändert werden, abgesehen von den Proben, die wieder nötig wären. Ich weiß, daß manche wie Du empfinden, andere finden gerade wieder diese Begleitung richtig. Ich muß wirklich damit vorlieb nehmen, daß es, wie Du sagst – oder wenn es – »klappt«. Es »klappt« offenbar zu sehr, und ich wäre ja gewiß am frohesten, wenn die Katastrophe mit J. nicht eingetreten wäre. Man mag es auch beklagen, daß ich nicht damals (auf der Suche) auf den M. aufmerksam gemacht wurde. Aber wie könnte ich es zunächst ändern, und jetzt wo er mit so großer Arbeit die »Pr. v. Trapezunt« eingerichtet hat! Also innigsten Dank und wir haben unsympathische Gesichter gemeint, deren Eindruck wie jeder Eindruck berechtigt ist, wiewohl ich Dir versichern kann, daß selbst das unsympathische Gesicht an der Arbeit mir sympathisch wurde.

[Abbildung 32]

Mary D. hat mich heute angerufen.

Am 15. oder 16. reise ich ab (wohl via Passau); bitte wenn möglich noch um eine Zeile, die mich erreicht, wenn Du sie sofort schreibst: ich möchte wissen, daß Du meine Bedrängnis verstehst. Sonst Berlin Prinz Albrecht (für einen Tag), dann Hamburg Palasthotel – für diese Abende kann ich doch schon gar nichts ändern, und verglichen mit den dortigen Begleitern ist der K. sicher ein Rubinstein. Wenn es mir irgendmöglich ist, komme ich auf der Rückreise, Ende März, für einen Tag nach dem immer ersehnten Janovice. Die innigsten Grüße euch beiden und nochmals Dank für Deine liebevolle Sorge wie für jedes geliebte Wort.

Warum ich das von den »Jüdischen Gesichtern« Dir sage? Weil ich selbst zwar ganz genau weiß, wie es gemeint ist, weil ich Dich aber für jedes andere Ohr, welches das Glück hat, Deine Stimme zu hören, verpflichten möchte auf die Abneigung gegen alles Mitteleuropäische, aus dem solche Formulierungen kommen und das Du doch so hassest wie ich selbst, mit einem Hasse, den ich an Dir lieben würde, wenn ich Dich sonst nicht liebte.

Wie ernst Kraus den Brief der Gräfin (BSN 608/10) und dessen Bedenken auch nahm, eine unmittelbare Wirkung auf sein Verhalten mir gegenüber hatte er nicht, sicher keine negative. Ich habe nach diesem Zeitpunkt nicht bloß die zwei oder drei oder vier Vorlesungen dieser »Saison« gespielt, sondern im Laufe der nächsten zwei Jahre mehr als 30 weitere. (Nebenbei, Kraus wußte natürlich, daß ich ein »Roter« war.) Er hat sich übrigens auch von Eugen Auerbach nicht getrennt.

Ich habe diesen Brief erst 45 Jahre, nachdem er geschrieben worden war, zu Gesicht bekommen: nach seiner Drucklegung 1974. Von der Rolle Sidonie Nadhernys im Leben von Karl Kraus hatte ich keine Ahnung. Auch hätte ich geschworen, daß ich sie nie zu Gesicht bekommen habe; aber sowohl aus dem eben zitierten Bericht (THM 24. 2. 1929), als auch aus dem zitierten Kraus-Brief (»... obschon Du ja bei der *Probe* einen guten Eindruck hattest ...« [BSN 609]) geht her-

vor, daß sie zugegen war, als Kraus mit mir am 24. Februar 1929 *Pariser Leben* probte, abgesehen davon, daß sie öfter im Saal war, wenn Kraus las. Ins Künstlerzimmer kam sie, wie auch Freunde Kraus' berichteten, schon aus konspirativen Gründen, nie.

Für die Beurteilung der musikalisch-stilistischen Konzeption der Krausschen Offenbach-Vorlesungen ergibt sich, wie mir scheint, aus alledem das Folgende: Als Franz Mittler Karl Kraus begleitete – zuerst bei einer Vorlesung aus den *Letzten Tagen der Menschheit* am 23. Februar, dann, als ich erkrankt war, »in Vertretung« bei einer *Blaubart*-Vorlesung am 1. März 1930, ab April 1930 als ständiger Begleiter –, war »natürlich alles begeistert« (THM 23. 3. 1930). Karl Kraus hatte sich mit einem der ersten Musiker Wiens zusammengetan. Die Begeisterung war verständlich und berechtigt. Ich selbst habe Mittler zumindest bei zwei Gelegenheiten, bei Vorlesungen von *Perichole* und *Schwätzerin von Saragossa,* Kraus begleiten gehört. Es war eine vorzügliche Leistung. »Mittler begleitet ausgezeichnet, aber nicht so viel besser als Georg« (THM 1. 3. 1930). Besser, aber auch anders, würde ich sagen. Mir schien sein Spiel zu gefällig, zu glatt. Ich meinte und meine, daß Offenbach aggressiver und ironischer, als Mittler es tat, zu interpretieren ist. Daß ich ihn so spielte, war nicht unbemerkt geblieben: »Andere«, schrieb Kraus (BSN 609), »finden gerade wieder diese Begleitung richtig« – »andere« als die Gräfin und manche, die so wie sie urteilten. Zu diesen »anderen« werden wohl auch die »sehr ernsten Musiker« gehört haben, die mein Spiel positiv beurteilt hatten. Daß Eduard Steuermann nicht der Mann war, jemanden nur deshalb positiv zu beurteilen, weil er sein Schüler war, muß gesagt werden. Auch die von Sidonie Nadherny offenbar gemachte Bemerkung, daß es (mit meinem Spiel) »klappt« oder »zu sehr« klappt, und manchmal auch das nicht – so ähnlich muß sie wohl geschrieben haben –, läßt darauf schließen, daß ihr mein Spiel zu sehr auf Präzision angelegt schien. Daß dahinter eine Absicht steckte, hat sie nicht bemerkt. – Es ging also nicht bloß um mehr oder weniger »gut«, sondern auch um eine Frage der Konzeption. Mittler war ein ungewöhnlich begabter Musiker und Pianist, aber er gehörte entschieden, in seinen durchaus traditionellen Kompositionen sowohl als in seinem Aufführungsstil, einem Juste-milieu an, von dem ich mich, wenn auch mit nicht ganz zulänglichem Können, abzugrenzen suchte. Daß er (siehe das obige Zitat aus seinem Artikel) an mir gerade mangelnde Flexibilität bemerkte, während ich der Auffassung war, daß man Kraus, da man ja immerhin die Musik, sozusagen im allgemeinen, und die Offenbachs im besonderen zu vertreten hatte, nicht zu flexibel, nicht zu sehr nachgebend, begleiten solle, daß man ihn vielmehr, so gut es eben gehen wollte, an Tempo und Takt zu binden suchen solle, ist charakteristisch.

Kraus selbst hat von alledem wenig oder nichts gemerkt; er war, das bezeugt auch der zitierte Brief, vom Urteil seiner Freunde und seines Kreises – die beiden sind nicht notwendigerweise identisch – abhängig.

Dies zu sagen scheint mir auch deshalb nicht fehl am Platz, weil, was ich auf der Schallplatte wiederzugeben suche, durch diese Bemerkungen besser verständlich werden könnte.

II. 5. Die Offenbach-Sendungen der Berliner Funkstunde

Die »Funkstunde« (Berlin – Stettin – Magdeburg, Deutschlandsender Königs Wusterhausen und Breslau) veranstaltete zwischen dem 9. März 1930 und dem 14. Januar 1932 einen Zyklus von insgesamt fünfzehn Offenbach-Sendungen. An elf von ihnen war Karl Kraus beteiligt; es wurden seine Textbearbeitungen verwendet und er führte, vielleicht schon seit der ersten Sendung, die Wortregie. (In die Zählung dieser Sendungen hat die Funkstunde einige Unordnung gebracht. Sie numerierte die Sendungen bis zur neunten Sendung [*Blaubart* am 25. 5. 1931]; dann aber wurde aus irgendwelchen Gründen die Numerierung unterbrochen, und die folgenden vier Sendungen, an denen Kraus nicht beteiligt war, erhielten im Programm keine Nummer: 9. 6. 1931 *Hoffmanns Erzählung*; 1. 7. 1931 *Der Goldschmied von Toledo* [Querschnitt] [eine

Kompilation aus Offenbach-Musiken]; 27. 9. 1931 *Madame Favart;* 21. 11. 1931 *Das Leben des Jacques Offenbach.* Auch die nächste Sendung, die vom 12. 12. 1931 [*Fortunios Lied*], an der Karl Kraus wieder teilnahm, blieb unnumeriert. Die letzte Sendung, die vom 14. 1. 1932 [*Vert-Vert*], erhielt dann die unrichtige Nummer XII, die auch richtig-unrichtig in *Die Fackel* übernommen wurde.) An den folgenden elf Sendungen war Karl Kraus beteiligt:

		Programme siehe *Fackel*
9. März 1930	*Madame L'Archiduc*	834, 35
12. Mai 1930	*Die Großherzogin von Gerolstein*	838, 129
2. Juni 1930	*Die Briganten*	838, 130
26. August 1930	*Die Prinzessin von Trapezunt*	838, 131
5. Oktober 1930	*Die Seufzerbrücke*	845, 26/27
28. November 1930	*Die Schwätzerin von Saragossa*	845, 28/29
15. Februar 1931	*Perichole*	847, 60/61
23. März 1931	*Pariser Leben*	852, 53
25. Mai 1931	*Blaubart*	857, 58
12. Dezember 1931	*Fortunios Lied*	868, 25/26
14. Januar 1932	*Vert-Vert*	868, 60

Orchester und Chor (und vermutlich der Regisseur) gehörten dem Ensemble des Rundfunks an, nicht aber die Sänger und Schauspieler; diese wurden für jede Sendung engagiert, desgleichen die Dirigenten. Unter ihnen finden sich vorzügliche Kräfte, so die Opernsängerinnen Irene Eisinger, Maria Hussa und Anni Frind, ferner Rita Georg, Cäcilie Lvovsky, Dolly Haas, Trude Hesterberg, Blandine Ebinger, Maria Czamska, die Schauspieler Leo Reuß, Eugen Rex, Leopold Hainisch, Peter Lorre, Ludwig Donath. Auch die Namen Ernst Busch und Helene Weigel tauchen (je einmal in kleinen Rollen) auf und Sigismund von Radetzki spielte mehrere kleine Rollen.

Dirigenten waren Fritz Mahler (drei Mal), Otto Janowitz, Franz Mittler (vier Mal), Friedrich Hollaender (zwei Mal) und Paul Breisach.

Von der fünften Sendung an erscheint die Bemerkung »Wortregie: Karl Kraus« auf den Programmen; vermutlich hatte er auch bei den ersten Sendungen diese Aufgabe übernommen, zumindest an ihr mitgewirkt. Über seine Vorstellungen zur Wortregie und seine Methoden ist (auf den Seiten 90 bis 95) einiges gesagt worden. Während des Zyklus scheint sich die Methode herausgebildet zu haben, einige der Hauptpartien mit je einem stimm- und einem schauspielerisch begabten Individuum zu besetzen. So heißt es beispielsweise auf dem Programm von *Vert-Vert*:

Valentin, ihr Neffe	(Irene Eisinger
	(Sprechpart: Blandine Ebinger

Ähnlich mehrmals.

Vermutlich im Zusammenhang mit diesen Sendungen und jedenfalls innerhalb dieses Zeitraumes hat der Rundfunk einige Gedichte von Karl Kraus, von ihm gesprochen, aufgezeichnet. Von besonderem Interesse ist eine Aufzeichnung vom 6. 10. 1930:

»Karl Kraus [spricht] über die Offenbachsche Operette ›Die Schwätzerin von Saragossa‹ und singt aus dem II. Akt dieser Operette Nr. 9 ›Zu Tische, zu Tische‹, am Klavier von Julius Bürger begleitet«

(Diese Angabe, unter der Nummer 836 Bln. 170/172, sowie die folgenden sind einem Verzeichnis von »Schallaufnahmen der Reichs-Rundfunk G.m.b.H. von Ende 1929 bis Anfang 1936« entnommen.) Von dieser Aufnahme hat sich zumindest die erwähnte Nr. 9 auf einem Schallträger erhalten, außerdem gibt es eine Aufnahme des Briefes der Metella aus *Pariser Leben,* die aber wiederum in dem erwähnten Verzeichnis nicht enthalten zu sein scheint. Diese beiden Stücke geben kein gutes Bild von Kraus' Vortragskunst; bei der letzteren vor allem deswegen, weil der Pianist – keiner von Kraus' ständigen Begleitern – in offenbarer Verlegenheit, was er mit dem ungewohnten Sänger-Nichtsänger anfangen solle, der Offenbachschen Musik nicht gerecht wird. Es steht anders mit einer (im Verzeichnis unter 2194 Bln 757/62 vom 19. 5. 31 vermerkten) Aufnahme von Raimunds *Der Alpenkönig und der Menschenfeind.* Kraus sprach das Stück allein, am Klavier war Alexander Ecklebe. Von dieser Aufnahme haben sich zumindest zwei Stücke erhalten, die ich hören konnte: die 17. Szene des ersten Aktes, in der »Menschenfeind« Rappelkopf den Bedienten Habakuk, der mit einem Gartenmesser im Garten »einen Cichorie ausstechen« will, beschuldigt, ihn, Rappelkopf, auf Anstiftung seiner eigenen Frau ermorden zu wollen. Und die berühmten Szenen 19 bis 21 des ersten Aktes, in denen Rappelkopf eine Köhlerhütte deren armen

Bewohnern abkauft, sie zwingt, mit dem wenigen Hab und Gut, Hund und Katze, Großmutter und Kindern, das Haus zu verlassen – wobei sie das berühmte Lied »So leb' denn wohl, du stilles Haus« singen –, um allein in der Hütte zurückbleiben zu können:

Jetzt bin ich allein und will es auch bleiben,
Will mich mit der Einsamkeit zärtlich beweiben ...

Aus immer größerer Entfernung hört man: »So leb' denn wohl ...« Der Vortrag dieser Szenen – in der letzterwähnten sind acht Charaktere darzustellen – zeigt Karl Kraus auf der Höhe seiner Kunst. Nicht bloß sind alle Personen meisterhaft charakterisiert; die Poesie dieses »Romantisch-komischen Original-Zauberspiels«, einer Perle der österreichischen Vormärz-Literatur, tritt reiner zutage als in mancher Aufführung mit einem Ensemble von Schauspielern, Dekoration, Beleuchtung und Orchester.

Wenig später, am 27. September 1931, las Karl Kraus Szenen aus *Alpenkönig und Menschenfeind* auch im Radio Wien, gleichfalls nur von einem Pianisten unterstützt. Und am 4. Oktober 1931 führte er Regie bei einer Sendung von Nestroys *Das Notwendige und das Überflüssige* mit vorzüglichen Wiener Darstellern; er selbst spielte die Nestroy-Rolle des Faden. – Es war dies eine Phase im Leben von Karl Kraus, in der er die künstlerische Isolierung, in der er so lange gelebt hatte, im gleichen Maße durchbrechen konnte – auch dies übrigens nur teilweise und nur vorübergehend –, wie ihm Erfolge im politischen Bereich versagt blieben.

Im übrigen hat die Berliner Funkstunde Teilstücke aus einigen der gesendeten Operetten auf Schallträger aufgenommen. Doch scheint es, daß von allen diesen Aufnahmen (MIT DDR-RDF 13. 12. 82 und MIT SFB Februar 1983) auch nicht eine einzige sich erhalten hat. Sie sind offenbar der Vernichtung zum Opfer gefallen, der alle Offenbach-Stücke ausgesetzt waren. Und es ist schon eine Offenbachiade besonderer Art, daß zur Zeit, da diese Zerstörung vor sich gegangen sein muß, ein Stück von Offenbach – und was für ein Stück! – ihr entgangen ist. »Aber Offenbach triumphiert doch in dem dämonischen Witz«, heißt es in der *Fackel* (916, 1935, 6), »daß bei der letzten großen Parade vor Hitler, in dem Augenblick, da die Kavallerie an ihm vorbeiritt, sich das Orchester hingerissen fühlte, nicht etwa den Tannhäuser-Marsch, sondern den Höllen-Cancan, den der Unterwelt, zu spielen.«

II. 6. Zeitstrophen

In den rund 15 Jahren von 1922 bis zu seinem Tod hat Karl Kraus mindestens 530 Zeitstrophen geschrieben und vorgetragen. Diese Zahl setzt sich folgendermaßen zusammen:

In dem Buch *Zeitstrophen*, 1931, finden sich

Zeitstrophen zu Nestroy-Couplets	178
Zeitstrophen zu einem Couplet aus Lecocqs *Madame Angot*	6
Zeitstrophen zu 27 Musikstücken aus 11 Offenbach-Operetten, insgesamt	271
In den *Fackel*-Heften 857 (August 1931) und 868 (März 1932) finden sich weitere inzwischen entstandene Zeitstrophen zu 8 Musikstücken aus 5 Offenbach-Operetten, insgesamt	22
Im Nachlaß (WSTLB) finden sich nach März 1932 entstandene Zeitstrophen zu 8 Musikstücken aus 7 Offenbach-Operetten, insgesamt (mindestens)	53
	530

Die erste Erwähnung von Zeitstrophen – übrigens damals noch »Zusatzstrophen« genannt – findet sich 1922 im Zusammenhang mit Nestroy-Vorlesungen: »Zugabe: ›Dieses G'fühl – ja da glaubt man, man sinkt in die Erd'!‹ mit einer Zusatzstrophe.« (F 601, November 1922, 93) Von da ab erscheinen Mitteilungen solcher Art offenbar regelmäßig. Aber erst ab 1925, gleichzeitig mit deren Aufnahme in den Band VIII von *Worte in Versen*, werden sie, nunmehr »Zeitstrophen« benannt, auch in der *Fackel* wiedergegeben, zum ersten

Mal: F 712, Januar 1926, 43 ff. Als die Zahl der Zeitstrophen beträchtlich angeschwollen war, entschloß sich Kraus zu einer Sonderpublikation.

In der *Fackel* (781, 1928, 68) wurde sie angekündigt gemeinsam mit der Mitteilung, daß die Fülle neuer Zeitstrophen deren Abdruck in der Fackel unmöglich mache; er werde fortan unterbleiben. Der Band *Zeitstrophen* erschien 1931 mit folgender Widmung:

ADOLF LOOS

ZUM 60. GEBURTSTAG

DEM REINEN GEGENBILD

DER HIER ABGEBILDETEN WELT

Schon im August 1931 (F 857) und dann wieder im März 1932 (F 868) wurden in der *Fackel* 22 Nachzügler von Offenbach-Zeitstrophen abgedruckt, darunter auch solche aus den inzwischen neu ins Repertoire aufgenommenen *Perichole* und *Vert-Vert.* – Die im Nachlaß aufgefundenen Zeitstrophen sind zum größeren Teil autograph, aber 17 von ihnen waren bereits im Satz, sollten also wieder in *Die Fackel* aufgenommen werden. Sie sind mit Korrekturen, Numerierungen, Strichen, einige mit Fragezeichen von Kraus' Hand versehen. (Beispiele auf den Seiten 169–177)

Die autographen Zeitstrophen sind in der Regel auf kleine lose Zettel geschrieben, wie Kraus sie auch für die Vorlesungen verwendete; nur ausnahmsweise ist ein Zettel mit einer Strophe (wie die zum Kommandantenlied aus *Pariser Leben*) in das Vorlese-Exemplar eingeklebt. Dennoch ist die Zuordnung der Strophen zu den einzelnen Musikstücken problemlos. Refrain, Versmaß, Zeilenanordnung sind eindeutige Kriterien. Problematischer ist die zeitliche Zuordnung. (Daten hat Kraus auf keinem der Zettel notiert.) In den meisten Fällen läßt sich durch Konfrontation vierer Merkmale die Zeit bestimmen: der jeweiligen Auffassungen Kraus', des Stoffes der Strophen, der Daten der betreffenden Vorlesungen, der auf Programmen enthaltenen Mitteilungen von der Art: »Mit Zeitstrophen zu …«. Einige Beispiele:

Viel Strophen sind mir schon gelungen
Vereinigt nun zu einem Band.
Der Hörer hört sie gern gesungen,
Dem Leser sind sie unbekannt.
Vom Klang laß ich mich leicht verführen,
Auch lockt der Reim auf Garnison.
Man sollte mit mir exerzieren,
Und mancher hätte was davon.
　　Trotz – dem:
Einem Reim, Sie erraten ihn schon,
　　Bin ich entflohn:
　　Universal-Edition.
　Die hat verloren jede Chance
　Für die Offenbach-»Renaissance«.

Einem Reim, Sie erraten ihn schon,
　　Ist er entflohn:
　　Universal-Edition.
　Zu solchem Hohn gibt sich auf Ehr
　Vert-Vert nicht her!

Bezieht sich auf die Originalstrophe

Die Universal-Edition besaß die Bühnenrechte für drei von Kraus bearbeitete Offenbach-Operetten (IN 158.626)

Diese Strophe zum Couplet der Corinna aus dem 2. Akt von *Vert-Vert* kann nicht lange nach Erscheinen des Bandes *Zeitstrophen* entstanden sein, sie würde sich sonst nicht auf ihn beziehen. Der Vertrag mit dem Wiener Musikverlag Universal-Edition wurde (IN 163.331) am 27. 5. 1932 gelöst, die Genugtuung darüber hat die Strophe angeregt. Ein wahrscheinliches Datum für den Vortrag dieser Strophe wäre also die Vorlesung vom 1. 6. 1932. – Da die *Kreolin* nur am 11. November und am 9. Dezember 1935 gelesen wurde, engt sich die Datumwahl für den Vortrag der *Kreolin*-Strophen auf wenige Wochen ein, und es ist gezeigt worden, wie außerordentlich aufschlußreich gerade in diesem Fall die Datierung ist. – Wenn eine Strophe zum Couplet des Gondremark »Ich stürz' mich in den Strudel hinein« mit der Zeile beginnt: »Zeitstrophen sind zur Zeit nicht möglich«, wenn man weiß, daß Kraus Zeitstrophen nach Hitlers Machtantritt für nicht möglich hielt, und wenn man der Liste der Offenbach-Vorlesungen entnimmt, daß *Pariser Leben* nach diesem Datum nur ein Mal vorgetragen wurde, weiß man, sie muß am 20. 1. 1935 zu Gehör gebracht worden sein. Weniger eindeutig ist die Datierung mancher Vierzeiler zur Tirolienne aus *Pariser Leben.* Kraus' Zuneigung zu Offenbach beispielsweise läßt keine Datierung zu; so wäre der folgende Vierzeiler:

Verklungen und vertan,
Daß ich nicht lach,
Ist mancherlei Wahn,
Aber nicht Offenbach!

nur danach zu datieren – da das »verklungen und vertan«-Motiv bis auf das Jahr 1928 zurückgeht –, daß der Begriff »Wahn« häufig im Zusammenhang mit Hitler aufscheint; wahrscheinlich wird die Strophe also in der einzigen Vorlesung von *Pariser Leben* nach Hitlers Machtantritt (10. 1. 1935) vorgetragen worden sein.

Natürlich läßt sich der negative Beweis, daß nämlich eine Vorlesung ohne Vortrag von Zeitstrophen verlief, nicht lückenlos führen. Zwar hat Kraus die Zettel, auf denen er die Zeitstrophen notiert hatte, sorgfältig aufbewahrt; dennoch könnte der eine oder andere verloren sein. So sind auch einige der auf den Programmen der letzten Vorlesungen angekündigten neuen Zeitstrophen (*Großherzogin von Gerolstein,* 3. 2. 1935, *Die Schwätzerin von Saragossa,* 9. 12. 1935, zum Couplet Nr. 16 aus dem 3. Akt der *Kreolin*) bisher nicht gefunden worden. Umgekehrt, wer will wissen, ob alle im Nachlaß vorhandenen Strophen auch gelesen wurden!

Ein Detail mag von Interesse sein: Den Brauch, jede Zeile eines Gedichtes mit großem Anfangsbuchstaben beginnen zu lassen, pflegte Kraus nicht. So hielt er es auch bei seiner Zeitstrophen-Ausgabe; dort kann man beispielsweise lesen:

Immer tiefer sich zu bücken,
das verlernt die Menschheit nie,
und sie trifft es zum Entzücken (und so weiter).

Aber in den Textbuch-Ausgaben, die Kraus für den Rundfunk herstellen ließ, fügt er sich, wahrscheinlich um dem Original der Textbücher sich anzugleichen, dem Brauch der großen Anfangsbuchstaben. Auch in seinen handschriftlich hinterlassenen Zeitstrophen gibt es einige, die so verfahren. Merkwürdigerweise sind sogar die gedruckten Zeitstrophen des Nachlasses in dieser Hinsicht uneinheitlich, und selbst solche aus ein und derselben Operette sind teils nach der einen, teils nach der anderen Methode gesetzt. Vermutlich wollte Kraus sich erst nach Prüfung des Druckbildes endgültig entscheiden. – Im vorliegenden Buch habe ich unabhängig vom Verfahren der Vorlage jede Zeile mit großen Anfangsbuchstaben beginnen lassen.

Der Versuchung, alle bislang unveröffentlichten Zeitstrophen im vorliegenden Buch abzudrucken, hatte ich zu widerstehen; die Kommentierung der Strophen erforderte einen Arbeitsgang, der hier nicht zu leisten war. Aber nur kommentiert wäre die Herausgabe der Strophen sinnvoll. Der auf Pointen hin angelegte Charakter der Zeitstrophen geht verloren – das gilt in noch höherem Maße als selbst bei Glossen, bei denen es unter Umständen überflüssig ist zu wissen, welcher Lump es ist, dem sie gilt –, wenn die Zeitbezüge nicht aufgeschlüsselt werden.

Eine kommentierte, mit Noten versehene Gesamtausgabe der Zeitstrophen steht noch bevor. Sie hätte auch Varianten und Anordnung der Strophen im Druck – *Fackel-* und Buchausgabe sind in dieser Hinsicht oft unterschiedlich – zu berücksichtigen. Allerdings möge sie nicht der Lesarten-Veröffentlichungsmanie verfallen, die beispielsweise die neue historisch-kritische Nestroy-Ausgabe ein so mühseliges Unterfangen hat werden lassen.

Erst wenn ein solcher Band vorliegt, wird sich erweisen – was das vorliegende Buch hoffentlich hat ahnen lassen –, daß Karl Kraus' Zeitstrophen ein gleichberechtigter Bestandteil seines Riesenwerkes sind.

II. 7. Stimmen zu Karl Kraus' Offenbach-Vorlesungen

Aus Anlaß einer bösartigen Kritik in der Wiener *Arbeiter-Zeitung* vom 29. Juni 1929 (siehe dazu S. 141 f. und 219) schrieb Eduard Steuermann den folgenden Brief an Kraus, den dieser in der *Fackel* 811 (Anfang August 1929, 91 ff.) abdruckte:

Verehrter Herr Kraus!

Es bedürfte keines äußeren Anlasses, um die Gedanken der Dankbarkeit für Ihre Offenbach-Vorlesungen zu erwecken, – nur die Selbstverständlichkeit unserer Verehrung (ich bin befugt, auch im Namen von Alban Berg und Rudolf Kolisch, die mehrere Ihrer Vorlesungen gehört haben, zu schreiben) hinderte uns daran, sie auszusprechen. Anders heute, wo das Musikreferat der Arbeiterzeitung beweist, daß Musiker, und sogar unserem, dem Schönberg-Kreise nahestehende, eine andere Sprache gegen Sie führen können. Jetzt halten wir es für unsere Pflicht, Ihnen diese Gedanken zu übermitteln, – nicht um Ihre Tat gegen Angriffe zu schützen, denn sie ist darüber erhaben, sondern um einem etwaigen Mißtrauen, das Sie nun gegen die »zünftigen« Musiker hegen könnten, vorzubeugen oder es zu zerstreuen.

Ich glaube, daß wir den Namen der radikalsten und absolutesten heutigen Musiker verdienen, insbesondere, wo es sich um die Reinhaltung der Mittel unserer Kunst handelt; aus diesem Grunde ist es vielleicht nicht unwichtig, wie wir das rein Musikalische Ihrer Offenbach-Vorlesungen verstehen, fühlen und werten. Denn so »absolut« sind wir eben, daß wir die Musik vor lauter Noten nicht vergessen und ihre »innere Stimme« hören, durch welche Klangmittel immer sie entsteht; wir bedürfen nicht des äußeren Theaterbildes, des Chor- und Orchesterklanges, um das dramatische Leben Ihres »Theaters der Dichtung« musikalisch aufzunehmen. Im Gegenteil: der Gedanke wäre für uns zu prüfen, ob Ihr »Offenbach der Dichtung« dem heutigen realen Theater nahezubringen ist; ob nicht Ihre Übertragung in den Rahmen Ihrer Vorlesungen die einzige Möglichkeit ist, ihn lebendig zu machen.

Was wir aber vor allem festzustellen haben, ist die rein musikalische Wirkung Ihrer Offenbach-Vorlesungen, die musikalischen Werte, die für uns so konkret sind, daß sie uns Musikern, die wir gewohnt sind, uns wortlos auszudrücken, Worte dafür zu finden ermöglichen. Denn was anders als musikalisch sind die Wirkungen, die ich aus der Fülle herausgreife: die zarte Lyrik des Briefes des Frascata aus »Pariser Leben« (ist es der »schwebende Rhythmus«, das Legato?), der »transzendentale« Wirbel des Jongleurliedes aus der »Prinzessin von Trapezunt« (der rhythmische Fluß, die Anlage der Steigerung?), die Bravour des »Parlando« im ABC aus »Madame L'Archiduc«, die Virtuosität der Kontrastbehandlung im Lied vom »Brasilianer und der Handschuhmacherin«, die unwiderstehliche Charakteristik des Jägerchors (»Prinzessin von Trapezunt«), die rhythmische Drastik des Polizeimarsches usw. usw. Die genaue Abgrenzung der »Mitwirkung« des Wortes bei Gesang im Allgemeinen, bei Operetten im Besonderen, inwieweit auch das nicht gesungene Wort ein essentieller Bestandteil der Musik sein kann (Melodramen), könnte nur die Aufgabe einer speziellen kritischen Untersuchung sein; Musiker, die keine Kritiker sind, werden sich wohl nur unter einem besonderen künstlerischen Zwang damit befassen; der Gedanke an eine derartige Analyse kommt uns am wenigsten, wenn wir uns dem Zauber Ihres Musizierens hingeben.

Ich nenne es mit deutlich bewußter Absicht »Musizieren«, obwohl es zufällig bekannt ist, daß Sie keine Noten lesen können. Wir wissen aber auch, wie wenige Musiker es können. Und auch, daß Noten noch keine Musik sind und daß sie – wie Offenbachs Operetten –

lange in den beliebtesten Werken schlummern können, ehe sie irgend einmal von irgend jemanden erweckt werden. Daß es auch Musik ohne Noten geben kann, daran glauben doch alle Musiker gerne – durch Sie haben wir es wieder einmal erfahren, und dafür danken wir Ihnen.

Juli 1929 Eduard Steuermann

Die gleiche Kritik veranlaßte Ernst Krenek, einen Artikel zu verfassen, der 1929 (*Musikblätter des Anbruchs*) erschien:

Karl Kraus und Offenbach

Eine Publikation, die sich mit der Operette und ihrer Stellung in der Gegenwart beschäftigt, darf keineswegs an Karl Kraus und seiner Offenbach-Erneuerung vorübergehen. Ohne daß ich hier näher darauf eingehen kann, welche Bedeutung die Offenbachsche Welt für Kraus in seinem Kampf gegen die Dummheit und Schuftigkeit der Zeitgenossenschaft gewonnen hat und wie glänzend sich auch hier wieder die Eigenart dieses größten lebenden Meisters der deutschen Sprache bewährt, am überlieferten Text und an der gegebenen Situation sich zu entzünden und aus ihnen eine im Original selten geahnte Größe und Wucht der Gestalt zu formen, sei hier nur auf die Tatsache hingewiesen, daß Kraus es fertigbringt, Operetten vorzulesen, einen Vorgang, der mit der üblichen Vorstellung von diesem Genre gewiß unvereinbar scheint. Während man selbst bei Aufführungen guter alter Operetten meist die Wahl zwischen Davonlaufen oder Einschlafen hat, hört man hier geschlagene dreieinhalb Stunden voll Spannung zu und bedauert schließlich, daß es schon zu Ende sein soll. Das liegt natürlich nicht nur an dem über das Original weit hinaus bereicherten und mit Aktualitäten organisch ergänzten Dialog, in dem jeder Satz ein satirischer Volltreffer ist, und an den genialen Zusatzstrophen zu den Couplets, sondern vor allem an der theatralischen Lebendigmachung des ganzen Werkes durch den Vortrag. Hier macht sich ein ungewöhnlicher Bühnensinn geltend, und die schöpferische szenische Phantasie des Vorlesers zaubert, nur mit der Stimme und ein paar Handbewegungen, ein vollkommen lebendiges theatralisches Bild hervor, so die rezeptive Phantasie des Zuhörers weckend, ohne sie durch die Zufälligkeiten der Kulisse zu beirren. Der besondere Dank des Musikers gebührt Kraus für die Unversehrtheit des musikalischen Textes, für die er sorgt, obgleich er mit seinen Vorlesungen gewiß nicht die Zwecke eines collegium musicum verfolgt und bei ihm eine Kürzung oder Umstellung eher zu begreifen wäre als bei den allerdings von Überregisseuren versklavten Kapellmeistern der deutschen Bühnen. Im Gegenteil. Sein Sinn für das Wesen der Offenbachschen Operette ist so groß, daß er zum Beispiel gerade aus den in diesem Musikstil begründeten Textwiederholungen, die manchen Theaterdiktatoren, die zwar das »Tempo der Zeit« haben, aber von dem der Musik dafür umso weniger wissen, für »antiquiert« gelten, die entzückendsten Wirkungen gestaltet. Das auf diese Weise, trotz der Eigenpersönlichkeit des Vorlesers in seiner Originalgröße auferstandene Werk könnte unseren Operettenerzeugern und -verbrauchern schon zu denken geben, wenn sie dieses wollten und könnten. Die Libretti allein, die aus einer putzigen Schablonenhaftigkeit und unscheinbaren Alltäglichkeit plötzlich zu einer geheimnisvollen Allgemeingültigkeit gelangen und so der menschlichen Totalität des Darstellers jenen Raum freigeben, den ihr jeder gute Theatertext seit Shakespeare und Nestroy gewährt, sollten diejenigen entmutigen, die mühselig unnütze Begleitworte zu Toilettenschau und Beinparade kleistern. Und wenn einer der dazu bestellten Musikmacher im ganzen Abend einen solchen Einfall hätte, wie sie Offenbach über einzelne Nummern dutzendweise ausschüttet, er hätte bei der heutigen Anspruchslosigkeit des Publikums ausgesorgt. Freilich, es kommt wenig »für's Herz« vor, und vor allem das Tenorlied »O du mein Wien« wird schmerzlich vermißt. So ist in einer Öffentlichkeit, die ihre Gehirnerweichung durch Muskelerhärtung zu paralysieren sucht, für Offenbach nur wenig Interesse vorhanden. Trotzdem soll hier darauf hingewiesen sein, daß alle, denen es mit dem Theater Ernst ist, von Karl Kraus mehr für das Theater lernen können als von dessen Mechanikern, und in der Weite seines Vortragssaales bessere Einsicht in das Wesen des Dramatischen gewinnen werden als durch noch so viele Scheinwerfer, die nur den Hohlraum eines beschränkten Rundhorizontes ausleuchten.

Am 4. Dezember 1930 erschien in den Breslauer Neuesten Nachrichten (F 847, 1931, 41–43) der folgende Artikel von Paul Rilla:

Karl Kraus liest Offenbach.

Unseren Bühnen gilt Offenbach als ein etwas unzeitgemäßer, doch angenehm prickelnder Kuriositätsreiz, den man nur durch gewitzte Bearbeitungskünste, durch ein Drumherum von Technik, Betrieb und Klamauk auf die Höhe heutigen szenischen Komforts bringen könnte. Das Unternehmen, Offenbach zu bringen, gelingt diesen Bearbeitern, Jazzarrangeuren und Ausstattungschefs mit dem völlig beruhigenden Resultat, ihn umgebracht zu haben. Worauf man guten Gewissens zu Lehar und Kalman zurückkehrt... Die Geschaftlhuber einer Offenbach-Renaissance, von der sie hatten läuten hören, bewiesen nur, wie sehr Offenbach wirklich tot sei. Ihr Wiederbelebungsversuch war Leichenschändung. Ihnen war Offenbach gestorben, ihnen blieb er tot.

Aber was läutete, was tönte denn so stark, daß sogar die Routiniers des Theatergeschäfts aus ihrem gesunden Schlaf aufgestört und zu jenen verzweifelten Faxen animiert wurden? Von welcher Renaissance klangen ihnen die Ohren so lange, bis sie ihrerseits sich zur Fehlgeburt entschlossen? Wahrhaftig, ein Wunder war geschehen. Derselben Zeit, deren natur- und geistverlassene Bühne Offenbach in Grund und Boden verfälschen mußte, wenn sie überhaupt an ihn herangelangen wollte, derselben Zeit stellte sich Jahr um Jahr in Sachen Offenbachs das grandioseste Schauspiel einer künstlerischen Ehrenrettung dar, das je in großer Sache gewagt worden war... Kein Musikfachmann verhalf zu dieser Besinnung auf die musikalischen Wunder der Offenbach-Welt, kein Bühnenleiter entdeckte diese Schätze eines Theaterreichtums, an dem eine Menschheit gesunden konnte. Eine bessere Erkenntnis als diejenige dürftigen spezialistischen Kennertums, ein besserer Blick als der aus der Kulissenperspektive traf auf das wahlverwandte Genie: Karl Kraus entdeckte Offenbach. Das hätte bei gleicher Erkenntnis und gleichem Blick, doch anderen Gaben noch immer bloß eine theoretische Entdeckung bleiben müssen, indem es sich etwa darum gehandelt hätte, daß ein großer Schriftsteller und Kulturkritiker an eklatantem Exempel die Kulturverödung der Zeit nachwies. K. ist der große Schriftsteller, und der Nachweis gelang ihm bis in die letzte Konsequenz. Aber die allerletzte konnte doch nur er ziehen, nämlich die Konsequenz der Tat. Weil K. nicht nur der große Schriftsteller, sondern auch der große Künstler des darstellenden, lebenzeugenden Wortes ist.

Die Bühnen spielen Offenbach nicht. K. spielt ihn, wie er Nestroy gespielt hat, wie er von Shakespeare bis Hauptmann und Wedekind ein wundervolles »Theater der Dichtung« verwirklicht hat, dessengleichen kein Theater der Zeit und Zeitgemäßheit zu bieten vermöchte. Ich will nicht die ganzen kritischen und ästhetischen Grundlagen rekapitulieren, mit denen K. seine großartige Offenbach-Renaissance fundiert hat. Davon war hier wiederholt die Rede, in meinem Aufsatz »Falsche Offenbach-Renaissance« und in mancherlei sonstigen Bemerkungen, die zur Kulturverlassenheit der heutigen musikalischen Bühne gemacht wurden. Ich will nur von dem Phänomen einer Kraus'schen Offenbach-Aufführung sprechen, dessen Erlebnis uns jetzt endlich die Volksbühne auch in Breslau vermittelt hat.

K. brachte »Die Schwätzerin von Saragossa«, ein Mantel- und Degenstück in spanischem Milieu, ein bezauberndes musikalisches Lustspiel mit einem bezaubernden Text nach Charles Nuitter von Carl Treumann, den K. mit feinstem Instinkt für Geist und Atmosphäre der alten Wunderwelt bearbeitet hat... Das Ohr schwelgte wahrhaft in künstlerischen Wonnen.

Aber war, was Kraus bot, denn nicht bloß eine Vorlesung? Es war wirklich bloß eine Vorlesung. Nur daß keiner Bühne heute dieser Reichtum an Farben, diese sinnliche Vielfalt, diese leuchtende Theatermagie erreichbar wäre, die dort ein Vorleser aus einem Buch erstehen ließ. Kraus ist nichts weniger als ein Tenor und ein Sänger, aber er ist jede Stimme, die Offenbach seinen Geschöpfen lieh, um sie in Lust und Laune, in Anmut und Drolerie, in lyrischer Gehobenheit und groteskem Tölpelschritt wandeln zu lassen. Die Gesten, das Mienenspiel, mit denen Kraus seinen Vortrag stützt, erschaffen eine glaubhaftere Szenerie, als sie die besten Kulissenkünste zuwege brächten. Der Vortrag aber wird leibhaftigere Figur als ein noch so prominenter Tenorbauch hinzustellen vermöchte. Wie aus solcher Figur das ganze Figurenwerk des Ensembles zauberhaft ins Rampenlicht tritt, wie dieses Gesicht sich nicht zu verstellen braucht und doch alle Gesichter darstellt, wie dieser Ton eigenster Karl Kraus-Ton bleibt und doch jeden Charakter prägt: das ist durch keine Kunstfertigkeit zu erklären, das ist das Geheimnis tiefster schöpferischer Verwandlung, vergleichbar nur den größten Erlebnissen großer Bühnenkunst. Vergleichbar nur den größten Erlebnissen musikalischer Beglückung aber auch die vollkommene Kongruenz, in der die mimisch-sprachliche Gestaltung sich mit dem Ausdruck der Musik deckt. Der Nichtmusiker Kraus musiziert nicht mit dem Kehlkopf, sondern mit dem Geist, der, wenn irgendwo, so bei Offenbach das einzig richtige Instrument ist. Mehr noch als der allerdings meisterhafte, ganz und gar unvergleichliche Couplet-Vortrag spricht für Kraus, wie er auch die lyrischen Augenblicke in reinster Musikalität aufglänzen läßt, wie er jedes Stimmungselement der wechselnden Szene musikalisch akzentuiert. Aus aller rhythmischen Pracht, aus aller geschmeidigen Anmut, aus aller schäumenden Lust dieser Musik ersteht erst in solcher Interpretation das echte geistverklärte Bild Offenbachs. Daß er es uns wiedergeschenkt hat, macht Kraus zu den größten Wohltätern der heutigen Menschheit. Ein Wort noch über die Kraus'schen Zusatzstrophen der Couplets. Sie sind natürlich nur in seinem Munde möglich und nicht für die Bühne gedacht. Aber sie haben nichts mit der kalauernden Aktualität gemein, die bei solcher Gelegenheit Bühnentradition ist. Sie sind eine Begegnung des »größten satirischen Schöpfers aller Zeiten und Kulturen«, wie Kraus Offenbach einmal genannt hat, mit dem großen satirischen Wortschöpfer unserer Tage. Ein faszinierender Einklang, bei dem Offenbach ebenso viel von Karl Kraus, wie Karl Kraus von Offenbach empfängt.

Aus Anlaß des 60. Geburtstages von Karl Kraus (28. April 1934) erschien in einer Festgabe, die Wiener Freunde Kraus' vorbereitet hatten, folgender Beitrag von Jacques Brindejont-Offenbach:

An Karl Kraus, den Apostel Jacques Offenbachs

Paris, 15. März 1934

Mein großer Freund!

Ihre kostbare Freundschaft beschenkt mich aufs Neue: Nur sie allein verleiht mir das Recht, Ihnen, selbst gegen Ihren Willen, meine ehrfurchtsvolle Bewunderung darzubringen. Freilich vermöchte ich mich dieser ebenso angenehmen wie schwierigen Aufgabe nur schlecht zu entledigen, entstammten diese Zeilen nicht meinem tiefsten Herzen. Ihr Vaterland feiert Sie heute, Karl Kraus, doch wir alle werden im Augenblick zu Ihren Landsleuten, wenn es Sie zu feiern gilt. Sympathien sollten Fluten sein, die uns zu jenen tragen, die wir bewundern. [...] In Paris sprach man von Ihnen als von einem uns unbekannten Genie. Nie hätte ich geahnt, daß die geheime Bewunderung, die auch ich Ihnen ehrerbietig zollte, sich eines Tages in die treue Freundschaft verwandeln sollte, die heute mein Stolz ist. Ein gemeinsamer Gedanke erlaubte mir, mich Ihnen zu nähern, ein Name war es, der uns verband: Jacques Offenbach. – Eines Nachmittags hörte ich eine unbekannte Stimme am Telephon. Es war die Ihre, Sie waren in Paris. Zwei Stunden später besuchte ich Sie, gegen fünf Uhr an einem schönen Samstag im August. Von dieser ersten Begegnung an hielten mich Ihr mächtiger, unwiderstehlicher Zauber, Ihr Geist, Ihr hinreißendes Wesen – verzeihen Sie meine unzarte Offenheit – in ihrem Bann. Mitternacht war vorüber, als wir uns trennten. Wir hatten in der Rue Royale zu Abend gegessen. Schon während der Mahlzeit war ich aus dem Erstaunen über Ihre tiefe und umfassende Kenntnis der Werke Offenbachs nicht herausgekommen. Hier war mir einer begegnet, der seinen Offenbach »besaß«; denn, wie Sie besser als ich wissen: es genügt nicht, unseren Jacques zu schätzen und zu lieben, man muß ihn vor allem kennen. Sie kennen und lieben ihn, wie Sie Shakespeare kennen und lieben. Ohne Zweifel ist es das gleiche tiefe Erfassen, aus dem heraus Sie Shakespeare und, mit ebensoviel Glück, Offenbach darstellten. Erst Ihnen ist es wahrhaft gelungen, seiner Musik ihren tiefsten Sinn wiederzugeben, indem Sie ihre dichterische Inspiration entdeckten, ihrem wahren Rhythmus Ausdruck zu geben und ihrem Übermut wie ihrer Melancholie zur vollen Wirkung zu verhelfen verstanden.

Abends waren wir in der Opéra-Comique; man gab den »Werther«. Genossen Sie die Partitur von Massenet? Ich glaube es kaum, denn während der ganzen Aufführung sprachen Sie nur von Offenbach. Mein Freund Georges Ricou, damals Direktor der Salle Favart, besuchte uns in der Loge. »Warum führen Sie hier nicht jeden Abend Offenbach auf?« fragten Sie ihn. Offenbach, immer, immer Offenbach, stets dieser Name auf Ihren Lippen und in Ihrem Herzen –, ja, wir gehören sicherlich zur gleichen Familie, und es gibt in ihr solche, die den Großvater weniger gut kennen als Sie.

Tags darauf besuchten Sie mich; da erst sollten Sie sich ganz erschließen. »Ich werde Ihnen Madame l'Archiduc vorsingen«, erklärten Sie im Eintreten mit unwiderstehlicher Entschiedenheit. »Welches Lied«, fragte ich. »Alle«, erwiderten Sie, »die ganze Partitur, vom Anfang an.« Ich setzte mich ans Klavier. Wie sollten Sie, der stille Denker mit dem ironischen Lächeln, mit dem geistsprühenden, scharfen, mitunter auch ein wenig grausamen Blick, der zartfühlende Dichter mit der leisen, melodischen Stimme, sich in einem Augenblick in eine entfesselte Naturkraft verwandeln? Was sollte wohl dieses Wunder bewirken? Eine einzige Strophe von Offenbach! Zwei volle Stunden lang spielten Sie, Karl Kraus, hinter Ihren funkelnden Brillengläsern, bald spöttisch, bald rührend, hinreißend in Begeisterung und Lust, allein die ganze Operette. Abwechselnd die Chöre und die Einzelsänger verkörpernd, waren Sie Erzherzog Ernst und Marietta, Giletti, der Graf und die Gräfin und das Verschwörerquartett. Ach, wer Sie nicht die Musik und den Geist Offenbachs wiedergeben gehört hat, der kennt Offenbach nicht. Alle Darsteller Offenbachs, alle, die ihn darzustellen, ihm zu dienen glauben, müßten Gelegenheit haben, sich vor Ihrer Darstellung bewußt zu werden, was Offenbach ist; es würde eine Offenbarung für sie werden. Ich selbst glaubte doch, diesen Rhythmus gut zu kennen, aber vieles ist mir durch Sie erst klar geworden, immer wieder haben Sie mich überrascht, überzeugt und hingerissen. »Es steht ja alles geschrieben«, sagten Sie, »man muß nur lesen können, und man darf nicht so betonen, wie bei irgendeinem Komponisten; bei Offenbach ist es immer anders.« Nie werde ich auch Ihren unwiderstehlichen Vortrag des Couplets vom »Original« vergessen. Sie legten in Ihren Gesang eine solche Kraft des Ausdrucks, eine so gewaltige Komik, daß es mir am Ende des Couplets, allein vor Ihrem unbeschreiblichen Gesichtsausdruck, zum erstenmal zum schmerzenden Bewußtsein kam, daß ich nicht Deutsch verstehe. Wie bedaure ich es, daß mir Ihre Übertragungen der Couplets von Meilhac und Halévy entgehen. Ich verliere so viel, indem ich Ihren Brief an Metella, Ihren Brief der Perichole nicht kenne. Glücklichere Freunde sagen mir, daß dichterische Gabe selten einen so schmerzerfüllten, menschlich tiefen und einfachen Ausdruck gefunden haben. Was nützt es mir nun, daß ich einmal der Erste im Deutschen war, nämlich mit zehn Jahren!

Glücklicher, glücklicher Karl Kraus, der Sie in Ihrem Turm von Kristall und Elfenbein wohnen mit Ihren Träumen und Ihren Enttäuschungen, und der Sie niedersteigen können zu jenen, die nicht zu Ihnen hinaufzugelangen vermögen! Für mich bleiben Sie ein Rätsel und ein Wunder, aber fern von Ihnen denke ich an Sie, und die einzige Art, mir Ihr lebendiges Bild heraufzubeschwören, besteht darin, mir ein Offenbach-Couplet nach Ihrer Weise zu summen. Karl Kraus, der mir nicht erlaubt hat, ihn Meister zu nennen, lassen Sie mich Sie tief und ehrerbietig grüßen. Sie können es sich denken, mit welcher Freude und Dankbarkeit ich an der Ihnen dargebrachten Ehrung Anteil nehme. Ich weiß, daß Sie solche Kundgebungen nicht lieben, Sie, der Einsame, Schweigsame, den ich stundenlang träumen sehe vor einer Tasse längst kaltgewordenen Kaffees, mit einer Zigarre »Voltigeur«, deren Rauchwolke sich wie ein Glorienschein um Ihre Stirne legt. – Ich benütze diese stille, tiefe Versunkenheit, um Ihnen zu sagen, daß ich Sie ebensosehr liebe, wie ich Ihren Geist bewundere. Und sollte diese Ansprache Sie bedrücken, so müssen Sie ja nicht lesen:

»Ce que l'on dit de vous
Dans la Gazette de Hollande.« *

»Et je signe ...« **

Jacques Brindejont-Offenbach

---

* Aus dem Lied des Prinzen Paul in *Die Großherzogin von Gerolstein:*
Das, was man über Sie sagt
In der Holländischen Zeitung.

** Schluß des Briefes der Perichole.

II. 8. Die Vorlesungen für Arbeiter

Eine Dokumentation von Hans Eberhard Goldschmidt

... der dankbarsten Hörerschaft, die ich je gefunden habe ...
(F 508, 1919, 40)

Er hat nie eine Zeile für Arbeiter geschrieben.
(Oskar Pollak, in: Der Kampf, 1923, 36)

Karl Kraus hat wiederholt erklärt, am liebsten lese er »vor der Arbeiterschaft«. Während vieler Jahre hat er das auch mehr oder weniger regelmäßig getan; in der umfangreichen Kraus-Literatur wird davon allerdings kaum Notiz genommen. Da aber Kraus gerade auf diesen Teil seiner Vortragstätigkeit so außerordentlich großen Wert gelegt hat, lohnt es sich wohl, ihn einmal in einem Überblick zusammenzufassen. Die detaillierten Programme der Vorlesungen aus eigenen Schriften sind jeweils in der *Fackel* angeführt, so daß wir uns mit Hinweisen auf diese begnügen können. Die Annahme, daß Kraus »für die Vorlesungen aus eigenen Schriften vor Arbeitern keineswegs ein besonderes Programm auswählte« (Pfabigan, 1976, 231), ist übrigens irrig.

Kontakt zu Arbeiterorganisationen hat Kraus erst nach dem ersten Weltkrieg gehabt. Wenn man aber seinen Biographen glauben darf, so ist er bereits mit 19 Jahren vor Arbeitern als Vortragender aufgetreten: im Anhang zu *Karl Kraus und sein Werk* vermerkt Leopold Liegler (1920, 431) in den »Biographischen Notizen«: »Im Jahre 1893 las [Kraus] [...] Hauptmanns ›Bahnwärter Thiel‹ in einem Wiener Arbeiterverein.« Und Caroline Kohn spricht in der deutschen Fassung ihrer Kraus-Monographie (1966, 21) – freilich ohne Angabe einer Quelle – sogar von einer »Aufsehen erregenden Vorlesung des ›Bahnwärter Thiel‹ in einem Wiener Arbeiterheim«. Ob nun Arbeiterverein oder Arbeiterheim – jedenfalls ist es ein Indiz, daß der Bürgersohn Kraus schon sehr frühzeitig den Wunsch hatte, einem Arbeiter-Auditorium gegenüberzutreten. Im Kriegsjahr 1917 fand in Wien-Alsergrund eine von der lokalen sozialdemokratischen Organisation veranstaltete Maifeier statt, bei der (laut *Arbeiter-Zeitung* vom 3. 5. 1917) nach einer Festrede von Max Winter, »die ausschließlich dem Frieden galt«, Fritz Kortner Gedichte von Freiligrath, Henckell und Karl Kraus »unter sich steigerndem Beifall« vortrug. Es dürfte die erste Begegnung Wiener Arbeiter mit Krausscher Dichtung gewesen sein. In der *Fackel* ist darüber nichts zu finden.

Kraus' Annäherung an die Sozialdemokratie während des Krieges drückte sich vorerst darin aus, daß er seit Dezember 1917, wie in der *Fackel* ausgewiesen, die Erträge seiner Vorlesungen zum größten Teil dem »Arbeiterverein ›Kinderfreunde‹« widmete.

Mit der Nachmittagsvorlesung vom 23. März 1919 im Großen Saal des Volksheims Ottakring, die »über Einladung der Sozialdemokratischen Bezirksorganisation Josefstadt, zu Gunsten ihrer Bibliothek« stattfand, beginnt die Reihe der Vorlesungen für Arbeiterorganisationen. Die Zusammenstellung des Programms (F 508, 1919, 39), das hauptsächlich dem Kriegsthema gewidmet und doch abwechslungsreich war (es bestand aus neunzehn verhältnismäßig kurzen Stücken), bietet eine gute Vorstellung von dem, was Kraus diesem besonderen Auditorium sagen wollte und zu sagen hatte. Nach diesem für ihn neuen und wesentlichen Erlebnis spricht Kraus (ebenda, 40) von »der dankbarsten Hörerschaft, die ich je gefunden habe«, und von einem »Auditorium, dessen Zusammensetzung beim ersten Echo als eine ganz andere fühlbar wurde« – eine ganz andere nämlich als die bei den normalen Vorlesungen.

Im *Kampf* behauptete vier Jahre später David Joseph Bach, der Leiter der sozialdemokratischen »Kunststelle«, Kraus habe »auch am 1. Mai 1919 gelesen, bei der ersten Maifeier der Republik. Wir hatten ihn im Namen der Partei dazu eingeladen« (Bach, 1923, 78); doch ist davon weder in der *Fackel* noch in der *Arbeiter-Zeitung* eine Spur zu finden. Es dürfte eine Verwechslung mit dem 1. Mai 1920 vorliegen. In diesem Artikel spricht Bach auch über das Echo der Vorlesungen: »[...] Kraus wird, seitdem er sich einmal bereit erklärt hat, vor Arbeitern zu lesen, von Arbeiterorganisationen mit Ansuchen überschüttet, Vorlesungen bei ihnen zu halten, so sehr, daß wir ihm nahelegen mußten, solche Vorlesungen nur durch die Vermittlung der Kunststelle zu übernehmen [...].« Kraus lese »grundsätzlich nur für wohltätige Zwecke [...], deren Auswahl er in den meisten Fällen im Einvernehmen mit den Organisationen trifft. So liest er nicht nur vor Arbeitern, sondern auch vor anderem Publikum für Arbeiter [...].« (Ebenda)

In den Jahren 1920 bis 1928 fanden folgende Vorlesungen für Arbeiter statt:

14. März 1920, im ehemaligen Militärkasino am Schwarzenbergplatz für den Arbeiter-Bildungsverein. (F 544, 1920, 12) Szenen aus *Die letzten Tage der Menschheit* und Gedichte. Reinertrag für die »Kinderfreunde«. In der *Arbeiter-Zeitung* (7. 3. 1920) angekündigt als »Vorlesung Karl Kraus für organisierte Arbeiter«. Bericht der *Arbeiter-Zeitung* am 17. 3. 1920: »Zu Beginn der Vorlesung gedachte er der Innsbrukker, die ihn unmodern fanden, da er noch nach einem Jahre [...] vom Kriege spreche [...]. Die Arbeiter dankten durch stürmischen, Minuten währenden Beifall, der sich zu einer Huldigung des [!] mutigen Kämpfers für Güte und Reinheit steigerte.«

6. April 1920, Großer Musikvereinssaal. »Für die Arbeiterschaft Wiens«. (F 544, 1920, 14) Vorwiegend aus *Die letzten Tage der Menschheit*. Die Karten wurden durch die Unterrichts-(Bildungs-)Sektionen der Bezirke ausgegeben. *Arbeiter-Zeitung,* 11. 4. 1920: »Weil sein Wirken sein Leben ist, darum ist der Eindruck dieser Persönlichkeit so unmittelbar, so unwiderstehlich, wie ihn auch an diesem Abend die Huldigung dieser proletarischen Hörerschar erwies.«

1. Mai 1920, Mittlerer Konzerthaussaal. »Für die Arbeiterschaft Wiens«. (F 544, 1920, 15) Gerhart Hauptmann: *Die Weber* (2. Akt) und *Hanneles Himmelfahrt.*

11. und 12. November 1922, Festsaal der Neuen Hofburg. Zwei Veranstaltungen der Kunststelle der Bildungszentrale. »Für die Wiener Arbeiterschaft. Zur Feier der Republik«. (F 608, 1922, 49 f.) Vorwiegend aus den *Letzten Tagen der Menschheit. Arbeiter-Zeitung,* 13. 11. 1922: »Wahrhaft, eine Feier der Republik, das war die Vorlesung Karl Kraus im Festsaal der Hofburg [...]. Die bezwingende Kraft seiner Wiedergabe eroberte auch diesmal die Hörer vollständig. Kraus war an beiden Abenden Gegenstand großer und ehrlich empfundener Huldigungen.«

7. Januar 1923, Mittlerer Konzerthaussaal. (F 613, 1923, 156) Gerhart Hauptmann: *Die Weber.* Für diese, nicht besonders gekennzeichnete Vorlesung wurden laut *Arbeiter-Zeitung* vom 31. 12. 1922 Karten »gegen Vorweisung der Parteilegitimation« abgegeben. Der volle Ertrag (Kronen 2, 981.940 !) »für die arbeitslosen jugendlichen Arbeiter«.

Februar 1923: Vom 3. bis 14. Februar fanden in der »Neuen Wiener Bühne« (Wasagasse) zwölf Aufführungen der *Letzten Nacht* statt, die ohne die sozialdemokratische Kunststelle nicht zustande gekommen wären. (F 613, 1923, 62 f.) Die Vorstellungen vom 5., 8. (Festvorstellung anläßlich der 1000. Theateraufführung der Kunststelle), 13. und 14. Februar waren eigene der Kunststelle und wurden von der *Arbeiter-Zeitung* (4. und 11. 2. 1923) in der Rubrik »Arbeitervorstellungen« angekündigt. Kraus selbst sprach die »Stimme von oben« und in 7 Vorstellungen auch den »Herrn der Hyänen«.

1. Mai 1923, Stadtratssitzungssaal. Veranstaltung der Kunststelle. (F 622, 1923, 113) Nestroy: *Lumpazivagabundus.* Ertrag für »Kinderfreunde« und »Bereitschaft«.

12. November 1923, Neuer Saal der Hofburg. »Zur Feier der Republik«. »Für die Wiener Arbeiterschaft, Veranstaltung der Kunststelle«. (F 640, 1924, 108) Eigene Schriften (vorwiegend Epigramme und Szenen aus den *Letzten Tagen der Menschheit* sowie Zusatzstrophen zu Nestroy-Couplets, darunter 6 neue). *Wohnungswechsel* mußte wiederholt werden.

16. Dezember 1923, Neuer Saal der Hofburg. »Veranstaltung der Kunststelle der Deutschösterreichischen Sozialdemokratie«. (F 640, 1924, 111) Nestroy mit aktuellen Zusatzstrophen.

29. Januar 1924, Saal des Verbandsheimes Mariahilf. »Veranstaltung der Kunststelle der Deutschösterreichischen Sozialdemokratie«. (F 649, 1924, 73) Gerhart Hauptmann: *Die Weber.* Ertrag für die »Societas« und den Republikanischen Schutzbund.

29. April 1924, Neue Wiener Bühne. Aufführung von *Traumtheater* und *Traumstück*. Veranstaltung der Kunststelle zum 50. Geburtstag von Karl Kraus. (F 649, 1924, 128)

Wiederholungen am 30. April (»zur Maifeier«), 2. und 3. Mai, in der *Arbeiter-Zeitung* (27. 4. 1924) als »Arbeitervorstellungen« angekündigt, *Arbeiter-Zeitung,* 1. 5. 1924: »Die Aufführung brachte den Triumph des Dichters [...].« *Arbeiter-Zeitung,* 4. 5. 1924: »Nur durch das Entgegenkommen der Direktion des Volkstheaters war die Aufführung (am 30. 4.) möglich. Gerade diese Vorstellung aber wollen die Arbeiter sich nicht nehmen lassen.«

1. Mai 1924, Neuer Saal der Hofburg. Veranstaltung der Kunststelle. (F 649, 1924, 82) Nestroy, mit Zusatzstrophen.

Arbeiter-Zeitung, 4. 5. 1924: »Karl Kraus spendete den Arbeitern als Geschenk zu seinem 50. Geburtstag eine Nestroy-Vorlesung [...]. Der Jubel und die Begeisterung, die ihm entgegenschlug, [...] war eine Huldigung der Liebe, die sich seine Persönlichkeit erzwungen hat.«

1. Mai 1925, Neuer Saal der Hofburg. »Für die Arbeiterschaft Wiens«. (F 686, 1925, 46) Aus eigenen Schriften, mit Lassalles Rede über die Presse als Einleitung; u. a. *Die letzte Nacht*. Ertrag für den Republikanischen Schutzbund. *Arbeiter-Zeitung,* 3. 5. 1925: »Ohne diesen Namen ist die Feier eines republikanischen Festes heute nicht denkbar.« Kraus betont, er habe mit dieser Vorlesung »zum letzten Male durch die äußere Vermittlung der Kunststelle zu Arbeitern gesprochen« (F 717, 1926, 115). »Wahr ist, [...] daß Karl Kraus [...] seine Bereitschaft, vor den Wiener Arbeitern zu lesen, von der Erfüllung der Bedingung abhängig gemacht hat, daß die Kunststelle nicht die Veranstalterin sei. Wahr ist, daß [...] auf den vorbereiteten Karten das Wort ›Kunststelle‹ mit einer Stampiglie überdruckt wurde.« (F 712, 1926, 27)

Am 12. November 1925 ist »meine künstlerische Veranstaltung unterblieben« (F 712, 1926, 89). Vgl. *Warum ich an der Republikfeier nicht mitwirkte* (Briefwechsel mit der Kunststelle) (F 706, 1925, 58–70), wo Kraus sich aber auch zu der »ehrenvollen Aufgabe« und »freudigen Bereitschaft, zu den Arbeitern zu sprechen«, bekennt (63).

9. Dezember 1925, Großer Saal des Arbeiterheims Favoriten (Abbildung 33). »Veranstaltung für die Arbeiterschaft Wiens auf Einladung der sozialdemokratischen Bezirksorganisation Wieden und des republikanischen Schutzbundes Favoriten.« »(Zur Feier der Republik, gegen Krieg und Presse).« (F 712, 1926, 42) Aus eigenen Schriften (Epigramme, Szenen aus den *Letzten Tagen der Menschheit*; *Nachträgliche Republikfeier,* F 712, 1926, 1–18, wurde für diese Arbeiterheim-Vorlesung geschrieben). Ertrag für die hungernden Kinder von Steyr und für den Republikanischen Schutzbund. Über die Störung des Vortrags durch Herablassen des Vorhanges und die Folgen sowie Briefe von Arbeiterorganisationen hierzu siehe F 712, 1926, 19–38; ebenda, 90 ein Bericht aus *Der Schulkampf*. »Es war [...] unerläßlich, diese Kritik [an Personen und Einrichtungen der Sozialdemokratie] [...] zuerst vor das Arbeiterauditorium zu bringen« (ebenda, 34). Vgl. auch den Bericht der *Arbeiter-Zeitung* vom 10. 12. 1925 und die Berichtigung dazu (20. 12. 1925). Am Schluß der Veranstaltung wurde die »Arbeitermarseillaise« gesungen, nicht – wie zuerst behauptet – die »Internationale«. (F 712, 1926, 76 und F 717, 1926, 112)

24. Januar 1926, Neuer Sofiensaal. »Für den Verband der sozialistischen Arbeiterjugend, Arbeitsgemeinschaft zur Veranstaltung proletarischer Sonntagsfeiern«. (F 717, 1926, 97) Gerhart Hauptmann: *Die Weber*. Ankündigungen in der *Arbeiter-Zeitung* am 21. und 24. 1. 1926: Die Vorlesung ist ausverkauft. Die Karten zu 30 Groschen gelten nur mit der Verbandsmitgliedskarte.« *Arbeiter-Zeitung,* 27. 1. 1926: »[...] ein großes und schönes Erlebnis. Nach jedem Aktschluß lohnte brausender Beifall dem Vortragenden und zum Schluß sang die Masse die ›Internationale‹.« (Diesmal stimmte es.)

Am 6. Februar 1926 schrieb der Verlag der Fackel an den Verband der sozialistischen Studenten Österreichs, der Kraus zu einer Vorlesung eingeladen hatte: »Zu unserem Bedauern müssen wir Ihnen mitteilen, daß Vorträge außerhalb der Reihe normaler Veranstaltungen eben nur solche sind, die vor Arbeitern stattfinden.« (F 717, 1926, 109) Ebenda, 109–112 finden sich weitere Briefe an sozialdemokratische Organisationen, die mit Vortragswünschen an Kraus herangetreten waren.

4. März 1926, Saal »Zum weißen Engel« in Hietzing. »Für die Unterrichtsorganisation Hietzing«. (F 717, 1926, 108) Gerhart Hauptmann: *Der Biberpelz.* Zugunsten der Hietzinger Bezirksbücherei und der »Societas«. *Arbeiter-Zeitung,* 21. 2. 1926: Karten im Bezirkssekretariat und in der Volksbuchhandlung.

22. März 1926, Saal »Zum Auge Gottes«, Alsergrund. »Für den Arbeiter- und Arbeiterinnen-Bildungsverein ›Bildungshort‹, Wien IX«. (F 717, 1926, 108) Gogol: *Der Revisor* (übersetzt von Sigismund von Radecki). Besprechung von Fritz König, *Arbeiter-Zeitung,* 24. 3. 1926.

12. April 1926, Festsaal des Kaufmännischen Vereinshauses, Linz. »Veranstaltet vom Landes-Bildungs-Ausschuß für Oberösterreich«. (F 726, 1926, 74) Aus eigenen Schriften, vorangestellt *Aus der Rede Lassalles gegen die Presse.* Vgl. *Tagblatt* (Linz), 14. 4. 1926.

Im Oktober 1926 bekennt sich Kraus als »Außenstehender und doch einer großen Sache Verbundener« (F 735, 59). Auf dem Programm der Vorlesung vom 23. Mai 1927 steht der Text einer Berichtigung: »Wahr ist, daß (Karl Kraus) auf wiederholte Einladungen der sozialdemokratischen Kunststelle wie auch einzelner Arbeitervereine mit der größten Bereitwilligkeit und aus Zuneigung zur Arbeitersache Vorträge zugunsten von Fürsorgezwecken der Arbeiterschaft gehalten hat. Wahr ist, daß er der Arbeitersache Gefolgschaft geleistet hat und leistet.« (F 781, 1928, 47)

23. Oktober 1927, Weigl's Antoniussaal. »Für die Österreichische Rote Hilfe«. (F 781, 1928, 52) Aus *Die letzten Tage der Menschheit.* Zugunsten der Opfer des 15. Juli.

11. November 1927, großer Saal des Hotels »Sonne«, Innsbruck. Mit Genehmigung des Verlags der Fackel las der sozialdemokratische Bildungsreferent Gustav Peter zur Republikfeier *Der Hort der Republik.* (F 766, 1927) Veranstalter war der Landesbildungsausschuß der Sozialdemokratischen Partei. Die Korrespondenz zwischen dem Verlag der Fackel und dem Bildungsausschuß bzw. Gustav Peter findet sich in der Wiener Stadtbibliothek im Konvolut Jb 159.626, Nr. 61–67, *Volkszeitung,* Innsbruck, 11. 11. 1927; in der *Fackel* keine Erwähnung.

11. Mai 1928, Bildungsheim Hietzing. »Für die Unterrichtsorganisation« (der SDAPÖ Hietzing). (F 781, 1928, 65) Aus eigenen Schriften (mit der *Rede Lassalles gegen die Presse* als Einleitung, dem Brief Rosa Luxemburgs u. a.; das *Schober-Lied* mußte zweimal wiederholt werden). Das Programm ist exemplarisch für Kraus' politische Haltung in dieser spannungsgeladenen Periode vor seiner politischen Resignation. Vgl., F 795, 1928, 26 f., die Einladung und das Dankschreiben der Organisation: »Der übergroße Teil der Zuhörer hatte zum erstenmal Gelegenheit, einer Vorlesung von Ihnen beizuwohnen.«

Vom 4. Juli bis zum 19. September zieht sich ein Briefwechsel mit dem Mieterausschuß des Gemeindeneubaues Wien X., Neilreichgasse 105 über eine von diesem erbetene Vorlesung hin (F 795, 1928, 36 f.), zu der es nicht gekommen ist.

17. November 1928, Weigls Dreherpark, Altdeutscher Saal. »Für die Rote Hilfe«. (F 800, 1929, 53) Gerhart Hauptmann: *Die Weber* (I. und II. Akt). Eigene Schriften: u. a. *Bekenntnis zum Tage; Weg damit!; Reklamefahrten zur Hölle.* In der *Fackel* irrtümlich: »Zum hundertsten Geburtstag der Republik«. Auf dem (hektographierten) Programm heißt es statt (wie in der *Fackel*) *Couplet des Schwarz-Drucker: Lied von der Presse.* Das *Schober-Lied* mußte wiederholt werden. – Auf dem Programm unten: »Ertrag für die Opfer des 15. Juli und für proletarische politische Gefangene«. (Vgl. F 800, 1929, 71)

Am 12. März 1929 antwortete der Verlag der Fackel »als Verwalter der Vorlesungen Karl Kraus« Arbeitervereinen, die Kraus zu 1.-Mai-Vorlesungen eingeladen hatten: »Wir können Ihnen nur mit der Versicherung antworten, daß es die größte Freude des Herrn Karl Kraus wäre, auch an jedem andern Tag vor der Arbeiterschaft zu lesen, und daß er vor keinem anderen Auditorium lieber als vor diesem liest.« (F 806, 1929, 54)

Weitere Vorlesungen vor Arbeiterorganisationen kamen nicht zustande, weil Kraus verlangte, »daß der Veranstalter selbst den Widerspruch zwischen der Freude der Arbeiterschaft, Herrn Karl Kraus zu hören, und der Haltung des Zentralorgans, das sie doch anders zu beeinflussen sucht, eindeutig feststellt. Und zwar [...], indem an die zuständige Adresse erklärt wird, daß ›Auseinandersetzungen‹, die mit so geringem Aufwand von Wahrheitsliebe unternommen werden, an der Stellung der Arbeiterschaft zum Wirken des Herausgebers der Fackel so wenig ändern können, wie an seiner Stellung zur Arbeiterschaft.« (Ebenda, 55)

(Kurt Krolop macht darauf aufmerksam, daß Karl Kraus im tschechoslowakischen Bereich auch noch nach diesem Datum für Arbeiter gelesen hat. So ist zum Beispiel noch die Vorlesung vom 25. März 1930 in Bodenbach ausdrücklich als Vorlesung »vor Arbeitern« [F 834, 1930, 28] ausgewiesen; noch 1934 erinnert sich Kraus dieses »Abenteuers von Bodenbach« [F 890, 1934, 245]. Auch die Tatsache, daß Kraus die Mährisch-Ostrauer Vorlesungen vom 29. März 1931 [F 857, 1931, 70] und vom 29. März 1933 [F 909, 1935, 2] im »Großen Saal des Lidový dům« hielt, scheint auf Kontakte mit Arbeiterorganisationen hinzudeuten, denn »Lidový dům« [Volkshaus] war die übliche Bezeichnung für parteieigene Häuser der tschechoslowakischen Sozialdemokraten. Den Reinertrag einer Brünner Vorlesung der *Weber* vom 6. Februar 1933 stellte Kraus den streikenden Bergarbeitern von Rosice-Oslavany zur Verfügung.)

II. 9. Karl Kraus und die Idee des Sozialismus

Wer heute über dieses Thema nachdenken will, hat, wie ich unter Anlehnung an Brecht sagen will, »mindestens fünf Schwierigkeiten zu überwinden«. Man muß das Urteil, das Kraus über sich selbst fällte, nicht immer wörtlich, aber immer sehr ernst nehmen; bedenken, daß Kraus Satiriker war, nicht Politiker, obwohl er oft politisch gehandelt hat; in Rechnung stellen, daß Kraus immer zwischen der Sache und ihren Vertretern unterschied; wissen, daß er tiefgreifende Wandlungen seiner Ansichten oft unter jahrelangen qualvollen inneren Zweifeln und Kämpfen durchmachte; schließlich fünftens, daß es ein ganzes Gebirge von Schwierigkeiten zu überwinden gilt, aus Vor- und Fehlurteilen bestehend: Karl Kraus hat »Sozialdemokratie« nie mit »Sozialismus« identifiziert, für ihn bedeutete »Sozialismus« so viel wie »Ersetzung der Bürgerwelt durch eine sozialistische« und »Kommunismus« nicht das Schimpfwort (das die Bürgerwelt inzwischen daraus zu machen suchte), sondern ein alternatives Konzept zur Erreichung eben jenes Zieles, das die Sozialdemokratie zu Kraus' Lebzeiten nicht nur verfehlte, sondern anzustreben aufhörte.

Karl Kraus hat in vielerlei Formulierungen immer wieder gesagt, es ginge ihm nicht um Meinungen, sondern um Gedanken, nicht um Standpunkte, sondern um Wortkunst, nicht um Politik, sondern um die Sprache, um den Satz, das Wort, ja um das Komma. Daraus haben manche Interpreten und Biographen – Beispiele sollen folgen – gemacht, es ginge Kraus n u r um Wortkunst, nicht um Meinung oder Standpunkt. Kraus selbst sah das differenzierter. Er wußte schon 1907 (F 232, 44), daß er mehr Leser von der Art hatte, »die bloß ein stoffliches Interesse zur Lektüre der *Fackel* treibt«, als solche, die seine »Art und Richtung verstehen«, und daß er weniger auf die ersteren Gewicht legt; aber er hat darum nicht aufgehört – zehntausendfach am Stoff, an den »Erscheinungen« exemplifiziert –, seine Meinung zu sagen: zur Geschlechtsmoral und zur Sprache, zur Politik und zur Kunst, zur Musik Offenbachs und zu der Lehárs und so weiter und so fort bis hin zur Speisekarte und zur Einrichtung des »Grüßers« im Restaurant. Er nähere sich einer Erscheinung »meinungsmäßig« bald von einer, bald von einer andern Seite, meint er (F 583, 1921, 18), aber nicht, daß er nichts meine oder daß seine Meinung oder sein Standpunkt unwichtig sei. Er komme »von innen zu den Ansichtssachen«, sagt er (F 531, 1920, 95), aber er sagt nicht, er habe keine Ansichten. Kurzum, Kraus unterscheidet zwischen oberflächlichen, journalistischen, von der Bürgerwelt und ihrer Presse inspirierten Tagesmeinungen und solchen, die aus dem Gedanken kommen, aus »der Sprache«, »dem Ursprung«, aus der Gesittung, der Gesinnung, die »geistverbunden« sind.

»Nicht immer wörtlich, aber immer sehr ernst«, sagte

ich, müsse man Kraus' Aussprüche über sich selbst nehmen. Ich habe »mich mein Lebtag um nichts anderes als um den Satz geschert, darauf vertrauend, daß ihm schon das Wahre über die Menschheit, über ihre Kriege und Revolutionen, über ihre Christen und Juden, einfallen wird. Wenn man es las, war es Politik. Wenn man liest, was ich davon halte, ist es l'art pour l'art. Das kommt davon, daß man weder jenes noch dieses versteht.« Diese Sätze stehen in einer Glosse, *Bei den Tschechen und bei den Deutschen* betitelt (F 572, 1921, 64–68), die von Witz und Ironie nur so funkelt. Es geht um diejenigen, »die zwar deutsch fühlen, aber nicht können« (ebenda, 67). Ich weiß nicht, ob es Kraus selbst oder wer sonst es war, der aus der ursprünglich schwachen Form des Verbs »geschert« (im obigen Zitat) vor der Übernahme in das postum erschienene Werk *Die Sprache* (1954, 341) die starke, etwas altertümliche Form »geschoren« gemacht hat; die ironische Distanz wird dadurch nur verstärkt, die sowieso durch das »mein Lebtag«, einen Ausdruck, der in das Repertoire der Wiener Lokalsphäre und der Coupletstrophe gehört, schon angelegt war.

Ich bin mein Lebtag hier gewesen ...

singt, gleich drei Mal hintereinander, Kraus zur Melodie des Vizekönigs von Peru (siehe S. 53 f.). In der gleichen Glosse (ebenda, 66) warnt Kraus ausdrücklich davor, die Ironie eines Textes zu überhören: »Was ... die Verstandesmäßigkeit ... am schlechtesten kapiert, ist die Ironie, die sie herausfordert. Da sie sich um keinen Preis wiedererkennen will, so wird das einfache Hinausstellen dessen, was sie denkt, die ironische Wiederholung ihres Motivs, bei ihr am wenigsten verfangen. Sie wird es für die Meinung des Autors halten. Ein Satz hat nie vor ihr ein Gesicht, er lacht nicht, er schielt und spielt nicht, er zwinkert nicht, sondern er hat die Meinung, die er hat, wenn man ihn aus der psychischen Situation, in der er steht, ausschneidet.« Ein Autor muß nicht unbedingt selbst am besten wissen, was er leistet; es genügt, daß er es leistet: wir also haben nicht nur Kraus' Gesammelte Schriften zur Verfügung, sondern auch sein Gesammeltes Schweigen (wie er es einmal nannte) und seine Gesammelten Taten. Aber in diesem Fall sagt er es uns sogar. Nehmen wir sein Wort von der »psychischen Situation«, in der er diese Glosse schrieb! Zu dieser psychischen Situation gehört es, daß Kraus damals mit der Überarbeitung seiner *Letzten Tage der Menschheit* beschäftigt war, eines Werkes, das sich wahrhaftig auch um anderes als um den Satz geschert hat, so zum Beispiel um die Verbreitung der Meinung, daß Kriege vermieden werden sollten. Auch zwischen dem Erscheinen der Glosse in der *Fackel* und ihrem Abdruck in der *Sprache* hatte sich Kraus um allerhand anderes geschoren als um den Satz, so zum Beispiel um den Hinauswurf eines Journalisten und um die Absetzung eines Politikers. Auch heißt es (in der zitierten Stelle) gar nicht, daß, was er schreibt, l'art pour l'art ist; es »ist« es nur, wenn man liest, was Kraus darüber – nämlich über dessen sprachliche Qualitäten – schreibt; liest man es selbst, ist es Politik. Man kann es kaum dialektischer sagen. Aber es hilft alles nichts. Einem der zwei meistgelesenen Biographen Kraus', Paul Schick (1965, 105), dient die Stelle dazu, um durch die Herausarbeitung von Kraus' angeblich ausschließlicher Beschäftigung mit Sprache vergessen zu machen, daß er gerade damals auch mit etwas Weitergehendem beschäftigt war, nämlich mit der revolutionären Überwindung der Bürgerwelt. Davon ist auch bei dem anderen vielgelesenen Biographen Kraus', bei Hans Weigel (1968), nie die Rede. Und auch an Hand eines dritten Buches, weil sein Thema mit dem dieser Abhandlung identisch ist, an Hand des Buches von Alfred Pfabigan (1976), will ich zu zeigen suchen, wie sehr die bisher umrissenen Schwierigkeiten dem Verständnis Kraus' entgegenstehen. Wüßte man nicht aus seinen Schriften, daß es Karl Kraus, fast zwei Jahrzehnte hindurch, nicht allein um die Reinhaltung der Sprache, nicht allein um die Bekämpfung der Korruption oder selbst der Presse gegangen ist, aus den genannten Büchern könnte man es nicht erfahren. Selbstverständlich stellen alle drei die berühmten Kampagnen mit manchen Einzelheiten dar. Aber Schick und Weigel stellen sie nur als das dar, was sie auch waren: als Kampf gegen korrupte Personen, gegen diese und jene Einrichtung. Besonders Weigel hat viele Details zu berichten, zum Beispiel, daß Kraus innerhalb der Sozialdemokratischen Partei Freunde und Feinde hatte, oder wie das mit dem Plakat gegen Schober war. Dabei kommt einzelnen Personen eine Bedeutung zu, die sie eben gerade nicht hatten. Viel

Gewicht legt Weigel auch darauf, daß Kraus – in manchen Fällen nicht ein und aus wissend – seine Meinungen änderte, auch solche in bezug auf private Entscheidungen, so zum Beispiel, ob er nach Berlin übersiedeln oder in Wien bleiben solle. Aber das Unverrückbare in Kraus' Weltbild hat Weigel nicht herauszuarbeiten verstanden. Und schon gar nicht hat er seinen Lesern mitgeteilt, was sich für Kraus zwischen etwa 1916 und 1933 aus diesem Weltbild ergab. Schick hingegen ist seinen Lesern die Darstellung jenes Unverrückbaren (wie ich es nannte) nicht schuldig geblieben, wohl aber, daß Kraus daraus in diesem Zeitraum für sich eine revolutionäre Pflicht abgeleitet hat, die er begeistert – all dies Kraus' eigene Worte – auf sich nahm. Das hat Pfabigan zwar gesehen, nicht aber objektiv dargestellt. Wahrscheinlich besteht Pfabigans größte Schwierigkeit darin, daß er zwar »die Inhalte des Krausschen Werkes«, nicht aber dessen »ästhetische Wertung« (16) in den Mittelpunkt rücken will. Das kann nicht gut gehen. Da Pfabigan infolgedessen die Sprache des Satirikers aufs Wortwörtliche hin examiniert, da er nie genau sagt, was er, Pfabigan, unter Sozialismus versteht, passieren ihm auf Schritt und Tritt schlimme Fehleinschätzungen, so zum Beispiel, Kraus habe sich mit der Möglichkeit einer Ablösung des Kapitalismus »durch ein anderes Gesellschaftssystem ... nie befaßt« (53), oder gar, »Kraus habe mitgeholfen ..., eine wahre Revolution zu verhindern« (217).

Nun hat man außerdem noch folgende Schwierigkeit. Oft muß man Kraus' Worte durchaus beim Wort nehmen; oft muß man, zum Beispiel in der oben zitierten Glosse, verstehen, daß ein Satz schielen und spielen kann. Je präziser man ihn dann beim Wort nimmt und je näher man ihn mit dem zusammenhält, was sein Autor tat, wenn er gerade nicht schrieb, um so deutlicher erweist er sich als aus Tropen bestehend. Man darf sie nicht zu Tode hetzen. Als ob man mit dieser Entscheidung nicht genug zu tun hätte – so schwer ist sie aber in Wahrheit gar nicht! – muß man außerdem wissen, daß man auch einen Satz, der lacht und zwinkert, ernst zu nehmen hat, so auch unsere Glosse. Kraus hat immer wieder gesagt, es gehe ihm um Sprache, um den Stil, um Wortkunst. Und er hat es oft, meist, in nichtironischer Sprache gesagt. Er sagte es gern dann, wenn es ihm unheimlich wurde, wie tief er sich in politische Aktion eingelassen hatte. Und er zog sich, wie gezeigt, nach 1934 ganz – beinahe ganz – auf diese Position zurück. Es gehört zu seiner Konzeption, daß die Dichtung vor dem Dichter, der Geist vor dem Menschen da war. Der »entsühnte« Mensch, heißt es in einer Gedichtzeile, werde einst die Sprache magisch wiederfinden. Zu diesem Bild gehört es, daß zur sprachlichen wie von selbst die sittliche Qualität tritt. Von seinen *Letzten Tagen der Menschheit* schrieb Kraus (F 800, 1929, 2), es sei »ein Schriftwerk, das so unmittelbar einem sittlichen Zweck unterstellt scheint, daß diesem durch die Hervorhebung literarischer Qualitäten fast ein Eintrag geschähe«. Wenn »dem Satz« »das Wahre einfällt«, so repräsentiert er auch den »sittlichen Zweck«. Und eben dadurch, so könnte die Überlegung weitergehen, dient der Satz – oder dient das Wort – auch als Waffe. Denn eben dies besagt eine andere charakteristische Gedichtzeile; sie spricht vom Dichter, der »das Wort« vom falschen Anspruch »des Tags« – nicht unähnlich Wagners Tristan – »hütet«:

Ihm ist es Ware nicht, ihm ist es Waffe,
die Waffe nicht allein, vielmehr der Wert.

Oft und oft hat Kraus sich von der Redensart abgegrenzt, derzufolge er die Sprache »beherrsche«; er diene ihr, er werde von ihr beherrscht. Trotz alledem muß der Satz, dem das Wahre einfallen soll, zuvor dem Autor eingefallen sein, und er muß ihn gut gebaut haben (sonst würde der Satzbau im andern Wortsinn »einfallen« und nicht ihm die Wahrheit). Zehn und mehr Fassungen hat Kraus manchmal von einer einzigen Schrift hergestellt. Noch das Plakat, das Kraus in seinem Kampf gegen den Polizeipräsidenten anschlagen ließ, war, so Kraus, »ein gut gebauter Satz«. So könnte man also durchaus im Sinn und in der Terminologie Kraus' sagen, der Satz, damit ihm das Wahre einfalle, muß gebaut sein; es kommen ihm literarische und sittliche Qualitäten zu, und eben dadurch bewährt er sich als Waffe gegen den falschen Anspruch des Feindes. Gehen wir einen Schritt weiter, bleiben wir aber beim Versuch Kraus', Schober aus dem Amt zu zwingen. Kraus hatte Tausende von Fakten zusammengetragen und analysiert, kriminalistischen Spürsinn walten lassen, seine Findungen nicht nur durch Druck, sondern auch durch das gesprochene – sogar das gesungene – Wort verbreitet; er hatte eine Kampagne – ganz im heutigen Sinn des Wortes – geführt. Wenn dem Satz, den Kraus an Wiens Plakatsäulen anschlagen ließ, das Wahre eingefallen war – insofern eine Aufforderung eine Wahrheit aussagen kann –, so hatte sein Autor kräftig nachgeholfen. Er hat es nicht allein dem Satz, auch nicht seinem Bau, überlassen. Warum tat er das alles? Weil ihm mit dem Ende der Monarchie auch ein Ende der Bürgerherrschaft möglich und notwendig schien. Mit der Sozialdemokratie hat Kraus gerade deshalb gebrochen, weil sie »die Umwandlung der Welt, die wir ersehnen« (F 743, 1926, 152), nur halbherzig und bald gar nicht mehr anstrebte, weil sie »im welthistorischen Augenblick des Jahres 1918, wo sich ihr die bürgerliche Welt kniefällig zum Genickfang darbot, es vorgezogen hat, sich mit ihr ins Inventar von Macht und Würde zu teilen« (F 811, 1929, 6). Das ist deutlich und deutlich unironisch; man kann es lesen, und dergleichen steht, wie man aus den vorhergehenden Seiten meines Buches erfahren hat, keineswegs vereinzelt; und man kann es, man muß es sogar beim Wort nehmen, wenn man Kraus' Nachkriegsposition verstehen will. Aber von derlei Äußerungen ist weder bei Schick noch bei Weigel noch auch bei Pfabigan etwas zu erfahren oder auch nur zu erahnen. Dieser Tatbestand dürfte in folgendem Zusammenhang stehen: Kraus hatte einige Jahre hindurch gemeint, er könne durch öffentlich vorgetragene Appelle, durch Kontakte mit einzelnen Sozialdemokraten und mit linksgerichteten Organisationen innerhalb und außerhalb der sozialdemokratischen Partei und vor allem mit der Jugend den Kurs der Sozialdemokratie ändern. Gleichzeitig mit seiner Loslösung von ihr, als er sah, daß das nicht fruchtete, näherte sich Kraus den theoretischen Positionen des Kommunismus an. Das zeigt sich, wie bereits ausgeführt, vor allem in seiner theoretischen Ablehnung der sozialdemokratischen Konzeption, in seiner Erkenntnis vom Feind im eignen Lager, in der Erwägung eines notwendigen Bürgerkriegs (siehe S. 190). Nicht nur verteufelt wird auch der Terminus »Kommunismus«. Er sei »immerhin von Gnaden eines reineren ideellen Ursprungs« (F 554, 1920, 8); die »geistige Welt des Kommunismus« organisiere sich »doch aus dem Gedanken jener letzten Hoffnung, die die Verzweiflung bildet« (F 876, 1932, 6); man könne den Kommunismus »sub specie aeternitatis« »nicht in einem Atem mit der Sozialdemokratie nennen« (F 890, 1934, 201); mit ihr verglichen, sei er die »größere Konstruktion« (ebenda, 179). So etwas liest man heutzutage in manchen Kreisen nicht gern; es bleibt darum unerwähnt – von Schick und Weigel durchaus; bei Pfabigan liest man wenigstens einen dieser Aussprüche.

Um sich dem Verständnis von Kraus' Position in dem Lebensabschnitt zwischen Weltkrieg und seinem Tod trotz aller Schwierigkeiten anzunähern – und das ist aufschlußreich auch für die Position religiöser Revolutionäre von heute –, gilt es zu erkunden, sowohl wie Kraus zu solchen Anschauungen kam, als auch warum er bei ihnen stehenblieb. Wenn Kraus der Meinung war, verglichen mit der Sozialdemokratie habe der Kommunismus die moralischere Grundlage, den weiteren Horizont, die größere Konzeption, warum wurde er nicht zum Kommunisten, zum Marxisten? Die Antworten auf Fragen solcher Art darf man nicht – wie das üblich ist – aus jener Phase beziehen, in der Kraus Timons Haltung einnahm; seine tiefsten Überzeugungen sind aus dieser Phase nicht zu beziehen, schon gar nicht seine Überzeugungen überhaupt. In seinen beiden letzten Lebensjahren nahm Kraus in der Öffentlichkeit trotzig und verbittert das meiste von dem zurück, was er all die Jahre seit dem Weltkrieg gesagt und getan hatte. Alles Politische war ihm nunmehr suspekt und verabscheuungswürdig; rechts und links, Sozialdemokraten und Kommunisten warf er nun in einen Topf – wenn auch selbst dann noch mit gewissen Ausnahmen –, nunmehr enthielten für ihn »sämtliche sozialen Heilslehren« (F 909, 1935, 27), unter denen er auch den Kommunismus verstand, weniger Menschlichkeit als die Klänge von Offenbachs Musik. Und nichts habe Bestand außer dem Glauben, daß alle Vergangenheit besser gewesen war als alle Gegenwart. Auf einer der letzten Seiten der *Fackel* liest man das Folgende: »›Ick dementiere mir!‹ hat, sagt man, ein Totgesagter gesagt. Ich tue desgleichen und füge noch hinzu: Ick widerspreche mir!« (F 917, 1936, 93) Die ironische Formulierung lenkt auf den Schmerz eher hin, als daß sie ihn verbirgt, und auf die Situation, die ihn verursacht (auch auf das »Vielleicht erleben wir's ...«, das wieder den Schmerz lindert). – Wir werden das ganze Panorama von Kraus' Werk und Wir-

ımen, das die Front in das Hinterland
ıit es dort am blutigsten sei, wo es auf
ı hungernden Welt am fettesten zuge-
:hon 1916 schreibt er (F 431, 27), er
ner Kriegsausstellung, die veranstaltet
:iedensausstellung besuchen, in der aber
sein dürfte als aufgehängte Kriegsge-
lden des Geldkriegs ...«. Der Gedanke
ruhen. Ein »Aderlaß« sei der Krieg?
h keiner auf die Idee gekommen ist,
ldaten die Armeelieferanten, die doch
taaten auch ein starkes Kontingent stel-
(F 437, 1916, 122) Einen Journalisten,
hat, es zu erwähnen, erinnert er daran
34), daß Angehörige der Presse »aufzu-
erschießen im Laufe des Abends etliche
:agenden ausdrücklich verlangt wurde«.
:mokratische Welt »mit den zur Ausrot-
zucht, zur Abkürzung dieser Blutschan-
:es nötigen Behelfen armiere« (F 499,
er nach Ende des Krieges auf. Und 1920
an (F 531, 124), daß er schon während
en ›heiligen Krieg‹ gegen die Hinterlän-
ıbe.

:e Geldvampire hasse!
.end allen Galgensträngen –
st zu schwach, sie aufzuhängen!

im November 1921 (F 577, 99/100) –
: in die Lyrik ein, und das *Traumstück*,
ıachten geschrieben, gipfelt in einer Er-
ejahung der Gewalt: In den letzten we-
es Stückes fragt der »Dichter« – zu dem
nunmehr geworden ist – (und man muß
: folgenden Zeile als Bezeichnung von
Jmständen verstehen):

'alt nicht frommen Werkes Walten?
raubten Welt des Räubers Ruhe?

m Menschenfreund, dem Pazifisten, dem
ker Karl Kraus ferner als Blutvergießen.
: Strafe empfiehlt er, den Kriegsverbre-
:n zu verabreichen oder sie »auszupeit-
zwar das unrecht erworbene Gut abzu-
sie mit dem Leben davonkommen zu

lassen (obwohl er gelegentlich, so in einem dem oben zitierten folgenden Vers, von »reiner Rache« spricht). Was ihn bewegt, ist die Sorge, ob es nicht Umstände gibt, die zum Schutz vor Gewalt Gewalt anzuwenden zwingen. Es wäre falsch, zu denken – obzwar es sich aus dem Zitierten ableiten ließe –, Karl Kraus habe zur Lösung gesellschaftlicher Probleme Gewalt empfohlen; aber es wäre noch falscher, zu verschweigen – und das ist die Möglichkeit, derer sich die Kraus-Literatur vorwiegend bedient –, daß er sehr wohl gesehen hat, bei der Umwälzung der Gesellschaft könne es Situationen geben, in denen die Anwendung von Gewalt unvermeidlich wird. Wie für jeden Revolutionär war dies auch für Karl Kraus eine quälende Gewissensfrage. Zur theoretischen Abgrenzung zwischen der Position Kraus' und der des Marxismus taugt die Frage der Gewaltanwendung jedenfalls nicht. Die Kriterien zur Beantwortung dieser – wie jeder andern – Frage bezog Kraus aus seinem bereits mehrfach erörterten Konzept von der Welt und den Menschen, aus seinen dichterischen Einblicken in das, was möglich wäre, im Kontrast zu dem, was an unvorstellbar Gräßlichem alles möglich ist. Man kann nicht sagen, daß feststehende, genau umrissene, präzise formulierbare Regeln zur Beurteilung der Zeitereignisse aus dieser Weltsicht ableitbar wären. Karl Kraus hat intuitiv geurteilt. Man weiß, daß er einige der großen Revolutionäre bewunderte – Rosa Luxemburg, Karl Liebknecht, auch Dimitroff und natürlich Brecht, ohne daß er deswegen deren ganze Position akzeptiert hätte. (Es zeigt sich wieder, nebenbei bemerkt, wie schwierig es der Leser hat, sich aus der Literatur über Kraus ein Bild über dessen Stellung zum Sozialismus zu machen; sie verfährt selektiv: Von den beiden Biographen hat Weigel nicht einmal die Namen Rosa Luxemburg, Karl Liebknecht, Dimitroff genannt; Schick nur knapp Kraus' Abscheu vor der Ermordung Luxemburgs und Liebknechts registriert; es haben weder Schick noch Weigel noch Pfabigan von der so auffälligen Annäherung Kraus' an manche der radikalsten Gedanken Karl Liebknechts berichtet, noch auch von der so oft geäußerten innigen Anteilnahme Kraus' am Schicksal – und auch an Aspekten des Weltbildes – Rosa Luxemburgs. Besser informiert ist die Kraus-Literatur im allgemeinen über Kraus' oft äußerst scharfe – wahrscheinlich oft, sicher nicht immer ken ins Auge zu fassen haben, wenn wir erfahren wollen, wie er zur Idee des Sozialismus stand und worin er sich vom Kommunismus distanzierte.

Sein wahrscheinlich prinzipiellster Einwand gegen ein marxistisches Konzept richtete sich gegen den zentralen Gedanken, daß der menschliche Geist ein Produkt der Gesellschaft ist. Kraus hat tausendfach nachgewiesen, daß Ungeist, Dummheit, Gemeinheit der Menschen, daß ihre Kriege im »ökonomischen Zusammenhang« stehen, von der gesellschaftlichen Formation hervorgetrieben werden; aber »der Geist« kam für ihn aus andern Bereichen, stand ihm außerhalb solcher Verstrickungen, war v o r jeder menschlichen Gesellschaft da. Man muß diese Meinung Kraus' kennen und respektieren, wenn man ihn verstehen will, auch wenn man sie nicht zu teilen vermag. So sollte auch der Sozialismus – der, wie bereits gesagt, für ihn radikalen Bruch mit der Bürgerwelt und ihrem Ungeist bedeutete – aus dem Geist kommen. Daher ist so oft von der »wahren Revolution« die Rede – übrigens auch, wieder einmal, in einer Zeitstrophe, in einer für General Bumbum (Notenbeispiel 21):

Nach Noten, nach Offenbachs Noten,
Treib ich meinen Hohn:
Das ist gegen alle Despoten
Die wahre Revolution.

So wird auch der Kommunismus, werden auch die Kommunisten danach beurteilt, ob sie die »wahre Revolution« wollen und durchführen, ob sie aus dem Geist kommen, »geistverbunden« sind. Man sehe noch einmal die oben zitierten Gedanken Kraus' über den Kommunismus, und man wird finden, daß es Kriterien solcher Art sind, nach denen Kraus – wie alles – auch den Kommunismus beurteilt und nicht verurteilt. (Und man sehe, wie unzuverlässig Weigel urteilt, wenn er sagt [309]: »Karl Kraus war dem Kommunismus gegenüber stets radikal ablehnend eingestellt.«) Aber es wurde auch bereits an Hand vieler Formulierungen gezeigt, daß es Kraus keineswegs nur auf eine »geistige« Revolution (oder eine »im Geiste«) ankam. Selbst w i e eine Revolution verlaufen würde, welche Konsequenzen sie haben, wer sich ihr in den Weg stellen werde, hat Kraus – entgegen Pfabigans Behauptungen – intensiv beschäftigt. Und wieder einmal hat auch Weigel berechtigte – Kritik an andern Männern und Frauen, die sich zur Revolution bekannten. Kraus traut ihrer Abkehr von der Bürgerwelt nicht, er meint, Widersprüche zwischen Wort und Tat zu erkennen, es mißfällt ihm ihre Sprache. Von einem spricht er abschätzig (F 868, 1932, 6), »nicht weil er ein Kommunist ist, sondern weil er kein Kommunist ist« – und gerade ihn dürfte er falsch beurteilt haben. Kraus' Vorstellungen von der Revolution schließen die völlige Abkehr von aller Bürgerlichkeit mit allen ihren Erscheinungen mit ein bis hin zu den bürgerlichen Umgangsformen und sicher bis hin zur Sprache der Bürgerwelt. Einmal legte er Gewicht auf die Feststellung, er habe in seiner Aufklärung über die »Gefährlichkeit der bürgerlichen Presse« »die marxistische einbezog[en]« (F 890, 1934, 50). Er kritisierte, in heutige Sprache übertragen, die Revolution von links; sie war ihm nicht radikal – und nicht schnell – genug. Zuerst – sicher nicht ohne Verständnis dafür, daß es um welthistorische Ereignisse ging –, verhielt sich Kraus gegenüber der ungarischen Revolution und der Oktoberrevolution zurückhaltend, später mit wachsender Ablehnung. Hier – gerade hier – war ihm die Frage der Gewaltanwendung das wahrscheinlich entscheidende Hindernis für Zustimmung. Von der Brutalität, mit der die internationale Bourgeoisie die Revolutionen zu vernichten suchte, hat er gewußt; deren Ausmaße hat er wohl unterschätzt. Daß Kraus in den beiden letzten Lebensjahren nach allen Seiten hin Hiebe austeilte, wurde berichtet. Nichts hat er von dem Entschluß zurückgenommen, »solange es geht, die Sache der gepeinigten und gemarterten Kreatur zu vertreten, gegen den kapitalistischen Auswurf wie gegen dessen intellektuelle Verwandtschaft« (F 890, 1934, 306), aber kaum mehr hat er erwartet, daß ihm irgend jemand auf den Wegen folgen werde, die er nunmehr eingeschlagen hatte. – Sein Gedicht *Nach zwanzig Jahren* (F 508, April 1919, 1–7) hatte Karl Kraus mit der Zeile beschlossen:

zurück als Führer bleibt mein ganzes Irren!

Es gehört zu seiner Größe, daß er von uns nicht fordert, ihm immer recht zu geben, uns aber immer zwingt, mit ihm nachdenklich zu sein.

Zitatenkonkordanz

Die folgende Tabelle dient dem Auffinden der *Fackel* entnommener Textstellen in den beiden andern Ausgaben. Texte, die nur in der Fackel zu finden sind, wurden nicht aufgenommen.

Die Fackel	Karl Kraus Ausgewählte Werke in 5 Bänden Herausgegeben von Dietrich Simon und Kurt Krolop Berlin – DDR 1971 ff.	Karl Kraus Werke in 14 Bänden Herausgegeben von Heinrich Fischer München 1952 ff.	Die Fackel	Karl Kraus Ausgewählte Werke in 5 Bänden Herausgegeben von Dietrich Simon und Kurt Krolop Berlin – DDR 1971 ff.	Karl Kraus Werke in 14 Bänden Herausgegeben von Heinrich Fischer München 1952 ff.
241, 1908, 1–28	IV, 29 f.	–	622, 1923, 150	IV, 257	VII, 427
270, 1909, 1 ff.	I, 203	XII, 142	622, 1923, 207	IV, 262	VII, 383
270, 1909, 8	I, 208	XII, 147 f.	657, 1924, 216	II, 514	IV, 319
349, 1912, 11	I, 429 f.	VIII, 232	668, 1924, 28	II, 531	IX, 217
404, 1914, 1–19	II, 9–22	XIII, 9–19	676, 1925, 68	II, 580 f.	–
406, 1915, 109	IV, 148	III, 384	706, 1925, 58–70	–	X, 203–216
413, 1915, 27/28	II, 33	XIII, 26 f.	712, 1926, 1–18	III, 52–65	–
413, 1915, 128	IV, 168	VII, 51	712, 1926, 1	III, 52	–
437, 1916, 30	–	XIII, 181	712, 1926, 1, 9	III, 52, 58	–
443, 1916, 6	IV, 172	VII, 64	712, 1926, 2	III, 52	–
445, 1917, 3	IV, 181	III, 442	712, 1926, 2	III, 53	–
457, 1917, 1–19	–	XIII, 135–148	712, 1926, 3	III, 53	–
462, 1917, 141	–	XIII, 177	712, 1926, 3, 10, 17	III, 53, 59, 64	–
484, 1918, 115	–	VII, 155	712, 1926, 4	III, 54	–
499, 1918, 2/3	II, 151	XIII, 266	712, 1926, 4, 10	III, 54, 58	–
499, 1918, 29	II, 155	XIII, 269	712, 1926, 6, 7	III, 56	–
499, 1918, 32	II, 157	XIII, 270	712, 1926, 9	III, 58	–
499, 1918, 36	II, 160	XIII, 273	712, 1926, 10	III, 58 f.	–
501, 1919, 11	II, 168	XIII, 280	712, 1926, 13	III, 60	–
508, 1919, 1–7	IV, 218–223	VII, 253–259	712, 1926, 13	III, 61	–
508, 1919, 40	V(2), 307	–	712, 1926, 16	III, 63	–
508, 1919, 79	IV, 231	III, 442	712, 1926, 17	III, 63	–
546, 1920, 5–9	II, 340–343	IV, 274–278	712, 1926, 17	III, 64	–
554, 1920, 8	II, 345	X, 33 IV, 281	712, 1926, 43 ff.	IV, 315 f.	–
572, 1921, 64–68	II, 362–366	II, 341–346	717, 1926, 113	–	X, 255
577, 1921, 11	II, 375	–	743, 1926, 4	–	VII, 469
577, 1921, 99/100	–	VII, 369–370	743, 1926, 152	III, 122	–
588, 1922, 87	IV, 245	VII, 367	751, 1927, 36	IV, 281	VII, 488
595, 1922, 60	–	VII, 350	757, 1927, 38 ff.	III, 195	–
595, 1922, 124	IV, 247 ff.	VII, 352 ff.	757, 1927, 39–40	III, 196	–

Die Fackel	Karl Kraus Ausgewählte Werke in 5 Bänden Herausgegeben von Dietrich Simon und Kurt Krolop Berlin – DDR 1971 ff.	Karl Kraus Werke in 14 Bänden Herausgegeben von Heinrich Fischer München 1952 ff.	Die Fackel	Karl Kraus Ausgewählte Werke in 5 Bänden Herausgegeben von Dietrich Simon und Kurt Krolop Berlin – DDR 1971 ff.	Karl Kraus Werke in 14 Bänden Herausgegeben von Heinrich Fischer München 1952 ff.
757, 1927, 40	III, 196	–	810, 1929, 1–12	IV, 283–293	VII, 518–529
757, 1927, 44	III, 200	–	810, 1929, 5	IV, 287	VII, 522
757, 1927, 47	III, 201 f.	–	811, 1929, 1–10	III, 365–372	–
757, 1927, 47	III, 202	–	811, 1929, 2, 3	III, 366	–
766, 1927, 54	III, 285	–	811, 1929, 2, 16	III, 366, 377	–
766, 1927, 59	III, 289	–	811, 1929, 6	III, 369	–
795, 1928, 1–51	III, 326–364	–	811, 1929, 10	III, 372	–
795, 1928, 13	III, 335	–	811, 1929, 11	III, 373	–
795, 1928, 15	III, 336	–	811, 1929, 13	III, 374	–
795, 1928, 20	III, 340	–	811, 1929, 14	III, 375	–
795, 1928, 21	III, 341	–	811, 1929, 16, 17	III, 376, 378	–
795, 1928, 22	III, 342	–	834, 1930, 1	III, 423	–
795, 1928, 26 f.	III, 345	–	876, 1932, 6	III, 487	–
795, 1928, 27, 29	III, 346, 347	–	888, 1933, 2	III, 588	–
795, 1928, 36 f.	III, 352 f.	–			

Literaturverzeichnis (Auswahl)

Abkürzungsverzeichnis:

Bd., Bde.	Band, Bände
BSN	Karl Kraus: Briefe an Sidonie Nadherny von Borutin, 1913–1936, 2 Bde., München 1974
Hrsg., hrsg.	Herausgeber, herausgegeben
IN, Ja, Jb	Signaturen der WSTLB
MEW	Karl Marx/Friedrich Engels: Werke. Hrsg. vom Institut für Marxismus-Leninismus beim ZK der SED. 39 Bde., 2 Ergänzungsbde., 2 Registerbde. Berlin (DDR) 1957–1971. Die dem Sigel folgenden Ziffern beziehen sich auf den betreffenden Bd.
MGG	Die Musik in Geschichte und Gegenwart. Allgemeine Enzyklopädie der Musik. Unter Mitarbeit zahlreicher Musikforscher des In- und Auslandes hrsg. von F. Blume. Kassel und Basel 1949–1979
MIT DDR RDF	Mitteilung Rundfunk der DDR
MIT SFB	Mitteilung Sender Freies Berlin
ÖNB	Österreichische Nationalbibliothek
THM	Tagebuch Hedi Marienschek
WSTLB	Wiener Stadt- und Landesbibliothek

ADAM DE LA HALE: Le Jeu de Robin et de Marion. Li Rondel Adam. Hrsg.: F. Gennrich. (Musikwissenschaftliche Studienbibliothek 20) Langen b. Frankfurt (Main) 1962

ADORNO, Th. W.: Hoffmanns Erzählungen in Offenbachs Motiven. 1932. Zit. nach: Ges. Schriften 17, S. 42–46. Frankfurt (Main) 1982

–: Kracauer, Siegfried: Jacques Offenbach und das Paris seiner Zeit. In: Zeitschrift für Sozialforschung 6, Frankfurt (Main) 1937

ARNOLD, H. L. (Hrsg.): Text + Kritik, Sonderband Karl Kraus. München 1975

BACH, D. J.: Der unpopuläre Kraus. In: Der Kampf 16, Wien Februar 1923, S. 77–79

BEKKER, P.: Jacques Offenbach. (Die Musik. Hrsg. von Richard Strauss) Berlin 1909

BENJAMIN, W.: Karl Kraus. 1930/31. Zit. nach: Illuminationen, Ausgewählte Schriften, 1. Bd. Hrsg. von S. Unseld. Frankfurt (Main) 1961

–: Briefe 1929–1940. Hrsg. von G. Scholem und T. W. Adorno. Frankfurt (Main) 1966

BILKE, M.: Zeitgenossen der ›Fackel‹. Wien – München 1981

BOUILLON, J.: Josephine. Paris 1976

BRECHT, B.: Über Karl Kraus. ca. 1934. Zit. nach: Schriften zur Literatur und Kunst, Bd. 2. Berlin und Weimar 1966

BRINDEJONT-OFFENBACH, Jacques: Offenbach, mon grandpère. Paris 1940. Zit. nach der dt. Ausgabe von Hans-Jochen Irmer und Horst Wolf: Mein Großvater Offenbach. Berlin (DDR) 1967

FARIS, A.: Jacques Offenbach. London 1980. Zit. nach der dt. Übersetzung von K. W. Bartlett. Zürich 1982

GÁSPÁR, M.: A muzsák neveletlen gyermeke. Budapest 1963. Zit. nach Gáspár: Stiefkind der Musen. Operette von der Antike bis Offenbach. Berlin (DDR) 1969

GOLDSCHMIDT, Harry: Beethoven Studien III. Das Wort in Beethovens Instrumentalbegleitung. Leipzig 1985

GROVE (THE NEW GROVE). Dictionary of Music & Musicians. 20 Bde. London 1980

HALÉVY, L.: Tagebücher. 1862–69. Zit. nach Heinzelmann

HANSLICK, E.: Aus dem Opernleben der Gegenwart. (Der ›Modernen Oper‹ III. Theil) Berlin 1884

–: Aus meinem Leben. Berlin [3]1894

HEIN, J., und Johann Hüttner (Hrsg.): Johann Nestroy. Sämtliche Werke. Briefe hrsg. von Walter Obermaier. Wien – München 1977

HEINZELMANN, J.: Jacques Offenbach, Pariser Leben. Übersetzt und herausgegeben. (it 543) Frankfurt/Main 1982

HENSELER, A.: Jakob Offenbach. Berlin 1930

IRMER, H.-J.: Jacques Offenbachs Werke in Wien und Berlin. In: Wissenschaftl. Zeitschrift der Humboldt-Universität zu Ber-

lin, gesellschaftswissenschaftl. und sprachwissenschaftl. Reihe 18, 1969, S. 125–45
–: Notizen zum Manuskript meines Buches. 1983

JACOB, P. W.: Jacques Offenbach in Selbstzeugnissen und Bilddokumenten (rororo 680, rm 155) Reinbek/Hamburg 1969

JENACZEK, F.: Zeittafeln zur Fackel. Themen Ziele Probleme. München 1965

JOLLES, A.: Einfache Formen. Halle ^{2}1956

KADEN, C.: Richard Wagners Leben im Werk. Soziologische Ideen und Spekulationen. Kolloquium, Karl-Marx-Universität Leipzig 1983

KERRY, O.: Karl-Kraus-Bibliographie. München 1970

KLEMPERER, V.: Geschichte der französischen Literatur des 19. und 20. Jahrhunderts. 1925/26

KLOTZ, V.: Bürgerliches Lachtheater. Komödie. Posse. Schwank. Operette. (dtv 4357) München 1980

KNEPLER, G.: Karl Kraus und die Bürgerwelt. In: Sinn und Form 17, 1975, S. 332–70. Auch in: Arnold (Hrsg.) 1975, S. 58–87
–: Geschichte als Weg zum Musikverständnis. Leipzig ^{2}1982

KOHN, Caroline: Karl Kraus. Stuttgart 1966

KRACAUER, S.: Jacques Offenbach und das Paris seiner Zeit. Amsterdam 1937; Paris 1937; London 1937. Zit. nach edition suhrkamp 971, 1976

KRAFT, W.: Karl Kraus. Beiträge zum Verständnis seines Werkes. Salzburg 1956
–: Das Ja des Neinsagers. Karl Kraus und seine geistige Welt. München 1974

KRAUS, Karl: Die Fackel. Zeitschrift 1899–1936. Zit. nach der photomech. Reproduktion Frankfurt (Main) 1977
–: Die letzten Tage der Menschheit. 1915–20. Zit. nach: Bd. 5,1 der Ausgewählten Werke. Berlin (DDR) 1978 = Werke (hrsg. von H. Fischer). München 1952 ff., Bd. 5
–: Traumstück. 1922. Zit. nach: Werke. Bd. 14
–: Timon von Athen. Shakespeare. Für Rundfunk und Bühne bearbeitet und sprachlich erneuert. Wien 1930
–: Zeitstrophen. Wien 1931
–: Dritte Walpurgisnacht. 1933. Zit. nach: Werke. Bd. 1
–: Briefe an Sidonie Nadherny von Borutin. 1913–36. 2 Bde. München 1974

KRENEK, E.: Karl Kraus und Offenbach. In: Musikblätter des Anbruchs 11, März 1929

KRISTELLER, H.: Der Aufstieg des Kölner Jacques Offenbach. Ein Musikerleben in Bildern. Berlin 1931

KROLOP, K.: Bertolt Brecht und Karl Kraus. In: Philologica Pragensia 4, Prag 1961, S. 95–112 und 203–230
–: Dichtung und Satire. In: Kommentare zu Karl Kraus. Beiheft zur dreibändigen Karl-Kraus-Auswahl. Berlin (DDR) 1971, S. 89–127
–: Genesis und Geltung eines Warnstücks. In: Kommentar: Die letzten Tage der Menschheit. Band 5, 2 der Ausgewählten Werke. Berlin (DDR) 1978, S. 251–329
–: »Ahnenwertes Ahner«. Zur Genesis und Funktion der Traditionswahl bei Karl Kraus. In: Wissenschaftl. Zeitschrift der Universität Halle 28, 1979, S. 49–63
–: Präformation und Konfrontation. »Drittes Reich« und »Dritte Walpurgisnacht«. (Ms) 1982

LEIBOWITZ, R.: Jacques Offenbach oder die Verkleidungen der Großen Oper. In: Metzger (Hrsg.)

LENNEBERG, E. H.: Biological Foundations of Language, New York 1967. Zit. nach: Biologische Grundlagen der Sprache. (suhrkamp taschenbuch wissenschaft 217) 1977

LIEGLER, L.: Karl Kraus und sein Werk. Wien 1920

MARTINET, A.: Offenbach. Sa vie et son œuvre. Paris 1887

MAYER, H.: Karl Kraus und die Nachwelt. In: Sinn und Form 9, Berlin 1957, S. 934–49

METZGER, H.-K. und RIEHN, R. (Hrsg.): Musik-Konzepte 13: Jacques Offenbach. München 1980

MITSCHERLICH-NIELSEN, Margarete: Sittlichkeit und Kriminalität. Psychoanalytische Bemerkungen zu Karl Kraus. In: Arnold (Hrsg.)

MITTLER, F.: Es war nicht leicht, aber schön... In: Forum 3, Wien Juni 1956, S. 225

MUSIK-KONZEPTE 13 s. unter METZGER

NOSKE, F.: La mélodie française de Berlioz à Duparc, Essai de critique historique, Paris 1954

ÖGG, F.: Personenregister zur Fackel von Karl Kraus. In: Bd. 12 der Reprint-Ausgabe der Fackel, Frankfurt (Main) 1976

OESER, F.: Jacques Offenbach: Hoffmanns Erzählungen. Quellenkritische Neuausgabe, Vorlagenbericht. Kassel 1981

OFFENBACH, J.: Essay über die Opéra comique und ihre Zukunft. Paris 1855
–: Offenbach en Amérique. Notes d'un musicien en voyage. Paris 1877

PFABIGAN, A.: Karl Kraus und der Sozialismus. Eine politische Biographie. Wien 1976

PFÄFFLIN, F.: Karl Kraus und Arnold Schönberg. In: Arnold (Hrsg.) 1975, S. 127–44

REICH, H.: Der Mimus. Ein literar-entwicklungsgeschichtlicher Versuch. Bd. I, Teil 1.2. Berlin 1903

RISSIN, D.: Offenbach ou le rire en musique. Paris 1980

SCHEICHL, S. P., und WAGENKNECHT, C. (Hrsg.): Kraus Hefte. München 1977 ff.

SCHICK, P.: Karl Kraus in Selbstzeugnissen und Bilddokumenten. (rowohlts monographien 111) 1965

SCHLENSTEDT, S.: Debatte um die »schweigenden Intellektuellen«. In: Künstler und Künste im antifaschistischen Kampf 1933–1935. Kulturbund der DDR. Berlin 1983

SCHNEIDER, Louis: Offenbach. (Les Maîtres de l'opérette française) Paris 1923

SCHNEIDEREIT, O.: Jacques Offenbach. Leipzig 1966

SILBERMANN, A.: Das imaginäre Tagebuch des Herrn Jacques Offenbach. Berlin 1960

SIMON, D.: Karl Kraus. Stimme gegen die Zeit. In: Kommentare zu Karl Kraus. Beiheft zur dreibändigen Karl-Kraus-Auswahl. Berlin (DDR) 1971, S. 1–88

–: Nachwort zu Bd. 4 der Ausgewählten Werke. Berlin (DDR) 1974, S. 429–58

STREMMEL, J.: »Dritte Walpurgisnacht«. Über einen Text von Karl Kraus. Bonn 1982

VIERTEL, B.: Karl Kraus. Ein Charakter und seine Zeit. 1914 bis 1918

–: Erinnerung an Karl Kraus. In: Austro-American Tribune 5, New York April 1947, S. 3–4

–: Karl Kraus und die Demokratie. ca. 1950

WAGNER, Nike: Geist und Geschlecht. Karl Kraus und die Erotik der Wiener Moderne. Frankfurt (Main) 1982

WEIGEL, H.: Karl Kraus oder Die Macht der Ohnmacht. München 1968. Zit. nach München 1972 (dtv 816)

Personen- und Sachregister

Aufgenommen wurden neben den wichtigsten *Personennamen* und *Begriffen* aus den beiden Hauptteilen des Buches auch *Bühnenstücke* und deren wichtigste *Figuren;* diese letzteren finden sich unter dem Namen der Autoren beziehungsweise Komponisten des betreffenden Stückes. Nicht aufgenommen wurden Namen und Stücke aus II.4 (Seite 212–218).

Dokumentationen finden sich zu den folgenden Themen: Seite

Die Auflösung der verwendeten Abkürzungen von Offenbachs Operetten findet man auf Seite 211.

Verzeichnis der auf Platte zu hörenden Musik- und Textbeispiele

Verzeichnis der Notenbeispiele

Quellennachweis der Abbildungen

Abbildung Nr. 1, 2 und Schutzumschlag: Sammlung Tilbert Eckertz, Berlin (DDR). Abbildung Nr. 5, 25, 31, 33 und Textillustrationen auf S. 13, 16, 89, 127, 131–133, 169, 173, 174, 177, 193: Wiener Stadt- und Landesbibliothek. Abbildung Nr. 4, 26: Historisches Museum der Stadt Wien. Abbildung Nr. 8–13: Theatersammlung der Österreichischen Nationalbibliothek, Wien. Abbildung Nr. 27: Kunsthistorisches Museum, Wien. Abbildung Nr. 3: foto mayr – Wien. Abbildung Nr. 28: National Gallery, London. Abbildung Nr. 22, 34: Deutsche Staatsbibliothek, Berlin (DDR). Abbildung Nr. 6, 7 und Textillustration auf S. 25: Heinzelmann, Pariser Leben, insel taschenbuch 543, Frankfurt/M. Abbildung Nr. 14–18, 21, 23, 24 und Textillustration auf S. 71: Kristeller, Jacques Offenbach. Abbildung Nr. 20: Kracauer, Offenbach and the Paris of his Time. Textillustrationen auf S. 91, 138, 183: Die Fackel. Textillustration auf S. 226: Karl Kraus, Zeitstrophen.
Alle anderen Abbildungen: Archiv des Autors.